पेंगुइन बुक्स

नेता संत और विद्वान

रामचंद्र गुहा का जन्म सन 1958 में देहरादून में हुआ। गुहा ने दिल्ली और कलकत्ता में अपनी पढ़ाई पूरी की। साथ ही ओस्लो, स्टैंडफोर्ड, येल विश्वविद्यालयों और भारतीय विज्ञान संस्थान (इंडियन इंस्टीट्यूट ऑफ साइंस) में अध्यापन किया। वे विसेनचेफकोलेज जु बर्लिन में फेलो रहे हैं और कैलीफोर्निया यूनीवर्सिटी, बर्कले में इंडो-अमेरिकन कम्युनिटी चेयर विज़िटिंग प्रोफेसर भी रहे हैं।

दस साल के दरम्यान तीन महाद्वीपों में पांच अकादमिक पदों पर रहने और इस तरह कई विश्वविद्यालयों में पढ़ाने के बाद आप एक पूर्णकालिक लेखक बन गए और बैंगलौर को अपना स्थायी ठिकाना बना लिया। गुहा ने विविध विषयों पर अपनी कलम चलाई है, जिसमें पर्यावरणवाद का वैश्विक इतिहास, एक मानवशास्त्री-आंदोलनकारी की जीवनी, भारतीय क्रिकेट का सामाजिक इतिहास और हिमालयी किसानों का सामाजिक इतिहास आदि शामिल हैं। गुहा द्वारा लिखी गई किताबों और लेखों का अनुवाद बीस से भी ज़्यादा भाषाओं में हो चुका है। गुहा की पुस्तकों और लेखों को जो पुरस्कार मिले हैं उनमें यूके क्रिकेट सोसाइटी लिटरेरी अवार्ड और अमेरिकन सोसाइटी ऑफ इन्वायरमेंटल हिस्ट्री का लियोपोल्ड-हिडी प्राइज़ शामिल है।

मनोहर नोतानी शिक्षा से एक स्नातकोत्तर इंजीनियर हैं, पर इंजीनियरिंग से उनका नाता टूटे कई बरस हो चले हैं और साहित्य से अनुराग के चलते वे अनुवाद कर्म से जुड़ चले हैं। पिछले 25 वर्षों से वे स्वतंत्र रूप से अनुवाद व संपादन कार्य कर रहे हैं। इस वक़्त वे भोपाल में रहते हैं।

पेंगुइन द्वारा हिंदी में प्रकाशित रामचंद्र गुहा की अन्य पुस्तकें

भारत : गांधी के बाद

भारत : नेहरू के बाद

आख़िरी उदारवादी और अन्य निबंध

उपभोग की लक्ष्मण रेखा

विदेशी खेल, अपने मैदान पर

नेता संत और विद्वान

कुछ निबंध

रामचंद्र गुहा

अनुवाद

मनोहर नोतानी

पेंगुइन बुक्स
पेंगुइन रैंडम हाउस इम्प्रिंट

पेंगुइन बुक्स
यूएसए | कनाडा | यूके | आयरलैंड | ऑस्ट्रेलिया | सिंगापुर
न्यू ज़ीलैंड | भारत | दक्षिण अफ्रीका | चीन

पेंगुइन बुक्स, पेंगुइन रैंडम हाउस ग्रुप ऑफ कम्पनीज़ का हिस्सा है जिसका पता global.penguinrandomhouse.com पर मिलेगा

पेंगुइन रैंडम हाउस इंडिया प्रा. लि.,
सातवीं मंज़िल, इनफ़िनिटी टावर सी, डी एल एफ साइबर सिटी,
गुड़गांव 122002, हरियाणा, भारत

पेंगुइन
रैंडम हाउस
इंडिया

अंग्रेज़ी का प्रथम संस्करण: परमानेंट ब्लैक, 2001
हिंदी का प्रथम संस्करण: पेंगुइन बुक्स इंडिया, 2013

10 9 8 7 6 5 4 3 2

ISBN 9780143418405

टाइपसेट: कम्प्यूटेक सिस्टम, दिल्ली

Printed at Manipal Technologies Limited, India

www.penguin.co.in

अनुक्रम

अंतरराष्ट्रीयतावादी

खिलाड़ी

भूमिका और आभार

इस पुस्तक में शामिल निबंध, पूर्व-प्रकाशित निबंधों को संशोधित, विस्तृत और परिष्कृत कर बने हैं। इनके पुराने संस्करण *सिविल लाइंस, इकोनॉमिक एंड पोलिटिकल वीकली (ईपीडब्ल्यू), हिमाल, इंडिया टुडे, इंडियन एक्सप्रेस, इंडियन रिव्यू ऑफ बुक्स, लंदन मैगज़ीन, आउटलुक* और *द पायनिअर* में छपे थे। इन निबंधों में से आधे से अधिक हालांकि इन दो प्रतिष्ठित समाचारपत्रों में से किसी न किसी एक समाचारपत्र में पहली बार छपे - *द हिंदू* और *द टेलिग्राफ*। मैं *द हिंदू* की निर्मला लक्ष्मण और *द टेलिग्राफ* के रुद्रांगशु मुखर्जी के प्रति हृदय से आभारी हूं कि उन्होंने मुझे विषयांतर करने और स्वतंत्र अभिव्यक्ति की पूरी छूट दी।

इन पन्नों में विमर्शित लोगों और विचारों संबंधी मेरी समझ का बहुत सारा श्रेय निम्नलिखित हस्तियों से सालों से चले आ रहे मेरे संवाद को जाता है: बासुदेव 'रोबी' चटर्जी, केशव देसिराजू, बर्नार्ड डिमेलो, गोपाल गांधी, अंजन घोष, सुजाता गुहा, मुकुल केसवन, सुनील खिलनानी और सुजित मुखर्जी। वसुधा धागमवार और शेखर पाठक जैसे खरे हिंदुस्तानियों और सच्चे सर्वमान्य बुद्धिजीवियों ने मुझे मित्रता भी प्रदान की और प्रेरणा भी। मैं अपने मित्रों '5', '6' व '7' - चंदन मित्र, स्वपन दासगुप्ता और परंजय गुहा ठाकुरता को भी धन्यवाद देना चाहता हूं–जिन्होंने मुझे सबसे पहले इस बात के लिए प्रेरित किया कि मैं अकादमिक-पाठक-से-इतर-पाठक के लिए भी कुछ लिखूं।

यह पुस्तक मेरी प्रखर और साहसी कज़िन धर्मा कुमार को समर्पित है। मैं आशा करता हूं कि इसमें शामिल मुझसे वरिष्ठ पुरुषों और महिलाओं के प्रति व्यक्त प्रशस्तियां उसी उदारता का निर्वाह करती हैं जो उन्होंने हमेशा कनिष्ठों के प्रति जताई।

प्रस्तावना

हर विचारशील भारतीय में एक गांधीवादी और एक मार्क्सवादी अपना प्रभुत्व जमाने की कोशिश में लगा रहता है। उनका यह द्वंद्व, बोल्शेविक क्रांति वर्ष, 1917 में शुरू हुआ था। संयोग से यह भारत की मिट्टी पर पहले सत्याग्रह का वर्ष भी रहा। परिणामस्वरूप, कुछ युवा भारतीयों ने झट से अपने-अपने पाले तय किए। उस समय के बंबई में, एस.ए. डांगे ने गांधी की कीमत पर लेनिन की स्तुति में एक पुस्तिका लिख मारी। वहीं उधर, उपमहाद्वीप की परली तरफ, कलकत्ता में निर्मल कुमार बोस ने अहिंसा के दार्शनिक के प्रति अपनी पसंद का इज़हार कर डाला। आगे चलकर, डांगे सबसे उल्लेखनीय व विवादास्पद कम्युनिस्ट आंदोलनकारी बने। जबकि बोस ने एक मानवशास्त्री के बतौर ख्याति पाई, और गांधीवादी दर्शन के विशेषज्ञ माने गए।

लेकिन, अन्य भारतीय आत्माओं के भीतर यह द्वंद्व चलता ही आया। जयप्रकाश नारायण, गांधी के संपर्क में तो जल्दी ही आए लेकिन फिर पढ़ने के लिए अमेरिका भी चले गए। संयोग से उनके अमेरिका प्रवास के दौरान वहां महामंदी भी आन पड़ी। कैलिफोर्निया में संतरों का मोलभाव करते-करते, और विस्कॉन्सिन में ट्रेड यूनियनों के संपर्क में आने के चलते वे एक उग्र समाजवादी बन गए। घर वापसी पर वे महात्मा का चरण-स्पर्श तो करते, लेकिन उनकी श्रवणसीमा से बाहर निकलते ही वे पट से उन पर फिकरा कसना न भूलते, 'बूढ़ा खूसट'। अहिंसा में उनकी श्रद्धा का कोई ठौर न था, और 'गांधी

की कांग्रेस' को वे संपन्नवर्ग की बांदी समझते थे। हां पर वे इतने दूर भी न गए कि भारतीय कम्युनिस्ट पार्टी में शामिल हो जाते। जे.पी. और उनके गांधीवादी-मार्क्सवादी कॉमरेडों के लिए प्रतिद्वंद्वी विचारधाराओं का यह आंतरिक द्वंद्व रंग लाया, जब 1936 में कांग्रेस के भीतर ही एक औपचारिक समाजवादी गुट का गठन हुआ। बारह साल बाद जे.पी. अपनी मूल पार्टी को पूरी तरह से छोड़ भारतीय समाजवादी पार्टी की नींव डालने के निमित्त बने। लेकिन यह भी उनका अस्थायी ठिकाना साबित हुआ। 1952 में यकायक वे राजनीति को अपनी पीठ दिखा, उस समय के सबसे प्रमुख जीवित गांधीवादी विनोबा भावे के एक सेवक बन गए। अहिंसा व ब्रह्मचर्य, उनके सर्वोदय आंदोलन में चल रहे रचनात्मक कार्य के अभिन्न अंग बने। इसके बाद, दो दशकों से भी अधिक समय तक अपना यह प्रचंड भूतपूर्व समाजवादी, गांधी के तरीकों का उपयोग करते हुए, ज़मींदारों व भूमिहीनों, डकैतों व पुलिस, नागा विद्रोहियों व भारत राज्य को एक-दूसरे के साथ लाने की अपनी कोशिशों के दौरान शांति व सामंजस्य के संदेश देता रहा।

इसके बाद, 1973 में, प्रभावती, जो सदा एक अधिक दृढ़निश्चयी गांधीवादी रही थीं, स्वर्गवासी हुईं। और उसी समय ही इंदिरा गांधी ने अपनी व्यक्तिगत तानाशाही की ओर अपने पहले निश्चित कदम बढ़ाए। जे.पी. ने सर्वोदय उतनी ही नाटकीयता से छोड़ा, जितनी नाटकीयता से उन्होंने उसे अपनाया था। 'भारत छोड़ो' आंदोलन वाला पहले का भूमिगत नायक, अब 'इंदिरा, छोड़ो' आंदोलन का सबसे सार्वजनिक चेहरा बन गया था। उसकी भाषा अब ललकारपूर्ण हो चली थी (जिस सामाजिक बदलाव के लिए वह काम कर रहा था, वह अब आंशिक नहीं रह गया था। वह 'संपूर्ण क्रांति' की बात करता था, एक ऐसा जुमला जो लिऑन ट्रॉट्स्की की 'चिरस्थायी क्रांति' और माओ ज़ेदॉन्ग की 'सांस्कृतिक क्रांति' के साथ सुर मिलाता लगता था।

जे.पी. की तर्ज पर अन्य बहुत से भारतीय, गांधी और मार्क्स के बीच यों झूला किए। हां, यह अलग बात है कि जे.पी. की तरह उनके ये विचलन इतने नाटकीय नहीं रहे (और न ही इतिहास की धारा पर उनके शब्दों का असर इतना पड़ा। कभी एक आलोचक ने जे.पी. पर यह कठोर टिप्पणी की थी कि उनके अपने विचलनों के पदचिह्न उनके पुश्तैनी गांव सिताबदियारा तक देखे जा सकते हैं। उनका यह गांव, उन उपद्रवी नदियों, घाघरा और गंगा, के कछार

में पलता है। और यह इन अलमस्त नदियों की मौज पर निर्भर करता है कि एक साल जे.पी. का गांव उत्तर प्रदेश में अवस्थित हो सकता है तो दूसरे साल बिहार में। लगता है, अपने नारायण (जे.पी.) की यह 'मैं इधर जाऊं या उधर जाऊं' वाली अदा उनके जन्म के समय ही भौगोलिक रूप से कूटबद्ध कर दी गई थी। एक मनोहर कहानी, पर हम बाकी लोगों के बारे में यह भला यह कैसे कुछ कह सकती है?

असल में, इस दोहरे आकर्षण के ठोस सामाजिक कारण हैं जो यूं तो पहली नज़र में परस्पर-विरोधी विचारधाराएं लगती हैं। एक तरफ जहां उत्पादन-प्रणालियों का मार्क्सवादी सिद्धांत इस बात की एक साफ-सुथरी और तर्कसंगत व्याख्या प्रस्तुत करता है कि क्यों कुछ भारतीय अमीर हैं, और बहुत से ग़रीब, वहीं दूसरी ओर वर्ग-संघर्ष की प्रक्रिया सुझाती है कि किस प्रकार हम एक कम-विभाजित समाज की ओर अग्रसर हो सकते हैं। अधिकांश भारतीय चिंतक और कार्यकर्ता मध्यम वर्ग से आते हैं, इस सच्चाई के चलते मार्क्सवाद का आकर्षण और बढ़ा। उनके अपने अपेक्षाकृत सुविधाजनक जीवन के चलते उपजे उनके अपराध-बोध के शमन का सबसे बढ़िया तरीका किसी ऐसे दर्शन से जुड़ना ही हो सकता था जो उन्हें यह आश्वासन देता हो कि उनकी पक्षधरता न्यायोचित है, और यों भी उनका अपना जीवन भी जल्द ही इतना सुविधापूर्ण नहीं रहने वाला है।

और इसलिए, 1917 व 1989 के बीच, सबसे होनहार व सर्वश्रेष्ठ भारतीय युवाओं में कुछ कम्युनिस्टों के साथ जुड़े। लेकिन सारे होनहार भारतीय इस तरह का निर्णायक कदम उठाने के लिए तैयार न थे। दूसरी किस्म के ये होनहार, पार्टी के प्रति निष्ठावानों के मुकाबले गुलाग, रूस और चीन में वर्ग-शत्रुओं के सामूहिक नरसंहार और राजनैतिक विरोधियों को जेलों में ठूंसकर प्रताड़ित करने के किस्सों पर ज़्यादा यकीन करते थे। यही नहीं, वे यह भी पाते थे कि जातिगत भेदभाव और धार्मिक असहिष्णुता जैसे सवालों के जवाब शास्त्रीय मार्क्सवाद की किताबों में नहीं। इन प्रश्नों को उठाने वाला—और कम से कम, कुछ हद तक तो—इनके जवाब देने वाला—था एक स्वदेशी दार्शनिक, गांधी। अपने व्यक्तिगत जीवन संबंधी उनकी पारदर्शिता और अपने राजनैतिक विरोधियों के प्रति उनके शिष्टाचार के चलते महात्मा का आकर्षण और भी बढ़ जाता था। इसके अलावा भी, *कम्युनिस्ट मेनिफेस्टो* के प्रशंसकों के मुकाबले, गांधी ही ज़्यादा कर्मठता और प्रगाढ़ता से भारतीय दरिद्रों के साथ रहे।

विचारशील भारतीय गांधी से अभिभूत तो होते थे, लेकिन उनके हर पहलू से नहीं। यौन और भोजन संबंधी उनकी झक्की अवधारणाओं को वे ठुकरा देते थे। उनकी धार्मिक सहिष्णुता का वे आदर करते थे लेकिन यह बात उनके पल्ले नहीं पड़ती थी कि अपनी निजी हिंदू आस्था का वे क्यों इतना प्रदर्शन करते थे। और यह तो वे समझ ही गए थे कि समकालीन दुनिया के हिसाब से उनकी आर्थिकी बहुत हद तक बेमेल ही बैठती है। इन सीमाओं के चलते गांधी से उनका मोहभंग हुआ और वे वापस, शायद, मार्क्स की ओर लौटे।

यहां तक कि उन भारतीयों में भी जिन्होंने अपनी पसंद को सार्वजनिक किया, प्रतिस्पर्धी आस्था की प्रतिच्छाया बराबर बनी रही। शीत-युद्ध के दौरान, जे.सी. कुमारप्पा जैसे कम्युनिस्ट-विरोधी गांधीवादी, सहज ही अमरीकियों के मुकाबले रूसियों और चीनियों को पसंद करते थे। और पश्चिमी मार्क्सवादी जहां हमेशा भोगवादी, और कभी-कभार कपटी भी बन जाते थे, वहीं अपने व्यक्तिगत जीवन की सादगी और सार्वजनिक आर्थिक व्यवहार की शुचिता में भारतीय मार्क्सवादियों का झुकाव गांधी की ओर रहा। यह बात—इस पुस्तक में सम्मानित बहुत से नायकों में से दो सबसे ओजस्वी नामों—बुज़ुर्ग स्टालिनवादी ई.एम.एस. नंबूदिरीपाद और युवा माओवादी सी.वी. सुब्बाराव—दोनों, पर सही बैठती है। सौभाग्य से, गांधी को मार्क्स से सबसे दो-टूक ढंग से अलग करने वाले सवाल, हिंसा के सवाल ने इस पुस्तक में आए चरित्रों को कोई बहुत परेशान नहीं किया। सी.पी.एम. के महासचिव या नक्सलवाद के हमदर्द किसी के हाथों में कभी बंदूक नहीं रही—और बंदूक अगर उनके हाथों में होती तो उन्हें पता नहीं होता कि उसका करना क्या है।

II

इस पुस्तक का अच्छा-खासा हिस्सा गांधीवादियों और छद्म-गांधीवादियों, मार्क्सवादियों और मार्क्सवाद विरोधियों पर खर्च हुआ है। यहां मैंने उन व्यक्तियों पर लिखा है जिन्हें मैं जानता था या जिनके बारे में मैंने पढ़ा है, या फिर जिन्हें मैंने पसंद या नापसंद किया है। उनके जीवन और काम के ज़रिए, बेशक, उनकी विचारधारा के बारे में हम कुछ-कुछ जानकारी पा सकते हैं। लेकिन मुख्यतः यह प्रशंसा और आलोचना का एक व्यक्तिनिष्ठ काम है, न कि 'विद्वता' का कोई व्यक्तित्वहीन काम।

भारतीयों के लिए रेखाचित्र और शब्दचित्र लिखना सहज नहीं होता। मैं सोचता हूं कि इसका संबंध क्या हमारे प्रमुख धर्म से है? इतिहासकार डेविड कैनेडाइन के अनुसार ''केवल जीवन-चरित ही मरणोपरांत जीवन का कोई निश्चित स्वरूप है।'' संभवतः ब्रिटेन में; उस देश में तो असंभव ही समझिए। जहां दिल धड़कना बंद होने के चंद मिनटों बाद ही आत्मा किसी और देह में जाकर बस जाती है। अब अगर मरने वाला कहीं और जाकर फिर से जा जन्मा है तो फिर उसे श्रद्धांजलि ही क्यों दी जाए?

वैसे भी, ब्रह्मांडीय व्यवस्था में तो एक अकेला कुछ भी नहीं है—इस ख़ुदाई में एक तू क्या है! एक ऐसा विश्वास जिसे एक हिंदू, पेशेवर इतिहासकारों और समाज-विज्ञानियों के साथ साझा करता है। एक अकेले व्यक्ति पर किताब—यहां तक कि एक विस्तृत लेख भी—लिखना उस चीज़ का शिकार बन जाना है जिसे ई.एच. कार ने कभी ''राजे-रजवाड़ों का इतिहास'' कहकर खारिज किया था। यानी कि यह मानना कि एक व्यक्ति समाज को निर्णायक ढंग से प्रभावित कर सकता है। स्कूल या कॉलेज आपको यह पढ़ाते हैं कि मात्र विचार और व्यक्तित्वों जैसी 'व्यक्तिनिष्ठ शक्तियों' के मुकाबले सामाजिक वर्ग और उत्पादन तकनीकों जैसी 'वस्तुनिष्ठ शक्तियां' इतिहास को कहीं बहुत ज़्यादा प्रभावित करती हैं।

कम से कम मुझे तो मेरे विद्यालय ने यही सिखाया। मेरा प्रशिक्षण एक समाज-विज्ञानी और सामाजिक इतिहासकार के बतौर हुआ, और कई सालों तक 'किसानों' और 'राज्य' जैसे समुच्चयों के बारे में लिखते-लिखाते और उनका विश्लेषण करते-कराते बड़ा निश्चिंत रहा। दो चीज़ों ने हल्का महसूस करने में मेरी बड़ी मदद की—नायक-पूजा के प्रति एक लाइलाज रुझान, और भारतीय क्रिकेट का एक वैयक्तिक इतिहास लिखने को लेकर मेरे तत्कालीन संपादक (और वर्तमान प्रकाशक) का निमंत्रण। अब क्रिकेट जो है, सामूहिक खेलों में सबसे ज़्यादा व्यक्तिवादी खेल है। उसके मैच हमेशा किसी न किसी खिलाड़ी की तकनीक और आंकड़ों के संदर्भ में ही याद किए जाते हैं। कर्नाटक के उदय को याद करना मतलब जी.आर. विश्वनाथ के लेट-कट और इरापल्ली प्रसन्ना की चक्करघिन्नी ऑफ-ब्रेक को याद करना है। दिल्ली के क्रिकेट की कहानी कहना यानी यह बताना कि किस तरह उस अमृतसरी सरदार, बिशन बेदी ने अमरनाथ बंधुओं, मदनलाल और चेतन चौहान को अपने साथ लेकर उनसे देश की एक सर्वश्रेष्ठ टीम बना ली।

क्रिकेट लेखन ने मुझे एक खुला आकाश दिया। समय के साथ अमूर्त समुच्चयों के विकास के कदमों के निशान की थाह लेने के लिए समाजविज्ञानी को अब ठेठ हाड़-मांस के पुतलों और उनकी व्यक्तिगत उपलब्धियों पर लिखना था। समय के साथ-साथ, मैंने तमाम तरह के लोगों के बारे में लिखना सीख लिया, राजनेताओं के बारे में, संतों के बारे में, अध्येताओं के बारे में। पर हुआ यों कि ज़िंदगी में जिन-जिन लोगों से मेरी मुलाक़ात हुई, वे गुज़रते चले गए, और मैंने पाया कि उनके सम्मानार्थ मैं उनकी याद में कुछ लिखना चाहता हूं। और बात निकली तो इतनी दूर तलक गई कि मेरे एक समकालीन को यह टिप्पणी करनी पड़ी : ''गुहा तुम्हारे बारे में कुछ लिख पाए इसके लिए तो पहले तुम्हें मरना पड़ेगा।''

दरअसल, मैंने उन क्रिकेटरों पर भी लिखा है, जो अभी भी खेल रहे हैं, और क्रिकेटरों के अलावा उन पर भी जो अभी जीवित हैं। भारत रत्न के अवमूल्यन के मुद्दे पर मेरे दो लोक-सेवा मित्रों से हुई बातचीत के चलते मैं यह सोचने को प्रेरित हुआ कि किस तरह भारत ने महान उपलब्धि, खासकर कलात्मक उपलब्धि को स्वायत्त ढंग से सराहने और उसे पुरस्कृत करने की क्षमता खो दी है। राजनीति हमारे राष्ट्रीय विमर्श पर हावी हो चुकी थी : खासकर, राजनीति का वह संकुचित संस्करण जो राष्ट्र के हितों को राज्य के हितों की पदावली में निरखता है। अलक्षित देशभक्तों को प्रशंसित करने और आत्ममुग्ध परम-राष्ट्रभक्तों के विरुद्ध वाक्-युद्ध का यह एक उचित समय प्रतीत होता था। यह समय था भारत के उस बोध को फिर से बहाल करने का जिसमें सांस्कृतिक परिष्कार था, और जो सामाजिक रूप से समावेशी था, जिसे बम नहीं, गीत प्यारे थे। एक ऐसा भारत बोध जिसे किसी समय के प्रसिद्ध मार्क्सवादी-गांधीवादी जवाहरलाल नेहरू ने परिभाषित और व्याख्यायित किया था।

लेकिन आखिर में मैं यह स्वीकार करता हूं कि इस पुस्तक में दिवंगतों की शुमारी जीवितों के मुकाबले कहीं ज़्यादा है। और इसमें पुरानेपन की कुछ बू आने का यही एकमात्र कारण नहीं है। क्योंकि वैसे भी इसमें वर्णित विचार और व्यक्ति अपनी तमाम आभा अब खो चुके हैं। महात्मा गांधी की जगह अब गुरु गोलवलकर ने ली है, कार्ल मार्क्स, बिल गेट्स द्वारा अपदस्थ हो चुके हैं। जिन भारतीयों का जीवन गोलवलकर और गेट्स के सांचे में ढलता है, मुझे खेद है कि उनके स्मरणोत्सव को किन्हीं और के हाथों होना होगा।

कॉमरेड और सहचर

मार्क्सवादियों के बीच में एक मानवशास्त्री

कुछ साल पहले, स्तंभकार बर्नार्ड लेविन ने द्वितीय विश्व युद्ध के दौरान अपने सोवियत प्रतिपक्षी पर कम्युनिस्ट पार्टी ऑफ़ ग्रेट ब्रिटेन (सीपीजीबी) की दयनीय निर्भरता पर लंदन के *द टाइम्स* में एक लेख लिखा था। शास्त्रार्थ कला में निपुण होने के चलते, औंधे पड़े किसी व्यक्ति को लतियाने के मौके से लेविन कभी चूकते नहीं थे। अब चूंकि सीपीजीबी भी तितर-बितर हो रही थी, तो लेविन साहब पिल पड़े मिथ्याभाषी होने की उसकी पुरानी आदत पर, ब्रिटेन के अधिकारों पर सोवियत साम्यवाद के हितों को तवज्जो देने की उसकी बेबाक परंपरा पर। लेविन हैरान थे कि ऐसी पार्टी को आख़िर किस आधार पर इतने सारे समझदार लोगों की निष्ठा हासिल हो पाई। उसके अपने इस दोगलेपन के अलावा, उसके स्वर्णिम-काल के दौरान उसके प्रमुख विचारक, स्वयं मॉरिस कॉर्नफोर्थ भी लेविन के शब्दों में, ''उतने ही बड़े बौद्धिक थे, जितना कि एक सूअर अपने बाड़े में होता है।''

लेविन के इस हमले को लेकर *द टाइम्स* के पाठकों में क्या प्रतिक्रिया हुई इसका तो मुझे कोई ज्ञान नहीं, लेकिन कलकत्ता के *द स्टेट्समैन* में इसका पुनर्प्रकाशन होने पर चित्तरंजन एवेन्यू स्थित इस अख़बार के दफ़्तर में इसके पाठकों के पत्रों की झड़ी ज़रूर लग गई। हावड़ा के बीके घोष-दस्तीदार ने लिखा कि मि. लेविन द्वारा ब्रिटिश मार्क्सवादी चिंतक की इस आलोचना ने उन्हें घोर व्यक्तिगत पीड़ा पहुंचाई हैः क्योंकि उन्होंने अपना तत्व-ज्ञान कॉर्नफोर्थ के *डायलेक्टिल मटेरियलिज़्म* से और अपना राजनैतिक ज्ञान उनकी *थ्योरी एंड प्रैक्टिस*

ऑफ़ रिवोल्यूशन से प्राप्त किया था। कलकत्ता के एक और उपनगर, 24-परगना(दक्षिण) से एसएम कर्माकर ने लिखा कि लेविन का लेख एक तरह से भारत की उन तमाम पीढ़ियों का अपमान था जो अपने अंग्रेज़ कॉमरेडों के काम और जीवन से उतने ही गहरे प्रभावित थे जितने कि वे ख़ुद।

अपने शुरुआती सालों में भारतीय कम्युनिस्ट पार्टी का सीपीजीबी से वही रिश्ता था जो कि सीपीजीबी का लेनिन और स्तालिन की पार्टी से था। भारत और ग्रेट ब्रिटेन के बीच औपनिवेशिक संबंध का यह एकदम सही-सही प्रतिबिंब था, और बर्नार्ड लेविन के इस लेख को लेकर जोश से भरपूर बंगाली प्रतिक्रिया को संभवतः दासता के वृहत्तर इतिहास के एक अंश के बतौर देखा जा सकता है—कम्युनिस्ट नेताओं की पहली पीढ़ी में से कई कैंब्रिज या 'लिंकंस इन' में प्रशिक्षित बंगाली थे। इधर भारतीय कम्युनिस्ट लंबे समय से अपनी मातृभूमि की स्वाधीनता पर ज़ोर देते रहे हैं, उधर जबकि सीपीजीबी और उसका रूसी प्रतिरूप इतिहास के कूड़ेदान के हाशिए पर एक पराधीन-सा जीवन जीने को विवश हुए हैं। इसलिए श्री घोष-दस्तीदार और श्री कर्माकर के पत्रों को इस सच्चाई के बरअक्स देखा जाना चाहिए कि भारतीय राज्य पश्चिम बंगाल में संसार की सबसे लंबे समय तक लोगों द्वारा चुनी हुई कम्युनिस्ट सरकार रही है। जहां तक राजनैतिक स्वतंत्रता में विचार और विमर्श के फलने-फूलने की बात है तो कलकत्ता ही विश्व मार्क्सवाद का केंद्र है, न कि बीजिंग, हनोई या हवाना।

II

पश्चिम बंगाल में सीपीआई(एम) के सत्ता में आने के कोई तीन साल बाद जून 1980 में मैं कलकत्ता पहुंचा। 1964 में सीपीआई(एम) अपनी जनक सीपीआई से अलग हो चुकी थी और सीपीआई के मुकाबले अब वह ज़्यादा सशक्त पार्टी हो चली थी। बाईस साल की अति-संवेदनशील उम्र में मैं वहां समाजशास्त्र में डॉक्टरेट करने आया था। अंततः वह डिग्री तो मुझे मिली लेकिन मार्क्सवादियों की सोहबत में साढ़े पांच साल के निरंतर कड़े ज़मीनी-कार्य (फील्ड-वर्क) के बाद।

ज़मीनी-कार्य पर अपने चिंतन में भारतीय मानविकी के वरिष्ठ, एमएन श्रीनिवास के मुताबिक सफल मानवजाति-वर्णन को तीन चरणों से गुज़रना पड़ता

है। किसी मानवशास्त्री का 'पहला जन्म' तब होता है जब वह शुरुआत में अपने कार्यक्षेत्र (फील्ड) में जाता है, अपनी जानी-पहचानी दुनिया से दूर एक ऐसी दुनिया में जिसका उसे ज़रा भी भान नहीं। उसका 'दूसरा जन्म' तब होता है, जब अपने समुदाय के बीच कुछ समय रहने के बाद वह अब चीज़ों को उनके दृष्टिकोण से देखने लगता है। जिन-जिन मानवशास्त्रियों को यह अनुभव होने का सौभाग्य प्राप्त होता है, उनके लिए उनका यह दूसरा जन्म, चेतना की उस बौद्ध तरंग सरीखा होता है जिसे महसूस करने के लिए बरसों लंबे अध्ययन या भाषिक दक्षता मात्र के बूते ही आप तैयार नहीं होते। देखते ही देखते, आप हर चीज़ को देशज नज़रिए से देखने लगते हैं—फिर चाहे वह त्योहार हों, प्रजनन-अनुष्ठान हों, या मृत्यु का भय।

पहले चरण से सभी मानवशास्त्री गुज़रते हैं, बहुतेरे मानवशास्त्री दूसरा चरण भी पार कर लेते हैं। लेकिन एक मानवशास्त्री तीसरी बार तभी जन्म ले सकता है जब अंततः वह अपना कार्यक्षेत्र छोड़, विश्वविद्यालय की एक अलग ही दुनिया में वापस जा पहुंचता है। यहां पहुंचकर वह अपनी सामग्री पर मनन करता है, अपने-अपने कार्यक्षेत्रों से लौट रहे अपने सहकर्मियों के प्रतियोगी पूर्वाग्रहों का सामना करता है। वैसे तो अपने क़बीले के प्रति अपनी निष्ठा पूरी तरह त्यागी से नहीं जा सकती, लेकिन इस मुकाम पर आकर हम थोड़ी-बहुत ऐसी वस्तुनिष्ठता पा लेने की उम्मीद तो कर ही सकते हैं जो एक अंधभक्त से अलग एक अध्येता की निशानी होती है।

बंगाली मार्क्सवाद एक ऐसी जीवनशैली है जिसकी अपनी एक विशिष्ट गहनता है, शिद्दत है, साथ ही वह इतनी आत्मकेंद्रित संस्कृति भी है कि उसने अपनी प्रतिमाएं ख़ुद गढ़ी हैं, अपनी भाषा, अपने पाठ, अपने तौर-तरीके ख़ुद बनाए हैं, यहां तक कि उसकी कट्टर नास्तिकता भी निहायत उसकी अपनी है। कुल मिलाकर, यह उस क़बीले के समान है जो एक ऐसे परिवेश में अलमस्त है जो मेरी अपनी जानी-पहचानी दुनियाओं से एकदम जुदा था—प्रमुख रूप से दिल्ली और बैंगलोर की शहरी दुनिया से। लेकिन मुझे अपने इस कुलनाम का लाभ वैसे ख़ूब मिला जो इस क़बीले के लिए काफ़ी अपना-सा नाम था। मेरे नाम का अंतिम हिस्सा गुहा, जो यों तो बंगाली लगता है, पर तमिलों में आम तौर पर इसे 'गुहन' की तरह बरता जाता है। सो अपने सरनेम के संक्षिप्त रूप के प्रति अपना आभार व्यक्त करने (एक पारिवारिक विशिष्टता) का आधार

मेरे पास था, क्योंकि मेरे नए मुखबिर, मेरे इन्कार के बावजूद, यह मान बैठे थे कि घूम-फिर कर मैं अपने वंशक्रम का नाता दक्षिण भारत के बहुत पुराने, लगभग भुला दिए गए किसी बंगाली तीर्थयात्री से जोड़ दूंगा।

मानवशास्त्री के बतौर मेरा दूसरा जन्म कलकत्ता छोड़ने के कोई एक साल बाद हुआ। तब तक मैंने मार्क्सवाद की भाषा और तकनीकी गुणा-भाग पर अपनी अच्छी-ख़ासी पकड़ बना ली थी और इससे भी ज़्यादा ख़ास बात यह थी कि दुनिया को मैंने ख़ालिस अपने क़बीलाई दृष्टिकोण से देखने की काबिलियत हासिल कर ली थी। एक अच्छे मानवजाति विशेषज्ञ की भांति मैं अपने समुदाय की बंधनकारी प्रथाओं में सक्रिय भागीदारी निभाता था जैसे कि गुप्त सभाओं में भाग लेना और उन पत्रिकाओं में अपने कुनबे के विरोधी कुनबों के ख़िलाफ़ लिखना। ज़मीनी-कार्य की लंबी पारी पूरी करने के बाद बंगाल छोड़ने के साथ ही मुझे लगता है कि मैं तीसरी बार पैदा हुआ। अपने क़बीले से एक सुरक्षित दूरी पर आ जाने के चलते अब मैं उदारवादी, गांधीवादी और दक्षिणपंथी प्रतिक्रियावादी जैसे प्रतिद्वंद्वी आस्था वाले समुदायों के समक्ष प्रस्तुत था।

पराए लोगों के करीब रहते हुए, एक मानवशास्त्री की विशिष्ट, लाक्षणिक प्रतिक्रिया अत्यंत स्नेहिल लेकिन आलोचनात्मक अरुचि की गंध लिए होती है: प्यार और नफ़रत का ऐसा अनूठा मिश्रण जिसकी गूंज निश्चित ही इन पृष्ठों में सुनाई पड़ती है। लेकिन मैं एक नॉस्टेल्जिया (अतीत-विरह) के साथ भी लिखता हूं, क्योंकि मानवशास्त्रियों द्वारा अनुशीलित तमाम जातियों की तरह ही मार्क्सवादी बौद्धिक भी अब लुप्त हो ज़ाने के कगार पर हैं। इस मामले में अपने को विशिष्ट रूप से सौभाग्यशाली मानता हूं कि 1980 के दशक के शुरुआती दौर में मैं एक ऐसी संस्कृति का अध्ययन कर पाया जो आने वाले दशकों में या तो मानवजातीय संग्रहालयों और विश्वविद्यालय के पुस्तकालयों में दफ़्न मिलेगी।

III

कलकत्ता में मेरी पहली कर्मस्थली थी भारतीय प्रबंधन संस्थान, शहर किनारे बना एक लंबा-चौड़ा, हवादार, सुनिर्मित परिसर जो पहली नज़र में तो कोई ऐसी जगह नहीं लगती थी जहां कोई क्रांति अब हुई कि तब हुई। संस्थान का मुख्य काम युवा प्रबंधकों को 'इंपीरियल केमिकल इंडस्ट्रीज़' और 'फर्स्ट नेशनल सिटी बैंक' जैसे पश्चिमी साम्राज्यवाद के उपक्रमों के लिए तैयार करना था। हालांकि

1961 में हुई इसकी शुरुआत से ही इसके प्राध्यापक वर्ग में मार्क्सवादी प्रोफेसरों का प्रतिशत ठीक-ठाक रहा आया।

जिस समय मैं वहां पढ़ रहा था, उस दौरान आईआईएम के दो सबसे विख्यात मार्क्सवादी, अर्थशास्त्र विभाग में पाए जाते थे। यह तो स्पष्ट था कि उन दोनों ने हैंस गर्थ और सी. राइट मिल्स का निबंध 'एक मार्क्स, प्रबंधकों के लिए' नहीं पढ़ा था क्योंकि कक्षा में वे फर्म का सिद्धांत ख़ालिस पूंजीवादी अर्थशास्त्र के सिद्धांतों के हिसाब से पढ़ाते थे। लेकिन कॉफ़ी रूम वार्तालाप और अपने लेखन में अक्सर वे 'भारतीय राष्ट्र की व्यवस्था को उड़ा देने' की बात किया करते।

इन दो महानुभावों ने—जिन्हें हम क्रमशः प्रो. सेनगुप्ता और प्रो. बसु कह सकते हैं—बंबई से निकलने वाली, आज की तरह उस समय की भी, देश की उत्कृष्ट स्वतंत्र मार्क्सवादी विचार पत्रिका *इकोनॉमिक एंड पोलिटिकल वीकली* (ईपीडब्ल्यू) के पृष्ठों पर छिड़े एक प्रसिद्ध विवाद में एक प्रमुख भूमिका निभाई थी। पच्चीस सालों भी ज़्यादा चली इस बहस का सरोकार भारतीय सामाजिक संरचना में उत्पादन की प्रमुख प्रणाली की सही पहचान से था। इसी पर टिका था भारतीय क्रांति का भविष्य। क्योंकि एकबारगी जो प्रोफेसर बंधुओं ने उत्पादन प्रणाली की सही-सही शिनाख़्त कर ली, तो क्रांति करने वाली पार्टी को ठीक-ठीक पता चल जाएगा कि किन-किन वर्गों को लामबंद करना है।

ईपीडब्ल्यू में प्रोफेसर सेनगुप्ता उन लोगों के पक्ष में थे जिनका कहना था कि क्रांति-पूर्व चीन की ही तर्ज़ पर समकालीन भारत भी अपनी प्रकृति में मूलतः 'अर्ध-सामंतवादी' ही था। इसका मतलब यह कि केवल अमीर ज़मींदार ही वर्ग-शत्रु थे, और यह भी कि ग़रीब व मध्यम किसानों, यहां तक कि एकाध कुलकों (संपन्न किसानों) को भी, सैद्धांतिक रूप से सबसे विश्वसनीय सामाजिक समूह, खेतिहर सर्वहारा के रणनीतिक समर्थकों के बतौर भर्ती किया जा सकता था। जबकि इसके विपरीत प्रो. बसु का मत था कि भारतीय कृषि तो बहुत पहले से ही पूंजीवादी मार्ग पर चल चुकी है, यानी कि कम्युनिस्ट लामबंदी को अनन्य रूप से भूमिहीन श्रमिकों पर ही ध्यान देना चाहिए, और वैसे भी अपनी ढुलमुल सोच के लिए कुख्यात छोटे और मध्यम वर्ग की ओर जाते किसानों का क्या भरोसा कि न जाने कब वे अपना मन बदल दूसरे पाले में चले जाएं। दोनों विद्वानों ने अपने निष्कर्षों के लिए भारत सरकार के कृषि सर्वेक्षणों से

प्राप्त आंकड़ों (आश्चर्यजनक ढंग से इन आंकड़ों को ज़मींदारी या पूंजीवाद के पूर्वग्रहों से नितांत मुक्त माना गया) को अपना आधार बनाया था: इस दौरान ये दोनों विद्वान एक-दूसरे पर यही आरोप लगाते रहे कि सामने वाले ने 'कृषि के सवाल' के दो श्रद्धेय विशेषज्ञों, लेनिन और माओ का पूरी तरह से कुपाठ किया है।

मेरे अपने विभाग में, हम लोग उनके इस शास्त्रार्थ को बड़ी आतुरता से सुना करते थे। मानव विज्ञान के क्षेत्र में समाजशास्त्र की तुलना में अर्थशास्त्र का स्थान वही है जो मार्क्सवादी शब्दावली में अधिरचना की तुलना में आधार का स्थान है। इस प्रकार मैं और मेरे अध्यापक सभी महत्वपूर्ण मसलों को लेकर इन दोनों प्रोफेसरों को सम्मान की दृष्टि से देखते थे। सहज ही, हमने कभी उनके वाद-विवाद को समझने का दावा या फिर कभी किसी एक का पक्ष लेने का साहस नहीं किया। लेकिन अपेक्षाकृत कम महत्वपूर्ण और राजनीतिक रूप से नगण्य हमारे अनुशासन मार्क्सवादी समाजशास्त्र के संदर्भ में अक्सर हमें उन महानुभावों से परामर्श करना पड़ता था। सो लेनिन की रचना *द डेवलपमेंट ऑफ़ कैपिटलिज़्म इन रशिया* के अध्ययन के सिलसिले में हम प्रो. सेनगुप्ता के पास जाते जो रूसी जानते थे, और मार्क्स द्वारा हेगेल से उधार ली गई मार्क्सवादी शब्दावली की एक महत्वपूर्ण अनेकार्थी अवधारणा *ऑफेबंग* के सभी अर्थों को बूझने के लिए हम जर्मनी में प्रशिक्षित प्रो. बसु से परामर्श करते।

उस वक़्त प्रशिक्षु समाजशास्त्री होने के नाते मार्क्सवाद संबंधी अपना ज्ञान मैंने अपने उन गुरुओं से ग्रहण किया जो स्वयं प्रोफेसर-द्वय बसु और सेनगुप्ता के चरणों में बैठकर दीक्षित हुए थे। कक्षा के बाहर मेरी शिक्षा-दीक्षा में आईआईएम पुस्तकालय के मार्क्सवादी साहित्य के शानदार संग्रह का बड़ा योगदान रहा। आंग्ल-अमरीकी दुनिया के बाहर यह शायद सर्वश्रेष्ठ (और प्रति व्यक्ति के हिसाब से सबसे कम उपयोग में लाया गया) ज्ञान-भंडार था—मार्क्स, एंगेल्स, लेनिन, और हां माओ के भी, संपूर्ण वाङ्मय, और उन सबकी व्याख्याओं के अनंत दिखते शेल्फ। *न्यू लेफ़्ट रिव्यू* और *रिव्यू ऑफ़ रैडिकल पोलिटिकल इकोनॉमिक्स* जैसी प्रामाणिक पत्रिकाओं की अनवरत शृंखलाएं। देर शाम को यहां मैं इन सबमें अपनी आंखें गड़ाए बैठा होता, और उधर पास के कक्षों में बैठे छात्र उतनी ही अधीरता से *फॉर्च्यून* और बॉम्बे स्टॉक एक्सचेंज की डायरेक्टरी को निहार रहे होते।

उस समय का मेरा सबसे करीबी दोस्त प्रो. बसु के मार्गदर्शन में अर्थशास्त्र में डॉक्टरेट के लिए अध्ययन कर रहा था। विद्यार्थी छात्रावास में लगभग पूरी तरह से अलग-थलग, हम बड़ी व्यग्रता से नौ बजे का इंतज़ार करते, जब इंस्टीट्यूट की बस अधिकांशतः शहर में रह रहे अध्यापकों को अपने साथ लेकर आती। हम दोनों विरले ही शहर जाया करते, और जब भी जाते, अक्सर कॉलेज स्ट्रीट जाते। यहां हम कमोबेश बराबर-बराबर हिस्सों में, इन तीन अग्रणी मार्क्सवादी समूहों से जुड़े स्टालों पर अपना पुस्तक-भत्ता खर्च करते—सीपीआई, सीपीआई (एम) और माओवादी। लदे-लदाए बस्तों के साथ हमारी ये यात्राएं अपरिहार्य रूप से कॉलेज स्ट्रीट कॉफ़ी हाउस में ख़त्म होतीं। कॉलेज स्ट्रीट कॉफ़ी हाउस यानी कलकत्ता के क्रांतिकारियों का दूसरा घर, और 1960 के दशक के उत्तरार्ध के विख्यात नक्सल आंदोलन का केंद्र-बिंदु।

IV

1984 में आईआईएम से मैं एक नियुक्ति पर दक्षिण कलकत्ता में लेक टेरेस स्थित सेंटर फॉर स्टडीज़ इन सोशल साइंसेज़ (सामाजिक विज्ञान अध्ययन केंद्र) गया। यह केंद्र, उन अनुसंधान संस्थानों की शृंखला का एक हिस्सा था जिसकी स्थापना उन्नीस सौ सत्तर के दशक की शुरुआत में इतिहास के उन मार्क्सवादी प्राध्यापक द्वारा की गई थी, जो उस समय की केंद्र सरकार में शिक्षा मंत्री थे। यह प्रधानमंत्री इंदिरा गांधी के 'वाम पक्ष' के उत्कर्ष का समय था।

कलकत्ता सेंटर महान इतिहासकार सर जदुनाथ सरकार के निवास स्थान में स्थित था, जिसे उनकी पत्नी ने सेंटर को उपहार स्वरूप दिया था। उनकी नाइट ('सर') की उपाधि से ही पता चलता है कि अपने सरकार साहब किसी भी तरह से राजनैतिक उग्रवादी नहीं थे। हां, उदग्र विद्वान वे ज़रूर थे—मुग़ल काल के प्रामाणिक इतिहास और उस समय के शासकों के जीवन-चरित के जाने-माने लेखक। एक ऐसे सादा व्यक्ति जो घंटों काम किया करते। उनके अपने स्वामित्व में फ़ारसी दस्तावेज़ों का एक अमूल्य भंडार था। इन पांडुलिपियों का संदर्भ लेने जो भी इतिहासज्ञ बाहर से आए उन्होंने सर जदुनाथ के अति-शिष्टाचार, विनम्र संवाद के प्रति उनकी घृणा और अपने शिष्यों के लिए उनके द्वारा बनाये गए ज़बर्दस्त आदर्शों के बारे में भाव-विभोर होकर लिखा है।

जदुनाथ भवन एक तीन-मंज़िला इमारत है जो रासबिहारी एवेन्यू से थोड़ा

हट कर, कलकत्ता के उस इलाके में स्थित है जिसे लेक डिस्ट्रिक्ट कहा जा सकता है—चारों तरफ़ शोर भरे बाज़ारों से घिरी घनी, कदाचित पांच-पांच एकड़ की दो 'झीलों' के ठीक उत्तर में बसी अमूमन एक रिहाइश—अन्यथा पूरी तरह से इमारती इलाके में स्थित प्रकृति का एक छोटा-सा टुकड़ा। हालांकि भवन का बाहरी हिस्सा मज़बूत, बल्कि प्रभावशाली है, लेकिन उसके कमरे छोटे और अंधियारे हैं और उनका पेंट दीवारों से उखड़ने लगा है, और इमारत के अंदर नमी की एक बू लगातार बनी रहती है। खिड़कियों से हल्की सी रोशनी छन-छन कर आती है, लेकिन उनसे बाहर की ओर झांकने पर जर्जर और मटमैली इमारतों का एक उदास सा नज़ारा दिखाई देता। ख़ासकर सर्दियों में, आस-पड़ोस में जलने वाले हज़ारों चूल्हों से कोयले के धुएं के भभके भी इन खुले रास्तों से अंदर चले आते हैं। मेरे ज़मीनी-कार्य के अंतिम चरण में हरे-भरे बैंगलोर से आई मेरी पत्नी इस बात पर आश्चर्य करती थी कि ऐसे परिवेश में कोई बौद्धिक काम भला कैसे संपन्न हो सकता है। इसके बावजूद इस केंद्र के पास आधुनिक भारत के कोई आधा दर्जन सबसे उम्दा इतिहासज्ञ थे।

जदुनाथ भवन जाकर जिन विद्वानों के साथ मैंने काम किया, वे उस इतिहासज्ञ के मुकाबले कहीं अधिक वामपंथी थे, जो कभी वहां रहता था। हालांकि उन्होंने अपने उस पूर्वज की सादगी और विद्वता के प्रति प्रेम विरासत में ग्रहण किया था। राजनैतिक दृष्टि से उनके तीन अलग-अलग धड़े थे। उनकी एक छोटी ख़ास मंडली का जुड़ाव सीपीआई (एम) के साथ था, जो कि राज्य में सत्तारूढ़ पार्टी थी और हमारे सेंटर को मिलने वाली कुल सहायता की आधी धनराशि का स्रोत थी। बाक़ी विद्वान लोग, उन दिनों सोवियत संघ की कम्युनिस्ट पार्टी के दामन से बंधी सीपीआई और चीनी साम्यवाद के भारतीय प्रकार, नक्सल आंदोलन से जुड़े थे। ये आख़िरी वाला समूह, राष्ट्रीय राजनीति में एकमात्र वास्तविक क्रांतिकारी समूह था, जो सशस्त्र संघर्ष का झंडा उठाए हुए था, लेकिन कोई दर्जन भर प्रतिद्वंद्वी गुटों में बंटा हुआ था।

एक ओर आईआईएम में जहां मेरा ज़मीनी-कार्य अवरुद्ध और घटनाप्रधान रहा था, वहीं दूसरी ओर इस सेंटर में मेरा काम बेरुकावट और एकाग्र रहा। प्रो. बसु और प्रो. दासगुप्ता को कक्षा के भीतर अल्फ्रेड मार्शल, और कक्षा के बाहर कार्ल मार्क्स के साथ रहना पड़ा, लेकिन मेरे नए साथियों का मक़सद केवल पढ़ाई करना और वाम नज़रिए से भारतीय समाज को लेकर तर्क-वितर्क

करना था। भारतीय इतिहास संबंधी कोई भी व्याख्या निश्चित ही बड़ी हद तक उसके व्याख्याता की दलगत निष्ठा से प्रभावित रहा करती। उस समय की राजनीति पर बहस करते समय ऊपर बताए गए तीन गुटों के अंतर एकदम साफ़ दिखाई पड़ते थे। भारतीय क्रांति की वर्तमान अवस्था के लिए रणनीति और—जो कि मार्क्सवादियों के लिए हमेशा ही बड़े महत्व का मुद्दा रहा है—वास्तविक समाजवादी पितृभूमि (रूस, चीन, वियतनाम, अल्बानिया, या फिर भावी) की सही पहचान को लेकर सीपीआई, सीपीआई (एम) और नक्सलवादियों के अपने-अपने विश्लेषण एक-दूसरे से एकदम अलग-अलग थे।

हमारा अधिकांश अनुसंधान, हालांकि बीसवीं शताब्दी के प्रथमार्ध को लेकर था। यहां आकर ये भेदभाव अधिक सूक्ष्म हो जाते थे। एक स्तर पर, अविभाजित सीपीआई (जो कि 1962 में ही विभाजित हुई) को तीनों दलों की अभिभावक संस्था का दर्जा हासिल था : सभी ने उसके द्वारा उठाये गए हर कदम को पूर्वप्रभावी वैधता प्रदान की, मसलन, 1942 के भारत छोड़ो आंदोलन के दौरान उसके द्वारा औपनिवेशिक सरकार को दिए गए समर्थन का मसला। लेकिन तिस पर भी सीपीआई के साथ जुड़े विद्वान, भारतीय राष्ट्रीय कांग्रेस की आलोचना बहुत कम करते थे, जो कि उनके हिसाब से भारतीय स्वतंत्रता संग्राम की सबसे अग्रणी पार्टी थी। आलोचना के प्रति उनकी यह अनिच्छा एक तो इस कारण थी कि आबादी के बहुत बड़े तबके पर कांग्रेस का प्रभुत्व था, और असंदिग्ध रूप से इसका दूसरा कारण था, उस समय की महाशक्ति सोवियत यूनियन से आने वाला दबाव, जो कि 1971 से कांग्रेस शासित भारत का एक विशेष मित्र रहा है। जबकि दूसरी ओर, सीपीआई(एम) बुद्धिजीवी यह सोचते थे कि कुछ भी हो, कांग्रेस आख़िर भारतीय पूंजीपति वर्ग का एक औज़ार थी, और बुर्जुआ क्रांति लाने के बाद अब उसे 'इतिहास के अगले चरण' यानी समाजवाद के लिए रास्ता तैयार करना चाहिए। लेकिन नक्सलवादी, कांग्रेस के प्रति सबसे आक्रामक थे। उनके लिए, 1947, एक नकली आज़ादी थी और भारत अभी भी पश्चिमी साम्राज्यवाद द्वारा शासित एक ऐसा अर्ध-सामंती अर्ध-उपनिवेश था, जिसकी देशज विदेशी एजेंटों (कॉम्प्रेडोर क्लास) के साथ सांठ-गांठ थी।

भारत के 'राष्ट्रपिता' महात्मा गांधी और मेरे हिसाब से, भारत के 'चाचा' जवाहरलाल नेहरू संबंधी हमारा आकलन, इन चरित्र-चित्रणों से निर्णायक रूप से प्रभावित होता है। आज़ादी के आंदोलन की छत्रछाया में पल रहे अधिकांश

ग़ैर-बंगाली मध्यमवर्गीय घरों की तर्ज़ पर, मेरे घर में भी, मां-बाप के आग्रह पर इन दोनों महापुरुषों की बड़ी-बड़ी तस्वीरें लगी थीं। मेरे कलकत्ता आने तक इनमें से एक के संतत्व और दूसरे के आदर्शवाद को लेकर मैं पूरी तरह से आश्वस्त था। लेकिन वहां आने के बाद मार्क्सवादियों के बीच अपना ज़मीनी-कार्य करते समय मेरे इन विश्वासों को बड़ी ठेस लगी।

सीपीआई की देवमंडली में नेहरू और गांधी बड़े पूजनीय व्यक्तित्व थे, मार्क्स, एंगेल्स और लेनिन को प्राप्त ओहदे से शायद ठीक नीचे। सीपीआई(एम) इनकी कुछ अधिक ही आलोचक थी। वह गांधी पर यह इल्ज़ाम मढ़ती थी कि गांधी ने हमेशा बूर्जुआ वर्ग हितों के पक्ष में काम किया। उसका तर्क था कि अहिंसा को केवल इसीलिए बढ़ावा दिया गया ताकि बहुसंख्यक आबादी, क्रांति के मार्ग से विमुख रहे। धर्म के पक्ष में विज्ञान और तर्क के विरुद्ध, 'सबसे प्रतिक्रियावादी और दकियानूसी विचारधाराओं' की तरफ़दारी करने के लिए वह गांधी की आलोचना करती थी। सोवियत नियोजन में आस्था के चलते नेहरू की प्रशंसा तो उसने ज़रूर की लेकिन संपन्न तबके के ख़िलाफ़ ढुलमुल रवैया अपनाने और उनकी संपत्ति ज़ब्त कर लेने के हिसाब से राज्य की शक्ति का इस्तेमाल न कर पाने के लिए उनकी जम कर निंदा भी उसने की।

नक्सलवादी तो दोनों से ही घृणा करते थे। हमारे सेंटर पर काम करने वाले एक माओवादी अक्सर सीपीआई के एक ऐसे अनुभवी नेता को कोसते हुए मिला करते जो ख़ुद को ही इस कदर भूल बैठे थे कि *दोनों* कांग्रेसी नेताओं पर उन्होंने प्रशंसात्मक विश्लेषण लिख मारा था ('और वह पट्ठा अपने आपको कम्युनिस्ट कहता है!')। नेहरू का बचाव तो ख़ैर मैं नहीं कर सकता था, लेकिन सालों तक मैं अपने इस सहकर्मी को इस बात के लिए मनाता रहा कि कम से कम गांधी को तो वह एक सच्चा राष्ट्रभक्त और लोकतंत्रवादी होने का रुतबा दे, वह हैसियत जो माओ ने कभी कृपापूर्वक सन यात-सेन को बख़्शी थी।

उस बौद्धिक संसार में ग़ैर-मार्क्सवादी होना हिम्मत का काम था, और गांधीवादी होना तो किसी वीर होने से कम न था। हमारे सेंटर पर ऐसे ही एक वीर थे अत्यधिक ज्ञानी इतिहासज्ञ हितेशरंजन सान्याल। लंबे कद के सान्याल संकोची व्यक्ति थे, और जो 1988 में त्रासदपूर्ण अकालमृत्यु का शिकार होने के पहले ही तीन बहुत भिन्न क्षेत्रों : लोककला और वास्तुकला, मध्यकालीन धार्मिक विद्रोह (भक्ति), और बीसवीं शताब्दी के किसान राष्ट्रवाद पर अग्रगामी

काम कर चुके थे।

सान्याल पर जिसने शुरुआती प्रभाव डाला, बौद्धिक भी और व्यक्तिगत भी, वे मानवशास्त्री निर्मल कुमार बोस (1901-72) थे। गांधी जब सांप्रदायिक उन्माद की लपटें बुझाने के लिए ग्रामीण बंगाल के दौरे पर थे तो बोस महात्मा के सचिव और दुभाषिए हुआ करते थे। यही नहीं, गांधी दर्शन पर कई रचनाओं के वे लेखक भी थे। बोस साहब जहां अपने गांधीवाद का प्रदर्शन सार्वजनिक रूप से करने में ज़रा भी न झिझकते थे, वहीं उनके शिष्य, अपने शिक्षक से उलट, विवादी व्यक्ति नहीं थे। लेकिन बारीकी से पढ़ने पर हम जान जाते हैं कि हम एक गांधीवादी इतिहासज्ञ का लिखा पढ़ रहे हैं। दरअसल, मेदिनीपुर ज़िले के गांवों में बरसों तक अपना ज़मीनी काम करते हुए तीन महान राष्ट्रवादी आंदोलनों के दौरान किसान लामबंदी पर पड़े गांधी और उनके अनुयायियों के प्रभाव का उन्होंने अध्ययन किया था। एक तरह से, भक्ति पर सान्याल के काम का उद्गम हम उस ठेठ गांधीवादी चाहत में देख सकते हैं जो हर सुधार को भारतीय परंपरा के भीतर से निकलते हुए देखना चाहती है। मिट्टी के काम पर उनका विद्वत्तापूर्ण काम, लोककला और शास्त्रीय कला के संगम की मिसाल देते हुए लगता है, और उनका समूचा कार्य, उन तमाम लोगों की विनम्र आलोचना था जो अभिजात वर्ग और अधीनस्थ वर्ग के बीच एक संपूर्ण खाई के हिमायती रहे।

मैं और हितेश सान्याल, मेरे कमरे से लगे उनके छोटे और अंधियारे कमरे में प्रायः अपने साझा आदर्श के बारे में बातें करते। महात्मा के प्रति अपनी अप्रकट श्रद्धा को मैंने बचाए रखा था। संस्थान में जब भी गांधी का उपहास किया जाता, मैं उसका क्षीण विरोध करता और सान्याल चुपचाप अपनी विचारपूर्ण मुद्रा में अपना पाइप फूंक रहे होते। हो सकता है कि यह उनकी अल्पभाषिता मात्र हो। या फिर, जिसकी संभावना अधिक है, एक बंगाली बुद्धिजीवी होने के नाते वे जानते थे कि बेबाक असहमति एकदम वर्जित थी।

निरे मानवशास्त्रीय अर्थों में गांधीवादिता, सान्याल का केवल 'प्रच्छन्न अभिलेख' ही हो सकता था। मुझे यह बात तब समझ में आई, जब मैं उनके साथ विख्यात कलाकार रथिन मित्र से मिलने गया। ढाकुरिया पुल का नज़ारा देते हुए मित्र के फ्लैट में हम—ट्रकों और लारियों के शोरगुल को अनसुना करते हुए—अपने आतिथेय द्वारा रचित उन इमारतों के चित्रों को देख-देख हैरत में

पड़े हुए थे जिन इमारतों में गांधी या तो रह चुके थे या फिर जिन्हें गांधी की उपस्थिति मात्र से ही ख्याति मिली थी : दिल्ली की वाइसरीगल लॉज से लेकर सेवाग्राम की मिट्टी से बनी कुटिया। वह शाम जैसी कि मुझे याद है, मेरे हिसाब से हम तीनों ने गांधी का गुणगान जिस तरह से किया था, वह कुछ-कुछ लुका-छिपी जैसा ही था—ठीक उन शैतान स्कूली बच्चों की तरह जो स्कूल से तड़ी मार कर अपनी छुट्टी मना रहे थे।

V

ग्रामीण भारत का अध्ययन करने वाले मानवशास्त्रियों नें लिखा है कि चाहते न चाहते, उन्हें किसी न किसी जाति या धड़े की तरफ़दारी करनी पड़ी। कोई हो सकता है एक ब्राह्मण के घर में किराए से रहने लगा हो या फिर किसी की शुरू-शुरू में ही गांव के मुखिया के ख़ास दुश्मन से दोस्ती हो चली हो : इन आकस्मिक संबंधों के चलते उनके शोध पर एक निर्णायक प्रभाव पड़ा।

मेरा अपना समुदाय, जैसा कि मैं पहले ही बता चुका हूँ, तीन कुलों में बंटा था, हरेक कुल एक ही पूर्वज पर अपना दावा जताते हुए अब विरोधी गण-देवता को पूजते थे। जैसे जैसे मेरा ज़मीनी-कार्य आगे बढ़ता गया, मेरा नक्सल-समर्थन बढ़ता चला गया। मुख्यतः तो यह अपनी-अपनी पसंद का मसला था, मैं तो, खेतिहरों के प्रति उनके झुकाव और पर्यावरण व संरक्षण संबंधी मुद्दों पर उनकी अपेक्षाकृत उदारता को लेकर उनसे गहरे प्रभावित था। वैसे मेरे अपने अनुसंधान में मैं ख़ुद पर्यावरण और पारिस्थितिकी के मुद्दों से जूझ रहा था।

नक्सलियों के साथ मेरे इस जुड़ाव के चलते कलकत्ता में मुझे अपना तीसरा कार्य-क्षेत्र मिला : उग्रवादी साप्ताहिक *फ्रंटियर* की करीबी मंडली। यह पत्रिका, जदुनाथ भवन के उत्तर में कोई छह मील दूर, शहर के बीचोंबीच बने एक लंबे कमरे से निकला करती थी। पहली बार जब मैं *फ्रंटियर* के कार्यालय पहुंचा तो मुझे बरबस ही लिऑन ट्रॉट्स्की की आत्मकथा में कुछ मुट्ठी भर निर्वासित रूसी क्रांतिकारियों द्वारा निकाली जाने वाली पत्रिका *ईस्क्रा* का चित्रण याद हो आया। *फ्रंटियर* का कार्यालय एक छोटी सी गली की परली ओर बनी एक बड़ी इमारत के पिछवाड़े स्थित था, गली ख़ुद भीड़-भरी मुख्य सड़क पर बने एक विशाल सिनेमा हॉल के पीछे छिपी थी। एक भूमिगत कारोबार की धड़कती अनुभूति हुई मुझे। यह अहसास और भी तीखा हुआ जब कार्यालय में घुसते

ही मेरा परिचय एक दुबले-पतले, भावप्रवण व्यक्ति से करवाया गया जिसकी आंखें अंदर को धंसी हुई थीं और जिसकी ठुड्डी पर एक बकरदाढ़ी विराजमान थी। बड़े आराम से वह ज़्यूरिख वाला युवा लेनिन हो सकता था।

बकरदाढ़ी वाला वह बंदा बड़े समर्पित भाव से *फ्रंटियर* निकालता है और पैसा भी बहुत कम लेता है। इतने समर्पण के साथ, इतने कम पैसे पर कि भारतीय पत्रकारिता में उस सरीखी कोई और मिसाल शायद ही मिले। उस समय तो वह संपादक, समर सेन का सहायक था। बंगाली मार्क्सवाद के इतिहास में समर सेन का नाम उल्लेखनीय नामों में आता है।

समर सेन का जन्म एक ठेठ मध्यमवर्गीय भद्रलोक परिवार में हुआ था। अपने संस्मरण 'बाबू बृत्तांत (एक बाबू की कथा)' में अपनी इस पृष्ठभूमि का उन्होंने अच्छा-ख़ासा उपहास किया है। अपने तमाम साथियों की तरह दो विश्व युद्धों के बीच पले बढ़े, सेन बाबू सीपीआई के सहयात्री बन गए। एक पार्टी के बतौर सीपीआई उन दिनों कलकत्ता विवि के छात्रों के बीच बड़ी तेज़ी से लोकप्रिय हो रही थी। समर का उग्रवाद, सबसे प्रत्यक्ष रूप से उनकी कविता में अभिव्यक्त हुआ। अभी-अभी किशोरावस्था पार किए एक युवा कॉलेज छात्र के बतौर उन्होंने कविता के पांच संग्रह लिखे जिन्हें संयुक्त रूप से बंगाली कविता के विकास पथ में एक रूपांतरकारी मोड़ माना जाता है। मैंने तो उनकी कविताएं केवल अनुवाद में ही पढ़ी हैं, लेकिन जानकार समीक्षकों की राय में वे समर सेन ही थे जिन्होंने उल्लासपूर्ण गीतात्मकता की परंपरा का पालन करते हुए बंगाली पद्य में गद्य की तर्ज पर अभिव्यंजना लाघव के साथ-साथ पहली बार हाज़िरजवाबी को प्रस्तुत किया।

लेकिन आश्चर्यजनक रूप से समर सेन जब पच्चीस बरस के हुए तो उन्होंने अब और कविता न लिखने का निर्णय लिया। इसे बाद उन्होंने वाकई कविता लिखना छोड़ दिया। कम्युनिस्ट परंपरा में भी और भारतीय परंपरा में भी, त्याग को बड़ा सम्मान दिया जाता है, और यहां भी कवि के परित्याग ने उसे भारतीय मार्क्सवाद के जन-साहित्य में एक अनन्य स्थान दिलाया। सो एक उदार अर्थशास्त्री ने, जिन्होंने कभी समर सेन का नाम नहीं सुना था हाल ही में मेरे लिए एक बंगाली बुद्धिजीवी का वर्णन कुछ इस तरह किया, 'ऐसा व्यक्ति जिसने पंद्रह बरस की उम्र में अपनी पहली कविता लिखी, सत्रह बरस की उम्र में अपनी पहली ट्राम जलाई, उन्नीस बरस की उम्र में वह पार्टी का सदस्य

बना। इक्कीस बरस की उम्र में पार्टी छोड़ दी, तेईस बरस की उम्र में अपनी आख़िरी कविता लिखी। पच्चीस बरस का होने पर विश्वबैंक की नौकरी कर ली—और तीस का होने पर वह फिर से पार्टी में चला आया।'

कविता को छोड़, यह जीवनवृत्त, समर सेन के जीवनवृत्त से तो बिलकुल मेल नहीं खाता। वे हमेशा ही एक ऐसे व्यंग्यपूर्ण, विलग व्यक्ति के समान रहे जिसे व्यक्तिगत तौर पर राजनीति से कुछ लेना-देना न था और जो कभी भी खुलकर पार्टी के साथ अपना जुड़ाव न महसूस कर सका। कविता तजने के बाद वे एक पत्रकार बन गए। कोई बीस बरस तक उन्होंने संस्थागत प्रेस में काम किया, जिसमें से आधा समय वे मॉस्को में संवाददाता रहे।

पहली बार जब मैं समर सेन से मिला, तब उनके जीवन के कुछ आख़िरी साल बचे थे, और संपादक और उसके मित्रों की निजी बचत से शुरू हुए *फ्रंटियर* को निकलते हुए कोई डेढ़ दशक बीत चुका था। शुरुआत से ही यह साप्ताहिक, मटमैले अख़बारी काग़ज़ पर छपता आ रहा था। इसकी सादगी इसकी विनम्र जड़ों और उस उद्देश्य की याद दिलाती थी जिस पर वह तब भी कायम थी।

फ्रंटियर का आगाज़ उत्तर बंगाल की नक्सलबाड़ी में उठी बग़ावत के सिलसिले में हुआ था। उस समय समूचे दक्षिण और पूर्वी भारत में बेज़मीन किसानों के आंदोलन हो रहे थे। कुछ समय के लिए तो ऐसा लगा जैसे हमारा देश भी चीन के रास्ते जा रहा है। शासक वर्ग सकते में था और एक-के-बाद-एक करके व्यावसायिक घराने कलकत्ता से अपना बोरिया-बिस्तर समेट रहे थे।

प. बंगाल में राजकीय दमन के सहारे नक्सलवादी आंदोलन को दबा दिया गया, फिर संगठन में चली आपसी रंजिश और ख़ून-ख़राबे ने भी आंदोलन का काम तमाम किया। नक्सल-विरोधी कार्रवाई के मुखिया, ख़ुद को मार्क्सवादी बताने वाले एक आईजीपी थे जो माओवादियों के वाम-पक्षीय दुस्साहस—स्पष्ट ही एक बचकाने मर्ज़—के विरुद्ध थे। इस पर भी श्रमिक वर्ग के ऐतिहासिक शत्रुओं के वे एक नायक थे। डॉम मॉरेस ने कलकत्ता क्लब में इन्हीं साहब के साथ लंच पर हुई अपनी एक मुलाक़ात के बारे में लिखा है कि डाइनिंग रूम में उनके प्रवेश करते ही सूट-बूटधारी व्यवसायी उनके स्वागत में उठ खड़े हुए और ज़ोर-ज़ोर से तालियां बजाने लगे।

बहरहाल, जिस समय के बारे में मैं लिख रहा हूं, उस समय नक्सलवादी एकदम तितर-बितर थे। बिहार और आंध्र प्रदेश के कुछ हिस्सों में वे बड़े साहस

के साथ भारतीय समाज के सबसे वंचित तबकों—आदिवासियों और निचली जातियों—के साथ काम कर रहे थे। इसके बावजूद भारतीय क्रांति उतनी ही दूर लगती थी जितनी दूर वह हमेशा से लगती आई थी, और किसी समय एकजुट रहा आंदोलन अब कई-कई धड़ों में बंट चुका था। ये सब धड़े, भारत राष्ट्र के चरित्र को लेकर, मोटे-मोटे तौर पर एकमत थे – अर्ध-सामंती, दलाल, आईआईएम के प्रो. सेनगुप्ता ऐसा नहीं सोचते थे, – लेकिन सोवियत यूनियन की सही पहचान को लेकर उनमें ज़बर्दस्त घमासान था। क्या वह सामाजिक साम्राज्यवादी था या फकत राजकीय पूंजीवादी? समकालीन चीन में हो रही घटनाओं पर भी वे समान रूप से बंटे थे। कुछ लिन पिआओ समर्थक, गैंग-ऑफ़-फोर विरोधी, सांस्कृतिक क्रांति समर्थक थे, तो कुछ और लिन पिआओ विरोधी, गैंग-ऑफ़-फोर समर्थक, सांस्कृतिक क्रांति विरोधी थे। अन्य रूपांतर स्वीकृत थे, लेकिन कुल मिलाकर सभी, स्वयं माओ के समर्थक ज़रूर थे।

इन सब विभाजनों के ऊपर अवस्थित एक प्रतिष्ठित मंच के बतौर *फ्रंटियर* ने अपने पृष्ठ, विभिन्न माओवादी मतावलंबियों के बीच वैचारिक आदान-प्रदान के लिए खोल दिए थे। ये बहसें बड़ी उग्र और व्यक्तिगत हुआ करती थीं, हालांकि वे 'पार्टी' नामक उस संस्था में 'एकता' लाने के नाम पर होती थीं—जो आश्चर्यजनक रूप से सबसे दुराग्रही धड़ा थी। इससे भी ज़्यादा महत्वपूर्ण बात यह थी कि इस साप्ताहिक में स्थानीय खेतिहर संघर्षों और राज्य द्वारा मानवाधिकारों के उल्लंघन की वे रिपोर्टें छपती थीं, बूर्जुआ प्रेस में जिनके छपने की संभावना नहीं थी। संपादक का हाथ संभवतः पत्रिका के अंतिम पृष्ठों में दिखाई पड़ता था जिनमें सामाजिक यथार्थवाद के सिद्धांतों के आगे घुटने टेके बिना नई फिल्मों, कला और साहित्य के बारे में लिखा जाता था।

उनके द्वारा किसी भी प्रकार की उत्प्रेरणा के बिना ही पत्रिका के संपादक के इर्द-गिर्द एक प्रभामंडल सा बन गया था। अफवाह फैला दी गई थी कि समर सेन माओवादी नहीं हैं बल्कि एक किस्म के स्वच्छंद-माओवादी हैं। दरअसल मैंने कभी उन्हें राजनीति के बारे में बात करते नहीं सुना। लेकिन उनकी संपादकीय दृष्टि का अंदाज़ा हम ट्रॉट्स्की की उस पंक्ति से लगा सकते हैं जिसे उद्धृत करना उन्हें पसंद थाः *इज़्वेस्तिआ* (ख़बर) में कोई *प्रावदा* (सच्चाई) नहीं है, *प्रावदा* में कोई *इज़्वेस्तिआ* नहीं है।

अपने आचरण में समर सेन ने सर्वश्रेष्ठ किस्म के भारतीय मार्क्सवादी

की विशिष्ट सादगी को चरितार्थ किया। वे दक्षिणी कलकत्ता के एक छोटे से फ्लैट में रहते थे। हालांकि संपादक ने एक भी ट्राम नहीं जलाई थी, अपने दफ़्तर वे उसी में बैठ कर जाते थे—दोनों तरफ़ एक-एक घंटे से ऊपर की यात्रा, जो वे सत्तर साल की उम्र तक हर रोज़ करते रहे, जब तक वे बीमार न पड़े। मेरी स्मृति में वे छोटी कद-काठी वाले एक ऐसे सज्जन पुरुष की भांति बसे हैं, जिसके सिर पर उलझे-उलझे सफेद बालों का एक गुच्छा हुआ करता था, जिसकी आंखों पर एक गोल चश्मा चढ़ा होता था, और जिसके होंठों पर सदा एक अनजली सिगरेट शोभायमान रहा करती थी। बातचीत के दौरान गुस्सा होना या कटु हो जाना तो जैसे उन्हें आता ही नहीं था। केवल एक बार मैंने उन्हें नाराज़ होते देखा जब उनके मित्रों ने उनके सम्मान में एक अभिनंदन ग्रंथ की योजना बनाई, जिसका विरोध उन्होंने अपने पूरे दिल से किया।

एक ऐसा कल्पनाशील लेखक होने के नाते, जिसे लगभग उसकी मर्ज़ी के ख़िलाफ़ उग्र राजनीति में घसीटा गया हो, समर सेन सदा यह याद दिलाते रहे कि मार्क्सवादी बौद्धिक कार्य भी गाहे-बगाहे प्रफुल्लता का एक रुचिकर पुट हो सकता है। उनके द्वारा कविता को असमय अलविदा कह देने के बावजूद साहित्य, विशेषकर रूसी साहित्य के प्रति उनका गहरा अनुराग बना रहा। एक बार *फ्रंटियर* के लिए लिखे गए अपने एक विवादास्पद लेख में मैंने उग्र धर्ममीमांसक और पर्यावरणविद इवान इलिच को हमारे समय के एक आदर्श चिंतक के बतौर याद किया था। संपादक ने कभी इलिच का नाम नहीं सुना था, सो यह मानते हुए कि मुझसे कोई भूल हुई है, उन्होंने (बिना मेरी जानकारी के, और संबंधित वाक्य को निरर्थक बनाते हुए) प्रूफ के दौरान उसे बदलकर इवान इलियोच (टॉल्स्टॉय का एक पात्र, जिसके बारे में मैंने कभी नहीं सुना था) कर दिया।

VI

बौद्धिक स्तर पर कार्ल मार्क्स का मैं असीम आभारी हूं, जबकि बंगाली बुद्धिजीवियों के प्रति मेरा व्यक्तिगत आभार उससे भी अधिक है। अपने फील्डवर्क को याद करते हुए मेरे ज़ेहन में अपने सहचरों की विशिष्ट ख़ूबियां कौंध जाती हैं—एक अद्भुत, सहज सादगी, ज्ञान के प्रति एक समर्पण तथा सत्ता और धन रूपी उन प्रलोभनों के प्रति सिरे से एक हिकारत का भाव, जिन प्रलोभनों से अन्य

सभी जगहों के बुद्धिजीवी ग्रसित रहा करते हैं। मेरे ज़मीनी-कार्य के दौरान बने अपने प्रिय मित्रों की यादें भी मेरे ज़ेहन में हैं: और सबसे बढ़कर उन दो की जो आज नहीं हैं—एक तो राजनीति के कवि समर सेन, और दूसरे हितेशरंजन सान्याल, मार्क्सवादियों के बीच एक गांधीवादी।

लेकिन अब समय है, दूर हटकर, तीसरे जन्म की मचान से कलकत्ते के उस बौद्धिक जीवन को समझने-बूझने की। मानवशास्त्र के अंतर्गत, आस्था की पुरातन पद्धतियों की व्याख्या करने वाली दो शास्त्रीय और किंचित प्रतिस्पर्धी विधियां हैं: *व्यावहारिक* यानी व्यक्तिगत आत्म-सम्मान और सामुदायिक प्रतिबद्धता के प्रति योगदान के लिहाज़ से, तथा *संरचनात्मक* यानी वृहत्त सामाजिक-ऐतिहासिक संदर्भ जिसमें ये सिद्धांत स्वयं को लिपिबद्ध करते हैं।

मेरा अपना प्रशिक्षण, दूसरी वाली परिपाटी से रू-ब-रू करवाता है। उन्नीसवीं सदी के बंगाली रहस्यवादी रामकृष्ण पर अपने एक निबंध में जाने-माने मार्क्सवादी इतिहासकार सुमित सरकार ने रामकृष्ण के शिष्यों की भक्ति की जड़ें, ब्रिटिश कार्यालयों में काम करने वाले बंगाली क्लर्कों के निचाट कार्यालयीन खालीपन में खोजी हैं। अजीब संयोग से, कलकत्ते के मार्क्सवादी बुद्धिजीवी भी मुख्यतः उसी सामाजिक पृष्ठभूमि से आते हैं, जहां से रामकृष्ण के दर्शनार्थ दक्षिणेश्वर स्थित उनके ठौर पर जाने वाले भक्त आते हैं : दुखियारा मध्यम वर्ग। मूलतः यह एक अभिजात वर्ग है जिसके पास सत्ता पाने की इच्छा तो है, पर जिसे अपनी इस इच्छा को साकार करने के अवसर बड़े कम मिलते हैं। यूरोपीय समाजवाद के इतिहास पर इसका बड़ा वर्चस्व रहा।

कुछेक संदर्भों में तो बंगाली मार्क्सवादी अभिजात वर्ग की बनावट इस समाजशास्त्रीय कथन की पुष्टि करती है कि समाजवाद, बस अधम बूर्जुआज़ी, असंबद्ध बुद्धिजीवी की अभिजात्य विचारधारा मात्र है। हालांकि मुकम्मल तस्वीर के लिए इस क्षेत्र के राजनैतिक इतिहास के विशिष्ट कारकों की पड़ताल भी ज़रूरी होगी। मार्क्सवाद के प्रति बंगाली अनुराग को शायद दो क्रमिक ऐतिहासिक प्रक्रियाओं के हवाले से समझा जा सकता है।

इनमें से एक तो है भद्रलोक में शारीरिक बल के अभाव को अंग्रेज़ों द्वारा लगातार हेय दृष्टि से देखना। किसी अंग्रेज़ उच्चाधिकारी का कहना था, ''बंगालियों के पास एक यूनानी जितनी बुद्धि होती है और खरगोश-सा बल होता है।' इस पूर्वाग्रह के चलते बंगालियों को 'असैनिक प्रजाति' करार दिया

गया, और आगे चलकर यह चरित्र-चित्रण इसके पीड़ितों द्वारा तल्ख़ी से महसूस किया गया। कई इतिहासकारों ने इस अपमान के प्रति उस बंगाली पलटवार को दर्शाया है जिसके तहत एक तरफ़ जहां शारीरिक व्यायाम का ख़ूब गुणगान किया गया, जैसा कि उन्नीसवीं शताब्दी के उत्तरार्ध में हुए प्रसिद्ध व्यायामशाला अभियान के दौरान हुआ, वहीं दूसरी तरफ़, इससे भी ज़्यादा पुरज़ोर तरीके से राजनैतिक उग्रवाद के प्रति अपनी आस्था जताकर हुआ। इस शताब्दी के शुरुआती वर्षों के राष्ट्रीय आतंकवाद से लेकर आज के माओवादी प्रतिरोध के रूप में हिंसक उग्रवाद, बंगाल में एक व्यापक राजनैतिक शक्ति के बतौर मौजूद रहा आया है। शोध संस्थानों के बुद्धिजीवी ख़ुद से चाहे बम वग़ैरह न बनाते हों या अपने वर्ग शत्रुओं के सिर न कलम करते हों, लेकिन इन हिंसक कर्मों के प्रति उनकी अगाध श्रद्धा अपरिहार्य रूप से उन्हें मार्क्सवाद के पासंग ले आती है।

दूसरा कारक है, बंगाली अभिजात वर्ग में राजनैतिक गौणता का गहरा अहसास। गौणता के इस बोध को कम से कम साल 1911 में तो समयांकित किया ही जा सकता है, जब ब्रिटिश भारत की राजधानी कलकत्ते से स्थानांतरित हो दिल्ली चली गई थी। इसके बाद से तो भारतीय स्वाधीनता आंदोलन की आधारभूमि पश्चिम से हटकर पूर्व को चली गई, ख़ासकर महात्मा गांधी के अवतरण के साथ, जिनको कांग्रेस पार्टी के नेतृत्व को लेकर कलकत्ते के क्रांतिवीर सुभाषचंद्र बोस द्वारा दी गई विलंबित चुनौती को फलीभूत न होने देने के सिलसिले में बंगाल ने अब तक माफ़ नहीं किया था। बंगाली मध्यम वर्ग राजनैतिक शक्ति के इस नुक़सान को पचा नहीं सकता। और सीपीआई (एम) के सत्तारोहण को, कम से कम आंशिक तौर पर ही सही, राजनैतिक केंद्र के विरुद्ध क्षेत्रीय बोध के दावे के बतौर ही देखा जाना चाहिए।

निम्नलिखित, संभवतः अनाम, किस्से के मुकाबले कोई और व्याख्या बंगाली मार्क्सवाद की विलक्षण प्रांतीय छाप को बेहतर तरीके से रेखांकित नहीं कर सकती। इंदिरा गांधी की हत्या के बाद, उनकी अस्थियां विभिन्न शहरों में भेजी गई थीं ताकि आम जनता उन्हें अपने श्रद्धा सुमन अर्पित कर सके। इस क्रम में उनकी अस्थियां कलकत्ता के शासकीय भवन में रखी गई थीं। एक शाम राज्य के वित्त मंत्री वहां आए। पिछले वर्ष, इन्हीं महानुभाव ने केंद्रीय ख़ज़ाने से मदद में प. बंगाल के साथ भेदभाव किए जाने को लेकर 260 से कम भाषण

नहीं दिए थे। बहरहाल, श्रद्धांजलि देने के बाद मंत्री महोदय जैसे ही शासकीय भवन से बाहर आए, उनसे पूछा गया कि अपने राजनैतिक प्रतिद्वंद्वी के नश्वर अवशेषों से रू-ब-रू होकर उन्हें कैसा लगा। अपने अनोखे अंदाज़ में उन्होंने जवाब दिया : *सेंटर कोम दिए छे* (सेंटर ने एक बार फिर हमें हमारे हिस्से से कम दिया है)।

आंध्र के नक्सलवादी, भारत के जनवादी : सी.वी. सुब्बाराव

सुब्बाराव की मृत्यु के संदेश वाला फोन आया, तो मेरे आसपास का शहर और भी उदास हो आया, और रात भर जागते हुए मैं यों ही लेटा रहा, अपने दिवंगत मित्र की तमाम यादों में खोया हुआ। पीयूडीआर की एक शनिवारी बैठक में सुब्बाराव, अपने एक साथी को एक नागरिक अधिकार समूह को एक राजनैतिक संगठन में बदलने की जुगत में लगे होने के लिए उसे फटकार रहे हैं; एक सार्वजनिक मंच पर सुब्बाराव अपनी स्वछंद धाराप्रवाह टूटी-फूटी हिंदी में भाषण दे रहे हैं; पुरानी दिल्ली के राजपुर रोड से थोड़ी दूर के अपने ख़ुश्क और अंधियारे फ़्लैट में कॉफ़ी बनाते हुए सुब्बाराव मुझे मैल्कम कॉडवेल की पुस्तक *'द वेल्थ ऑफ़ सम नेशंस'* पढ़ने के लिए उकसा रहे हैं।

उनकी एक याद ने दुख में भी मेरे चेहरे पर मुस्कान ला ही दी। अपने मित्र, लेखक सुमंत बनर्जी के साथ, सुब्बाराव ने भारतीय समाज विज्ञान अनुसंधान परिषद (आईसीएसएसआर) की दो साला फेलोशिप के लिए आवेदन किया था। दोनों कुछ समय के लिए दिल्ली से छुटकारा पाकर अपनी जड़ों की ओर लौटना चाहते थे—सुब्बाराव नवाबी हैदराबाद में औद्योगिकीकरण पर काम करना चाहते थे, जबकि सुमंत बंगाल के सांस्कृतिक इतिहास पर। आईसीएसएसआर उन दिनों एक ऐसी प्रतिष्ठा से संचालित था जो 'पैट्रियट' समाचारपत्र से ज़्यादा वामपंथी किसी भी चीज़ या व्यक्ति को गहरी शंका से देखती थी। किन्हीं अव्यक्त कारणों से, सुब्बाराव की फेलोशिप तो मंजूर कर ली गई, लेकिन सुमंत की नहीं।

जिस दिन यह समाचार आया उस दिन दिल्ली स्कूल ऑफ़ इकोनॉमिक्स के कॉफ़ी हाउस में सुब्बाराव से मेरी भेंट हुई थी। उनके चेहरे पर मुस्कान ही मुस्कान थी। 'देखो, मैं महज़ एक *आंध्र नक्सलवादी* हूं,' उन्होंने समझाया, 'सो उन्होंने (चयन समिति ने) मेरा नाम कभी सुना ही नहीं, लेकिन अपना सुमंत तो एक *अखिल भारतीय नक्सलवादी* ठहरा।' नक्सलवाद के प्रति उस बंगाली की निष्ठा वाकई ज़्यादा जानी-मानी बात थी, कारण कि *'द स्टेट्समैन'* समाचार पत्र में एक वरिष्ठ पद छोड़ वह भूमिगत हुआ था। आगे चलकर वह फिर से नमूदार तो ज़रूर हुआ पर केवल नक्सलवादी विद्रोह का एक सहानुभूति भरा इतिहास लिखने के लिए। सो सुमंत का राजनैतिक अतीत, दिल्ली के बाबुओं की नज़र में तो था ही। (लेकिन जैसा कि हुआ, अंततः सुमंत की फेलोशिप भी मंजूर कर ली गई—और इसका इस्तेमाल उन्होंने उन्नीसवीं सदी के कलकत्ता पर एक उम्दा पुस्तक लिखने में किया।)

अपने खुद के विवरण में सुब्बाराव द्वारा प्रयुक्त दोनों शब्द अर्थपूर्ण थे। तेलुगु साहित्य उन्हें बहुत प्रिय था। पीयूडीआर के अलावा जो उपक्रम उनके लिए बहुत महत्वपूर्ण था (कम से कम उन वर्षों में तो, जिनमें मैं उन्हें जानता था), वह था क्रांतिकारी सांस्कृतिक पत्रिका *'सृजना'*। आंध्र प्रदेश शासन द्वारा इस पत्रिका को बुरी तरह से प्रताड़ित किया जाता था। 1980 के दशक के मध्य में एक अरसा ऐसा भी आया, जब सुब्बाराव नई दिल्ली और सिकंदराबाद के बीच लगातार अप-डाउन करते हुए अपनी दोनों प्रकार की निष्ठाओं को बदस्तूर निभाने की खातिर एपी एक्सप्रेस पर हमेशा सवार दिखते थे। इसी तरह, उनका राजनैतिक व्यक्तित्व 1960 के दशक के उत्तरार्ध और सत्तर के दशक के पूर्वार्ध में घटे नक्सलवाद के उदय से गहरे प्रभावित रहा। आंध्र विवि के एक क्रांतिकारी छात्र नेता होने के नाते, आपातकाल के दौरान सुब्बाराव को लंबे समय तक जेल में रखा गया।

अपने गृह प्रदेश की राजनीति और संस्कृति के साथ उनकी इस एकात्मता के चलते यह समझ में आता है कि मेरे जैसा एक ऐसा बाहरी व्यक्ति, जो श्रीश्री, चेराबंडराजू और वरवर राव की कविता में नहीं रमा, सुब्बाराव का केवल एक आंशिक आकलन ही प्रस्तुत कर सकता है। लेकिन, निश्चित ही सुब्बाराव *महज़* एक आंध्र नक्सलवादी नहीं थे। 1977 में वे आंध्र से दिल्ली चले आए, अर्थशास्त्र पढ़ाने की नौकरी करने लगे, और नागरिक अधिकार आंदोलन के

साथ जुड़ गए। पीयूडीआर के साथ काम करते हुए—1977 से लेकर जनवरी 1994 में अपनी मृत्यु के सप्ताह तक—भारतीय लोकतंत्र के अर्थ को मज़बूत बनाने के लिए सुब्बाराव ने उतना ही महत्वपूर्ण काम किया जितना किसी और ने।

अन्य ऐसी ही संस्थाओं से दीगर, पीयूडीआर एक अकेले विचार या एक अकेले व्यक्ति द्वारा संचालित नहीं होती। यह एक समूह की तरह सोचती और काम करती है, लेकिन इस प्रशंसनीय संगठन के हम जैसे हमसफ़र बंदों के लिए सुब्बाराव ही एक ऐसे व्यक्ति रहे, जो उसके सांगठनिक जज़्बे को पूरी तरह से साकार करते थे। मुमकिन है कि ऐसा केवल इसलिए होगा कि वे पीयूडीआर के आरंभ से ही इससे जुड़े थे, या अपने पसंद किए जाने वाले व्यक्तित्व के कारण, जो हर तरफ़ से दोस्तों को आकर्षित करता था। जितने भी ऍक्टिविस्टों को अब तक मैंने जाना है, उनमें सुब्बाराव, अपने अंदर आत्मसराहना के निपट अभाव के चलते सबसे अलग खड़े नज़र आते हैं। किसी 'उद्देश्य' के प्रति सनक की हद तक प्रतिबद्ध होने के कारण कोई भी एक्टिविस्ट तुरंत ही उन लोगों पर कटाक्ष या प्रतिकूल टिप्पणी करने लगता है जो लोग अपनी पारिवारिक या पेशेवर ज़रूरतों के चलते उतनी प्रतिबद्धता नहीं जता पाते। लेकिन इस मामले में सुब्बाराव एक निराले अपवाद थे। उनके लिए इतना ही पर्याप्त था कि आपने सुध तो ली, अपनी चिंता तो ज़ाहिर की—वह उतने से संतुष्ट थे, जितना आप समय के हिसाब से, तरीके के हिसाब से दे सकते थे।

और आख़िरकार अपने प्रति लापरवाही ही उनकी मौत की वजह बनी। एक दिन बिहार के किसी दूरदराज़ के गांव की रेल यात्रा, और अगले ही दिन दिल्ली के किसी ढाबे में। इसके चलते नाना प्रकार के हाथों से बना ऐसा भोजन वे ग्रहण करते, जिसकी गुणवत्ता अक्सर संदिग्ध रहती थी। एक अच्छा भारतीय वामपंथी होने के नाते उन्हें अपनी रम और अपनी चारमीनार सिगरेट बहुत प्रिय थी। और इनका सेवन भी उन्होंने जमकर किया। एक बार हिंदू कॉलेज बस स्टॉप पर पीयूडीआर की एक युवा महिला ऍक्टिविस्ट के साथ हुई मेरी बातचीत मुझे याद है। हम लोग सुब्बाराव के बारे में बात कर रहे थे, और मैंने उनके द्वारा प्रति दिन 60 सिगरेट पी जाने को लेकर अपनी चिंता ज़ाहिर की थी। इस पर उस युवती के चेहरे पर आए भावों से मुझे लगा कि या तो मेरी चिंता को ठीक से समझा नहीं गया है, या फिर उसे ग़ैर-वाजिब मान लिया गया है—ऐसा

लगा मानो धूम्रपान के प्रति अपनी आपत्ति ज़ाहिर करना बूर्जुआ इंद्रियदमन है।

पर मैं तो यही सोचता हूं कि सुब्बाराव मेरा सरोकार समझते, कारण कि अपने मित्रों की व्यक्तिगत कमज़ोरियों का वे ज़ोर-शोर से प्रतिकार करते थे। इतिहासकार अमित कुमार गुप्ता द्वारा मुझे बताया गया प्रसंग ज़रा सुनें। गुप्ता दंपती के इकलौते पुत्र ने रोड्स स्कॉलरशिप की अकादमिक उपलब्धि हासिल की थी। सो उसके माता-पिता अपनी इकलौती संतान पर जब-तब अपना वाजिब फख़्र जताते। यह तब तक चला जब तक कि ऑक्सफोर्ड से उसका यह ख़त नहीं आया कि उसे एक चीनी लड़की से प्रेम हो गया है और उससे शादी करने के फैसले पर वह अडिग है। मुद्दे को लेकर गुप्ता दंपती और उनके बेटे के बीच ठन गई। गुस्से और शिकायत से भरे पत्रों का आदान-प्रदान हुआ। सुब्बाराव तक इस प्रसंग की भनक पहुंची। और फिर एक दिन, रात के दस बजे, सुब्बाराव कोई डेढ़ घंटे की बस यात्रा कर शहर के परले, यमुना पार रहने वाले गुप्ताओं के घर पधारे। रम के कई प्याले हलक से नीचे उतार लेने के बाद आख़िरकार सुब्बाराव, गुप्ता दंपती को इस बात पर सहमत कर सके कि विचारार्थ विषय पर उनके द्वारा व्यक्त आपत्तियां, उनके द्वारा घोषित विश्वदृष्टि से मेल नहीं खातीं, और बहरहाल, उनकी पोती या पोता, बांग्ला की जगह मंदारिन बोले, यह इतना बड़ा मुद्दा नहीं है। अपना काम पूरा होते देख सुब्बाराव चलने को हुए। 'रात का एक बज चुका है, सो आप यहीं सो जाइए,' अमित ने कहा। 'नहीं, कोई बात नहीं,' सुब्बाराव ने जवाब दिया, 'यह शहर मेरा न सही, लेकिन अब तक मैं इसकी गलियों और इसके कूचों से अच्छे से वाकिफ हो चुका हूं।' कुछ ही महीनों में वे चल बसे, लेकिन मेरा सौभाग्य रहा कि मैं गुप्ता दंपती द्वारा आयोजित उनके पुत्र और उसकी चीनी दुल्हन के विवाह-समारोह में शामिल हुआ।

सुब्बाराव की अंत्येष्टि में शामिल होने के लिए अपने घर से निकलते वक़्त मेरी पत्नी ने मुझसे पूछा कि क्या वहां कोई रस्म अदायगी होगी। हालांकि मेरा उत्तर नकारात्मक था लेकिन कुछ रस्में तो हुईं—कम्युनिस्ट रस्में। उनकी मृत देह, लाल झंडे में लिपटी हुई थी और उसके ऊपर पथरीली आंखों वाला एक नक्सलवादी तैनात था। उनका दाह संस्कार 'कामरेड सुब्बाराव लाल सलाम' के नारों के बीच संपन्न हुआ। लेकिन वहां जुटे उनके प्रशंसकों में सभी एक ही रंग के नहीं थे। उनमें शामिल थीं, उमा चक्रवर्ती और उर्वशी बुटालिया सरीखी

पीयूडीआर से जुड़ी कुछ असाधारण नारीवादी विभूतियां। सुमित सरकार और दिलीप सिमिओन जैसे वामपंथी इतिहासकार। साथ ही, कौशिक बसु और के. कृष्णमूर्ति जैसे कुछ अराजनीतिक अर्थशास्त्री भी मुझे वहां दिखे। और धीरूभाई शेठ व शिव विश्वनाथन जैसे मार्क्सवाद-विरोधी समाजशास्त्री भी वहां उपस्थित थे। पीछे मुड़कर देखते हुए, सुब्बाराव की अंत्येष्टि बौद्धिक समुदाय के उस जज़्बे का अंतिम सार्वजनिक प्रदर्शन लगता है जो कभी दिल्ली विश्वविद्यालय की पहचान थी।

II

नई दिल्ली के कॉन्स्टीट्यूशन क्लब में शोभनीय ढंग से हुई श्रद्धांजलि सभा में ऐडवोकेट गोबिंदा मुखोती का कहना था, 'जब भी लोकतांत्रिक अधिकारों के भारतीय आंदोलन का इतिहास लिखा जाएगा, सी.वी. सुब्बाराव का नाम 1936 में इंडियन सिविल लिबर्टीज़ यूनियन की स्थापना करने वाले जवाहरलाल नेहरू और इसके चालीस बाद सिटीज़ंस फॉर डेमोक्रेसी के सह-संस्थापक जस्टिस वी. एम. तारकुंडे के साथ-साथ लिया जाएगा।' यह एक भरीपूरी और जायज़ प्रशंसा थी। लोकतंत्र की बाबत हमारी समझ को विस्तार देने के लिहाज़ से पीयूडीआर ने उल्लेखनीय योगदान दिया है। ज़्यादातर वक़्त सुब्बाराव ने एक ही साथ इसकी नैतिक अंतरात्मा और इसके बौद्धिक सलाहकार की भूमिका निभाई, जो इसके कामों की मार्गदर्शक भी थी और मापदंड भी। सुब्बाराव की दृष्टि में लोकतंत्र का मतलब महज़ स्वतंत्रता का संरक्षण और अभिव्यक्ति की आज़ादी भर नहीं था। हमारे जैसे प्रचंड रूप से बंटे हुए समाज में, अशक्त समुदायों के अधिकारों का संरक्षण, ख़ासकर ज़मीन, पानी, जंगल और इन जैसे प्राकृतिक संसाधनों द्वारा उन्हें प्रदत्त उनकी आजीविका का संरक्षण, राज्य की एक नैतिक ही नहीं, क़ानूनी ज़िम्मेदारी भी बन जाती है। विभिन्न समुदायों के बीच उत्पन्न होने वाले विवादों की रोकथाम और उनके उत्पन्न होने की सूरत में फौरी व न्यायसंगत कार्रवाई करना तथा कैदियों व शरणार्थियों सरीखे सबसे असुरक्षित सामाजिक समूहों को एक मर्यादापूर्ण अस्तित्व मुहैया कराना भी राज्य की एक अहम ज़िम्मेदारी बनती है।

भारतीय लोकतंत्र की यही व्यापक, और मेरी समझ से सर्वांगीण समझ पीयूडीआर की उन तमाम रिपोर्टों को प्रबुद्ध करती है, जिनके अनुसंधान व लेखन

में सुब्बाराव कहीं न कहीं जुड़े रहे। ये रिपोर्टें, पर्यावरणीय क्षरण व प्राकृतिक-संसाधन विवाद, कोई एक दर्जन राज्यों में सांप्रदायिक दंगों और कैदियों व सामान्य तौर पर भारतीय दंड प्रणाली की दुर्दशा जैसे मसलों पर हैं। व्यापक प्रमाणों वाली होने पर भी जानबूझ कर सादगी के साथ और विवादपूर्ण लहज़े के बिना पेश की गई ये रिपोर्टें इन्हीं विषयों पर लिखे गए अनेक अकादमिक मोनोग्राफों से अधिक भरोसेमंद हैं। कुल मिलाकर, ये रिपोर्टें हमें उत्तर-आपातकाल के भारत के राजनैतिक व आर्थिक बदलाव का एक प्रामाणिक लेखा-जोखा प्रदान करती हैं।

सुब्बाराव का अपना शैक्षिक रिकॉर्ड अद्वितीय था। भौतिकशास्त्र और अर्थशास्त्र की अपनी दोनों डिग्रियों में उन्होंने अपने विवि में सर्वोच्च स्थान प्राप्त किया था। पीयूडीआर की उन रिपोर्टों में तो, जिनसे वे संबद्ध रहे, उनकी बौद्धिक प्रखरता झलकती ही है, इसके साथ ही सुब्बाराव कभी-कभी अपने अकादमिक अभिप्रायों को एक ज़्यादा टिकाऊ ढंग से साधने की दृष्टि से अवकाश की गुंजाइश पर सोचा करते थे। हमारी आख़िरी बातचीत में उन्होंने अपनी यह इच्छा ज़ाहिर की थी कि चालीस का हो जाने पर अब वे अगले कुछ सालों के लिए पर्यावरणीय क्षरण की राजनैतिक आर्थिकी पर एक विस्तृत अध्ययन करना चाहते हैं। उन्होंने एक ऐतिहासिक कार्य किया होता, सचमुच - अगर वे इस विषय पर अपना मन बना पाते तो - एक बिलकुल ही अलग विषय, तेलुगु साहित्य का सामाजिक इतिहास पर।

वास्तव में, सुब्बाराव के दिल में बौद्धिक उपक्रम के लिए एक अटूट श्रद्धा थी। एक समर्पित शिक्षक होने के नाते अपने उन सहकर्मियों के लिए उनके मन में एक तिरस्कार का भाव था जो यह मानते थे कि विभिन्न सामाजिक आंदोलनों में उनकी अपनी शिरकत के एवज़ उन्हें 'कक्षाएं न लेने का नैतिक अधिकार' हासिल था। उस दिल्ली स्कूल ऑफ़ इकोनॉमिक्स के लिए उनके मन में बड़ा सम्मान था, जिसने उत्तरदायित्व की एक संस्कृति विकसित की थी जिसमें शिक्षक कक्षाएं लेते थे, पाठ्य सामग्री में सुधार करते थे, सेमिनारों और स्टाफ मीटिंगों में शामिल होते थे। अपने साथी उग्र सुधारवादियों के साथ ही वे भी दिल्ली स्कूल के अर्थशास्त्रियों द्वारा किए गए अधिकांश शोधों को वे संदेह की दृष्टि से देखते थे, लेकिन उनके उलट वे इतने निष्पक्ष थे कि उनकी कर्तव्यनिष्ठा का वे सम्मान भी करते थे।

एक संस्था के बतौर विश्वविद्यालय के प्रति उनकी श्रद्धा की जड़ें संभवतः उनके शुरुआती अनुभवों से जुड़ी हैं। 1988 में जब मैंने इंस्टीट्यूट ऑफ़ इकोनॉमिक ग्रोथ में काम करना शुरू किया था तो उन्होंने मुझे बताया कि वे मेरे एक वरिष्ठ सहयोगी, इकोनॉमिट्रीशियन के. कृष्णमूर्ति को जानते हैं। मेरे अनाड़ीपन के चलते इस बात पर मुझे बड़ा आश्चर्य हुआ, कारण कि कृष्णमूर्ति की छवि एक अराजनैतिक व्यक्ति की थी। फिर उन्होंने मुझे कृष्णमूर्ति के साथ अपनी पहली मुलाक़ात के बारे में बताया। 1976 में सुब्बाराव को हथकड़ी पहनाकर विशाखापट्टनम जेल से विश्वविद्यालय परिसर लाया गया ताकि वे एम. ए. की अपनी मौखिक परीक्षा दे सकें। हथकड़ियां पहने-पहने जब वे कमरे में दाख़िल हुए तो बाहरी परीक्षक कृष्णमूर्ति ने साथ आए पुलिस वालों को उनकी हाथकड़ी खोलने के लिए कहा। इस पर वे पुलिस वाले पहले तो हिचके, क्योंकि सुब्बाराव के आगमन की ख़बर सुनते ही बाहर छात्रों की एक बड़ी भारी भीड़ जमा हो गई थी। 'इस लड़के को देखकर ही मुझे विश्वास हो चला है कि यह भाग नहीं सकता,' परीक्षक ने आग्रह किया। अंततः साक्षात्कार की ख़ातिर उनकी हथकड़ी खोली गई। इसके बाद सुब्बाराव वापस जेल लौटे, जहां थोड़े दिन बाद उन्हें समाचार मिला कि उन्होंने विश्वविद्यालय में प्रथम स्थान प्राप्त किया है।

सुब्बाराव की बौद्धिक परियोजनाएं तो सब धरी की धरी रह गईं, लेकिन उनकी मिसाल और उनके विचारों ने उन सभी विद्वानों के काम को लंबे समय तक उत्प्रेरित किया है जो उनके संपर्क में आए। बौद्धिक अनुशासन की नैतिकी संबंधी जो दो सबक उन्होंने मुझे दिए, वे मुझे अभी भी याद हैं। *इकोनॉमिक एंड पोलिटिकल वीकली* के लिए लिखे गए अपने एक लेख में मैंने '1950 के दशक के स्तालिनवादियों और 1960 के दशक के माओवादियों' का हवाला दिया था। इसके बाद हुई हमारी अगली मुलाक़ात में सुब्बाराव ने बताया कि मेरी फूहड़ दलीलें उन्हीं लोगों की दलीलों की एक घिसी-पिटी नक़ल मात्र थीं जिनकी आलोचना मैंने अपने लेख में की थी। नीत्शे का उद्धरण देते हुए उन्होंने मुझसे कहा, 'जब आप किसी खाई में लंबे समय तक झांकते रहते हैं, तो वह खाई पलटकर आपको घूरने लगती है।'

एक और अवसर पर, हम दोनों 'बस्तर में आदिवासियों पर राज्य द्वारा किए गए दमन' विषय पर एक पैनल डिस्कशन में शामिल हुए थे। पिछले पैनलिस्ट द्वारा वन विभाग द्वारा अंतरण खेती (शिफ्टिंग कल्टीवेशन) के दमन के मुद्दे

पर अपने विचार रखने के बाद मैंने भी बड़े जोश में आकर नक्सली नेता कोंडापल्ली सीतारमैया के उस साक्षात्कार का हवाला दिया जिसमें उन्होंने शिफ़्टिंग कल्टीवेशन को एक ऐसी 'आदिकालीन' खेती करार दिया था जिसे खेती के ज़्यादा 'आधुनिक' तरीकों से प्रतिस्थापित किया जाना होगा। 'देखिए,' मैं चिल्लाकर बोला, 'नक्सलवादी, भारतीय राज्य के सभ्य बनाने के अभियान में शरीक हैं।' तुरंत ही सुब्बाराव ने मुझे सुधारा, 'सीतारमैया चाहे जो कहें, या करें,' उन्होंने समझाया, 'सच्चाई यही है कि बस्तर के नक्सलवादी, वन विभाग के ख़िलाफ़, आदिवासियों के साथ मिलकर, अंतरण खेती के अस्तित्व की लड़ाई लड़ रहे हैं। उनके ज़मीनी व्यवहार की तरफ़ ध्यान दो न कि उनके आधिकारिक सिद्धांत पर।' उनकी चेतावनी फ़ायदेमंद थी, ख़ासकर ऐसे बौद्धिक वातावरण में जहां जीए हुए अनुभव को उत्तरोत्तर कम आंका जाने लगा है, और 'प्रदर्शन' और 'बनावट' को ही सब कुछ माना जाने लगा है।

प्रसंगवश, उस विस्तृत व्याख्यान को याद करना भी मौजूं होगा जिसका ज़ायका सर्दियों की एक दोपहरी को दिल्ली स्कूल ऑफ़ इकोनॉमिक्स के लेक्चर हॉल के पीछे की ओर ताड़ के पेड़ों की कतार की नर्म छांह में चाय की चुस्कियों के साथ-साथ मुझे मिला था। सुब्बाराव तभी-तभी वन क़ानून पर पीयूडीआर की रिपोर्ट का अच्छा-ख़ासा अंश लिख चुके थे, और मैं भी तभी-तभी वन नीति पर अपनी डॉक्टरल रिसर्च लिखना शुरू कर रहा था। लाइनदार पन्नों पर बड़े प्यार से उन्होंने समझाया कि किस तरह रिपोर्ट की दलीलों को बेहतर और स्पष्ट बनाया जा सकता है, और वनों की दुर्गति में उद्योगों और सरकार की मिलीभगत को बेहतर ढंग से बेनकाब किया जा सकता है। सालों बाद, इस बहस की अंतिम परिणति के बतौर छपी इस पुस्तक में मैंने उनके प्रति अपना आभार प्रकट करने की ग़लती की। आधी दिल्ली पार करके वे तीनमूर्ति भवन पहुंचे, जहां मैं उन दिनों कार्यरत था, केवल इस बात पर मुझे डांट पिलाने के लिए कि क्या मैं नहीं जानता कि समाजवादी कभी किसी बात का व्यक्तिगत श्रेय नहीं लिया करते? क्या मुझे इतना भी समझ में नहीं आया कि ताड़ के पेड़ों तले हुई उस दिन की हमारी बातचीत महज़ हमारी बौद्धिक जिज्ञासा और व्यक्तिगत मित्रता का एक उत्पाद थी, जिसे बहरहाल इस तरह भोंडे ढंग से औपचारिक रूप दिए जाने की कतई कोई ज़रूरत नहीं थी?

सुब्बाराव के गुज़रने के बाद, उनके पलंग के सिरहाने रखी टेबल पर मेरी

एक पांडुलिपि मिली। वे उसे इस शर्त पर पढ़ने को तैयार हुए थे कि उसमें उनके प्रति कोई आभार व्यक्त नहीं किया जाएगा। हालांकि प्रकाशित पुस्तक उनकी टिप्पणियों से संवर तो नहीं पाई, लेकिन उद्धरण के बतौर उनके संगी आंध्र नक्सलवादी चेराबंडाराजू की एक कविता ज़रूर उसमें शामिल थी। यह कहने की ज़रूरत तो है नहीं कि उस पीयूडीआर रिपोर्ट में, जिसमें वह कविता पहली बार आई थी, कविता के अनुवादक का नाम नहीं मिलता।

अधिकार
चेराबंडाराजू

मैं पेड़ काटना नहीं छोड़ूंगा
हालांकि जीवन है उनमें
मैं पत्तियां तोड़ना नहीं छोड़ूंगा,
हालांकि कायनात संवरती है उनसे
मैं डालियां काटना नहीं छोड़ूंगा,
हालांकि वे पेड़ों की बांहें हैं
क्योंकि-
मुझे एक झोंपड़ी की ज़रूरत है

(सी.वी. सुब्बाराव द्वारा
तेलुगु से अनूदित)

गहरी जड़ों वाले विश्व-नागरिक : डी.आर. नागराज

लेखक व समीक्षक डी.आर. नागराज अपने पैंतालीसवें साल में दिवंगत हुए। जिन वरियर एल्विन को वे मानते थे, उन्होंने अपनी डायरी में दर्ज एक कविता में इसी संख्या को लक्ष्य करते हुए लिखा है :

> चलो, मैं अभी ज़िंदा हूं
> उम्र के उस पैंतालीसवें साल में
> विलियम जोन्स और ऍननडेल,
> दोनों ही जिसे पार न कर सके।

नागराज की तुलना विलियम जोन्स से करना एक तरह से गोरे और गेहुंए रंग के इन दोनों ही इन्सानों का अपमान होगा। कोई भी अंग्रेज़ प्राच्यविद इसे जोन्स की उद्यमशीलता की तौहीन मानेगा ('यह तो बताओ कि तुम्हारे इन महाशय के कितने क्या शोध संग्रह हैं?')। वहीं एक देशज हिंदुस्तानी इसे नागराज की राजनीति के अपमान के बतौर देखेगा ('लेकिन बंगाल की एशियाटिक सोसाइटी क्या औपनिवेशिक परियोजना में बराबर की गुनहगार नहीं थी?')। और इससे भी बुरी बात तो यह है कि इन दोनों के नामों को यहां एक साथ रखने वाला यह शख़्स न तो कन्नड़ पढ़ता है, न ही फारसी और न ही संस्कृत। लेकिन यह बंदा इनमें से एक को जानता था और दूसरे के बारे में इतनी जानकारी तो रखता है कि विद्वता, ज्ञान और भाषा के प्रति प्रेम के संदर्भ में वह उन्हें

समकक्ष मान सके।

नागराज के बारे में पहली बार मैंने इतिहासकार और जीवनीकार सुजित मुखर्जी से सुना था। जब मैंने सुजित से हमारे मित्र और दिल्ली विवि में अंग्रेज़ी के प्रोफेसर, हरीश त्रिवेदी के बारे में पूछा तो सुजित ने जवाब दिया, 'अभी हाल ही में यू.आर. अनंतमूर्ति द्वारा हरीश को भारत का दूसरा सबसे श्रेष्ठ साहित्यिक समीक्षक करार दिया गया है। तब से हरीश तमाम दिल्ली में पिस्तौल लिए उस नागराज नामक बंदे को तलाश रहा है।''

और फिर जल्दी ही भारत के सर्वश्रेष्ठ समीक्षक से रू-ब-रू मुलाक़ात हुई। वह पहली मुलाक़ात हालांकि कुछ ख़ास न रही। नागराज, नेहरू स्मृति संग्रहालय व पुस्तकालय (नेहरू मेमोरियल म्यूज़ियम एंड लाइब्रेरी) के सेमिनार कक्ष में गांधी पर अपना एक पर्चा पढ़ रहे थे। आवाज़ बहुत मद्धिम थी और आंखें लिखे से चिपकी हुई थीं, ज़रा भी टस से मस नहीं हो रही थीं। बौद्धिक रुआब के उस अभिजात केंद्र पर बैंगलोरी चिंतक कुछ अनमना सा लग रहा था। पर्चा पढ़ चुकने के बाद, वह मेरे पास आया, और संकोचपूर्वक उसने अपना परिचय दिया, 'हम दोनों ने अपनी पुस्तकें टी.जी. वैद्यनाथन को समर्पित की हैं।'

वैद्यनाथन को समर्पित पुस्तक मैं नहीं पढ़ सकता—वो कन्नड़ में है। लेकिन अगली बार जब मैं बैंगलोर में था, तो वहां के प्रीमियर बुक शॉप में मैंने नागराज की *द फ्लेमिंग फीट* देखी। यह एक छोटी-सी पुस्तक है, और अब यह आसानी से मिलती भी नहीं है। यह पुस्तक इंस्टीट्यूट फॉर कल्चरल रिसर्च एंड एक्शन के लिए उनके मित्र सिद्धार्थ द्वारा 1993 में प्रकाशित हुई थी, और इसमें दलित राजनीति पर कोई आधा दर्जन निबंध हैं। इनमें से कुछ निबंध, कन्नड़ समाज और कन्नड़ साहित्य पर नागराज के प्रकांड ज्ञान से लाभान्वित हुए हैं। पहले निबंध में हालांकि सामान्यता का सुर ऊंचा है। गांधी के मूलतः आध्यात्मिक कार्यक्रम व अंबेडकर की राजनीतिक-आर्थिक परियोजना के बीच पसरे तनाव का यह एक उत्कृष्ट विश्लेषण है। नागराज इस बात को दर्शाने में सफल हुए हैं कि उनका यह शास्त्रार्थ किस तरह से उन दोनों के लिए ही लाभकारी सिद्ध हुआ। अंबेडकर के ज़रिए गांधी को आर्थिक अधिकारों का महत्व समझ में आया। जबकि गांधी के होते, अंबेडकर धर्म के मर्म को आत्मसात कर पाए। समीक्षक की उपलब्धि इस बात में निहित है कि दोनों में से किसी भी पक्ष द्वारा ऐसे

किसी भी प्रकार के परस्पर-प्रभाव को ज़ाहिरा तौर पर स्वीकार न किए जाने के बावजूद, अपनी इस पुस्तक में वह परस्पर प्रभाव के इस सिलसिले को स्पष्ट रूप से चिह्नित कर पाया है।

नागराज यह दर्शाने में भी सफल हुए हैं कि राष्ट्रवादी आख्यान में अंबेडकर की भूमिका की कतर-ब्योंत क्यों ज़रूरी थी। छुआछूत के विरुद्ध महात्मा की मुहिम के इर्द-गिर्द, प्रगतिशील हिंदुओं के मानस में एक 'रूमानी नैतिक आभा' सी बन गई थी। 'जहां-जहां भी राष्ट्रीय संघर्ष लोकप्रिय था, हिंदू रूढ़िवाद के विरुद्ध गांधी के संघर्ष के किस्से, उनके त्याग और साहस की कथाएं मानो हर घर में बांची जाने लगी थीं।' प्रतिक्रियावादी शंकराचार्य के बरअक्स गांधी को खड़ा करने का मतलब था 'एक नायक की आध्यात्मिक एकांत भोगने की क्षमता' का स्तुतिगान करना। लेकिन 'ऐसी कथा के किसी नाटक में अस्पृश्य ख़ुद अपने बूते कभी नायक न बन सकेंगे। वे तो बस नायक के लिए ऐसे दर्पण बने रहेंगे जिनमें वह अपने अस्तित्व की छटपटाहट और क्लेश, या शायद अपना यश देख पाएगा।' इस यशगान के भग्नावशेष वर्तमान तक बचे हुए हैं। क्योंकि गांधीवादी कार्यक्रम को एक 'प्रख्यात व्यक्तित्व' के बतौर दर्शाने का मतलब होता 'उपहास व प्रशंसा' दोनों को आमंत्रित करना। गांधी के प्रति वर्तमान दलित असम्मान इसी इतिहास की उपज है। एकबारगी जो पददलित जातियां स्वयं का प्रतिनिधित्व अधिक माननीय ढंग से करने के काबिल हुईं तो, 'पितृहत्या का मामला प्रामाणिक और अपरिहार्य दिखाई देने लगा।'

नागराज चुटकी लेकर कहा करते थे कि उनका गांधी प्रेम मूलतः जातिवादी है। जाति से वे एक जुलाहे थे, और एक प्रकार से महात्मा भी वही थे। लेकिन दलित राजनीति में उनकी संलग्नता के चलते बाबासाहेब अंबेडकर के प्रति भी उनकी गहरी श्रद्धा बनी। भारतीय राजनीति द्वारा एकदम उजागर और सतत विवाद में बनी रहीं इन दोनों विभूतियों के प्रति एक-समान सम्मान के चलते नागराज औरों से एकदम अलग दिखाई पड़ते हैं। और इससे भी अधिक असाधारण वे तब दिखाई देते हैं जब वे भारतीय इतिहास में सबसे ज़्यादा प्रकाशित इन दोनों जीवनों के बारे में अपनी नई अंतर्दृष्टि प्रस्तुत करते हैं। उनके निबंध के पांच पन्ने पढ़ते-पढ़ते ही मैं समझ चुका था कि मैं एक नितांत मौलिक प्रतिभा की संगत में हूं। मैं जान गया था कि उस सेमिनार वाले नागराज को इस चिंतक नागराज के एवज़ लेना मेरी कितनी बड़ी भूल थी।

वैसे भी, केवल दिल्ली के सार्वजनिक मंचों पर ही नागराज सकपकाते रहे। जबकि उधर कर्नाटक में एक वक्ता की हैसियत से उनकी अच्छी-ख़ासी धूम थी। फिल्मकार गिरीश कासरवल्ली ने बताया कि हालांकि वे नागराज को कई बार सुन चुके थे फिर भी वे कभी यह ख़्याल लेकर नहीं लौटे, 'यह बात तो उसके मुंह से मैं पहले भी सुन चुका हूं।' मैं अप्रैल 1996 में मणिपाल के एक सेमिनार में उनके द्वारा दिए गए पांच मिनट के उस व्याख्यान को भी नहीं भूल सकता जो सेमिनार का उद्‌घाटन करने आए पुराने गांधीवादी, धर्मपाल को संबोधित था। अन्य हताश बुज़ुर्गों की तरह धर्मपाल भी हाल ही में संघ परिवार के खेमे में चले गए थे। मौके की मांग वैसे तो लिहाज़ रखने की थी, लेकिन नागराज का जोश और उनकी बुद्धि उस विद्रोह को भला कैसे बिना चुनौती दिए जाने दे सकते थे! उनसे जब सवाल-जवाब किया गया तो धर्मपाल अपनी कुर्सी पर बड़ी बेचैनी से इधर-उधर होते रहे। सवाल यह था कि *'सिविल डिसओबेडिएंस एंड इंडियन ट्रेडिशन'* का लेखक, मीरा बहन और जयप्रकाश नारायण का सहयोगी अपने लेख में बाबरी मस्जिद के ध्वंस को भला कैसे जायज़ ठहरा सकता था?

1995 में मेरे बैंगलोर चले जाने के बाद, मैं और नागराज यदा-कदा, और सदा कोशीस परेड कैफे में मिलते रहते थे। मोटे तौर पर अंग्रेज़ी-और तमिल-भाषी बैंगलोर कैंटोनमेंट में रहने के चलते मैं उनकी कन्नड़-भाषी 'सिटी' की दुनिया में दाख़िल होने की बात कभी सोच भी नहीं सकता था। वे बड़ी आसानी से एक सांस्कृतिक लोक से दूसरे सांस्कृतिक लोक में विचरा करते थे। उनकी जड़ें इतनी गहरी थीं कि उन्होंने कभी अपनी उन जड़ों का प्रदर्शन करने या 'सर्वदेशीयता' को फौरी तौर पर ख़ारिज करने की बात सोची ही नहीं। उनकी पहली पुस्तक का समर्पण टी.जी. वैद्यनाथन के प्रति होना उनकी इसी ख़ूबी का एक सबूत था। नागराज ने मुझे बताया था कि उनके देशीयवादी मित्रों ने इस पुस्तक-समर्पण के प्रति अपनी नाराज़गी प्रकट की थी—कारण कि बैंगलोर वि.वि. के अंग्रेज़ी के जाने-माने शिक्षक वैद्यनाथन ने कभी कन्नड़ सीखी ही नहीं। नागराज का जवाब था कि वैद्यनाथन ने अपने उन अन्य छात्रों की तरह ही उनके मन को भी आलोकित किया था, जो यों घर पर तो कन्नड़, मलयालम या गुजराती बोलते थे, लेकिन वि.वि. में उन्हें अंग्रेज़ी में सुनने आते थे।

मेरी पहल के चलते हमारी मुलाक़ातें अब ज़्यादा होने लगीं। उनकी मृत्यु

के एक महीना पहले हम तीन बार 'परेड' में मिले। पहली बार हमने आत्मकथा के भारतीय मुहावरे पर बात की, यह कि गांधी, नेहरू और शिवराम कारंथ के संस्मरण किस प्रकार से, उन्हीं के शब्दों में, 'ऐतिहासिक रूप से व्याख्यायित पर सामाजिक रूप से सचेत व्यक्ति के निर्माण' के विभिन्न मार्गों की ओर इशारा करते हैं। जब मैंने अपनी राय रखी कि आत्मकथा के मामले में भारतीय इतने उद्घाटक नहीं होते, तो उन्होंने एक प्रति-उदाहरण के बतौर कन्नड़ लेखक पी. लंकेश की हालिया आत्मकथा का हवाला दिया।

हमारी दूसरी मुलाक़ात ज़्यादा बहस से भरी रही, जो शायद हमारी बढ़ती दोस्ती का संकेत थी। मेरा कहना था कि विद्वानों की रचनाएं पारदर्शी और सुगम्य होनी चाहिए। नागराज का मत था कि 'सुगम्यता' कोई मूल्य-निरपेक्ष पद नहीं है। पारदर्शिता की मांग करने का अर्थ है औरों के मुकाबले देशी अंग्रेज़ी भाषियों को विशेषाधिकृत करना। 'हेबरमास व देरिदा के अनुवादों में क्यों भला कुछेक ख़ास जर्मन या फ्रेंच पदों को जस-का-तस रखा जाता है। अंग्रेज़ी भाषा के प्रति हमें हिंसा बरतनी चाहिए, हमें इसकी बुनावट और इसके मुहावरे को उसी तरह विस्तार देना चाहिए जैसा कि उत्तर-आधुनिक उपन्यासकारों ने किया है।' जैसे ही हमारी बहस अपने शबाब पर पहुंची, मैंने अपना तुरुप का पत्ता फेंका। 'अस्पष्टता, आलस और ग़लत चिंतन की आड़ होती है। बचाव करने का अर्थ है होमी भाभा और गायत्री चक्रवर्ती स्पिवाक जैसों का बचाव करना।' यह बात मैंने यह जानते हुए कही कि नागराज इन दोनों से या इनमें से किसी एक से अंतरंग मित्रता रखते हैं। लेकिन अभेद्य वाग्जाल के 'सम्राट' व 'साम्राज्ञी' से निकटता, आगे जाकर साहित्यिक बंधुता तक जाती नहीं लगी। उनका जवाब हैरानी के साथ एक दर्द भी लिए हुए था, 'कहीं तुम्हें ऐसा तो नहीं लगता कि मैं स्पिवाक और भाभा जैसा लिखता हूं?'

हमारी तीसरी मुलाक़ात मुख्यतः उनकी पुस्तकों के इर्द-गिर्द घूमती रही। उस साल के अंत तक वे अपनी विवेचना, 'द पॉलिटिक्स ऑफ़ कल्चरल च्वाइसेस' को संपन्न करने की उम्मीद रखते थे। आगे क्या, मैंने पूछा। 'मैंने शैव दर्शन पर एक पुस्तक लिखी है, जिसमें मैंने बारहवीं सदी के कवि-पैग़ंबर अल्लामा प्रभु के वचनों पर गौर किया है। लेकिन मैं चाहता हूं कि पहले इसका कन्नड़ संस्करण छपे। फिर इसके बाद, मुझे लगता है कि मैं एक पुस्तक इस्लाम की सरज़मीं, अश्वेत प्रतिरोध व अश्वेत साहित्यिक सृजन के संबंधों पर लिखूं। रिचर्ड

राइट और टोनी मॉरिसन पर एक निबंध तो मैं लिख ही चुका हूं। अगली बार जब मैं शिकागो जाऊंगा (वे हर साल, गर्मियों में शिकागो वि.वि. में पढ़ाने जाया करते थे) तो मैं लुई फर्राखान से मिलने की कोशिश करूंगा।'

नागराज की महत्वाकांक्षा का विस्तार असीम था। उनका ज्ञान और उनकी सैद्धांतिक व्याप्ति, दोनों ही सांस्कृतिक प्रवृत्तियों पर उनकी आगामी पुस्तक के उस छोटे से एक अंश में ही उद्घाटित हो आती हैं जो मैंने पढ़ा है। यह दिसंबर 1996 में शिकागो इंस्टीट्यूट ऑफ़ ह्यूमैनिटीज़ में उनके द्वारा दिए गए एक व्याख्यान की पांडुलिपि है। इसे पढ़ते ही हम यह समझ जाते हैं कि यह पूरी पुस्तक तो जाति व्यवस्था संबंधी हमारी समझ को बुनियादी रूप से ही बदल कर रख देती। अभी भी उनके कंप्यूटर में दर्ज उनके द्वारा तैयार प्रारूपों और प्रस्तावों के आधार पर एक ठीक-ठाक सा मोनोग्राफ बनाया जा सकता है। फिलवक़्त तो *द फ्लेमिंग फीट* अंग्रेज़ी में नागराज की इकलौती पुस्तक है। इसके अलावा, कुछ प्रकाशित निबंध और समीक्षाएं हैं। इनमें कांचा इलैया की पुस्तक *व्हाइ आई एम नॉट अ हिंदू* की एक तीखी आलोचना, जो किसी भी हिसाब से अयोग्य नहीं थी, और शिव विश्वनाथन की पुस्तक *अ कार्निवाल फॉर साइंस* की एक दिलकश, लेकिन माकूल प्रशंसा भी शामिल हैं।

अनंतमूर्ति का *भारतीपुरा* एक आधुनिक होते ब्राह्मण द्वारा अपने समाज को बदलने के प्रयासों को लेकर लिखा गया उपन्यास है। इंग्लैंड में पढ़ते समय, मंदिरों वाले नगर, भारतीपुरा की सबसे बड़ी रियासत के उत्तराधिकारी जगन्नाथ में एक बुनियादी परिवर्तन होता है। इंग्लैंड से लौटने के बाद उससे यह अपेक्षा होती है कि वह अपनी जायदाद वग़ैरह संभालेगा और अपने शहर की सामाजिक व पारंपरिक व्यवस्था पर आराम से राज करेगा, जैसा कि पीढ़ी-दर-पीढ़ी उसके परिवार में होता आया है। यह सब करने की बजाय, वह शोषित अछूतों को संगठित कर मंदिर के अंदर जाने और दूषित करने की ठान लेता है।

भारतीपुरा के (पी. श्रीनिवास राव द्वारा किए गए) अंग्रेज़ी अनुवाद के लिए नागराज द्वारा लिखी गई भूमिका, लेखक के साथ उनकी अंतरंग मित्रता और उनके कन्नड़ साहित्यिक इतिहास के ज्ञान, दोनों से प्रेरित है। अनंतमूर्ति का पहला उपन्यास *संस्कार,* 'लोहियावादी विषाद एवं जाति-व्यवस्था के प्रति रोष का एक उत्पाद' था। लेकिन इस उपन्यास का ऐसा कोई 'भोला-भाला संदेश' न था। गाहे-बगाहे यह उस सामाजिक इन्कलाबी की विवेचना सरीखा

पढ़ने में आता है, जो अपने विचार और अपनी आशाओं को सदा-इच्छुक-न-रहने वाले अपने शागिर्दों में प्रक्षेपित करता है। और सचमुच, 'विद्रोही की आन-बान, उद्विग्नता, और अपने प्रयोजन के प्रति उसका भावनात्मक लगाव...संकट की एक घड़ी में उसके उद्यम के लक्षितों की ख़ालिस घृणा में रूपांतरित हो जाता है।' समाजवादी आंदोलन में शामिल उपन्यासकार के कुछ मित्र जो हरदम एक स्पष्ट राजनैतिक दिशा की तलाश में रहते थे, उन्हें यह समझ ही नहीं आया कि इस पुस्तक को वे किस तरह बरतें। परंतु नागराज हमसे *भारतीपुरा* को कन्नड़ उपन्यास की उस पुरानी परंपरा के एक ऐसे हिस्से के बतौर देखने की मांग करते हैं, जिसमें राजनैतिक आदर्शवाद 'नायक के लिए तो एक संत्रास का विषय होता है जबकि लोगों के लिए मनोरंजन का विषय होता है,' परंपरा जिसमें 'विमुक्ति की परियोजना के प्रति सर्वसाधारण की परितृप्त उदासीनता के चलते नायक अपने क्रांतिकारी अतिरेकों के रोग से मुक्त होते हैं।' इस प्रकार यह उपन्यास 'मूलतः उन क्रांतिकारी मध्यम वर्गों की सीमाओं की एक विवेचना है जो देश को बदलने की परियोजना पर अपना सहृदय एकाधिकार जताते हैं।'

आशीष नंदी की रचना *एक्ज़ाइल्ड एट होम* के लिए लिखा गया नागराज का आमुख उपनिवेशवाद की प्रमुख धारणाओं का एक उत्कृष्ट सर्वेक्षण प्रस्तुत करता है। फ्रांज़ फैनन और एडवर्ड सईद आदि से जुड़ा एक जीवन-दर्शन, प्रभुत्व और दमन पर ज़ोर देता है। दूसरा दृष्टिकोण, एक 'सांस्कृतिक वैशिष्ट्य' के राजनीतिक वर्चस्व के बावजूद अडिगता की तलाश में रहता है—आनंद कुमारस्वामी इसकी श्रेष्ठ मिसाल हैं। जिस तीसरे दृष्टिकोण से नंदी ख़ुद को जोड़ते हैं, वह शासक और शासित के परस्पर-कायाकल्प को रेखांकित करता है। 'जब वे फैनन या फ्रायड के अंदाज़ में होते हैं,' नागराज लिखते हैं, 'तो नंदी अवसादग्रस्त होते हैं। पर गांधी का संसर्ग उन्हें आनंदित करता है, और उन्हें औपनिवेशक और उपनिवेशित, दोनों की रूपांतरकारी क्षमताओं को देखने के काबिल बनाता है।' नंदी की ही एक परिकल्पना पर शरारतपूर्ण ढंग से एक चुटकी लेते हुए नागराज कहते हैं, 'नंदी यदि नाथूराम गोडसे हैं तो आधुनिकता गांधी है—अपने शिकार से हत्यारे का संबंध जटिल भी है, और बहुआयामी भी।' यह भी कि आधुनिकता की भट्टी में प्रति-आधुनिकतावादी पदावली का पकना उसकी शक्ति भी है और कमज़ोरी भी।

अपनी मृत्यु के समय नागराज एक निबंध पर काम कर रहे थे जिसे

वे दिल्ली में सआदत हसन मंटो व्याख्यान के बतौर प्रस्तुत करने वाले थे, जिसमें हिंसा पर नौवीं सदी के जैन मूल पाठों के आधार पर तभी हाल ही में बैंगलोर में हुए उर्दू-विरोधी और तमिल-विरोधी दंगों के बारे में बात की जानी थी। लेकिन नागराज सदियों के समागम से कहीं बहुत ज़्यादा कर सकते थे। मेरे परिचित भारतीय बुद्धिजीवियों में नागराज अकेले ऐसे चिंतक थे जो अपनी भाषाई परंपराओं को पश्चिम के सैद्धांतिक मुहावरों की अपनी खरी समझ के साथ जोड़ कर देख सकने का माद्दा रखते थे। महानगरीय बुद्धिजीवी आम बोलचाल की भाषा से तो पार पा सकता है, लेकिन उसकी दार्शनिक या व्यंजनार्थक गहराइयों तक उसकी सही पहुंच नहीं बन पाती है। वहीं 'भाषाई' चिंतक बांग्ला या तमिल में गहरे रचा-बसा हो सकता है, लेकिन अंतर्राष्ट्रीय विद्वता की अद्यतन सैद्धांतिकी की बात आते ही वह अनिश्चित या अनभिज्ञ पाया जाता है। लेकिन नागराज कन्नड़ संस्कृति के अग्रगण्य अध्येता थे। तेलुगु पर उनकी अच्छी-ख़ासी पकड़ थी, हिंदी व संस्कृत का उन्हें ठीक-ठाक ज्ञान था, यहां तक कि तमिल भी वे थोड़ी बहुत तो जानते ही थे। साथ ही, मानविकी, सांस्कृतिक विमर्श और इतिहास के समकालीन रुझानों के बारे में भी अच्छी तरह वाकिफ रहते थे।

भारतीपुरा की अपनी भूमिका में नागराज कहते हैं कि उपन्यास का लेखक 'अपना स्थानीय प्राकृतिक आवास कभी न छोड़ने की खातिर एक अडिगता और दृढ़ता का प्रदर्शन करता है।' उनकी अपनी अभिलाषा, ऐसा लगता है, अपनी जड़ों को छोड़े बिना समय-समय पर इस भरी दुनिया में फिरते रहने की थी। वे कन्नड़ साहित्य पर लिखते रहते, साथ ही भारतीय इतिहास और वैश्विक संस्कृति पर भी ज़्यादा से ज़्यादा लिखते जाते। उनके अध्ययन, उनका भाषिक सामर्थ्य और अतीव मेधाविता के चलते क्या पता वे कितनी ऊंचाइयां पार कर जाते।

शुरुआत मैंने एक तुलना से की थी, अब अंत भी मैं एक तुलना से ही करूंगा। नागराज का जीवन हठात मुझे सामाजिक जनांदोलनकारी सी.वी. सुब्बाराव के जीवन की याद दिलाता है। नागराज और सुब्बाराव, दोनों 1954 में पैदा हुए थे। सुब्बाराव की भाषा, तेलुगु से नागराज की एक अंतरंगता थी। एक समय पर दोनों वामपंथी छात्र राजनीति में सक्रिय रहे। लेकिन मेरी जानकारी में वे एक-दूसरे को नहीं जानते थे।

भारतीय नागरिक स्वतंत्रता आंदोलन में सुब्बाराव का योगदान उतना ही श्रेष्ठ था जितना श्रेष्ठ कन्नड़ साहित्य के प्रति नागराज का था। एक तरह से

उन दोनों के योगदान असीम थे। चालीस की उम्र आते-आते इन दोनों ने एक भरे-पूरे जीवन जितना कार्य संपन्न कर लिया था। मुझे विश्वास है कि वे दोनों भी इस सच्चाई को जानते थे। अपनी मृत्यु से कुछ ही समय पहले सुब्बाराव ने अपने काम से लंबी छुट्टी लेकर पारिस्थितिकीय विनाश की राजनैतिक आर्थिकी पर एक थीसिस लिखने का निर्णय लिया था। अपने जीवन के लगभग इसी चरण में नागराज ने राष्ट्रीय और अंतर्राष्ट्रीय मसलों पर ज़्यादा से ज़्यादा लिखना चुना। राजनैतिक बाध्यताओं के चलते दिनोंदिन अपने कार्यों के दायरे को सिकुड़ते जाते देख, दोनों ने ही अंततः अपने लिए जीने का फैसला लिया। नागराज के लिए कन्नड़ कविता पर लिखना या फिर सुब्बाराव के लिए एक सांप्रदायिक दंगे की तहकीकात का नेतृत्व करना, सामाजिक प्रतिबद्धता और नैतिक ज़िम्मेदारी का मसला बनता था। लेकिन नागराज के लिए 'इस्लाम की सरज़मीं' पर अनुसंधान करने या सुब्बाराव के लिए राजनैतिक अर्थशास्त्र का अध्ययन करने का अर्थ था अपनी बौद्धिक महत्वाकांक्षा का कहा मानना।

कितनी अजीब बात है, यहां तक कि विचित्र भी, कि उनके इन फैसलों की ख़बर सबको लगने के बाद, कितनी जल्दी, वे दोनों इस दुनिया से कूच कर गए। निस्संदेह, वैज्ञानिक दृष्टिकोण रखने वाला कोई भी इन्सान ऐसे सोच की हंसी ही उड़ाएगा। उसका तर्क होगा कि ये दोनों बंदे अपनी सेहत को लेकर नितांत लापरवाह रहे थे। उनके जानलेवा हृदयाघात, धूम्रपान, मदिरापान, अनाप-शनाप यात्राओं और खानपान की ग़लत आदतों वाले वर्षों पुराने शारीरिक अपव्यय का नतीजा थे। मैं इन सबका खंडन नहीं करूंगा। लेकिन फिर भी पूछूंगा ज़रूर कि क्यों नागराज और सुब्बाराव, दोनों को समाज के बरअक्स ख़ुद को तवज्जो देने की इजाज़त नहीं दी गई?

आख़िरी सिविलियन : सी.एस. वेंकटचार

मेरे मित्र होने के पहले वेंकटचार, मेरे दादा के मित्र थे। उत्तर में, क्रमशः सचिवालय और प्रयोगशाला में बरसों लंबा अपना सेवाकाल बिताने के बाद मेरे दादा और वे, दोनों अपने घर वापस आए, बैंगलोर के जयमहल इलाके में अपना सेवानिवृत्त जीवन बिताने। नौकरशाह और वैज्ञानिक परस्पर-सटी सड़कों पर ही रहते थे और गाहे-बगाहे साथ-साथ टहला करते।

1979 में जब वे मेरे मित्र बने, वेंकटचार अस्सी बरस के थे और मैं बीस का। उस परीक्षा पर, जिसे वे कभी उत्तीर्ण कर चुके थे, एक असफल वार करने के बाद मैं आधुनिक भारतीय इतिहास को कुछ-कुछ समझने लगा था। इसमें से कुछ इतिहास के तो वे गवाह थे, कुछ को बनाने में उनका कुछ योगदान था। पेशे और परिस्थिति द्वारा नेहरू, पटेल, राजगोपालाचारी, राजेंद्र प्रसाद और माउंटबेटन के संपर्क में आए, गांधी से गहरे प्रभावित रहे—जिन्हें उन्होंने देखा तो खूब था, लेकिन कभी मिल न पाए थे—वेंकटचार अब बैंगलोर में एक 'प्रखर बेनाम' बन कर अपने दिन गुज़ार रहे थे, और अपनी सदी की युगांतरकारी घटनाओं को और भी अच्छी तरह से समझने के उद्यम में लगे थे। उनके दिन कैंब्रिज, बर्कले, और जेएनयू से आए ताज़ा मोनोग्राफ पढ़ने में बीत रहे थे। उनकी बैठक में रखी कांच की टेबल पर उन किताबों के ढेर लगे रहते जो उनके पास समीक्षा के लिए भेजी जातीं, जिन्हें वे पुस्तकालय से लाए होते, या फिर स्वयं लेखकों ने उन्हें भेंट की होतीं। मैं उन्हें अभी ख़ुद से पढ़ने के

लिए तैयार न था, लेकिन उनके जो विश्लेषित सारांश मुझे परोसे जाते, वे मुझे ज़्यादा स्वादिष्ट लगते। इन झलकियों के बीच मैं कभी वेंकटचार को उनकी स्मृतियों के गर्भगृह में जाते पाता जहां से वे अपने अद्वितीय अनुभवों के खज़ाने से ऐसा कोई अनमोल वाकया उठा लाते जो अभिलेखागारों में सुरक्षित विद्वानों की निष्पत्तियों में इज़ाफा ही करता।

मेरे लिए इस पूरे वार्तालाप का उत्कर्ष तब आया जब मेरा दाख़िला कलकत्ता के भारतीय प्रबंधन संस्थान में समाजशास्त्र के पीएच.डी. कार्यक्रम में हुआ। मेरी उम्मीद थी कि मैं वरियर एल्विन पर काम कर पाऊंगा, जिनके बारे में वेंकटचार ने यहां-वहां से कुछ सुन रखा था। वे मुझे अपने परिचित एक प्रसिद्ध समाजशास्त्री के पास ले गए जो बगल की ही कॉलोनी में रहते थे। वे जाने-माने विद्वान तो मेरी बात से ज़रा भी प्रभावित न हुए, बोले, 'एल्विन तो नौसिखिया मानवशास्त्री थे। मैं तो उन पर ज़रा भी समय नष्ट न करूं। फिर कलकत्ता कौन-सा भारतीय समाजशास्त्र का गढ़ रहा है।' मेरा तो हाल न पूछिए, सिट्टी-पिट्टी गुम थी। वापसी में हम चुपचाप जयमहल की पहाड़ी चढ़े, वेंकटचार अपनी पैदल-छड़ी से सड़क की ऊंच-नीच और स्कूटरों की आवाजाही से निपटते रहे। उन्होंने अपने उन परिचित विद्वान से असहमति तो नहीं जताई, लेकिन हमारा वार्तालाप चलता रहा।

वेंकटचार द्वारा प्रेरित मेरी दिलचस्पी ने अंततः उनके मित्र की नेक सलाह पर विजय पा ही ली। मैं भारतीय समाज और इतिहास में अपनी औपचारिक शिक्षा शुरू करने कलकत्ता चला गया। साल में दो या तीन बार मैं बैंगलोर आता और अपनी प्रगति की रिपोर्ट देता। समय के साथ, वेंकटचार की आंखें जवाब देने लगीं, और उस कांच की मेज़ पर से उनकी किताबें ग़ायब हो चलीं। लेकिन पांच भाषाओं पर उनकी धाराप्रवाह पकड़ बराबर बनी रही। अंततः हमारा शैक्षणिक वार्तालाप उनकी मृत्यु के साथ ख़त्म हुआ। अपने सौवें जन्मदिन से कोई तीन हफ़्ते पहले, 18 जून, 1999 को वे इस दुनिया से विदा हुए।

II

कादंबी शेषचार वेंकटचार का जन्म पुरानी मैसूर रियासत के एक आधुनिक हो रहे ब्राह्मण परिवार में हुआ था। वे होस्कोट के निकट के एक 'अग्रहारम' से आते थे लेकिन उनके पिता की ही पीढ़ी में वे बैंगलोर चले आए थे। उनकी

शिक्षा पहले तो चमराजपेट के एक अंग्रेज़ी माध्यम स्कूल में और फिर सेंट्रल कॉलेज में हुई। 1918 में उन्होंने रसायनशास्त्र में बी.एससी. करने के लिए मद्रास के प्रेसिडेंसी कॉलेज में दाख़िला लिया। दूरदराज़ की रियासत में रहने के चलते न तो उन्होंने कभी कोई समाचारपत्र पढ़ा हुआ था, न ही एनी बेसेंट का नाम सुना था, और न ही बंगाल के विभाजन व मांटेग्यू-चेम्सफोर्ड सुधारों के बारे में सुना था। कॉलेज में वेंकटचार मज़बूत अ-राजनीतिक बने रहे। 'उधर मैंने कोई अख़बार तक नहीं पढ़ा था,' याद करते हुए वे बोलते। 'इधर मद्रास में, तमिल लड़के बहुत होशियार रहते थे, और पहले पेज से लेकर आख़िरी पेज तक सारा का सारा *द हिंदू* पढ़ डालते थे। मैं यदा-कदा उसमें डुबकी तो लगा लेता था, लेकिन पढ़ा उसे कभी नहीं।'

भारतीय सिविल सेवा की परीक्षा देने का ख़्याल उनके अंदर प्रेसिडेंसी कॉलेज से आईसीएस की यात्रा कर चुके एस.जी. सेंगोदयन का एक व्याख्यान सुनने के चलते आया। पिता की वित्तीय सहायता से वे 1921 में लंदन के लिए रवाना हुए। वहां उन्होंने यूनिवर्सिटी कॉलेज में दाख़िला लिया और एक साल तक कड़ी मेहनत की। लिखित परीक्षा उन्होंने बड़े आराम से पार कर ली, और मौखिक परीक्षा के दौरान जब उनसे पूछा गया कि आने वाले समय में वे भारत में अंग्रेज़ी भाषा के स्थान के बारे में क्या सोचते हैं तो उन्होंने जवाब दिया कि विज्ञान और आधुनिकता की भाषा होने के चलते उसका स्थान बना रहेगा।

वेंकटचार को यूनाइटेड प्रॉविंसेस कैडर दी गई थी, लेकिन वे पहले एक साल के प्रशिक्षण के लिए ट्रिनिटी कॉलेज, कैंब्रिज गए। वहां उन्होंने विख्यात अर्थशास्त्री जेफ्री क्राउथॅर (*द इकोनॉमिस्ट* के भावी संपादक) से अर्थशास्त्र सीखा, और उर्दू संभवतः फिलट नाम के एक रिटायर्ड कर्नल से। फिलट महोदय का पक्के तौर पर यह मानना था कि इन यहूदियों के बुरे प्रभाव के चलते साम्राज्य का पतन हो रहा है, मसलन, तभी हाल ही में भारत के वाइसरॉय बने लॉर्ड रीडिंग, और एड्विन मॉन्टेग्यू जो मंत्री थे। जैसा कि अपनी आत्मकथा के एक अप्रकाशित हिस्से में वेंकटचार लिखने वाले थे, 'कैंब्रिज से मैं भारत में ब्रिटिश साम्राज्य या उसका शासन चलाने के सही ढंग के बारे में कोई धारणा तो लेकर नहीं आया था। सिविल सेवा में मेरा प्रवेश अच्छी तनख़्वाह और अंत में पेंशन देने वाला एक बढ़िया कैरियर हासिल करने के लिए था।' हालांकि वे यह धारणा तो ज़रूर लेकर आए जो उन्हें उनके टीचर ने उन्हें वहां दी थी, कि आईसीएस

दरअसल 'एक यूनिवर्सिटी है जिसमें आप कभी पारंगत नहीं होते। आप तो बस अपने कैरियर के आख़िर तक अपने अनुभव के सहारे सीखते ही चले जाते हैं...'

जनवरी, 1923 में वेंकटचार रेल से बारास्ता कानपुर, फतेहगढ़ के लिए रवाना हुए, जहां उनकी पहली नियुक्ति हुई थी। उसी डिब्बे में निसार अहमद शेरवानी भी सफ़र कर रहे थे। शेरवानी साहब, उ.प्र. के एक जाने-माने ख़ानदान से आते थे और उन्होंने गांधी के आह्वान पर अपनी सरकारी नौकरी छोड़ दी थी। उस एक डिब्बे में दो शख़्स सवार थे—एक, जो हुक्मरानों की देहरी छोड़ आया था, दूसरा जो वहीं जा रहा था। भारतीय राजनैतिक सेवा में भेजे जाने से पहले, वेंकटचार फतेहगढ़, मुरादाबाद और बदायूं में पदस्थ रहे। सेंट्रल इंडियन स्टेट्स के असिस्टेंट रेज़िडेंट की हैसियत से वे छतरपुर के महाराजा के पास रस्मी मुलाक़ात के लिए गए। उस छोटे शासक से उन्होंने पूछा कि कोई ऐसा काम है जो सरकार बहादुर उनके लिए कर सकती है। महाराजा ने जवाब दिया, 'नाना प्रकार के अंग्रेज़ मेरे पास आते हैं और कहते हैं कि ज़रा वह अतिथि भवन तो दिखाओ जहां ई.एम. फॉर्स्टर रहे थे। न तो मैं जानता हूं, और न ही उसमें मेरी दिलचस्पी है। मैं आपका शुक्रगुज़ार रहूंगा अगर आप उनसे कहें कि वे यहां न ही पधारें तो बेहतर है।'

उनकी इससे ज़्यादा महत्वपूर्ण मुलाक़ात इंदौर के तालचेरकर परिवार से हुई, जहां वेंकटचार को अंतर्जातीय घुसपैठ के अपने एक साहसी कारनामे के चलते अपनी दुल्हन मिली। लेकिन 'राजनैतिक सेवा' में उन्हें मज़ा नहीं आ रहा था। वैसे भी हर प्रकार से वहां किसी ढुलमुल और अयोग्य का गुज़ारा न होने वाला था। कालांतर में वाइसरॉय बने लॉर्ड वैवेल के शब्दों में यह जगह ही कुछ ऐसी थी जहां उन सैनिकों को भेजा जाता था, जो लड़ने के काबिल नहीं थे और उन असैनिकों को भेजा जाता था जो शासन करने के काबिल न थे। सो, सारे प्रवासी जनगणना आयुक्तों में सबसे कल्पनाशील जे.एच. हटन के मार्गदर्शन में जनगणना प्रतिवेदन बनाने के बाद वेंकटचार ने यू.पी. वापस भेजे जाने संबंधी अपने तबादले की दरख़्वास्त की। उनका तबादला नेपाल की सीमा पर बसे तरबतर और दलदली गोंडा कर दिया गया, जहां आरामपसंद ज़मींदारों का दबदबा था। सालों बाद याद करते हुए वे कहते हैं कि ज़िला प्रशासन 'जड़ था, बदलते समय के साथ धचके खा-खा कर हिलता-डुलता रहता था, न आगे

बढ़ता था, न पीछे जाता था।' यू.पी. के गवर्नर सर मैल्कम हैली ने कानपुर के व्यापारी और राजनेता सर जे.पी. श्रीवास्तव के साथ मिलकर ज़मींदारों को सहारा देने के लिहाज़ से एक विशेष ग्रामीण विकास विभाग बनाकर लुभाने की कोशिश की, लेकिन काश्तकार उनके इस झांसे में नहीं आये। सो वे कांग्रेस के पास अपनी शिकायत लेकर गए जिसने नेहरू और उनकी मंडली के नेतृत्व में सत्ता में आने पर इससे ज़्यादा दूरगामी भूमि सुधार ले आने का वादा किया।

1937 के उत्तरार्ध में उन्हें भारत सरकार के एक प्रतिनिधि के बतौर मलय भेजा गया। उन्होंने वहां तीन बरस बिताए, और मुख्यतः उन तमिल प्लांटेशन श्रमिकों की सुनवाई करते रहे जिनकी शिकायतें रहती थीं कि चीनी श्रमिकों के मुकाबले उन्हें कम मज़दूरी दी जाती है।

नई दिल्ली को उनका संदेश बड़ा ही शुष्क था, "निश्चित ही तमिलों के साथ भेदभाव होता है और उन्हें पारिश्रमिक भी कमतर ही दिया जाता है, लेकिन उनके उलट चीनी ज़्यादा काम करते हैं, और ज़्यादा चतुर भी होते हैं।"

मलय पेनिनसुला पर जापानी फौज का कब्ज़ा होने के कुछ पहले ही वेंकटचार को वापस भारत बुला लिया गया। जून 1941 में उन्हें कोर्ट ऑफ वॉड्र्स का अध्यक्ष नियुक्त किया गया, जिसका मुख्यालय इलाहाबाद था, लेकिन यूपी की तमाम ज़मींदारियों के प्रबंधन का जिम्मा उन्हें दिया गया था। दो साल बाद वे इलाहाबाद सम्भाग के आयुक्त नियुक्त हुए। भारत छोड़ो आंदोलन को तो चुप करा दिया गया था, लेकिन 'लड़ाई' अभी जारी थी। कमिश्नर का एक काम वामपंथी राजनेताओं तक पैसा और शराब पहुंचाना था ताकि वे उन कामगारों को चुप रखें जो उनकी पार्टी के थे। इससे भी ज़्यादा मज़ेदार काम था वैज्ञानिक के.एस. कृष्णन का पूरा नाम पता करना जिन्हें 'नाइट' की उपाधि दी जानी थी। परम्परा यह थी कि सम्मानित होने वाले व्यक्ति को पहले से यह मालूम नहीं पड़ना चाहिए कि उसे सम्मानित किया जाने वाला है; लेकिन प्रशस्ति पत्र में व्यक्ति का पूरा नाम दिया जाना होगा। प्रोफेसर और कमिश्नर के बीच तमिल में हुई संक्षिप्त बातचीत में नाम का पूरा ब्योरा कुछ यों सामने आया : करईमनिकम श्रीनिवास कृष्णन।

इलाहाबाद के ऐन बाहर नैनी कारागर था उस समय जिसमें कैद थे, पुरुषोत्तमदास टंडन, रफी अहमद किदवई, लालबहादुर शास्त्री, विजयलक्ष्मी पंडित और कैलाशनाथ काटजू यानी कि यूपी कांग्रेस के सारे धुरंधर। इनमें नहीं थे

तो नेहरू और गोविन्दबल्लभ पंत जिन्हें अहमदनगर जेल में रखा गया था। इसके बाद उन्होंने युवा इंदिरा गांधी को जेल में डाल दिया। "ये क्या बेहूदा विचार है उसे जेल में डालने का? अभी अभी तो उसकी शादी हुई है।" वेंकटचार ने अपने वरिष्ठ, मुख्य सचिव, सर मूडी से शिकायत की। मूडी ने जवाब दिया, "ओह, मुझे लगा कि उसकी बुआ को उसकी संगत मिल जाएगी।" "आपको नहीं मालूम कि उन दोनों का आपस में छत्तीस का आंकड़ा है?" अन्दरूनी जानकारी रखने वाले भारतीय ने कहा।

इंदिरा को तो खैर जल्दी ही छोड़ दिया गया लेकिन खबर यह आई कि खुद नेहरू को नैनी जेल लाया जा रहा है। लाये तो वे पूरे पहरे में गये थे, फिर भी इलाहाबाद के कमिश्नर उनके डिब्बे को मेन स्टेशन पर जमा हुई उत्तेजित भीड़ से दूर वाली एक साइडिंग से ले जाने की व्यवस्था की। नेहरू तो अपने चिर-परिचित जादुई अंदाज़ में थे, यहां तक कि खुद को हथकड़ी पहनाये जाने का प्रस्ताव रखकर उन्होंने वेंकटचार को शर्मसार कर दिया।

पलट कर देखने पर हम पाते हैं कि वेंकटचार इस मामले में भाग्यशाली रहे कि उन्हें कभी देशभक्तों को 'कुचलना' नहीं पड़ा। चौरी चौरा में हुई आगज़नी के साथ असहयोग आंदोलन की समाप्ति के कोई एक साल के भीतर वे 1923 की जनवरी में यूपी पहुंचे। सिविल नाफर्मानी के वक्त वे मध्यभारत में थे। भारत छोड़ो आंदोलन के दौरान वे वापस ब्रिटिश इलाके में लौटे। लेकिन तब उनकी पोस्टिंग राजनैतिक रूप से अविवादास्पद रही। इस प्रकार उन्हें कभी उन लोगों पर लाठियां नहीं भंजवानी पड़ी, या फिर उनकी थोक गिरतारी नहीं करनी पड़ी जो आगे चलकर भारत पर राज करने वाले थे।

1946 में वेंकटचार को जोधपुर का दीवान बनाया गया। जोधपुर रियासत के युवा महाराजा, जिन्ना से कुछ जुगाड़ बिठाने की फिराक में थे। जिन्ना ने उन्हें इस बात पर फुसलाया हुआ था कि अगर उनकी रियासत पाकिस्तान में विलीन हो गई तो वे उनके साथ बेहतर बर्ताव किया जाएगा। लेकिन जल्द ही युवा महाराजा का मोहभंग भी हो गया। संयोग से उस समय राजस्थान की चार प्रमुख रियासतों के दीवान सभी दक्षिण भारतीय थे - बीकानेर में के.एम. पणिक्कर, जयपुर में वी.टी. कृष्णामाचारी, उदयपुर में टी. विजयराघवाचारी, और जोधुर के दीवान अपने वेंकटचार स्वयं। परस्पर सामंजस्य के द्वारा वे अपने मुखियाओं को 'संविधान-सभा' में शामिल होने के लिए मना पाये, जो कि अपने

आप में एक अमूल्य उपलब्धि थी। लेकिन राष्ट्रीय एकता हेतु हमारे नायक का अवदान यहीं खत्म नहीं होता। 1948 में हमारे वेंकटचार जाइण्ट सेक्रेटरी बने, और उसके दो साल बाद सेक्रेटरी। इस दौर में उनके अंदर सरदार पटेल के प्रति एक अडिग सम्मान विकसित हुआ। कारण कि पटेल ''व्यावहारिक थे और राजे-रजवाड़ों के प्रति किसी भी प्रकार द्वेष से रहित थे ... हमारे लिए उनकी हिदायत थी 'उनकी अपनी व्यक्तिगत सम्पत्ति को लेकर उनके किसी भी दावे पर सवाल न करो, और याद रहे कि परिवार की किसी भी महिला के साथ बहस-मुबाहिसा न हो। मुझे उनकी रियासत चाहिए, धन-दौलत नहीं।' ''

भारत सरकार के साथ वेंकटचार की आखिरी नियुक्ति, राष्ट्रपति डॉ. राजेन्द्र प्रसाद के सचिव के पद पर थी। कदाचित एक हिंदू पुरातनपंथी के बतौर नापसंद किये जाने वाले राजेन बाबू दरअसल एक बड़े सिद्धान्तवादी और काबिल व्यक्ति थे। माउण्टबेटन के प्रेस प्रवक्ता, एलन कैंपबेल-जॉनसन उनके बारे में लिखते हैं, ''उनकी सौम्यता और सोच की असंदिग्ध गहराई और चारित्रिक .ढ़ता ने बड़ा प्रभावित किया। मूलतः वे एक मध्यमार्गी और मध्यस्थ प्र.ति के व्यक्ति हैं, वे एक ऐसे जन-नेता हैं जिनकी सुख्याति का भड़काऊ शैली से तो कोई वास्ता नहीं, हां लेकिन, राष्ट्रीय प्रयोजन के प्रति दीर्घ और निष्ठावान सेवा भाव का हासिल वह अवश्य है। नये निज़ाम में निश्चित ही उनकी एक अहम भूमिका होगी, फिर चाहे वह एक अविभक्त भारत में हो या विभक्त भारत में।''

प्रसाद का दुर्भाग्य, नेहरू के साथ उनकी गुस्सैल मनमुटाव में रहा। नेहरू जी 1952 में राजाजी को राष्ट्रपति बनाना चाहते थे। 1957 में नेहरू फिर से असफल हुए जब कांग्रेस के वरिष्ठों ने यह सुनिश्चित किया कि राजेन बाबू एक बार फिर राष्ट्रपति बनें, जबकि नेहरू जी की पसंद सर्वपल्लि राधाकृष्णन थे। वेंकटचार ने एक बार मुझे यह दिलचस्प किस्सा सुनाया कि किस तरह एक भोज में राधाकृष्णन ने उन्हें घेर लिया था और उलाहना देते हुए पूछा था कि राष्ट्रपति के अन्तिम भाषण में गीता के श्लोक पैठाने का नुस्खा क्या उन्हीं का दिया हुआ था! संस्कृत में पारंगतता, उपराष्ट्रपति का सर्वज्ञात गुण था जबकि उनके वरिष्ठ को इस भाषा का ज़रा भी ज्ञान न था; हां राष्ट्रपति के सचिव का दखल उस पर ज़रूर था।

अप्रैल-जून, 1971 के *इंडियन क्वार्टर्ली* में प्रकाशित अपने एक बोधगम्य लेख 'रिलेशन्स बिटवीन द इंडियन प्रेज़िडंट एंड द प्राइम मिनिस्टर (भारत के

राष्ट्रपति व भारत के प्रधानमंत्री के बीच सम्बंध)' में वेंकटचार ने लिखा कि किस प्रकार इन दो पदों को सुशोभित करने वाले व्यक्ति एक बुरी नज़ीर छोड़ गये। नेहरू ने ''राष्ट्रपति को हमेशा अपने से दूर ही रखा और कभी नहीं चाहा कि कोई दूरदर्शी अग्रज राजनेता उन्हें उस समझाइश की सच्चाई से रूबरू करवाये जो उनके युद्धकालीन प्रधानमंत्रित्व के दौरान विंस्टन चर्चिल को लॉइड जॉर्ज ने दी थी : 'किसी भी प्रधानमंत्री के लिए ऐसे लोगों से घिरे रहना ज़रूरी है जो उसके सामने टिक सकें और टिक कर, केवल एक बार नहीं, बल्कि तीन बार नहीं, नहीं, नहीं कह सकें'' और राजेन्द्र प्रसाद के पास रचनात्मक असहमति की समझ और अनुभव ज़रूर था लेकिन, लगता है, साहस नहीं था। उनके सचिव के अनुसार, वे ''प्रधानमंत्री की स्वेच्छा अनुसार सूचित किये जाने से ही संतुष्ट थे, लेकिन संवैधानिक लिहाज़ से 'परामर्षित' न होने का उन्हें कोई रंज न था; जो कोई दायित्व निभाने के लिए उनसे कहा जाता, वे निष्ठापूर्वक निभा देते। मंत्रिमण्डल को 'ऊर्जित करने' और 'चेताने' सम्बंधी उनकी अपनी धारणाएं थीं; हालांकि इस बाबत उन्होंने एक-दो निष्फल प्रयास ज़रूर किये लेकिन अपनी स्वभावगत हिचक, सकुचाहट और नेहरू से दो-चार होने के लायक हिम्मत न जुटा पाने के चलते उन्होंने खुद को ही ज़ब्त करना बेहतर समझा।''

''प्रत्यक्षतः तो राष्ट्रपति के आयोजनों के प्रति एक प्रकार का आदर भाव था लेकिन भीतर ही भीतर, आम तौर पर उनकी अनदेखी ही की जाती रही।'' शहर में होने पर नेहरू हर सोमवार को राष्ट्रपति भवन पधारा करते, और राष्ट्रपति के साथ अकेले में एक घण्टा बिताया करते। वेंकटचार ने जब अपने नियोक्ता से उनकी इन मुलाकातों का ब्योरा पूछा तो उदासी भरा एक जवाब मिला : ''इधर-उधर की बातें करते हैं, फिर चले जाते हैं।'' संविधान ने तो निश्चित ही राष्ट्र प्रमुख के लिए एक अधिक रचनात्मक भूमिका की प्रत्याशा की होगी, लेकिन पचास के दशक में बनी रिवायत काफी लम्बे चली। तिस पर 1984 में वेंकटचार ने टिप्पणी की, ''नतीजतन, अब राष्ट्रपति उसे चुना जाता है, जो प्रधानमंत्री के प्रबल सत्ताधिकार के आगे एक तरह से विनम्र या बेबस बन जाये।'' तब से, निश्चय ही, एकल-पार्टी राज में गिरावट और खिचड़ी सरकारों की अस्थिरता के चलते, ज़बर्दस्ती ही सही, भारत के राष्ट्रपति की हैसियत एक रबर स्टैम्प न रहकर कुछ बढ़ी ही है।

पैंतीस सालों की नौकरी के बाद जनवरी 1958 में वेंकटचार आई.सी.

एस. से सेवानिवृत्त हुए। नेहरू ने उन्हें उच्चायुक्त बनाकर कनाडा भेजा जहां उनकी दोस्ती लेस्टर पियर्सन से हुई। "मुझे ज़रा बताओ तो," पियर्सन बोले, "कृष्ण मेनन को लेकर तुम्हारे महान प्रधानमंत्री भला क्यों मतांध हो जाते हैं?" ओटावा में एक बार वेंकटचार ने लॉर्ड माउंटबेटन के सम्मान में एक पार्टी आयोजित की और - हर हिसाब से दुस्साहसी होकर - एक बार मोरारजी देसाई को अपने साथ एक नाईट क्लब ले गये। उच्चायुक्त के लिए, "वह शाम बड़ी कष्टप्रद रही, क्योंकि हर दम मुझे यही खयाल सताता रहा कि एक ख्यात अविलासी होने के नाते वे न जाने कैसे उस क्लब के उस विशिष्ट विषयी वातावरण को लेंगे - खासकर तब जब स्ट्रिपटीज़ (नग्न नाच) की बारी आयी। लेकिन शुक्र है शाम बड़ी शांति से बीती।"

कनाडा के बाद वेंकटचार ने राज्यपाल, कुलपति जैसे पदों से इनकार कर दिया। वे अपनी सेवानिवृत्ति बैंगलोर में अपने फूलों और अपनी किताबों के बीच बिताना चाहते थे।

III

जब भी सम्भव होता मैं अपने उन मित्रों को वेंकटचार के पास ले जाता जिनका उनके व उनकी दुनिया के साथ कुछ न कुछ सजातीय रिश्ता बनता। मेरे इन मित्रों में से एक थे केशव देसिराजू, कैंब्रिज के अध्येता और उत्तर प्रदेश के एक सेवावृत्त सिविलयन, जो संयोग से सर्वपल्लि राधाकृष्णन के पौत्र भी थे। वेंकटचार खुश हुए, इसलिए भी क्योंकि उन्हीं दिनों वे दिवंगत राष्ट्रपति के बेटे, केशव के चाचा एस. गोपाल द्वारा लिखी गयी अपने पिता की उत्कृष्ट जीवनी पढ़ रहे थे। उन्होंने बड़े चाव से वह किस्सा फिर से याद किया कि किस प्रकार राधाकृष्णन ने बनारस के कमिश्नर, नेदरसोल को बनारस हिंदू विश्वविद्यालय के परिसर के अन्दर पुलिस भेजने की अनुमति नहीं दी थी, जो कि उन दिनों राष्ट्रवादी राजनीति का अड्डा हुआ करता था और जहां से भारत छोड़ो आंदोलन के दूसरे पायदान का नेतृत्व पक कर जाता था। नेदरसोल को जब 'अकार्यान्वयन' के लिए उनके उच्चाधिकारी, सर मॅल्कम हॅलेट के द्वारा दरयात क़िया गया तो उनका जवाब था : "सर, आप यूनाइटेड प्रॉविन्सेस के गवर्नर अवश्य होंगे, लेकिन हिंदू विश्वविद्यालय के कुलपति, 'फेलो ऑफ ऑल सोल्स' होने के अलावा 'ब्रिटिश अकॅडमी' के फेलो भी हैं।" वेंकटचार ने गोपाल की जीवनी की तारीफ तो

की लेकिन उनके पिछले काम की आलोचना भी की। "मैं तुम्हारे चाचा द्वारा लिखी गयी नेहरू की जीवनी से बड़ा निराश हुआ," उन्होंने केशव से कहा। "उन्हें पण्डितजी की तारीफ करने के लिए औरों को भला क्यों कमतर दिखाना ज़रूरी था? वे राजाजी के प्रति भला इतने निंदात्मक क्यों बने? कुछ भी हो, राजाजी एक महान *दक्षिण भारतीय* थे, भई।"

वेंकटचार ने एक बार अपने लेख में लिखा था, "बड़े दुर्भाग्य की बात है कि राजाजी जैसे तीक्ष्ण बुद्धि के महान पुरुष लगातार अपने और अपने लम्बे राजनैतिक जीवन के बारे में कुछ भी लिखने से इनकार करते रहे।" तिस पर, वेंकटचार खुद हमेशा अपने संस्मरण लिखने सम्बंधी तमाम सुझावों को ठुकराते रहे। फिर भी, साठ और सत्तर के दशकों में उन्होंने अखबारों और पत्रिकाओं के लिए उन्होंने विद्वतापूर्ण समीक्षाओं और निबंधों की एक शृंखला लिखी। उनकी ये रचनाएं ऐतिहासिक समझ के हिसाब से तो उम्दा हैं लेकिन इनमें किस्से और यादें नदारद हैं।

अपने लेखों में वेंकटचार को भारतीय राष्ट्रवाद के दो प्रिय मिथकों की हवा निकालनी थी। एक तो था भारत छोड़ो आंदोलन - एक 'बकवास रणनीति' जिसके चलते बंटवारे की संभावनाओं को बल मिला। 1939 में कांग्रेस ने "सरकार के साथ अपने संबंध तोड़कर खुद को कूटनैतिक हिसाब से कमज़ोर बना डाला था"; तीन साल बाद गांधी ने जब भारत छोड़ो आंदोलन का तिलक करते वक्त वे "अंग्रेज़ों से लड़ाई मोल लेते समय वे परोक्ष रूप से मुसलमानों से लड़ रहे थे।" निश्चय ही, इतिहासकार डी.डी. कोसांबी का कटाक्षपूर्ण नज़रिया भी था कि 1942 के आंदोलन के चलते मिले "जेल व नज़रबंदी के ग्लैमर ने कार्यरत कांग्रेसी सरकारों के चलताऊ कामकाज पर पर्दा डालने का काम किया, जिसके चलते लोगों के बीच उसके संगठन की लोकप्रियता में इज़ाफा हुआ।" वेंकटचार का मानना था कि उनके नायक, राजाजी का भारत छोड़ो आंदोलन के प्रति विरोध इस मायने में ठीक साबित हुआ था कि लम्बे समय में साहसी लेकिन ग़ैर-ज़िम्मेदार प्रतिरोध के मुकाबले ज़िम्मेदार शासन कहीं ज़्यादा फलदायी होता। एक अमेरिकी विद्वान की विशिष्ट रूप से एक भावपूर्ण पुस्तक की समीक्षा करते हुए इस 'स्वतःस्फूर्त साम्राज्यवाद-विरोधी क्रांति' पर उनकी बड़ी तल्ख टिप्पणी थी, "किसी भी हिसाब से - फिर चाहे वह पक्षपाती हो या निष्पक्ष - भारत छोड़ो आंदोलन को एक असफलता ही माना जाना चाहिए।"

गुट-निरपेक्षता पर भी इस विद्वान-सिविलियन ने अपनी तर्कपूर्ण दृष्टि साधी। इतना तो उन्होंने माना कि संयुक्त राज्य अमेरिका व सोवियत रूस दोनों के प्रति समदर्शन अपनाने की नीति का अपना एक नैतिक बल भी था और एक व्यावहारिक उद्देश्य भी था - इसके चलते भारत दोनों महाशक्तियों से आर्थिक सुविधाएं भी जुगाड़ पाया। लेकिन शायद इसका सबसे बड़ा उपयोग इसके सटीकता-अभाव में था। किसी के लिए इसके मायने कुछ भी हो सकते थे। ''यह सिद्धान्त नये राष्ट्रों के लिए बड़ा ही ऊर्जाप्रद था क्योंकि इसे बड़ी आसानी से विस्तार दिया जा सकता था ... कौन गुट-निरपेक्ष है और इसके मायने क्या हैं - ऐसा सवाल है जिसका कोई उत्तर ही नहीं। यह इसका रोचक पहलू है।'' दुर्भाग्य कि ''1962 में भारत ने जाना कि गुट-निरपेक्षता, राष्ट्रीय सुरक्षा पर मंडराने वाले सभी प्रकार के खतरों व जोखिमों के प्रति एक सर्वव्यापी बीमा पॉलिसी नहीं है।'' कुल मिलाकर यह दर्शन एक डींग ज़्यादा थी, हकीकत कम। यह भारत को शीतयुद्ध की लपटों से बचाकर न रख सका। 1968 के गणतंत्र दिवस पर डेक्कन हेरल्ड में वेंकटचार का एक लम्बा निबंध छपा, जिसका शीर्षक था : 'भारत के लिए क्या गुट-निरपेक्षता अभी भी सर्वश्रेष्ठ विदेश नीति है?' ''उसके अपने आर्थिक हितों और राष्ट्रीय कल्याण के उलट,'' उन्होंने लिखा, ''भारत को पश्चिम-विरोधी सुर अपनाने पड़े।'' तीन बरस बाद, आखिरकार, इस आडंबर को त्यागना ही पड़ा, लेकिन उस दिशा में नहीं, जिसकी कि वेंकटचार को आशा थी। श्रीमती गांधी ने 'भारत-सौवियत मैत्री समझौते' पर हस्ताक्षर किये और इसके लिए हमने अपने आर्थिक हितों और कल्याण की कितनी बलि चढ़ाई, इसकी गणना आज तलक नहीं हो पाई है।

वेंकटचार ने हालिया अतीत और उभरते वर्तमान पर बड़ी सूक्ष्मदर्शिता से लिखा। उनका सबसे जाना-माना निबंध, विभाजन पर एक पुस्तक (*दि पार्टीशन ऑफ इंडिया : पॉलिसीज़ एंड पर्सपेक्टिव्ज़*, 1935-47, सम्पादक : सी.एच. फिलिप्स और मैरी डॉरीन वेनराइट, एलन एंड अनविन, 1970) में छपा था। इस निबंध में बड़े ही प्रभावशाली ढंग से परस्पर रस्साकशी करते उन तमाम कारकों की पड़ताल की गई है जिनके चलते पाकिस्तान अस्तित्व में आया। एक तरफ थे देर उन्नीसवीं शताब्दी से रतार पकड़ता हिंदी-समर्थक व उर्दू-विरोधी साहित्यिक-राजनैतिक आंदोलन; मुस्लिम लीग के प्रति कांग्रेस की असहिष्णुता; कांग्रेस द्वारा मुहम्मद अली जिन्ना की क्षमताओं का कमतर आकलन; और कांग्रेस

द्वारा उपमहाद्वीप के निर्धनतम मुसलमानों के बीच अपने समर्थन का कुछ ज़्यादा ही बढ़-चढ़ कर किया गया आकलन। दूसरी तरफ थी जिन्ना से पहले चली आ रही एक ऐसे मुस्लिम वतन की तलाश जो इस दीर्घकालीन शंका पर आधारित थी कि एक बहुसंख्यक राज्य में हिंदुओं द्वारा मुसलमानों के साथ कैसा क्या सुलूक किया जाएगा; एक ऐसी सरकार और एक ऐसे बाज़ार की चाहत में जुटे मुस्लिम नौकरशाहों और व्यापारियों की अवसरवादिता जहां वे बिना किसी स्पर्धा से बेधड़क अपना दबदबा जमा सकें; और मज़हब की जज़्बाती अपील।

विभाजन सम्बंधी वेंकटचार की व्याख्या पैनी लेकिन किसी भी प्रकार की लिज़लिज़ाहट से परे थी। 'अखंड भारत' को लेकर कोई अतीत मोह (नॉस्टेलजिया) नहीं था। इतिहास, वे बेबाकी से कह गए, "जिन्ना को एक त्रासद किरदार नहीं बताता और न ही भौगोलिक बंटवारे को एक त्रासदी बताता है।" बदायूं में अपने शुरुआती दिनों में जब एक उत्साही पुलिस अफसर के साथ मिलकर मुहर्रम के दौरान एक खतरनाक दंगे को होने से वे रोक पाए थे, तभी से वे जान गये थे कि उत्तरी भारत में हिंदुओं और मुसलमानों के बीच बड़े गंभीर किस्म के दुराव हैं। "यह विचार कि ब्रिटिश हमेशा हिंदुओं और मुसलमानों को परस्पर-अलगाने में मसरूफ रहा करते थे" वेंकटचार को नागवार गुज़रता था और इसे वे 'राष्ट्रवादी लफाज़ी' कहकर खारिज कर देते। जैसा कि मौलाना मोहम्मद अली ने एक बार कहा था, हम बंटते रहे और वे हुकूमत करते रहे। सत्ता के हस्तांतरण को वे एक 'बहुल सफल-कथा' मानते थे जिसमें साम्राज्य के मर्यादित गमन के रास्ते दो प्रभुसत्तावादी राष्ट्र अस्तित्व में आए।

यही नहीं, स्वतंत्र भारत के इतिहास में सबसे विवादास्पद पात्र, जवाहरलाल नेहरू को लेकर भी वेंकटचार का आकलन बड़ा प्रभावशाली है। अपना यह नौकरशाह हाशिये से बड़े ही अनासक्त भाव से उस महान व्यक्ति को देखता रहा जो कभी विद्रोही था तो बाद में शासक भी बना। अपने नौकरशाह ने देखा कि अपने पहले अवतार में वह विद्रोही किस तरह शिक्षित मध्यमवर्ग और खेतिहर, दोनों ही को कांग्रेस की ओर खींचकर ले आया करता। गांधी के अलावा केवल नेहरू ही थे, जो खुद से पहले पार्टी को रखते हुए कांग्रेस के अनेक गुटों को एकजुट रख पाते थे। लेकिन महात्मा के उलट उनके पास "आधुनिक राष्ट्र की एक स्पष्ट अवधारणा थी।" पर ब्रिटिशों को खदेड़ बाहर कर देने के हिसाब से यह बिलकुल भी पर्याप्त न थी - इसके लिए तो "स्वतंत्र भारत का एक

सपना'' भी ज़रूरी था।

नेहरू की शख्सी हेकड़ी को लेकर वेंकटचार अपनी टीकाटिप्पणी में वाकई बहुत तीखे हो सकते हैं। नेहरू की इसी अकड़ के चलते जिन्ना छिटक गए थे और 1950 के बाद राजेन्द्रप्रसाद अपनी संवैधानिक भूमिका ठीक से निभा न पाए। यही नहीं, आज़ाद भारत के कुछ वरिष्ठ मंत्रियों के आचरण में अगर ''अनैतिक रीढ़हीनों का दब्बूपन'' दिखाई देता है तो वह भी इसलिए था कि उनके आका उन्हें ऐसे ही आचरण की ताकीद देते थे। विचारधारा के स्तर पर नेहरू फैबियनों का अनुसरण करते थे जिनके मुताबिक हमेशा आर्थिकी ही यह तय करती है कि व्यक्तिगत व सामूहिक स्तर पर लोगों का बर्ताव कैसा क्या होगा। कम्युनिज़्म के प्रति भी वे उदार रहा करते थे, कारण कि उन्हें मार्क्स और एंगेल्स द्वारा लिखित *मैनिफेस्टो* के रूमानी सर्वमुक्तिवाद और रूस या चीन की व्यवहार-कुशल विदेश नीति के बीच फर्क करना न आया।

इसके बावजूद, बड़े सपने के आकर्षण और दीर्घकालीन राष्ट्रीय लाभ से इनकार नहीं। इस बारे में 1973 में व्यक्त उनके मत को देखिए जो आज भी उतना ही खरा और समझदार है जितना कि तब :

> एक लोकतांत्रिक राष्ट्र के बतौर भारत का टिके रहना - कम से कम उसके वर्तमान स्वरूप में तो - उनकी सबसे बड़ी उपलब्धि है। उनकी एक और बड़ी उपलब्धि है हिंदू संहिता (कोड) के रास्ते हिंदू सामाजिक ढांचे का उदारीकरण। भारतीय चरित्र को बदले बिना वे भारत को मुख्यधारा हिंदू पुरातनपंथ की जकड़ से छुड़ा पाए। वे वर्तमान भारत के सबसे महत्वाकांक्षी व्यवहार-कुशल आधुनिकतावादी थे।
>
> नेहरू का समाजवाद मुख्यतः ब्रिटेन के फैबियन सोशलिज़्म और खासकर सोवियत नियोजन प्रणाली में मौजूद मार्क्सवादी नज़रिया का एक संकर उत्पाद था। उनकी अर्थिक सोच बासी पड़ चुकी दकियानूसी विचारधाराओं से लैस थी। जबकि इसके उलट, उनकी राजनैतिक सोच लचीली थी। प्रेस की स्वतंत्रता और न्यायपालिका की आज़ादी के प्रति अपने खरे सम्मान के ज़रिए उन्होंने लोकतांत्रिक जज़्बे को मज़बूत किया।

और अंत में, हिंदी उपनिवेशवाद के खिलाफ वेंकटचार की चेतावनियां। वे यह भाषा उतनी ही अच्छी बोल लेते थे जितनी कि कभी कोई तमिल सम्भवतः

बोल पाया होगा। इसके बावजूद, दक्षिण भारत पर इसे थोपे जाने का उन्होंने जमकर विरोध किया। भाषाई कठमुल्लेपन के प्रमुख प्रस्तावक, जनसंघ को वे उदारवादी राजनैतिक इदारों और मूल्यों के लिए एक बड़ा खतरा मानते थे। जनवरी 1970 में उन्होंने लिखा, ''गंगा घाटी के हिंदू अभी भी इसलामी अतीत की सामंतवाद-प्रशासकीय व्यवस्था से पूरी तरह से मुक्त नहीं हो पाए हैं। तटीय और प्रायद्वीपीय क्षेत्रों की तुलना में उत्तरी क्षेत्र में आधुनिकतावादी ताकतें कम प्रभावी रही हैं। उद्यमी कौशल दुर्लभ है; विज्ञान और टेक्नॉलॉजी के प्रति भी ललक ज़रा कम ही है।''

उत्तर के हिंदी पुरातनपंथ और ''क्रांतिकारी आधुनिकतावादी ताकतों'' के बीच तलवारें खिंची हुई थीं। एक दशक बाद, वेंकटचार चिंतित थे कि यह तनातनी ''कहीं परोक्ष रूप से भारत राष्ट्र के उदार, लोकतांत्रिक वैधानिक ढांचे को छिन्न-भिन्न न कर दे। हिंदी-भाषी अन्तर्भाग में हमें यकीनन उस कठमुल्ले हिन्दुत्व के आने की आहटें सुनाई पड़ती हैं, जो तैयार है अपने उस जाने-पहचाने इकलौते दुश्मन यानी इसलाम से लड़ने के लिए ...''

वेंकटचार के प्रति हमें इस बात का मलाल ज़रूर हो सकता है कि जो दो महत्वपूर्ण किताबें वे लिख सकते थे पर कभी अपनी चाहत न जुटा पाए। उनमें से पहली जो चिन्तनशील और संस्मरणात्मक हो सकती थी 'राज' के अन्तिम दिनों की दास्तान होती; और दूसरी अपनी प्रकृति में किंचित औपचारिक और विश्लेषणात्मक - स्वतंत्र, लेकिन अदक्ष रूप से लोकतांत्रिक भारत की राजनैतिक-प्रशासनिक व्यवस्था पर। हां, औरों के लेखन में उन्होंने अपना उल्लेखनीय योगदान ज़रूर दिया। 1989 में जब मेरी अपनी पहली पुस्तक प्रकाशित हुई तो आभार में वेंकटचार का गौरवपूर्ण स्थान था। मैंने उन्हें यह वाक्य पढ़कर सुनाया : '''राज' का एक भूतपूर्व नौकरशाह होने के बावजूद जो विद्वत्तापूर्ण विरति सी.एस. वेंकटचार में थी, बड़ी उल्लेखनीय थी। वे ही थे, जिन्होंने भारतीय समाज के अध्ययन से मेरा पहला परिचय कराया था।'' इस पर नब्बे बरस के वे बुजुर्ग मुस्कराये और हौले-हौले एक शेल्फ की तरफ बढ़े। वहां से उन्होंने एक किताब निकाली, उसका एक पृष्ठ खोला, और उसकी एक पाद-टिप्पणी देखने के लिए मुझे इशारा किया। वह किताब थी, राजशाही और गुलामी के इतिहासकार, ह्यूज टिंकर द्वारा 1964 में प्रकाशित *रीओरिएंटेशंस*। उस पाद-टिप्पणी में आभार व्यक्त किया गया था, ''भूतपूर्व आई.सी.एस. अफसर होने के बावजूद असाधारण निरपेक्षता के मालिक सी.एस. वेंकटचार के प्रति...''

परेड के बुद्ध : पी.के. श्रीनिवासन

1995 की गर्मियों में जब मैं निवास बदलकर बैंगलोर जाने ही वाला था तो दिल्ली के मेरे पड़ोसी ने पूछा कि आप बैंगलोर क्यों जा रहे हैं। ''भारत की पुरानी किताबों की सबसे बढ़िया दुकान वहीं है,'' मेरा जवाब था, ''और मेरा पसंदीदा क्रिकेट मैदान, और... पी.के. श्रीनिवासन।''

सिलेक्ट बुक्स का स्वामित्व पिता के बाद पुत्र को चला जाएगा और चिन्नास्वामी स्टेडियम का प्रबंधन वर्तमान सचिव से किसी जुगाड़ू सचिव को। लेकिन पी.के. श्रीनिवासन साहब अपना वारिस घोषित किए बिना ही जनवरी 1996 में चल बसे। उनका उत्तराधिकारी शायद हो ही नहीं सकता था। इसीलिए एक श्रद्धांजलि लेख में उनके बारे में बताया गया था कि किस तरह वे ज्ञान और सत्य के प्रति निष्ठावान बने रहे जबकि उनके चालू किस्म के चेले-चपाटे बस एक भौतिकवादी दुनिया के बाशिंदे बनकर ही रह गए।

काफी बड़े अर्से तक पी.के. श्रीनिवासन बैंगलोर के शायद सबसे ज़्यादा लोकप्रिय और चहेते अंग्रेज़ी पत्रकार रहे। जब वे गुज़रे तो उनके पुराने अख़बार, *डेक्कन हेरल्ड* ने श्रद्धांजलि लिखने से मना कर दिया, हालांकि मुख्यमंत्री का शोक संदेश छापना उन्हें याद रहा। कुछ लोगों को यह बात एकदम नागवार गुज़र सकती है, जबकि औरों को यह बदलते ज़माने का चलन लग सकता है। मैं स्वयं एक उभरते युवा संपादक को जानता हूं जिसके पास ऑक्सफोर्ड की डी.फिल. उपाधि है और उसका कहना है कि भारत लौटने के बाद से उसने

एक भी किताब नहीं पढ़ी है। उसके मुताबिक, पत्रकारों को अब किताबें पढ़ने की ज़रूरत ही नहीं रही। जबकि पी.के. श्रीनिवासन की सोच अलग थी, लेकिन उनके पास कॉलेज की डिग्री न थी : दो कारणों से हमें उन्हें याद रखना चाहिए, फिर चाहे *डेक्कन हेरल्ड* उन्हें याद करे या न करे।

II

1925 में जन्मे पी.के. श्रीनिवासन (दोस्तों के लिए 'श्री', बाकी हम लोगों के लिए 'पी.के.') बैंगलोर के इंग्लिश-और-तमिलभाषी कैंटोनमेंट में पले-बढ़े। कुछ समय के लिए वे मद्रास क्रिश्चिअन कॉलेज में भी पढ़े और अपनी पढ़ाई के दूसरे साल में वह कॉलेज छोड़ कर बाहर आ गए। अंग्रेज़ जब भारत छोड़ रहे थे तब वे दूर कुवैत में थे, जहां वे किसी तेल कंपनी में काम कर रहे थे। वहां एक साल तक तेल-रिग पर काम करने के चलते उन्हें शरीरिक श्रम से बड़ी गहरी वितृष्णा हो गई और अब आज़ाद हो चुके अपने वतन से दूर रहने का अपराध-बोध भी उन्हें सालने लगा।

1948 में जब पी.के. उद्यान-नगरी बैंगलोर लौटे—जो दरअसल उस समय वाकई एक हरा-भरा कस्बा था—और वहां का पहला अंग्रेज़ी अख़बार बस अभी-अभी आया था। उस अख़बार के संपादक थे पोथन जोसेफ, जिन्होंने खुशवंत सिंह से भी ज़्यादा, और शायद बेहतर अख़बारों को संवारा। अलग-अलग समयों पर पोथन ने जिन्ना के *डॉन,* घनश्याम दास बिड़ला के *हिंदुस्तान टाइम्स,* और रामनाथ गोयनका के *इंडियन एक्सप्रेस* का संपादन-संचालन संभाला और कभी इन रोबदार मालिकों के आगे झुके नहीं। लेकिन अपने स्टाफ से भी उन्होंने एक दूरी बनाए रखी जिसका बयान उनके एक शिष्य ने कुछ यों किया है, ''संपादकीय देवालय और उप-संपादकीय बाड़े के बीच एक पर्दा सा तना रहता था।''

पी.के. श्रीनिवासन जब *डेक्कन हेरल्ड* में एक अधीनस्थ बनकर आए तो पोथन को उनमें एक असाधारण शख्सियत दिखाई दी जिसे उन्होंने अपने गर्भगृह में प्रवेश की अनुमति दी। युवा पी.के. उनके दारू और पुस्तक प्रेम को साझा करते थे और जल्द ही पोथन के चहेते बन गए। अपने अख़बार में संपादक स्वयं एक स्तंभ लिखते थे—'चाय के एक प्याले पर' *(ओवर अ कप ऑफ टी)*—यह शीर्षक उनके एक पुराने प्रकाशन से लिया गया था। जब मैंने सिलेक्ट बुकशॉप

से पोथन के संकलित स्तंभों की खरीदी गई एक प्रति पी.के. को दिखाई, तो वे एक जोरदार ठहाका लगाये बिना न रह सके। वे बोले, ''कभी किसी अख़बार के कॉलम का नाम इतना गड़बड़ न रखा गया,'' और फिर खुलासे के बतौर जोड़ते हुए कहा, ''पोथन के लेख शाम के जाम पर लिखे जाते थे न कि सुबह की चाय के प्याले पर।'' ''फिर ऐसी शालीनता क्यों भला?'' मैंने पूछा। ''गांधीवादियों को आड़े हाथ लेने का यह शायद पोथन का तरीका था,'' पी.के. ने जवाब दिया। उनके भाई (केरल के जाने-माने कांग्रेसी जॉर्ज जोसेफ) ने एक बार उन्हें साबरमती आश्रम में एक हफ़्ता बिताने पर मजबूर किया—फिर क्या था, अपना बाकी बचा जीवन उन्होंने उसी की भरपाई करने में गुज़ारा।''

कुछ बीस बरस पहले जब मैंने उन्हें पहली बार पढ़ना शुरू किया था उन दिनों पी.के. विदेशी मामलों पर व्यापक रूप से पढ़ा जाने वाला एक कॉलम लिख रहे थे। *उनके* कॉलम का कोई शीर्षक न था, लेकिन कम से कम लेखक के मिज़ाज को लेकर वह इस मायने में कुछ ज़्यादा ईमानदार हुआ करता था कि उसके साथ पाईप पीते हुए पी.के. की एक तस्वीर नत्थी रहा करती थी।

पी.के. की गुफ्तगू में पोथनवाद बुरका रहता था—अपने समय में अनुश्रुति बन चले एक संपादक से जुड़े किस्से और उनके द्वारा ली गई चुटकियों की छौंक। एक कम-प्रतिभाशाली अनुयायी द्वारा पोथन की एक सतही जीवनी लिखने पर पी.के. तो उस पर कुछ नहीं कहते, लेकिन जब उनके वरिष्ठ साथी ने आकर उनसे यह कहा, ''श्रीनी, वैसे वह किताब तुम्हें लिखनी चाहिए थी,'' तो मैं उनसे सहमत हुए बिना न रह सका। अपने पोथन-प्रेम में, और यूं भी, पी.के. हमेशा उन्नीस सौ पचास के दशक वाले एक जवां मर्द ही रहे आए। उनका नैतिक संसार नेहरू के उदारवाद का संसार था, उनकी मानसिक दुनिया उस समय के विख्यात अंग्रेज़ लेखकों से बनी थी : ग्राहम ग्रीन, एवलिन वॉ, किंग्सली ऐमिस, और ऐसे ही अन्य यानी कि *न्यू स्टेट्समैन* की राजनीति में घुला था *द लिस्नर* का साहित्यिक शबाब, जिसकी खुमारी में यहां शुमार था कुंदनलाल सहगल का संगीत।

III

पी.के. श्रीनिवासन ने *डेक्कन हेरल्ड* की सेवा में तीन दशक बिताए जिसमें दो बार विघ्न आया। सत्तर के दशक की शुरुआत में उन्हें कर्नाटक के मुख्यमंत्री

देवराज उर्स के अमले में शामिल होने का न्योता आया। उर्स एक सुधारवादी राजनेता थे और उनकी उपलब्धियों में प्रगतिशील भूमि कानून भी शामिल था। उनके अमले में भी उनके सामाजिक समावेशन की झलक मिलती है—उनके प्रेस सलाहकार पी.के. के अलावा उसमें एक सिख (चिरंजीव सिंह, उनके निजी सचिव), और एक ईसाई (मुख्यमंत्री के सचिव, क्रिस्टोफर लिन) भी थे। पी.के. उन दिनों को बड़ी शिद्दत से याद करते थे, जिनकी गर्माहट उनके अपने सुरा-प्रेम के चलते उनके दिल में और बढ़ी। उन्हीं दिनों का एक किस्सा है कि श्रीमती इंदिरा गांधी के आगमन से ठीक पहले मुख्यमंत्री के अनौपचारिक भीतरी कक्ष में एक कुर्सी पर नशे में धुत पी.के. निढाल पड़े हुए हैं। कहा जाता है कि खुद मुख्यमंत्री उर्स अपने अधीनस्थ को उसके पैरों पर खड़ा कर गुसलखाने ले गए।

हालांकि, जल्दी ही उर्स दीगर कारणों से श्रीमती गांधी से झगड़ा मोल लेकर अपनी कुर्सी गंवा बैठे। पी.के. वापस *डेक्कन हेरल्ड* चले आए, लेकिन उन्हें घरेलू परेशानियों के चलते एक बार फिर शराब की बोतल की शरण लेनी पड़ी। उनकी हालत बिगड़ती चली, और अंततः वे बैंगलोर छोड़ कूर्ग के एक आश्रम चले गए। शायद वे अपने शेष दिन वहीं गुज़ार भी देते, सिवाय इसके कि उनके कूर्ग आने के कोई एक या दो साल बाद, कोई अनजान सज्जन अपने साथ उनके पुराने समाचार पत्र की एक प्रति ले आए। और संयोग से समाचार पत्र के उस अंक में साहित्यिक समीक्षक टी.जी. वैद्यनाथन का एक निबंध छपा था जिसमें हिटलर की तरफ़दारी की गई थी। उस समय मैं उन दोनों में से किसी को भी नहीं जानता था, और आज मैं समाचार पत्र के उस अंक विशेष को कहीं खोज नहीं पा रहा हूं, और उसके बारे में मैंने बस यहां-वहां से ही कुछ सुना-सुनाया है। ऐसा लगता है कि टीजीवी ने अपने उस निबंध में अपने पाठकों को यह बात याद दिलाई थी कि हिटलर एक शाकाहारी और स्नेहिल व्यक्ति था, जो खुद को और अपनी प्रेमिका, एवा ब्रॉन, को गोली मारने से पहले एवा के साथ लंबे समय से चले आ रहे अपने प्रेम प्रसंग को विवाह के पवित्र बंधन में बदलना न भूला। सदी के सबसे खूंखार व्यक्ति के राक्षसत्व को कम करने के इस प्रयास के चलते खबरों की दुनिया में पी.के. की वापसी हुई। तिस पर उन्होंने 'डियर अंकल अडॉल्फ' शीर्षक वाला एक व्यंग्यात्मक पलटवार लिखा, और शीघ्र ही वे महात्मा गांधी रोड स्थित *हेरल्ड* कार्यालय की अपनी डेस्क पर फिर से आ विराजमान हुए।

हेरल्ड को कर्नाटक का अग्रणी अंग्रेज़ी अख़बार बनाने में पी.के. की भूमिका भी किसी और से कम न रही। लेकिन पता नहीं क्यों, अख़बार के नए प्रबंधन को इस स्तंभ लेखक की लोकप्रियता या उसकी नीति समझ नहीं आई। नतीजतन, बड़ी ही असंतोषजनक परिस्थितियों में पी.के. को अपने पुराने नियोक्ताओं का साथ छोड़ना पड़ा। उनके चाहने वाले और जगह भी थे, और उन्हीं में से एक ने उन्हें *इकोनॉमिक टाइम्स* के दक्षिणी संस्करणों के लिए एक कॉलम लिखने की पेशकश की। यहां उनका सुर मंद्र और संयमित रहता था, केवल एक अपवाद को छोड़ जब उन्होंने चिंतक आशीष नंदी पर हमला बोला। विद्वान नंदी का यों तो वे सम्मान करते थे, लेकिन सती की वकालत करने वाले नंदी के एक तार्किक निबंध को लेकर पी.के. काफी खफा हुए क्योंकि उनके हिसाब से वह निबंध अपनी बनावट में कुटिल था। और भी विशिष्ट वह संस्मरण था जो उन्होंने कभी कम्युनिस्ट क्रांतिकारी रहे, गांधी के जीवनीकार, और हिंदू मानसिकता के विश्लेषक, फिलिप स्प्रैट पर लिखा था जो पचास के दशक में बैंगलोर में गुमनामी में रहे। इसमें एक छोटा सा मज़ेदार किस्सा था कि साइकिल पर सवार युवा पी.के. साइकिल पर ही सवार अपने वरिष्ठ स्प्रैट से थोड़ी दूरी रखते हुए उनके पीछे-पीछे फ्रेज़र टाउन की गलियों से नुक्कड़ के एक कैफे की ओर चले जा रहे हैं। कैफे में बैठा खादीधारी अंग्रेज़ *इडली-वड़ा-काफी* का लुत्फ उठा रहा है जबकि उनका इकलौता संगी अपने झोले से निकाली फ्रायड की एक पुस्तक में डूबा हुआ है।

स्प्रैट के हिसाब से पी.के. की रुचियां एकदम विलासी थीं; लेकिन आज के पत्रकारों के हिसाब से वे निराशाजनक ढंग से अविलासी थीं। हफ़्ते में तीन बार वे सेंट मार्क्स रोड स्थित कोशीज़' परेड कैफे पर अपना दरबार लगाते जिसमें वे वकीलों, लेखकों, एक्टरों, फिल्म-निर्माताओं, ग्रेनाइट डीलरों, बैंक मैनेजरों और अपने पुराने खालिस पियक्कड़ यारों के एक हुजूम से घिरे होते। पी.के. की बहिरंग मित्रमंडली के एक सदस्य, वास्तुविद निखिल अर्नी ने एक बार उन्हें 'बुद्धा ऑफ परेड' का खिताब दिया था। यह उपमा एकदम फिट बैठती थी, कारण कि नेपाल के युवराज की ही तरह पी.के. एक सौम्य भीमकाय व्यक्तित्व थे : शाही डीलडौल, शांतचित्त मुखड़ा, समझदार लेकिन निंदक नहीं, अपने शागिर्दों को अंधकार से उजाले की ओर ले जाने वाले। सच कहें तो जिस दर्शक समूह पर उनका अधिकार चलता था वह एक छोटी सी कॉफी शॉप तक सीमित था। उसका विस्तार इस पूरी दुनिया या दूसरी दुनिया तक नहीं था।

पी.के. के लिए 'परेड' का आकर्षण उसकी उम्दा कॉफी और विस्की पर मिलने वाले डिस्काउंट के चलते था, लेकिन बात सिर्फ़ इतनी नहीं थी। कारण यह भी था कि यह कॉफी हाउस, ब्रिटिश काउंसिल द्वारा संचालित, बैंगलोर की एकमात्र ठीक-ठाक लाइब्रेरी के नीचे था, और आज भी है। हर मंगलवार को *इकोनॉमिक टाइम्स* के अपने टाइपिस्ट को अपने लेख की पांडुलिपि (वे आखिर तक स्याही-और-निब वाले ही बने रहे) देने के बाद पी.के. यहां आते; इसके बाद शुक्रवार को अपनी टाइपस्क्रिप्ट की अशुद्धियां सुधारने के बाद वे फिर वहां आते; और फिर रविवार को अपने प्रकाशित लेख को तसल्ली से पढ़ने के लिए। साइकिल की जगह अब ऑटो ने ले ली थी जो उन्हें फ्रेज़र टाउन के निवास स्थान से महात्मा गांधी रोड ले आया करता। *इकोनॉमिक टाइम्स* से बरास्ते प्रीमियर बुकशॉप और वेराइटी न्यूज़ वे ब्रिटिश काउंसिल और फिर परेड्स चले आते, जहां वे अपने द्वारा खरीदी हुई पत्रिकाओं और पुस्तकों के पन्ने पलटते-पलटते अपने दोस्तों की राह तकते।

1980 से 1995 के बीच मैं बैंगलोरवासी नहीं था, लेकिन वहां आता खूब रहा करता था। मैं इस शहर आया अपनी प्रेमिका से मिलने और आई.आई.एस. के अपने सहकर्मियों के साथ शोध करने। पी.के. श्रीनिवासन से मिलना एक अतिरिक्त आकर्षण रहता था। सबसे अच्छा होता दिन की शुरुआत में ही उनसे मिलना और एम.जी. रोड से परेड्स तक की राजसी टहल पर उनके साथ चलना, यह जानने के लिए कि वे इन दिनों क्या पढ़ रहे हैं, उनकी किताबें ढोने में उनकी मदद के लिहाज़ से और गाड़ियों की आवाजाही से हमेशा भरपूर रहने वाली सेंट मार्क्स सड़क पार करने में उनकी मदद करने के लिए। बीच की किसी टेबल पर बैठने की बजाय वे हमेशा रेस्तरां की दीवार से सटी किसी टेबल पर ही बैठना पसंद करते। इन टेबलों के एक तरफ गद्दीदार सोफा बिछे रहते और दूसरी तरफ सख्त टेक वाली कुर्सियां। वे सोफे पर बैठते—जो कि एक अव्यक्त प्रथा के अनुसार उनका ही होता—और अपनी प्रेमपूर्ण निगाहें अपने सामने बैठे शख्स पर डालते। पी.के. को समय रहते घेर लेने का अर्थ होता, इससे पहले कि पियक्कड़ और अराजक जनता आ धमके, अपने ख़ुद के लिए एकाध घंटे का एक सुरुचिपूर्ण सौम्य वार्तालाप जुटा लेना।

रविवार की सुबहों को दूरदराज़ के राजाजी नगर में इसी टक्कर की एक महफिल टी.जी. वैद्यनाथन के घर पर सजा करती। टीजीवी की सभा सुबह नौ

बजे से शुरू होती और उसमें कॉफी मिला करती। जबकि पी.के. कभी परेड्स कैफे दोपहर के पहले नहीं पधारते थे। इससे ऊर्जापूर्ण रसिक युवाओं को इतना समय मिल जाता कि वे दोनों ही सभाओं में अपनी शिरकत जमा सकें। दोनों सभाएं तर्क-वितर्क और विशेषज्ञ टिप्पणियों से भरपूर रहा करतीं, हालांकि परेड्स पर होने वाली बहसों में इकतरफापन ज़रा कम ही होता और टिप्पणियां भी इतनी बहुसांस्कृतिक न होतीं। शुरुआती उन्नीस सौ नब्बे के दशक में कई बार मुझे टीजीवी को उनकी अपनी दुकान बंद हो जाने के बाद परेड्स पर पी.के. के साथ बतियाने के लिए अपने साथ ले जाने का सौभाग्य मिला। हिटलर पर उनकी लड़ाई भूली जा चुकी थी, उनमें एक-दूसरे के प्रति उनमें पुराने ज़माने वाला एक ईर्ष्यारहित सच्चा प्रेम था। यह उपयुक्त ही था कि पी.के. के निधन के बाद जब उनके एक प्रशंसक ने उनकी याद में एक पुरस्कार स्थापित किया—किसी बैंगलोरी लेखक द्वारा लिखी गई सर्वश्रेष्ठ कृति के लिए—तो उसके पहले विजेता बने टी.जी. वैद्यनाथन। चिरंजीव सिंह पुरस्कार प्रदान करने दिल्ली से फ्लाइट से गए, जबकि पुरस्कार समारोह वक्तव्य में टीजीवी ने इस पर हैरानी जताई कि कैसे पी.के. इतने बरसों तक पत्रकारिता में रहे और एक भी दुश्मन नहीं बनाया। मैं सप्ताह में एक या दो बार परेड्स जाता हूं, और उनके जाने के पांच साल बाद भी परेड्स में प्रवेश करते समय मेरी निगाहें दीवार से टिके किसी सोफे पर अपने मित्र की सांत्वना देने वाली मौजूदगी को तलाशने से बाज़ नहीं आतीं।

गांधी के उपयोग
और दुरुपयोग

गांधी के संपादक : के. स्वामीनाथन

हर बड़े चिंतक के पीछे एक बेनाम व्यक्ति होता है जो उसकी रचनाओं का अनुवाद करता है, उसकी जांच-परख करता है, व्याख्या करता है, या फिर उन्हें ग्राह्य बनाता है। जेम्स बॉज़वेल, डॉ. जॉनसन के साथ-साथ लंदन के तमाम मदिरालयों में घूमते और जामों के दौरान बोले गए हर शब्द को पहले तो स्मृति में रखते, और फिर प्रकाशित करते। सिग्मंड फ्रॉयड के कृतित्व को भी ज़्यादा से ज़्यादा लोगों तक पहुंचाने की ज़िम्मेदारी आगे चलकर दो अंग्रेज़ों, अर्नेस्ट जोन्स व जेम्स स्ट्रेची—क्रमशः जीवनी-लेखक व अनुवादक—पर आन पड़ी। जर्मन होने के नाते फ्रेडरिक एंगेल्स अपनी ज़िम्मेदारी के प्रति गंभीर बने रहे—न सिर्फ़ उन्होंने कार्ल मार्क्स को पुस्तकें लिखने के लिए आर्थिक सहायता प्रदान की, बल्कि उनके छपने पर उनकी समीक्षाएं भी लिखीं, और तो और वे इस हद तक चले गए कि अपने मित्र की शादी बचाने की ख़ातिर एक अवैध संतान का पितृत्व भी अपने सिर ले लिया।

यह एक सुखद संयोग ही था कि महात्मा गांधी को इस प्रकार की सेवाएं प्रदान करने वाले लोग, देश के चारों कोनों से थे। गांधी से जुड़ने वाले सबसे पहले व्यक्ति महादेव देसाई, सह-गुजराती होने के नाते, ग्रामीण यात्राओं पर उनके साथ जाने, उनके पत्र-व्यवहार को संभालने और उनकी आत्मकथा व सत्य संबंधी उनके अन्य प्रयोगों के लिए एक उपयुक्त व्यक्ति थे। 1942 में जब जेल में महादेव का देहांत हुआ, तो उनके लगभग स्वाभाविक उत्तराधिकारी

बने, छरहरे और चुस्त पंजाबी प्यारेलाल, जो महात्मा के जीवन के कष्टप्रद अंतिम दशक के दौरान उनके सचिव रहे। 1946-47 में कुछ समय के लिए उनकी जगह, कलकत्ता के मानवशास्त्री निर्मल कुमार बोस ने ली। पूर्वी बंगाल के दंगा-पीड़ित गांवों में गांधी की यात्राओं के दौरान बोस उनके साथ थे।

महादेव देसाई ने गांधी के कृतित्व का अनुवाद किया, और बारदोली व अहमदाबाद के सत्याग्रहों का वृत्तांत उन्होंने खुद लिखा था। बोस का योगदान उनकी आत्मकथात्मक कृति *माई डेज़ विद गांधी* थी, जबकि प्यारेलाल का योगदान, उनकी भारी-भरकम रचनाएं, *गांधी'ज़ अर्ली फेज़* और *हिज़ लास्ट फेज़* थीं। ये सारी कृतियां पढ़ी भी जाती हैं और याद भी रखी जाती हैं, लेकिन गांधी के शब्दों को अंतिम और प्रामाणिक रूप से दुनिया के सामने रखने वाला व्यक्ति एक ऐसा शख़्स था जो गांधी को आमने-सामने से बमुश्किल ही जानता था। और वह व्यक्ति था तमिलभाषी विद्वान कृष्णस्वामी स्वामीनाथन।

II

1896 में जन्मे स्वामीनाथन उस व्यक्ति के पुत्र थे जिन्होंने वाल्मीकि की रामायण का सबसे पहला तमिल अनुवाद किया था। स्वामीनाथन की शिक्षा पी.एस. हाईस्कूल, माइलापुर, प्रेसिडेंसी कॉलेज, और ऑक्सफोर्ड यूनिवर्सिटी में हुई। इसके बाद उन्होंने अंग्रेज़ी के अध्यापक के बतौर अपना सफल कैरियर शुरू किया—पहले तो, चिदंबरम के एक छोटे-से कॉलेज में और फिर मद्रास के अपने पुराने कॉलेज में। अपनी पीढ़ी के अन्य बुद्धिजीवियों की तर्ज़ पर वे भी अपनी मातृभाषा और विदेशी ज़बान, दोनों के बीच बड़ी सरलता से विचरते थे।

स्वामीनाथन, प्रसिद्ध तीन भाइयों में पहले थे। उनसे छोटे थे, के. वेंकटरमण, रासायनिक रंगों के विश्वविख्यात जानकार और पुणे स्थित नेशनल केमिकल लैब के संस्थापक-संचालक। सबसे छोटे भाई थे के. संजीवी, मद्रास के जाने-माने डॉक्टर और अध्यापक। 1957 में संजीवी को नई दिल्ली में हाल ही में स्थापित एम्स की प्रोफेसरशिप प्रस्तावित की गई थी। वे जाना भी चाहते थे, लेकिन उनके सबसे बड़े भाई को उन्हीं दिनों नर्वस ब्रेकडाउन हुआ था। परिवार द्वारा उनकी देखभाल करने का आदेश मिलने के चलते संजीवी ने वह प्रस्ताव ठुकरा दिया। भाई के प्रति प्रेम के अपने इस कर्तव्यपालन का उपहार उन्हें यह मिला कि वे पूरी तरह से स्वस्थ स्वामीनाथन को *कलेक्टेड वर्क्स ऑफ़*

महात्मा गांधी के प्रमुख संपादक का पद संभालने के लिए दिल्ली जाते हुए देख सके। देश की राजधानी ने जहां इस विद्वान का स्वागत किया, वहीं मद्रास भी इस विनिमय से काफ़ी प्रसन्न था। एम्स न जा पाने के चलते संजीवी, अड्यार में अपनी वह प्रसिद्ध संस्था वॉलंटरी हेल्थ सर्विस स्थापित कर पाए।

स्वामीनाथन, भारतीय प्रकाशन उद्योग के इस सबसे महत्वाकांक्षी कार्यक्रम को उसकी परिणति तक ले जाने के उद्देश्य से नियुक्त होने वाले तीसरे व्यक्ति थे। इस कार्यक्रम से जुड़ने वाले पहले व्यक्ति थे भारतन कुमारप्पा, तमिल राष्ट्रवादियों, जे.एम. और जे.सी. कुमारप्पा के भाई। जल्द ही भारतन का देहांत हो गया और उनकी जगह आए बुजुर्ग कांग्रेसी जयरामदास दौलतराम। दो बरस बाद दौलतराम ने, तीन भाषाओं और अव्यवस्थित शैली में लिखे पर्चों और कतरनों को पढ़ने और उनका सत्यापन करने के झंझट की बजाय राज्यपाल की गद्दी पर बैठना बेहतर समझा। जब स्वामीनाथन इस उपक्रम के साथ जुड़े, तब तक केवल चार खंड ही प्रकाशित हो पाए थे, जिनमें गांधीजी के जीवन के तुलनात्मक रूप से कम महत्वपूर्ण दशकों का उल्लेख था। अट्ठाईस बरस बाद, जब वे रिटायर हुए तो कहानी 30 जनवरी, 1948 तक आ पहुंची थी।

जितना भी समय स्वामीनाथन ने दिल्ली में गुज़ारा, उसका बहुत कुछ श्रेय तो सी. राजगोपालाचारी की नेक सलाह को जाता है। हुआ यह कि 1960 में मद्रास छोड़ने से पहले स्वामीनाथन, राजगोपालाचारी से मिले थे और राजगोपालाचारी ने उन्हें यह नेक सलाह दी थी कि भारतीय शिक्षा सेवा में अपने अंग्रेज़ वरिष्ठों के प्रति वे जितने सहनशील रहे थे उससे कहीं ज़्यादा सहनशील वे बाबुओं और नेताओं के प्रति बनें। 'याद रखें कि आप गांधी की सेवा में हैं न कि दिल्ली सरकार की,' राजाजी ने कहा था। 'जब-तब अपना इस्तीफा थमाने की बहादुरी न दिखाएं जैसा कि आप मद्रास में बार-बार किया करते थे। दिल्ली के नवाब तुम्हारा इस्तीफ़ा मंजूर कर लेंगे।' और फिर जैसा कि स्वामीनाथन याद करते हैं, 'मैं फिर कभी इस्तीफ़ा देने के लोभ के आगे नहीं झुका, और कासाब्लांका की तरह अपने पद से कोई एक चौथाई सदी तक चिपका रहा, फिर चाहे मेरे चारों ओर आग की लपटें ही क्यों न धधक रही हों, लाख तूफान ही क्यों न मचल रहे हों।'

यह कहना ठीक ही होगा कि गांधी का कोई भी सचिव या *कलेक्टेड वर्क्स* का कोई भी भूतपूर्व संपादक, यह काम उतनी ख़ूबसूरती से नहीं निभा

पाता, जितनी ख़ूबसूरती से स्वामीनाथन ने निभाया था। पांचों के पांचों इस काम के प्रति सावधान और निष्ठावान थे, लेकिन इस काम में जितनी सावधानी और निष्ठा, दोनों दरकार थीं, उतनी ही मात्रा में आवश्यक विद्वता, शब्दों के चयन, उनकी प्रासंगिकता, नायक के जीवन और उसके समय में उनके महत्व को समझने की काबिलियत भी दरकार थी। अंग्रेज़ी के प्रोफेसर के पास बौद्धिक क्षमता तो थी ही, साथ ही वह लगन और दीवानगी भी थी जो ऐसे काम के लिए ज़रूरी तत्व थे जो अंततः संपादक की उम्र (वर्षों में) और उनके द्वारा प्रकाशित खंडों की संख्या के बीच एक कांटे की टक्कर साबित हुई : इसमें 94 के मुक़ाबले 90 के बड़े कम अंतर से स्वामीनाथन विजेता रहे।

दि कलेक्टेड वर्क्स ऑफ़ महात्मा गांधी (सीडब्ल्यूएमजी) अनेक प्रकार के मीमांसात्मक कार्यों को प्रेरित करेगा। मेरी बग़ल में ही गांधी की धार्मिक दृष्टि पर एक ऑस्ट्रेलियाई इतिहासकार की एक पुस्तक की एक प्रतिलिपि रखी है। यह पुस्तक पूरी तरह से *सीडब्ल्यूएमजी* पर आधारित है। स्वामीनाथन और उनके साथियों की इस मेहनत का खनन जूडिथ ब्राउन, भीखू पारेख, पार्थ चटर्जी और राजमोहन गांधी के हालिया अध्ययनों में खूब हुआ है। इनमें से अंतिम को छोड़ बाकी सारे काम, *सीडब्ल्यूएमजी* पर लगभग-संपूर्ण निर्भरता के चलते फलीभूत हुए।

III

एच.वाई. शारदा प्रसाद ने, जो किसी भी तरह की अतिशयोक्ति के लिए कतई नहीं जाने जाते, के. स्वामीनाथन को 'हमारे युग के सबसे महान पुस्तक-संपादक' बताया है। स्वामीनाथन सबसे अधिक मौन रहनेवाले संपादक भी थे। कारण कि यों तो वे, हर किसी के मुक़ाबले, सदी के सबसे मौलिक चिंतक को जानते और समझते थे, लेकिन उन्होंने कभी भी यह नहीं बताया कि वे उनके बारे में क्या सोचते थे। स्वामीनाथन ने अपने नाम से गांधी पर बहुत कम सामग्री प्रकाशित की है, लेकिन जितना कम भी वे छोड़ गए, हमसे यही कहलवाता है कि काश वे कुछ और खुले होते। 1984 में के. संथानम की स्मृति में आयोजित एक व्याख्यान, एक के बाद एक गांधी के कुछ अति-सम्मानित अध्येताओं की बड़ी तीखी, लेकिन अनुचित नहीं, आलोचना करता चलता है। सो जूडिथ ब्राउन 'गांधी को एक ऐसा सत्ता-प्रेमी मानती हैं जिसने अपनी हैसियत बढ़ाने के लिए

राजनीति का इस्तेमाल किया।' राघवन अय्यर 'गांधी का अध्ययन शून्य में करते हैं, और उनका नाता पश्चिम के नैतिक व राजनैतिक चिंतकों के साथ जोड़ते समय इस बात को लगभग पूरी तरह से बिसरा देते हैं कि उन दीन-हीन जन से गांधी जी ने क्या सीखा, जिसे वे प्रेम करते थे और जिनकी उन्होंने सेवा की।' एरिक एरिक्सन, जिन्होंने 'यंग मैन लूथर' नामक एक सुंदर और रोचक पुस्तक लिखी थी, गांधी का खंडित विश्लेषण करते हैं, क्योंकि वे गांधी की उस सांस्कृतिक पृष्ठभूमि से पूरी तरह से अनभिज्ञ थे जिसमें निबद्ध थी जीवंत और रचनात्मक वैष्णव कविता, जिसे न तो कोई नकार सकता है, और न ही नष्ट कर सकता है।' जबकि परली तरफ़, संपादक महोदय, ए. रामास्वामी के हज़ार पन्नों वाले ग्रंथ की प्रशंसा भी यों गाते हैं, 'एक कुशल विद्वान जो मृत होने के साथ-साथ अब बिसरा भी दिए गए हैं क्योंकि उन्होंने अंग्रेज़ी की बजाय तमिल में लिखने का घोर पाप जो किया था।'

अपने इसी व्याख्यान में स्वामीनाथन कहते हैं, 'रामायण और महाभारत की तरह ही, गांधी कथा भी अनंत कथा है। इन महाकाव्यों की ही तरह, गांधी काव्य भी भक्तिपूर्ण अध्ययन और क्षुद्र दोहन, दोनों के ही प्रति समान रूप से मैत्रीपूर्ण रहता है।' जहां तक बाद वाली श्रेणी की बात है तो उनके मन में, सबसे ऊपर, 'उस 'सनसनी-पसंद और बॉक्स ऑफिस के जादूगर'—रिचर्ड एटनबरो का नाम दर्ज था। क्योंकि 'गांधी के भेस में एटनबरो का बेन किंग्स्ले एक ऐसा मुटल्ला पुतला है जिस पर अहिंसा के उन विरोधियों द्वारा फूल चढ़ाए जाते हैं जो अमेरिका, ईरान और अन्यत्र फैले हुए हैं। सीता, लक्ष्मण, भरत हनुमान आदि के बिना राम कहां, (लेकिन) एटनबरो का गांधी बौनों के बीच एक महाकाय देव है, गौरैया के बीच एक गिद्ध है, हक़ीक़त से कोसों दूर एक कैरिकेचर मात्र।'

यहां यह बात ध्यान देने लायक है कि आनंद कुमारस्वामी की तरह स्वामीनाथन भी गांधी को 'महात्मा' कहकर नहीं बुलाते। इस पदवी को उनके लिए आरक्षित रखते हैं जिनकी तलाश पूरी तरह आध्यात्मिक थी, जैसे कि रामकृष्ण और रमण महर्षि। बहरहाल, वे महात्मा को मर्त्य बनाने में ही जुटे रहे क्योंकि सत्य व अहिंसा के पक्ष में और जातिवाद और साम्राज्यवाद के ख़िलाफ़ जंग में वे उन्हें सबसे अग्रणी दिखते हैं। वे लिखते हैं, 'हिटलर, मुसोलिनी, और खुमैनी जैसे करिश्माई नेता और क्षणिक धूमकेतु दूसरों को कमज़ोर, लाचार और अज़ीमुश्शान तानाशाहों के मातहत की मानिंद महसूस कराते हुए उन्हें अपने

अनुयायी बनाते हैं, और उनके बूते फिर अपना साम्राज्य फैलाते चलते हैं। लेकिन जैसा कि गांधी के आजीवन मित्र और उनके नियमित विरोधी रहे वी.एस. श्रीनिवास शास्त्री कहते थे, 'गांधी को अंधभक्त या कायर पिट्ठू नहीं चाहिए। उन्हें तो साफ़-निगाह, साहसी सहयात्री चाहिए। उन्हें नायक-आराधक दरकार नहीं। उन्हें तो अपने साथ सच्चाई के संगी-उपासक चाहिए।'

1984 के अपने संथानम स्मृति व्याख्यान में संपादक अपनी स्मृति में सत्तर बरस पीछे जाकर उस प्रसंग को याद करते हैं जब अप्रैल, 1915 में वे गांधी की पहली मद्रास यात्रा के दौरान थोड़ी देर को उनसे मिले थे। गांधी, संपादक एवं प्रकाशक जी.ए. नतेसन के घर पर ठहरे थे, और स्वामीनाथन उन विद्यार्थियों में शामिल थे जिन्हें उनकी देखभाल के लिए नियुक्त किया गया था। उनके कर्तव्यों में शामिल था : 'पंख का उनका कलम तलाशना क्योंकि के निब के कलम का इस्तेमाल नहीं करते थे, उनके दवात में स्वदेशी स्याही भरना और उनके साथ सान थोम में रोमन कैथोलिक बिशप के घर, सेंट जॉर्ज्स कैथेड्रल के करीब एंग्लिकन बिशप के घर, माउंट रोड में महाजन सभा हॉल, रानाडे हॉल, माइलापुर...जॉर्ज टाउन, रोयापेटा और दूसरी अनेक जगहों पर पैदल या ट्राम से जाना।' पांच साल बाद, स्वामीनाथन एक बार फिर गांधी की सेवा में रहे। इस बार गांधी को कुछेक मुस्तैद मुस्टंडों (लेकिन अहिंसक) की ज़रूरत थी। कुछ नौजवानों को चुनने के बाद, गांधी ने स्वामीनाथन को यह निर्मोही सांत्वना देते हुए ख़ारिज कर दिया, 'तुम्हारा चयन अभी नहीं हुआ, कोई बात नहीं। लेकिन अगली बार जब मुझे तुम्हारी ज़रूरत पड़ेगी और तुम आना चाहोगे तो मैं तुम्हें बुलाऊंगा।' और चालीस बरस बाद, जब बुलावा आया तो अपना विद्यार्थी बेहतर तैयार था।

1988 में उनका मुख्य काम पूरा होने पर स्वामीनाथन और उनके उप संपादक सी.एन. पटेल को ओरिएंट लॉन्गमैन ने इस बात पर राज़ी कर लिया कि वे *अ गांधी रीडर* प्रकाशित करें। सत्तर छोटे-छोटे प्रकरणों का यह संग्रह इस बात की ओर संकेत करता है कि स्वामीनाथन अगर अपनी वाली पर आते तो न जाने कैसा वृहद ग्रंथ लिख डालते। इस *रीडर* में महिलाओं, छुआछूत, अहिंसा और सत्याग्रह आदि विषयों पर ब्योरे मिलते हैं, लेकिन ज़्यादा हैरत की बात शायद यह है कि इसमें उनके (गांधी के) परिचित लोगों को अर्पित कोई एक दर्जन श्रद्धासुमन भी हैं। इस तरह सम्मानित व्यक्तियों में दक्षिण अफ्रीका

में उनके मित्र और सहकर्मी शामिल हैं—मगनलाल गांधी, हाजी होसेन दाऊद, और श्रद्धेय (रेवरेंड) जोसफ डोक (गांधी के पहले जीवनी-लेखक)—और दो अंग्रेज़ महिलाएं, एमिली हॉबहाउस और फ्लोरेंस विंटरबॉटम, जिन्होंने गोरों और कालों के बीच मध्यस्थता की थी। इसके अलावा हमें उन लोगों का कीर्तिगान भी मिलता है जो गांधी के सखा और राष्ट्रीय आंदोलन के कर्णधार रहे—चित्तरंजन दास, एनी बेसेंट, तिलक व गोखले। साथ ही, उन सामाजिक गुटों के दिग्गजों को भी याद किया गया है जो गणमान्य हिंदुओं की नज़रों में (लेकिन गांधी की नज़रों में नहीं) कभी-कभी एक ख़तरे की तरह बरते जाते थे—मुस्लिम राष्ट्रवादी डॉ. एम.ए. अंसारी, ईसाई राष्ट्रवादी एस.के. रुद्र (सेंट स्टीफेंस कॉलेज, दिल्ली के प्राचार्य) और उपनिवेशवाद-विरोधी अंग्रेज़ सी.एफ. एंड्रूज़।

लेकिन अंग्रेज़ी के इस प्रोफेसर को उस आदमी के जीवन जितना ही उसकी भाषा ने भी अपनी तरफ़ आकर्षित किया, जिसने मैट्रिक के बाद अंग्रेज़ी नहीं पढ़ी थी। *अ गांधी रीडर* में हम पाते हैं कि आख़िर क्यों स्वामीनाथन ने इतनी ख़ुशी ख़ुशी अपना आधा जीवन उनके शब्दों को सहेजने में लगाया और शायद हम भी क्यों वैसा ही करते। 'गांधी की साहित्यिक शैली,' स्वामीनाथन कहते हैं,

> उनके लोकतांत्रिक मिज़ाज की एक सहज अभिव्यक्ति है। कहीं कोई सोची-समझी बनावट, सजावट नहीं, शैली का कोई ऐसा दख़लभरा जतन नहीं जो अपनी ओर ध्यान खींचने की जुगत में हो। शैली ऐसी जो मिश्रण है, अपने पाठकों से अपने विचारों और अनुभवों का साझा करते एक व्यक्ति के आधुनिक ढंग, तथा भारतीय परंपरा में पगे उस वस्तुपरक तरीके का जिसमें व्यक्त, व्यक्ति से अधिक महत्वपूर्ण होता है। आम आदमी के साथ समानता का बोध गांधी की शैली की निशानी है, और उनकी तालीम का पुरुषार्थ। उनकी रचनाओं और वक्तव्यों के सार को समझना और उसे महसूस करना ही सही लोकतंत्र की सर्वोत्तम शिक्षा है।

ब्यूरोक्रेट और विद्वान सी.एस. वेंकटचार ने एक बार *सीडब्ल्यूएमजी* की तुलना कुतुब मीनार से की थी। लेकिन संपादक के लिए एक उपयुक्त उपमा के लिए मेरे ख़्याल से कुछ और पीछे जाना होगा। गांधी के लिए स्वामीनाथन वही थे जो गणेश कभी व्यास के लिए रहे—अलौकिक विस्तार व गूढ़ता के आख्यान

को समझाते हुए उसका लिप्यंकन करना, और केवल तभी थकना जब महात्मा को शब्दों की कमी पड़ जाए।

IV

अभी तक मैंने संपादक और विद्वान स्वामीनाथन के बारे में लिखा है। दुनिया को उन्हें ऐसे ही याद रखना चाहिए। लेकिन मेरे लिए तो वे श्रद्धेय संबंधी थे—मेरी मां की नानी के भाई। कम से कम दक्षिण भारत में तो, मामा सबसे अंतरंग रिश्तेदार होते हैं, और फिर स्वामीनाथन तो मेरे पर-पर-पर-मामा हुए।

दिल्ली के नज़दीक एक नगर में गुज़रे अपने बचपन में, जब भी हम दिल्ली जाते, मुझे हमेशा अपने इन बड़े-मामा के पांव छूने होते थे। मेरी यह भंगिमा, उनके प्रति मेरे आदर-भाव मात्र से ही प्रेरित नहीं होती, बल्कि इसके एवज़ अमूमन दस रुपए का एक करारा नोट भी मिल जाता था। बरसों बाद, मेरी रुचि गांधी में बनी। तब मैं राजधानी आ चुका था, लेकिन स्वामीनाथन वापस मद्रास चले गए थे। दक्षिण के एक दौरे पर अल्वरपेट स्थित उनके पैतृक निवास, 'धर्मालयम' जैसे सुरुचिपूर्ण नाम वाले एक घर, पर मेरी उनसे मुलाक़ात हुई, बात हुई। गांधी पर हुई हमारी बहस में उनका ज़ोर गांधी विचार और व्यवहार के वैष्णव मूल पर रहा, और मेरा तर्क यह रहा कि गांधी के मर्म को उनके धर्म से विलगाया जा सकता है, और गांधी को समझने या उनका अनुसरण करने के लिए आस्था की ज़रूरत नहीं है। हमारी बातचीत अकादमिक और पेशेवर थी और विदा होने से पहले मैंने उनके चरणस्पर्श नहीं किए। लेकिन फिर भी उन्होंने मुझे एक उपहार दिया। उपहार था, उनके द्वारा लिखा गया रमण महर्षि का जीवन-चरित, जिसे नेशनल बुक ट्रस्ट ने छापा था, और यह पुस्तक धड़ल्ले से बिकती थी। वे जब यह पुस्तक मुझे भेंट कर रहे थे तो उनकी पत्नी तमिल में बुदबुदाईं, 'अरे इसे मत दो यह पुस्तक। इसके पास तो यह यों ही बेकार पड़ी रहेगी।'

रमण पर लिखी गई यह पुस्तक, बड़े शर्म की बात है कि अभी भी मेरे द्वारा अनपढ़ी रखी हुई है। लेकिन दिल्ली लौटने के तुरंत बाद ही मैंने अपने नब्बे पार कर चुके और परमामा से मित्र बने स्वामीनाथन के साथ चिट्ठी-पत्री शुरू कर दी। अपने नियोक्ता की तरह उनका पसंदीदा पत्रलेखन माध्यम भी पोस्टकार्ड ही था। उनकी चिट्ठियां मुझे सलाह देतीं कि मैं उनके फलां-फलां

मित्र से मिलूं जैसे कि चिंतक रामचंद्र गांधी, जिनकी प्रखर बुद्धि और खब्ती व्यक्तिगत आदतों के चलते उनसे विशेष अनुराग था। या फिर उनमें एक मुलायम सी एक डपट होती : ''तमिल सीखो और एक सादा जीवन बिताओ।'' या फिर उनमें एक बुजुर्ग की एक विनोदपूर्ण सलाह होती। इसलिए जब मेरे पुत्र का जन्म हुआ और उसका नाम केशव धनंजय रखा गया तो उन्होंने लिखा, ''उन (ब्रिटिश) दिनों में 'के.डी.' का मतलब होता 'नोन डेप्रिडेटर' (प्रसिद्ध लुटेरा), पेशेवर चोर। इन प्रथमाक्षरों ने 'आज' चाहे अपना अर्थ खो दिया हो। लेकिन सम्भल कर रहना। सुनिश्चित करना कि बच्चे पर इनका कोई कुप्रभाव न पड़े। कृष्ण (यानी कि केशव) एक माखनचोर था...'

हमारा यह पत्राचार जब चल ही रहा था, उन्हीं दिनों लालकृष्ण आडवाणी की रथयात्रा शुरू हुई, जिसके दौरान दंगे-फसाद हुए और लोगों को ज़िंदा जलाया गया। अक्टूबर 1990 में, हिंदू कठमुल्लेपन पर हमला बोलते हुए दिल्ली के एक समाचार पत्र में मैंने अपना एक लेख छपवाया। अपने इस लेख में मैंने लिखा था कि लगता है कि संघ परिवार, ईसाइयत और इस्लाम के निकृष्टतम तत्वों को अंगीकार करने पर तुला हुआ है। मेरा दावा था कि उनकी निष्ठा 'शक्ति' में थी जबकि असल में भारत को 'भक्ति' दरकार थी।

मेरी जवानी में पगे मेरे सहज आत्मविश्वास के साथ मैंने अपने लेख की एक ज़िरॉक्स कॉपी बनाकर डाक के द्वारा उसे स्वामीनाथन के पास भेज दी। तीन हफ्ते बाद, एक चार-पेजी हस्तलिखित जवाब मिला। ''मध्यकालीन इस्लाम और मध्यकालीन ईसाइयत को परस्पर-नत्थी करना ग़ल्त और भ्रामक है।' विद्वान-गांधीवादी ने लिखा। ''प्रोटेस्टंट सुधारवाद के साथ ही ईसाइयत मध्यकालीन और उग्रवादी नहीं रही, और तमाम ख्रीस्ती गिरजाघर—ब्रिटिश, रोमन, और ग्रीक—अब रामकृष्ण और विवेकानन्द, श्री अरविन्द, श्री रमण, और गांधीजी, ज्योति-रामलिंग और नारायण गुरू के हिंदुत्व के प्रति काफ़ी मैत्रीपूर्ण और सहयोगी हो गए हैं। इस नव-हिंदुत्व और आधुनिक ईसाइयत के बीच कोई द्वंद्व न रहा।' ईसाइयत, उनका आग्रह था, ''एक बढ़ता और मानववादी धर्म है' वहीं इस्लाम, ''सातवीं सदी के अरबिस्तान के अनुकूल सोच और आचरण को वहीं फ्रीज़ कर देना चाहता है।''

शक्ति और भक्ति के बीच मेरे द्वारा बताये गए भेद के बारे में स्वामीनाथन का कहना था,

यह हमारे धर्म, 'सत्य' का एक गलीज़ विकार है, और हमारा धर्म जो भक्ति नहीं, शक्ति और शांति है, शक्ति के स्वरूप गांधी जी है और शांति के स्वरूप रमण महर्षि हैं। 'सत्य' जो है, सूर्य की तरह है, वह शिव है, जिसके प्रकाश से हमारी आंखें चौंधिया जाती हैं। शांति चंद्रमा की तरह है, शीतल, स्निग्ध और अहानिकारक है। रामचंद्र, चंद्र हैं, शिव के प्रकाश की तरह, पर वे शक्ति भी हैं, अग्नि की तरह। और नारायण जो हैं, हर मानव हृदय में बसे प्रकाश और ऊष्मा की तरह। अग्नि, भोजन पकाने के काम भी आ सकती है, और उसका दुरुपयोग, बस्तियां जलाने में भी हो सकता है ... गांधी भक्ति के प्रचारक नहीं थे, बल्कि शक्ति के पक्षधर थे। यीसू मसीह की तरह उन्होंने हमें सिखाया कि केवल प्रेम के प्रकाश से ही दुनिया के अंधेरे और बुराइयों पर विजय पायी जा सकती है। ईश्वर प्रतीक है, जबकि राक्षस नहीं ..."

मुझे समझाते-समझाते स्वामीनाथन अपनी अधीरता को छुपा न सके, और बोले, "हमारे बुद्धिजीवी 'ज्ञान' से अधिक पैसा कमाने में लगे रहते हैं।' स्वामीनाथन उन लोगों की असहनशीलता से दुखी थे जो हिंदुत्व के ठेकेदार बने बैठे थे। "गांधी और राम की वानर सेना, अब आडवाणी के साथ है।' अपनी एक बाद की चिट्ठी में उन्होंने लिखा कि किस प्रकार "1969 से हमारे नेता छलकपट से जनता की आसुरी शक्तियों को जगाने में लगे हैं। ऐसा प्रतीत होता है कि मिडास और गोडसे, गांधी और क्राइस्ट को पराजित कर देंगे।"

जैसा कि मुझे बाद में पता चला, दिल्ली में स्वामीनाथन के कई जाने-माने श्रोता थे। आर. वेंकटरमण, जो उस समय राष्ट्रपति थे, श्री मीनाक्षी कॉलेज में उनके शिष्य रह चुके थे, जबकि सम्माननीय राजनयिक-राजनीतिज्ञ जी. पार्थसारथी प्रेसिडेंसी कॉलेज, मद्रास में उनके सहपाठी रह चुके थे। 1990-91 में स्वामीनाथन ने इन दोनों को कई पत्र लिखे जिनमें उन्होंने उनसे आग्रह किया था कि वे अपनी मध्यस्थता के ज़रिए अयोध्या का विवाद शान्तिपूर्वक सुलझाने में मदद करें। पार्थसारथी के हाथ में तो अब कुछ था नहीं, जबकि वेंकटरमण ऐसा करने के या तो इच्छुक न थे, या फिर अक्षम। आख़िरकार, दिसंबर 1992 में इस वानर सेना ने अयोध्या में बाबरी मस्जिद को ढहा दिया। इसके चलते तमाम देशभक्त, गांधीवादी और हिंदू, तीनों दुखी हो गए। और स्वामीनाथन तो इन तीनों का संयोजन थे ही!

स्वामीनाथन के उन आख़िरी महीनों में, मानसिक और भावनात्मक रूप

से जो उनके लिए बेहद कष्टदायी रहे, मेरा उनसे कोई संपर्क नहीं रहा। मई 1994 में उनकी मृत्यु के बाद, उनके द्वारा संकलित गांधी खंडों को फिर से पढ़ने और समझने का मुझे कुछ और भी मतलब समझ में आया। इसी बीच, मस्जिद ढहाने वाले केंद्र में सरकार बनाने में कामयाब हो गए थे। मुझे याद आ रहा है, स्वामीनाथन का नवंबर 1990 का वह पत्र जिसमें उन्होंने लिखा था, ''गोडसेवाद को केवल गांधीवाद ही ख़त्म कर सकता है।''

गांधी के जर्मन : हर्बर्ट फिशर

मध्य बर्लिन में ल्यूबिक स्ट्रासे से हटकर एक छोटे-से फ्लैट में 'गांधी इनफॉर्मेशन ज़ेंट्रम (गांधी सूचना केंद्र)' है, जिसे महात्मा के दो ज्ञानी अनुयायी चलाते हैं। क्रिश्चिअन बर्तोल्फ, अहिंसावाद के विद्वान और उन जर्मन युवाओं के परामर्शदाता हैं जो अपने विवेक के चलते सेना में नहीं जाना चाहते। कंप्यूटर इंजीनियर रह चुके उनके सहकर्मी पीटर रूआ के पास गांधी की तस्वीरों का एक अमित संग्रह है। उनके 'केंद्र' की दीवारें किताबों, निगेटिव तस्वीरों तथा गांधी द्वारा यूरोपियनों को लिखे पत्रों से भरे फाइल-कैबिनेटों से अटी पड़ी हैं। भारत और महान अमेरिकी विश्वविद्यालयों से बाहर भी एक दुनिया है जहां गांधी पर संभवतः सबसे उम्दा संग्रह मिलता है।

गांधी में जर्मन रुचि बड़ी तगड़ी है और उसका अधिकांशतः वह ताज़ा-ताज़ा ही है। बीसवीं सदी की शुरुआत से 1945 तक जर्मन, आधुनिक समाज के सबसे हिंसक लोग रहे। लेकिन दूसरे विश्व युद्ध के बाद वे नागरिक असैनिक उत्पादन और सेवन में लग गए। वे बस धनदौलत जुटाने में भिड़ गए, और तभी कुछ युवाओं में असंतोष फैलने लगा। 1960 के दशक से पर्यावरणीय आंदोलन ने एक ऐसा केंद्र-बिंदु दिया जहां से समूचे सैन्य-उद्योग संकुल का एक अधिक व्यापक पुनर्मूल्यांकन किया जा सके। शीत-युद्ध के दौरान जर्मनी एक अग्रिम-पंक्ति देश रहा : दरअसल, यह ऐसा अकेला राष्ट्र था जिसके दो हिस्से थे—दोनों तरफ़ एक-एक। और कहीं भी नाभिकीय अस्त्रों और ऊर्जा के ख़िलाफ़

इतना ज़बर्दस्त विरोध न था। उन्हीं दिनों, अन्य पश्चिमी देशों की तर्ज पर, उपभोक्तावाद के अतिरेक के बरक्स एक प्रतिक्रिया होने लगी थी, और अध्यात्म व सादे जीवन में दिलचस्पी भी बढ़ने लगी थी।

वे दो जर्मन चिंतक ही थे—इवान इलिच और वोल्फगैंग सैक्स—जिन्होंने उद्योगवाद की सबसे प्रखर समीक्षाएं प्रस्तुत कीं। आधुनिक तकनोलॉजी और मानव जीवन पर उसके बर्बर प्रभाव संबंधी उनके विश्लेषण, गांधी से ही प्रेरित थे। इस बीच, गांधीवादी विरासत को अपनी संगठित आवाज़, अहिंसा, अंतरपीढ़ी व अंतर-राष्ट्रीय समानता तथा सार्वजनिक जीवन में महिलाओं की भागीदारी को लेकर प्रतिबद्ध 'ग्रीन पार्टी' में मिली। हालांकि 'जर्मन ग्रीन्स' ने अपनी विचारधारा गढ़ने में अन्य स्रोतों को भी खंगाला ज़रूर है, लेकिन वे हर तरह से हमारे समय के सबसे ज़्यादा गांधी-सदृश राजनैतिक आंदोलन के बतौर उभरे हैं।

लेकिन यहां मैं महात्मा के एक पुराने जर्मन संपर्क की बात करने वाला हूं। इस जर्मन संपर्क की बात यहूदी वल्दीयत के वास्तुकार हर्मन कॅलेनबाख से शुरू होती है, जिन्होंने मई 1910 में गांधी को जोहेनसबर्ग में अपना आश्रम स्थापित करने के लिए 1100 एकड़ ज़मीन दान दी थी। इसके पहले कॅलेनबाख एक ट्रैपिस्ट आश्रम में रह चुके थे, और वे अपने भारतीय मित्र को कुछ ऐसे कौशल सिखाना चाहते थे जो उन्होंने वहां सीखे थे, जैसे कि मोचीगीरी और बढ़ईगीरी। उनकी मित्रता 35 साल चली, जब तक कि कॅलनबाख की मृत्यु न हुई। *सीडब्ल्यूएमजी* में गांधी द्वारा उन्हें लिखी 250 चिट्ठियों का एक स्वतंत्र अध्याय है।

बहुत आगे चलकर, 1930 के दशक में गांधीजी का जर्मन पादरी बॉनहॅफर से संक्षिप्त पत्राचार हुआ। वे भारत आकर सत्याग्रह सीखकर 'नेशनल सोशलिस्ट पार्टी' का अहिंसक प्रतिरोध करना चाहते थे। महात्मा ने उन्हें आमंत्रित किया, परंतु वे सं.रा. अमेरिका जाकर उग्रवादी क्रिश्चियनों के बीच काम करने लगे। और जब तक वे जर्मनी लौटे, तब तक नाज़ियों को उखाड़ फेंकने के हिसाब से अहिंसा किसी काम की नहीं रह गई थी। बॉनहॅफर बड़े करिश्माई व्यक्तित्व थे और उनका दुखद अंत 1944 में हुआ जब हिटलर ने उन्हें अपनी हत्या की साज़िश के एवज़ मृत्युदंड दिया। वाकई यह एक ग़ौरतलब बात है कि अगर 1933-34 में गांधी द्वारा प्रशिक्षित बॉनहॅफर नाज़ियों के ख़िलाफ़ सत्याग्रह मुहिम

चलाते तो क्या होता!

कॅलनबाख को गांधी की जीवनी में एक सम्माननीय स्थान प्राप्त है। बॉनहॅफर और महात्मा के संबंध के बारे में कम ही ज्ञात है, जबकि उनके देश में उनकी कुर्बानी को इज़्ज़त से याद किया जाता है। लेकिन अब मैं एक ऐसे जर्मन की बात करने जा रहा हूं जिन्हें गांधीजी का करीबी शिष्य होने के बावजूद कम ही याद किया जाता है। उनका नाम है हर्बर्ट फिशर। अब वे बर्लिन में एक गरिमामयी सेवानिवृत्त जीवन बिता रहे हैं। 1930 के दशक के मध्य में वे दो सालों तक गांधीजी की अन्तरंग मण्डली के सदस्य रहे। उन्होंने ऑल इंडिया विलेज इंडस्ट्रीज़ एसोसिएशन (एआईवीआईए) के लिए काम किया था, और वे हर हफ्ते एक-दो बार गांधीजी से मिलते ही मिलते थे।

नाज़ी जर्मनी में बड़ा होते हुए फिशर ने 'ताओ' नामक पत्रिका में गांधीजी के बारे में पढ़ा। पत्रिका के संपादक थे ज़िम्मरमान, जो भारतीय विचार और टैगोर के प्रशंसक थे। फिशर पहले से ही शाकाहार और जैविक खेती की ओर आकर्षित थे, और महात्मा के बारे में पढ़ कर उन्हें लगा कि यह व्यक्ति सादे जीवन का पक्षधर और निरंकुश राजनीति के ख़िलाफ़ है। 1935 में उन्होंने एक पत्र लिखा था, जिस पर पता लिखा था—महात्मा गांधी, इंडिया। उस पत्र में उन्होंने भारत आकर गांधीजी के साथ काम करने की अपनी इच्छा ज़ाहिर की थी जिसके जवाब में उन्हें आश्रम के दुरूह जीवन के बारे में अवगत कराया गया।

1936 के उत्तरार्ध में जब वे सेवाग्राम पहुंचे तो गांधीजी अपने अनुयायियों के साथ महाराष्ट्र में फैज़पुर गए हुए थे जहां कांग्रेस का सालाना अधिवेशन हो रहा था। बहरहाल, फिशर ढूंढ़ते-ढांढ़ते फैज़पुर पहुंच गए, जहां गांधीजी ने उनके स्वागत में केवल इतना कहा, "अच्छा तो आप आ ही गए!' उन्हें एआईवीआईए के महासचिव जे.सी. कुमारप्पा के साथ काम करने के लिए भेज दिया गया। किसी गांव में होने वाला यह पहला अधिवेशन था। वे दिन में यहां काम करते थे और रात को एक छात्रावास की डॉर्मिटरी में सोते थे। इस बीच उनकी जैकेट चोरी हो गई जिसमें उनका पासपोर्ट और ज़रूरी कागज़ात भी थे। बॉम्बे के जर्मन उच्चायोग ने नया पासपोर्ट देने से पहले एक शर्त रखी कि वे जर्मनी लौटकर फौज में भर्ती हो जाएं। उन्होंने इससे मना कर दिया और इसके बदले वे वर्धा लौट आए।

अगले डेढ़ साल तक फिशर ने एआईवीआईए के साथ ग्रामीण सहकारिता की समस्या पर एकाग्र होकर काम किया। शुरू से ही उन्हें एक प्रवासी न मानकर, एक सहकर्मी के बतौर माना गया। जब भी सम्भव होता वे मगनवाड़ी स्थित एआईवीआईए के मुख्यालय से गांधी आश्रम, सेवाग्राम तक सात मील साइकल चलाकर जाते थे। वहां गांधीजी और उनके बीच बहस छिड़ती थी। सदा चौकस आतिथेय गांधीजी का आदेश था कि फिशर को हर दिन खाने के लिए एक अंडा दिया जाना चाहिए, जो उनके हिसाब से एक यूरोपियन देह के लिए ज़रूरी था। अतिथि हिचकते हुए तर्क करता कि ठंडे खून वाले जर्मन भी शाकाहारी रह सकते हैं। लेकिन उनके बीच राजनैतिक तर्कवितर्क इससे कहीं ज़्यादा भारी-भरकम होता। गांधीजी चाहते थे कि फिशर जर्मनी लौट जाएं और नाज़ियों के ख़िलाफ़ सत्याग्रह शुरू करें। जबकि फिशर का कहना था कि "हिटलर जज ब्रूमफील्ड (वह अंग्रेज़ जिसने गांधी को सज़ा सुनाते समय उन्हें संत की उपाधि दी थी) नहीं था।" 1938 में गांधीजी ने बुनकरों के साथ काम करने के लिए फिशर को इटारसी भेज दिया जहां उनकी मुलाक़ात एक जमैकन नर्स से हुई जो आगे चलकर उनकी पत्नी बनी। उन दिनों इटारसी एक बड़ा रेलवे जंक्शन था जहां इलाहाबाद से वर्धा जाते समय गाड़ी बदलनी पड़ती थी। इस तरह फिशर की जवाहरलाल नेहरू से कई मुलाक़ातें हो जातीं जो या तो कांग्रेस हाईकमान की मीटिंगों में जा रहे होते या फिर वहां से लौट रहे होते। नेहरू जी वेटिंग रूम में इंतज़ार करने से बेहतर फिशर के साथ लंबी सैर करना पसंद करते थे।

4 सितंबर 1939 को आधिकारिक रूप से ब्रिटेन और जर्मनी की जंग शुरू हो गई। भारत में रहने वाले सारे 'शत्रु आप्रवासियों' को अंग्रेज़ों ने नज़रबंद कर दिया, जिनमें हिटलर का विरोध करने वाले गोरी चमड़ी के जर्मनी में जन्मे हमारे ये गांधीवादी भी शामिल थे। युद्ध की समूची अवधि के दौरान, फिशर, उनकी पत्नी, और उनका बच्चा, मध्यभारत के कई नज़रबंद शिविरों में रहे। उन्हें जबलपुर से अहमदनगर भेजा गया, फिर देवलाली और आख़िर में पुरंदर, जो पूना से 25 मील दूर है। यह बिना कंटीली तारों वाला एक 'पैरोल' शिविर था वहां नज़रबंदियों को यह आज़ादी थी कि वे सुबह से शाम तक साइकिल से पूना जा सकते थे। इस अभूतपूर्व आज़ादी का लाभ उठाते हुए फिशर, साइकिल से पूना स्थित 'सर्वेंट्स ऑफ़ इंडिया सोसाइटी' के पुस्तकालय जाकर अपना

शोध करते थे जो आगे चलकर कृषि-सहकारिता पर लिखी गई उनकी पुस्तक का आधार बना।

युद्ध के दौरान गांधी ने फिशर परिवार की रिहाई के संबंध में कई बार वायसराय को खत लिखे। और अन्ततः यूरोप में लड़ाई ख़त्म होने के पूरे बारह महीने बाद, जून 1946 में उन्हें छोड़ दिया गया। गांधी ने तत्काल वायसराय के सचिव, जॉर्ज एॅबेल को लिखा कि फिशर को उनके पास आने की अनुमति दी जाए। अगले ही महीने, जर्मन परिवार पहाड़ी नगर पंचगनी पहुंचा, गांधी से मिलने। उनके बीच एक लंबा और एक भावपूर्ण वार्तालाप हुआ, और उनके जाने से पहले गांधी ने अपना यह टंकित और हस्ताक्षरित वैयक्तिक प्रमाण पत्र उन्हें दिया : ''मैं मि. हर्बर्ट फिशर और उनकी पत्नी को एक लंबे समय से जानता हूं। मि. फिशर कुछ समय तक मेरी रचनात्मक गतिविधियों के ग्रामोद्योग प्रभाग से जुड़े रहे हैं। फिशर दंपती इटारसी स्थित क्वेकर बसाहट के सदस्य हैं। वे सरल हृदय, धार्मिक और मानवता-प्रेमी लोग हैं।''

फिशर को लग गया कि उनकी घर-वापसी का समय अब आ चला है, ताकि तबाह हो चुके लेकिन नाज़ी-उन्मूलित जर्मनी के पुनर्निर्माण में उनका भी कुछ योगदान हो। उनका मूल निवास सैक्सोनी, अब एक विभाजित देश के पूर्वी सेक्टर में चेक सीमा के करीब होता था। फिशर हालांकि कम्युनिस्ट न थे लेकिन हिटलर के विरोध की अगुआई में खड़े रहे 'रेड्स' के प्रति उनमें एक आदर भाव था। कुछ सालों के लिए वे ग्रामीण पुनर्निर्माण में लगे रहे। 1950 के दशक की शुरुआत में वे दिल्ली में डी.डी.आर. के व्यापार प्रतिनिधि रहे। वे और उनकी पत्नी, भारत भर घूमे और एक बार फिर जे.सी. कुमारप्पा और अन्य गांधीवादियों से मिले। लेकिन उनके लिए पीड़ा की बात यह थी कि जवाहरलाल नेहरू उनसे दूर रहे, वे शायद संपन्न और ज़्यादा शक्तिशाली पश्चिमी जर्मनों को नाराज़ नहीं करना चाहते थे। बाद में, 1970 के दशक में, हर्बर्ट फिशर फिर भारत लौटे, अबकी बार हमारे देश में पूर्वी जर्मनी के पहले मुकम्मिल राजदूत बनकर।

जितना कुछ मैंने यहां लिखा है, उसका अधिकांश हिस्सा मैंने हर्बर्ट फिशर से तब जाना जब आज से कोई दो बरस पहले मैंने उनके अपार्टमेंट में उनका इंटरव्यू लिया था। मुझे याद है, वह एक ठंडा और बारिश वाला दिन था। हालांकि

उनके द्वारा दिए गए दिशा-निर्देश एकदम सटीक थे, पर बर्लिन की परिवहन व्यवस्था और मेरे जर्मन-अज्ञान ने मुझे कहीं का न छोड़ा। कहीं मैंने ग़लत ट्रेन ले ली तो कहीं ग़लत ओवरब्रिज। अन्ततः जब मैं उनके घर पहुंचा, सबसे पहले तो उन्होंने मेरा जैकेट उतरवाया और सुखाने के लिहाज़ से उसे हीटर पर रखा, और फिर मुझे अपना ख़ुद का कोट दिया पहनने को दिया। वे ऊंचे कद के थे और उनकी मुद्रा एकदम ऊर्ध्वस्थ! नज़ाकत भरी चाल-ढाल और शाइस्ता लताफत वाले एक बुजुर्ग। हिंदुस्तानी चाय के प्यालों पर हमने ढेरों बातें की—गांधी के साथ बीते दिनों की, उनके देश जर्मनी के कष्टकारी एकीकरण की।

पहले तो मेरे पास फिशर के फकत बोल हुआ करते थे, लेकिन अब मेरे पास बर्लिन के गांधी सूचना केंद्र द्वारा प्रकाशित उनके उस विस्तृत निबंध की एक प्रति भी है। हिंदी में इस निबंध के शीर्षक का तर्जुमा है—'महात्मा गांधी, जैसा कि मैंने उन्हें रूबरू पाया'। मुझे जर्मन नहीं आती, मेरे पिता को आती है। आने वाले पैराग्राफ, उन्हीं के द्वारा किए गए मूल लेख के अनुवाद पर आधारित हैं।

हर्बर्ट फिशर के निबंध में सूक्ष्म अवलोकन और पैने विश्लेषण का अनूठा संगम है। इसमें हमें कांग्रेस के वार्षिक अधिवेशन की तड़क-भड़क का अनूठा एहसास कुछ यूं (वाक्यांशों में उद्धृत) मिलता है, ''नंगे खेतों में बांस की हल्की-फुल्की छपरिया से बनी झोपड़ियां' ''ऊंचे मंच पर खुले में होती गोष्ठी'', कुछ इस तरह कि, ''हर कोई सुन सके कि उनके नेता मंच से क्या कह रहे हैं'' और सबसे बढ़कर, महात्मा की भव्य उपस्थिति। ''चर्चाओं के बाद, भोजन के समय और अन्य कार्यक्रमों में हरदम बड़ी भीड़ जुटा करती थी। गांधी तक पहुंचना कोई आसान काम न था। हर कोई उन्हें करीब से देखना चाहता था, या छूना चाहता था। एक आदमी तो उनके पैर छूने के लिए ज़मीन पर ही लेट गया, बिना यह परवाह किए कि इसके चलते वह भीड़ द्वारा कुचला भी जा सकता है। किसी जीवित आदमी की इस कदर पूजा आज तलक मैंने अपने जीवन में तो नहीं ही देखी थी। इससे मिलते-जुलते प्रसंग के लिए मुझे *न्यू टेस्टामेंट* की शरण में जाना पड़ेगा।''

मगनवाड़ी में जे.सी. कुमारप्पा द्वारा बनाए गए गांधी आश्रम का खाका भी फिशर बड़े रोचक अंदाज़ में देते हैं।

> इस आश्रम में कुछेक पक्की इमारतें थीं, और अनेक कुटियाएं भी थीं जिनकी दीवारें बांस की छप्परों से बनी थीं और उन पर मिट्टी और गोबर लिपा था --- कुछ दिनों बाद, मुझे भी एक कुटिया दी गई—ढाई मीटर लंबी, ढाई मीटर चौड़ी। इसमें कोई खिड़की वग़ैरह न थी क्योंकि बाहरी दीवार, छत से आधा मीटर नीचे तक ही थी, जहां से मेरे 'कमरे' में रोशनी झांकती थी, और हवा आती-जाती थी। अलमारी की जगह कमरे के एक कोने से दूसरे कोने तक एक रसी तनी हुई थी जिस पर मैं अपनी चीज़ें लटका सकता था। फर्श मिट्टी का था जिस पर गोबर की एक पर्त लिपी थी। नतीजतन, फर्श मज़बूत बन गया था, और ठंड के दिनों में गर्म बना रहता था, साथ ही दीमक-रोधी भी हो चला था—हर हफ्ते, कुटिया में रहने वाले व्यक्ति को गोबर का नया लेप लगाना पड़ता था।

रविवार के छुट्टी वाले दिन, मगनवाड़ी के कार्यकर्ता साइकिल से या पैदल ही सेवाग्राम जाते। इतना तो साफ़ है कि फिशर ने गांधी को बड़े ध्यान और बड़े चाव से पढ़ा था, जिसके चलते वे उनके कमरे और उनकी दिनचर्या का एक अमिट चित्रण कर पाते हैं। सो, प्रभात की अनिवार्य प्रार्थना सभा और फेरी के बाद, महात्मा

> अपने कमरे के एक कोने में निवृत्त होने चले गए। उस घर में वह अकेला ऐसा कोना था जिसके चारों ओर दो-मीटर चौड़ा एक बरामदा था। लंबाई वाली भुजाओं में दो-दो दरवाज़े बने थे, जबकि दूसरी दो भुजाओं में एक-एक दरवाज़ा। सभी छह दरवाज़े हर दम खुले रहते थे, और दिन भर आवाजाही होती रहती थी। दूसरे कोने भी इस्तेमाल में लाए जाते थे। एक बार अंदर घुसते ही मैंने देखा कि एक नौजवान ज़ोर-ज़ोर से अभी हाल ही में आई नेहरू की *आत्मकथा* पढ़ रहा है। दूसरे एक कोने में एक नौसिखिया संगीत का कोई साज़ बजा रहा था। बीच-बीच में गांधी की पत्नी आकर या तो कोई ढक्कन वग़रह ले जातीं या फिर खाना पकाने का कोई बर्तन। इन तमाम हलचलों के बावजूद गांधी को कुछ विघ्न न पड़ा --- वे खादी की चादर डली एक चटाई पर विराजमान थे, और उनकी

> पीठ एक सफेद गाव तकिये पर टिकी थी। उनकी जांघ पर एक बोर्ड रखा था जो उनके लिखने के काम में मददगार था। उनके निकट ही एक डेस्क रखी थी जिसकी ऊंचाई कोई आधा मीटर फकत होगी जिसमें वे अपने कागज़ और लेखन-सामग्री रखते थे। इसी बीच यदि उनका सचिव या कोई आगंतुक आता तो वह उनके सामने आ बैठता। अपना समय बचाने के हिसाब से वे बात करते-करते अपनी दाढ़ी भी बनाते जाते—ज़ाहिर है बिना किसी शीशे के—या फिर वे कताई करते रहते। केवल बहुत अहम मसलों के वक़्त ही या तो वे अपना-सा ध्यान सुनने में लगाते या फिर बोलने में।

फिशर लिखते हैं कि गांधी को बहस की लत थी। ''उनके लिए भिन्न मत रखने वालों के साथ बहस करना एक ज़रूरत थी। विपरीत पक्ष सुनकर वे अपने विचार परखा करते थे।'' फिशर उनकी तुलना शंतरंज के एक खिलाड़ी से करते हुए कहते हैं, ''जैसे शतरंज का खिलाड़ी अपने विरोधी की अगली चाल भांपने की कोशिश करता है, वैसा ही गांधी भी किया करते थे। समय बिताने के हिसाब से वे शतरंज या कोई और खेल नहीं खेला करते थे। क्योंकि वे मानते थे कि समय बड़ा कीमती है और जीवन स्वयं एक रोचक खेल हो सकता है।'' फिशर गांधी के विचारों का चित्रण करते समय बताते हैं कि वे हर दम बदलते और परिष्कृत होते रहते थे। जैसा कि आश्रम में निकले ज़हरीले सांप को मारने के महात्मा के निर्णय के संदर्भ में वे कहते हैं, ''वे खुद को (मसलन यहां अहिंसा की) शाब्दिक व्याख्याओं के जाल में न उलझाते हुए मानवतावादी आधार पर निर्णय लेते थे।'' उनके परस्पर-विरोधी विचारों को लेकर अक्सर गांधी की आलोचना हुआ करती थी। लेकिन फिशर बड़ी समझदारी से यहां लक्ष्य करते हुए कहते हैं, ''उनकी विसंगति में भी एक प्रकार की संगति थी, क्योंकि उनके वचन और कर्म समयोचित हुआ करते थे।'' दूसरे शब्दों में कहें तो, स्वयं तथ्यों के बदल जाते ही वे अपना मन भी बदल लेते थे।

गांधी पर फिशर द्वारा लिखा गया 33 पन्नों का निबंध कई नई जानकारियां और नया बोध प्रदान करता है। हमें पता चलता है कि औद्योगिकीकरण के प्रति अपने घाषित विरोध के बावजूद गांधी घड़ी क्यों बांधा करते थे, और क्योंकर वे बकरी का दूध पीने लगे थे। साथ ही, हमें यह भी प्रथम दृष्टया मालूम पड़ता

है कि आख़िर क्यों वे, प्रतिभाशाली बंदों को अपनी तरफ़ आकर्षित कर पाते थे : जैसा कि यहां उद्धृत एक अमेरिकी मिशनरी ने कहा था गांधी ''मुझे मेरे अपने पिता और जीसस क्राइस्ट का मिश्रण दिखते हैं।'' फिशर गांधी के विचार और राजनैतिक व्यवहार में औरतों के महत्व पर भी टिप्पणी करते हैं। एक संरक्षणवादी के बतौर उनकी लियाकत की एक झलक भी हमें यहां मिलती है (''ज़्यादा खाना व ज़्यादा की इच्छा गांधी के लिए चोरी थी'')।

कुल मिलाकर *निबंध महात्मा गांधी, जैसा कि मैंने उन्हें रूबरू पाया* इस मायने में कमोबेश अनूठा है कि यह सच्चे अनुभव और ऐतिहासिक दृष्टि का सम्मिश्रण है। यह निबंध अंग्रेज़ी और अन्य भारतीय भाषाओं में भी उपलब्ध होना चाहिए। किसी अच्छे वक्त में, केंद्रीय सरकार इसका अनुवाद ख़ुद करा सकती थी। पर अभी तो नहीं जब - जैसा कि हर्बर्ट फिशर दुखी होकर लिखते हैं - ''अतिउग्रवादी दक्षिणपंथी, गांधी की हत्या और उनके हत्यारे की पूजा करते हैं। कितनी डरावना बात है कि राष्ट्रपिता स्वयं अपने ही उस देश द्वारा अपमानित हो सकते हैं जो शक्तियों की पूजा में लगा है ...''

पर्यावरणप्रेमी गांधीवादी : जे.सी. कुमारप्पा

साल 1956 के मई के अंतिम सप्ताह में मंदिर नगर कांचीपुरम में एक विशाल सर्वोदय सम्मेलन आयोजित हुआ था। महात्मा गांधी के वारिस और चेले, कुछ सरकार में तो कुछ उसके एकदम बाहर, जमा हुए थे आज़ादी के बाद के भारत में गांधीवादी आंदोलन का लेखा-जोखा लेने। सम्मेलन का उद्घाटन करते हुए गांधी के 'आध्यात्मिक' उत्तराधिकारी, आचार्य विनोबा भावे ने भूदान आंदोलन के पांच वर्ष पूरे होने पर अपनी खुशी ज़ाहिर की, जो अभी हाल ही में ओड़िशा में 800 संपूर्ण गांवों का दान मिलने पर अपने चरम पर पहुंचा था। अगले वक्ता, भूतपूर्व गवर्नर-जनरल और मद्रास के मुख्यमंत्री सी. राजगोपालाचारी ने बढ़ती नास्तिकता पर अपनी चिंता ज़ाहिर की, और इस बात की उम्मीद व्यक्त की कि विनोबा का ईश्वर अनुष्ठान भटके हुओं को राह दिखाएगा और उनकी आस्थाओं की बहाली करेगा। विनोबा के भूदान आंदोलन को अपना जीवनदान करने के बाद मृदुल बन चुके इन्क़लाबी समाजवादी जयप्रकाश नारायण, ने अपने नए मार्गदर्शक को ''शुचिता और पावनता की साकार मूर्ति' बताकर अपनी आदरांजलि व्यक्त की। भूदान आंदोलन को अपने शुभाशीष देते हुए राष्ट्रपति डॉ. राजेन्द्र प्रसाद ने कहा : ''यह महान क्रांतिकारी आंदोलन, न केवल भारत के लिए, बल्कि संपूर्ण विश्व के लिए फलदायी होगा।'' कांग्रेस अध्यक्ष, यू.एन. ढेबार ने इस बात की भूरि-भूरि प्रशंसा की कि किस प्रकार गांधीजी के तीन सबसे बड़े चेले अलग-अलग काम करते हुए भी एक-दूसरे के पूरक बन रहे

हैं: ''एक तो हैं डॉ. राजेन्द्र प्रसाद जो राष्ट्रपति पद को सुशोभित करते हुए देश को सांस्कृतिक उन्नति के मार्ग पर ले जा रहे हैं। दूसरे जो हैं (जवाहरलाल नेहरू) प्रधानमंत्री के बतौर अपना हर पल विश्व-शांति स्थापित करने में खर्च कर रहे हैं। और तीसरे हैं, हमारे अपने बाबा (विनोबा) जिन्होंने भारत में एक नई सामाजिक व्यवस्था लाने का बीड़ा उठाया है।'' भारत वाकई भाग्यशाली था, ढेबार ने कहा, ''क्योंकि जिस राष्ट्र को इन तीन ऊर्जाओं के संलयन से उभरने वाली सक्रिय शक्ति मिली है उसे इस धरती पर किसी से डरने की ज़रूरत नहीं।''

गांधीवादियों के इस समागम से वह चेहरा ग़ायब था जो गांधी के अपने जीवनकाल में उनके इतने करीब रहा था जितना कांचीपुरम सम्मेलन में बोलने वाला कोई भी वक्ता। 1892 में जन्मे जे.सी. कुमारप्पा न्यूयॉर्क और लंदन में प्रशिक्षित एक अर्थशास्त्री थे जिन्होंने 1929 में गांधी के साथ काम करना शुरू किया था। दो दशकों से भी अधिक समय के लिए उन्होंने अखिल भारतीय ग्रामोद्योग संघ (एआईवीआईए) और ऑल इंडिया स्पिनर्स एसोसिएशन (एआईएसए) जैसे दो महत्वपूर्ण स्वदेशी संस्थानों को संचालित किया। ग्रामीण भारत में रमे और ग्रामीण जीवन के अध्येता रहे इस तमिल क्रिश्चियन ने गांधीवादी आर्थिकी पर दो महत्वपूर्ण पुस्तकें लिखी थीं जो अब भुला दी गई हैं: *व्हाई द विलेज मूवमेंट* (1938) और *दि इकोनॉमी ऑफ़ पर्मानेंस* (1945)। वे अपने परिवार के अन्य सदस्यों को भी राष्ट्रीय आंदोलन में ले आए, बड़े भाई बंबई में समाज विज्ञान के जाने-माने प्राध्यापक डॉ. जे.एम. कुमारप्पा, और एक छोटे भाई, भारतन, जो कालांतर में *सीडब्ल्यूएमजी* के प्रथम संपादक नियुक्त हुए।

मई 1956 में जे.सी. कुमारप्पा यूं तो मदुरै के निकट ही रह रहे थे, लेकिन कांची जाने वाली रेल पकड़कर अपने पुराने कॉमरेडों के साथ जुड़ने की ज़हमत उठाने के लिए वे तैयार न हुए। उनके हिसाब से यू.एन. ढेबार द्वारा प्रशंसित त्रिमूर्ति में से कोई भी महात्मा के काम को बहुत दूर न ले जा पाया है। आज़ाद ख्याल और ईमानदार, तीखी जुबान वाले, अभिमानी और मनमौजी जैसे कि तमिल अक्सर हुआ करते हैं, कुमारप्पा दरअसल इनमें से हरेक से कभी न कभी, किसी न किसी सार्वजनिक मंच पर उलझ चुके थे। राजेन्द्र प्रसाद को उन्होंने, जैसा कि गांधी ने स्वतंत्र भारत के राष्ट्रपति के लिए सर्वथा उपयुक्त माना था, मिट्टी की झोपड़ी के बदले हर्बर्ट बेकर के वायसराय-महल को अपना निवास-स्थान

चुनने के लिए फटकारा था। जवाहरलाल नेहरू की निंदा उन्होंने इसलिए की कि वे भारत को औद्योगिक विकास के उस आत्मघाती रास्ते पर ले चले थे, जो कि 'ग्रामोन्मुखी आर्थिक व्यवस्था' से जुड़े महात्मा के अपने प्यारे सपने से कोसों दूर था (नेहरू ने अपनी इस निंदा का जवाब ब्याज-समेत पलटकर दिया, कुमारप्पा की संस्था एआईवीआईए को ऑल इंडिया विलेज ईडियट्स एसोसिएशन के नाम से बुलाते हुए)।

जहां तक बाबा विनोबा का सवाल है तो कुमारप्पा इतना जानते थे कि शुचिता और पवित्रता की यह साकार मूरत, सहज ज्ञान के मामले में निपट मूरख थी। भूदान आंदोलन के एकदम शुरुआती दिनों में कुमारप्पा ने बाबा को चेताया था कि वे लक्ष्य निर्धारण का सरकारी रूट न लें–कि 31 मार्च तक इतने-उतने लाख एकड़ जुटाने हैं–बजाय इसके वे धीरज धर कर काम करें ताकि अब तक इकट्ठा हुई ज़मीन उपजाऊ और टिकाऊ बन जाये। दशकों लंबे अपने अनुभव के आधार पर उन्होंने भूदान आंदोलन से इस बात का आग्रह किया कि ख़ास क्षेत्रों में काम करने के हिसाब से उन्हें उपयुक्त मानव-संसाधनों वाली समितियां खड़ी करनी चाहिए। लेकिन इसके बजाय विनोबा भूमि-अनुदानग्राहियों के आध्यात्मिक जागरण की आस में फंसे रहे, और उन्होंने पहले से बनी समितियों को सिरे से भंग कर भूदान के सर्वनाश की राह प्रशस्त कर दी।

उधर उनके पुराने मित्र जब कांची में एक-दूसरे की पीठ थपथपा रहे थे, कुमारप्पा, मदुरै ज़िले के दक्षिणी-पश्चिमी कोने में टी. कल्लुपट्टी स्थित अपने आश्रम में कड़ी मेहनत कर थे। इसी बीच, एस.के.डे के साथ उनका एक रोचक पत्र-व्यवहार होने लगा था। एक योग्य व ऊर्जावान लोक-अधिकारी, एस.के. डे तभी-तभी केंद्रीय मंत्रिमंडल में 'सामुदायिक विकास' मंत्री के बतौर शामिल किये गए थे। 'सामुदायिक विकास' भारत सरकार द्वारा चुकाई गई वह आधी कीमत (खादी एवं ग्रामीण उद्योग आयोग दूसरी आधी-कीमत था) थी जो उसने अपने ज़मीर को पुचकारने के लिए दी थी जो फटाफट औद्योगिकीकरण के प्रति उसकी निष्ठा के चलते उद्वेलित था हालांकि इसके एवज़ वह गांधीजी को 'राष्ट्रपिता' घोषित किए जाने की अनुमति वह पहले ही दे चुकी थी। पश्चिम पंजाब से आए शरणार्थियों के पुनर्वास के मामले में डे साहब ने काफ़ी नाम कमाया था, और वे अन्य कैबिनेट मंत्रियों के विपरीत अपने से अधिक सुजान व्यक्तियों की बात सुनने को तैयार भी रहते थे। नतीजतन, वे उन कुमारप्पा

की आलोचनाओं का स्वागत करते थे, जिन्हें वे उन "बहुत थोड़े लोगों में से एक मानते थे जिनके सीने में बपतिस्मा की वह आग आज भी धधकती है।"

और बुजुर्ग गांधीवादी सचमुच धधकते हुए मिले। डे साहब के सुझाने पर कुमारप्पा ने मदुरै के 27 गांवों में चल रहे ग्रामीण विकास कार्य का एक सर्वेक्षण किया। अप्रैल और मई, 1956 में बस और बैलगाड़ी में सवार हो उन्होंने गांव-गांव का दौरा किया। 9 जून को उनका प्रतिवेदन, 'रिपोर्ट ऑन रूरल डेवलपमेंट वर्क इन मदुरै डिस्ट्रिक्ट' मंत्री को प्रेषित हुआ। ज़रूरत इस बात की है कि उनकी इस रपट को नई दिल्ली के नेहरू मेमोरियल म्यूज़ियम एंड लाइब्रेरी के पांडुलिपि विभाग से ढूंढ़ कर सार्वजनिक दायरे में ले आना चाहिए। नीचे प्रस्तुत कुछ अंश इस बात को दर्शाएंगे कि रिपोर्ट में दर्ज ग्रामीण विकास कार्य की समस्याएं और उनके संभावित समाधान आज भी उतने ही मौजूं हैं जितने तब थे।

सामुदायिक विकास को लेकर कुमारप्पा की आलोचना बड़ी कठोर थी। उनका कहना था कि इसका ज़्यादातर पैसा सड़क बनाने जैसी अनुत्पादक योजनाओं पर खर्च होता है। इसके अलावा, "जिन लोगों ने भी सरकार को अपना सहयोग दिया है वे आबादी के एक छोटे-से तबके से आते हैं, यद्यपि वे पैसे और प्रभुत्व वाले ज़रूर हैं।" लेकिन हरिजनों की "बुरी तरह से अनदेखी होती है" और ग़रीब "आज भी सशंकित हो इस सबसे अलग-थलग खड़े हैं। आम तौर पर," वे कहते हैं, "अधिकारियों और ग्राम सेवकों के मन में गांव वालों और उनके जीवन के प्रति ज़रा भी स्नेह नहीं होता, वे तो बस अपनी नौकरी और अपनी कमाई के फेर में ही लगे रहते हैं।" कुमारप्पा का 'स्वदेशी' स्थानीय आत्म-निर्भरता पर बल देता था न कि राष्ट्रीय आत्म-निर्भरता पर। उनका कहना था, "यदि हम अपनी ज़रूरत की हर चीज़ का उत्पादन एक छोटे से इलाके में करते हैं तो हमारे लिए उत्पादन के तरीकों पर नज़र रखना आसान हो जाता है, जबकि हम अगर अपनी ज़रूरतें दुनिया भर के कोनों से पूरी करने की कोशिश करेंगे तो ऐसे में उत्पादन की परिस्थितियों की गारंटी लेना हमारे लिए असंभव हो जाता है। पारिस्थितिकीय मसलों पर उनकी दूरदर्शिता मदुरै रिपोर्ट में उनकी निम्नलिखित टिप्पणियों से पता चलती है-

जल-संरक्षण पर : "आम तौर पर सिंचाई के तालाबों में गाद भरने लगती है और वे छीजने लगते हैं ... अब यदि इन तालाबों में चार या पांच फुट तक

गाद को साफ़ कर दिया जाए, तो पानी को लेकर मचने वाली बहुत सारी हाय-तौबा बंद हो जाएगी और तब किसान लोग साल में दो या तीन फसलें ले सकेंगे जबकि अभी एक फसल लेना तक मुश्किल हुआ जा रहा है। इन तालाबों की देखभाल के ज़रिए हम बाढ़ को काबू में रख सकते हैं और भू-क्षरण में भी कमी ला सकते हैं। गांव वालों को अगर सही सलाह और मार्गदर्शन मिलेगा तो कोई शक नहीं कि वे हमारी इन योजनाओं में खुशी-खुशी शामिल हों और अपना सहयोग दें। ...यह एक ऐसा कार्यक्रम है जो तुरंत ही खाद्य उत्पादन कई गुना बढ़ा देगा और नतीजतन बहुत थोड़े समय में ही गांव के हालात बेहतर बनाएगा।''

उर्वरकों की फिजूलखर्ची पर : '[कृषि विकास केंद्रों पर] मिट्टी और पानी के विश्लेषण की सुविधाएं नहीं हैं। इनकी अनुपलब्धता को देखते हुए कृत्रिम या रासायनिक खादों का इस्तेमाल नहीं किया जाना चाहिए। ये उर्वरक अभी सस्ते दामों पर दिए जा रहे हैं। लेकिन अंततः वे विनाशकारी सिद्ध हो सकते हैं। फिलवक़्त तो सरकार अपने इन उर्वरकों से निजात पाने के लिए ज़्यादा व्यग्र दिख रही है, उसे अभी इस बात की कोई चिंता नहीं कि सब तरह के खेतों में सालोसाल तक इन उर्वरकों के विवेकहीन इस्तेमाल के चलते न जाने क्या कहर बरपेगा।''

वन-संरक्षण पर : ''पानी की सप्लाई एक कार्यकुशल वन नीति पर निर्भर करती है। सरकार का मकसद वनों से ज़्यादा से ज़्यादा राजस्व कमाना हो चला है, न कि वनों को पानी-संरक्षण की आधार-भूमि के बतौर देखना। हरेक गांव के चरागाहों की समुचित देखभाल होनी चाहिए।''

शिल्पकर्मियों के संरक्षण पर : ''गांवों का कल्याण उन रोज़गारों पर निर्भर करता है जो उन लोगों के लिए उपलब्ध होते हैं जिनकी रोज़ी-रोटी पूरी तरह से सिर्फ़ ज़मीन के काम से नहीं निकलती। ग्रामीण उद्योग, खेती-काम के समकक्ष काम होते हैं। घाणी-काम, खादी-काम और मधुमक्खी पालन जैसे कुछ छुट-पुट प्रयास ज़रूर हो रहे हैं। लेकिन इन्हें विकासमूलक कामों के एक बुनियादी घटक के बतौर नहीं देखा जाता और इसलिए उन्हें उतना महत्व भी नहीं दिया जाता ...ग्रामीण क्षेत्रों को जीवंत बनाने के लिए सगरे ग्रामीण उद्यमों को फिर से सुदृढ़ करना होगा।''

जे.सी. कुमारप्पा की ज़मीनी व्यावहारिकता विनोबा के बौद्धिक अक्खड़पन

और गांधीवाद के प्रति उनके लगभग अमूर्त तरीके का ठेठ उलट नज़र आती है। विनोबा भावे, आदि शंकराचार्य और वेदांत की विवेचना करते हुए ज़्यादा सहज लगते हैं, बनिस्बत भूमि की उर्वरता और जल-संरक्षण को लेकर। इसलिए, जब उन्हें इतनी ढेर ज़मीन दान मिली तो उन्हें समझ नहीं आया कि उसका क्या करें। लेकिन हमारे तमिल अर्थशास्त्री, स्टील कारखानों और नाभिकीय संयंत्रों के ज़रिए संपन्नता लाने वाले नेहरू और महालनोबिस के मॉडल वाली पचास के दशक में प्रचलित आर्थिक विकास की ढब के भी उतने ही खिलाफ थे। सरकारी समाजवादी और गांधीवादी अध्यात्मवादी उन्हें फूटी आंख नहीं सुहाते और वे उन्हें। हालांकि अपने समय में पुराने माने और न चाहे गए, लेकिन आज भी हम चाहें तो उन्हें फिर से पा सकते हैं। परंतु आज के पर्यावरणवादी उन्हीं के दिखाए रास्ते पर चले रहे हैं, फिर चाहे वे उनके नाम तक से अनभिज्ञ हों। आज के ग्रीन एजेंडे पर भी वही मुद्दे हैं जिनकी पैरवी कुमारप्पा ने सन 1956 की अपनी ''रिपोर्ट ऑन रूरल डेवलपमेंट इन मदुरै डिस्ट्रिक्ट' में और चालीस और पचास के दशक की अपनी बहुतेरी अन्य रचनाओं में की थी – भूमि उर्वरता, जल-सरंक्षण, वन-संरक्षण, संसाधन-रीसाइक्लिंग, हथकरघा-उत्पादन – और यह सब किसी सरकारी संरक्षण के सहारे नहीं बल्कि विकेंद्रीकृत 'सामुदायिक' प्रणालियों के कायाकल्प और जीर्णोद्धार के ज़रिए पानी, चरागाहों और वनों का प्रबंधन करते हुए।

गांधी से ज़्यादा कुमारप्पा, समकालीन पर्यावरण आंदोलन के पुरोधा थे। चाहे मेधा पाटकर और चंडीप्रसाद भट न जानते हों, पर आज जो भी गिनी-चुनी गांधीवादी संस्थाएं जीवित और सक्रिय हैं, उनका नाम कुमारप्पा से जुड़ा है। 1966 में मैं कल्लूपत्ती के गांधी निकेतन आश्रम गया था, जो जून 1953 से जनवरी 1960 तक कुमारप्पा की कर्मभूमि रही थी। इस आश्रम को 1981 में जमनालाल बजाज पुरस्कार मिला था, और यह आश्रम 3000 गांवों के बच्चों के लिए एक हाईस्कूल भी चलाता है। यहां पर कुमारप्पा ग्रामीण विकास एवं प्रौद्योगिकी संस्थान भी है जहां बुनकरी, चमड़ा-काम, कुम्हारगीरी, मधुमक्खी-पालन आदि का प्रशिक्षण दिया जाता है, और यहां सुदूर मणिपुर तक के छात्र ये सारे कौशल सीखने के लिए आते हैं। कुमारप्पा यहां जिस मिट्टी के झोंपड़े में रहते थे, वह आज भी साफ़-सुथरा, पेड़ों से घिरा है और उसके इकलौते विशाल कमरे को एक पुस्तकालय में बदल दिया गया है।

कुल मिलाकर, अपने काम के द्वारा गांधी और उनके सबसे श्रेष्ठ अनुयायियों में से एक को सम्मानित करता हुआ दक्षिण मदुरै में बना ये आश्रम एक जीवंत स्मारक है न कि कोई मृत संग्रहालय। विडंबना है कि पुस्तकालय के प्रवेश द्वार पर जो चित्र टंगा है उसमें कुमारप्पा और विनोबा भावे साथ-साथ दिख रहे हैं, और इसका शीर्षक है—'दो संत'। थोड़ी ही दूर पर, एक नई-सी इमारत है जिसका नाम 'नेहरू छात्रावास' है, और जो कुमारप्पा संस्थान में पढ़ने के लिए बाहर से आने वाले छात्रों का निवास है। इस तरह, कुमारप्पा के दोनों वैचारिक प्रतिद्वंद्वी साभ्यतिक नवीकरण के काम में उनके 'सहकर्मी' बना दिए गये हैं। यह संभवतः - संश्लेषित व स्वांगीकृत करने में हिंदू धर्म के उत्कृष्टतम - या निकृष्टतम रूप का है।

भद्रलोक के गांधी

आज से सौ साल से भी पहले, 1896-97 की सर्दियों में मोहनदास क. गांधी ने भारत के शहरों की यात्रा की थी। उन दिनों वे दक्षिण अफ्रीका में चल रहे अपने संघर्ष से छुट्टी पर थे, और अधिकांश जगहों पर उनका स्वागत गर्मजोशी से किया गया। बंबई में फिरोज़शाह मेहता ने उनकी सभा में अध्यक्षता की थी। इस सभा में युवा अधिवक्ता—तीस के भी नहीं हुए थे तब तक—ने नटाल और ट्रांसवाल के भारतीयों की तकलीफों के बारे में बताया। उधर पूना में गोखले और तिलक, दोनों ने उनका 'स्नेह भरा स्वागत' किया और अपने प्रयासों से सभा की अध्यक्षता के लिए महान संस्कृतज्ञ आर.जी. भंडारकर को तैयार किया। इसके बाद वे मद्रास गए जो उन्हीं के कृतज्ञ शब्दों में ''उछाह से उन्मत्त' हुआ जा रहा था। दक्षिण अफ्रीका के हिंदुस्तानी सवाल पर उनका पर्चा धड़ल्ले से बिका, उधर उनके व्याख्यानों के प्रायोजक दो स्थानीय प्रतिष्ठित महानुभाव थे, *द मद्रास स्टैंडर्ड* के जी. परमेश्वरन पिल्लै और *द हिंदू* के जी. सुब्रह्मण्यम अय्यर।

मद्रास से गांधी कलकत्ते गए, जहां उनका स्वागत कुछ अलग ही हुआ। सबसे पहले वे सुरेंद्रनाथ बैनर्जी से मिले जिन्होंने उन्हें राजा प्रियमोहन मुखर्जी और महर्षि देबेन्द्रनाथ टैगोर के पास भिजवाया। जब इन दोनों महानुभावों ने इस युवा वकील को कोई ज़्यादा भाव नहीं दिया, तो उसने सोचा चलो प्रेस को आज़मा लें। जब वे *अमृत बाज़ार पत्रिका* के दफ्तर गए तो वहां मिले शख्स ने उन्हें एक घुमक्कड़ यहूदी समझा। इसके बाद गांधी ने *बंगबासी* के संपादक

से मिलने का समय मांगा। उस आदमी ने उन्हें कोई एक घंटे इंतज़ार करवाया। और अंततः जब उन्हें अपनी बात रखने की अनुमति दी गई तो उसे यह कहकर खारिज कर दिया गया : "देखते नहीं हम यहां कितने व्यस्त हैं? तुम जैसे यहां कई आते रहते हैं। बेहतर हैं यहां से दफा हो जाओ। मैं यहां तुम्हारी बकवास सुनने के लिए नहीं बैठा हूं।"

बंगाल के भद्रलोक के साथ, गांधी की इस पहली मुठभेड़ ने उनकी आगे की झड़पों का सुर लगा दिया था। यह सही है कि 1896-97 में वे कम जाने जाते थे, लेकिन आज़ादी की मुहिम का नेतृत्व संभालने के बावजूद, समूचे साम्राज्य में कुलीनों और अधीनस्थों का सम्मान अर्जित कर लेने के बावजूद, भद्रलोक उन्हें कोई भाव नहीं देता था। 1939 में जब उनके सत्तरवें जन्मदिन के मौके पर देशव्यापी आयोजनों का प्रस्ताव रखा गया तो इस सारे तमाशे के पूर्वी छोर का जिम्मा सतीशचंद्र दासगुप्ता के कंधों पर आन पड़ा। वरिष्ठ खादी कार्यकर्ता और गाय से जुड़े मसलों के जानकार, सतीशचंद्र, इस संदर्भ में मिल रही तमाम प्रतिक्रियाओं को लेकर बहुत दुखी थे। *राष्ट्रवाणी* नामक पत्रिका में लिखते हुए उन्होंने अपना दुखड़ा कुछ यूं ज़ाहिर किया, "बंगाल के बुद्धिजीवियों द्वारा महात्मा गांधी को एक कुत्सित और क्रूर दुश्मन करार दिया गया है। कोई भी व्यक्ति बंगाल के दैनिक अख़बार पढ़कर गांधी-विरोधी विचारों में एक सर्व-सहमति का भाव जान सकता है।" लेकिन दासगुप्ता साहब को फिर भी उम्मीद थी, "ईश्वर बंगाल को (गांधी की महानता) बेहतर और बेहतर बोध प्रदान करे।"

लेकिन भगवान से भी यह हो न सका। चलिए, पचपन बरस आगे बढ़ें, रविंद्रनाथ टैगोर की एक नई जीवनी के प्रकाशन की ओर। लेखक हैं, कृष्णा दत्ता और एंड्रयू रॉबिंसन, एक कुल से बंगाली, तो दूसरा चाह से बंगाली। दत्ता और रॉबिंसन, गांधी के साथ टैगोर की बहस की पड़ताल करते तो हैं, लेकिन निपट एकतरफ़ा, जिसमें वे दोनों एक-साथ आरोप पक्ष, न्यायाधीश, पंचाट और जल्लाद की भूमिका निभाते चलते हैं। उनका आख्यान गांधी के प्रति ज़हरीली टिप्पणियों से भरा पड़ा है : दरअसल, एक इकलौते वाक्य में ही वे उन्हें इन विशेषणों से अलंकृत करते हैं—बहुत कम पढ़ा-लिखा, प्रतिक्रियावादी, विज्ञान-विरोधी, हिंदुस्तानी अंधराष्ट्रवादी और इन सबसे बढ़कर, एक 'घरघुस्सू'।

बंगबासी के उस अनाम संपादक से लेकर दत्ता-रॉबिंसन की जोड़ी तक फैला है, गांधी के प्रति भद्रलोक के गांधी-संशय का एक अविकल इतिहास।

1920 के दशक की शुरुआत में एम.एन. रॉय और वी.आई. लेनिन के बीच चली उस प्रसिद्ध बहस को ज़रा एक बार फिर याद करें जिसमें रूसी तो गांधी के आंदोलन की शक्ति और संभावना के प्रति आश्वस्त दिखता है लेकिन भारतीय उन्हें 'कुलीन समाज का दास' बताकर धिक्कारिता है। रॉय का चरित्र-चित्रण, मार्क्सवादी रूढ़िवाद बन गया जो दो दशक बाद, लंदनवासी बंगाली रजनी पाम दत्त की प्रतिष्ठित पुस्तक *इंडिया टुडे* में गांधी निंदा के रूप में फिर उभरा। स्वयं रॉय ने मार्क्सवाद को त्याग तो दिया, लेकिन गांधी उनकी नज़र में बुरे ही बने रहे। महात्मा के एक और ख्यातनाम आलोचक, जॉर्ज ऑरवेल की तर्ज पर, गांधी की शहादत ही उनके प्रति रॉय की ताउम्र बदगुमानी को कुछ हद तक कम कर पाई।

भद्रलोक के गांधी-विद्वेष के कारण कई और किस्म-किस्म के हैं। गांधी के प्रति एम.एन. रॉय के वैमनस्य की जड़ में दरअसल यह ईर्ष्या लगती है कि एक ऐसा आदमी जिसे वे अपने मुकाबले कम बुद्धिमान मानते थे, वह लोगों के इतने बड़े हुजूम को अपने बस में किए रहता है। लेकिन रॉय के अपने ऐसे कम व्यक्तिनिष्ठ कारण भी थे जिनके बारे में लोग ज़्यादा जानते हैं। बंगाल के प्रगतिशील, ख़ास तौर पर, मार्क्सवादी बुद्धिजीवी वर्ग के लिए गांधी, परंपरा के प्रति कुछ अधिक ही आसक्त थे और धार्मिक आख्यान के भी इस हद तक आदी थे कि नए समाज के एक विश्वसनीय पथप्रदर्शक के रूप में उन पर कतई भरोसा नहीं किया जा सकता था। फिर उनका अहिंसा दर्शन भी उन लोगों को नागवार गुज़रता था जिनकी सबसे बड़ी इच्छा, अंग्रेज़ों द्वारा गढ़ी गई 'अ-सैनिक प्रजाति' होने की अपनी छवि से निजात पाना थी। सो बहरहाल, भद्रलोक नायकों ने शरीर-गठन और बम-फेंकने की आदतों का संस्कार विकसित किया, न कि अनशन और सत्याग्रह का। और यह अवधारणा तब भी उतनी ही संगत बैठती है जब आलोचक के पास न तो काया है और न ही बम, मसलन, नीरद चौधुरी, गांधी के प्रति जिनकी गड़गड़ाहट मुख्यतः अहिंसा को लेकर है (गांधी, और साठ के दशक में गांधी की मूर्तियों पर नक्सलवादियों के हमलों के पीछे हिंसा का यही जाप काम कर रहा था)। यहां तक कि ऐसे बंगाली भी हैं, जो मानते हैं कि ये गांधी ही थे जिनके कारण फुटबॉल की बजाय क्रिकेट भारत का राष्ट्रीय खेल बना।

गांधी के सबसे बड़े भद्रलोक शत्रु निश्चित ही नेताजी सुभाषचंद्र बोस

थे। बोस प्रशंसक आपको उस खतरनाक फरेब की दास्तान बताएंगे जो गांधी ने उनके साथ किया था। इस फरेब के चलते ही, सुभाष बाबू को कांग्रेस की उस अध्यक्षता से हटा दिया गया था जिसका निष्पक्ष चुनाव वे जीते थे। निश्चित ही इस प्रसंग के चलते गांधी की साख में कोई इज़ाफा न हुआ, लेकिन यहां यह भी बताना ठीक होगा कि बोस को पसंद करने या उन पर विश्वास जताने का गांधी के पास कोई कारण भी तो न था। कांग्रेस अध्यक्षता की इस लड़ाई के कुछ साल पहले ही बोस, गांधी के प्रति अपनी हिकारत को सार्वजनिक कर चुके थे। उनका सोचना था कि उस बूढ़े कुत्ते के दिन लद गए थे और अब उसे (उन जैसे) युवा सिंह के लिए रास्ता खाली कर देना चाहिए।

गांधी के प्रति बोस की चुनौती के चलते भद्रलोक छिद्रान्वेषण के कई सारे तार एक-साथ बज उठे—ईर्ष्या, तर्कसंगतता, विज्ञान और हिंसा में विश्वास। अपनी पुस्तक, *दि इंडियन स्ट्रगल* में वे गांधी की आलोचना इस आधार पर करते हैं कि वे पूंजीवादियों के कृतज्ञ हैं और उन्होंने ''अपने देशवासियों की उन तमाम कमज़ोरियों का फायदा उठाया जिनके चलते काफ़ी हद तक भारत की यह दुर्दशा हुई थी।'' जिन प्रवृत्तियों का पोषण गांधी ने किया वे थे भारत का ''नियति और अलौकिक में अटूट विश्वास—आधुनिक वैज्ञानिक विकास के प्रति उदासीनता—आधुनिक युद्ध-विज्ञान में उसका पिछड़ापन, 'आज करे सो काल कर' की प्रवृत्ति से जन्मा उसका शांतिपूर्ण संतोष, और अहिंसा के प्रति विद्रूपता की हद तक खिंचने वाली उसकी आस्था।'' उनके तटस्थ जीवनीकार, लिओनार्ड गॉर्डन लिखते हैं, ''बोस को लगता था कि अंग्रेज़ों के ख़िलाफ़ उनकी जंग में भारत को एक मज़बूत, मुस्तैद, लड़ाका लीडर दरकार था—संभवतः वे स्वयं—न कि एक ढुलमुल, भ्रमित, सुधारवादी गुरु।'' गॉर्डन यह भी लिखते हैं कि बोस द्वारा ''अपने ही साथियों की मुंहफट नुक्ताचीनी ने आगे चलकर उनका नुक़सान ही किया।''

अपने तमाम एतराज़ों के बावजूद, बोस हमेशा गांधी को 'महात्मा' कहकर बुलाते थे—यहां यह रेखांकित करना ज़रूरी है कि तिरस्कार भरे उपहास में नहीं बल्कि पूरे सम्मान के साथ। बंगाल और अन्य जगहों के दूसरे आलोचक उन्हें, ख़ासकर लिखित रूप में, 'एम.के. गांधी' से संबोधित करते रहे हैं। दरअसल, इस उपाधि के इस्तेमाल से इन्कार में क्रांतिकारी मार्क्सवादी और दक्षिणपंथी प्रतिक्रियावादी दोनों एक हुए। 1921 और 1947 के बीच राष्ट्रवादी समाचार

पत्र केवल महात्मा का उल्लेख करते जबकि उनके उपनिवेशवादी प्रतिपक्षी, मसलन, *दि टाइम्स ऑफ़ इंडिया* और *दि स्टेट्समैन* केवल एम.के. गांधी का हवाला देते, निस्संदेह इस आधार पर कि ब्रिटिश शासन की पुलिस व जेल दस्तावेज़ों में उन्हें इसी नाम से संबोधित किया जाता था। लेकिन 15 अगस्त, 1947 के बाद, इन समाचार पत्रों ने अपराध बोध से ग्रसित होकर कम सम्माननीय संबोधन को तज दिया, कुछ तो नए कांग्रेसी शासकों की खुशामद में, और कुछ, पाठकों के दबाव में आकर।

1982 में जब *द टेलिग्राफ* की स्थापना एक ऐसे प्रकाशन समूह के संरक्षण में हुई जिसकी राष्ट्रवादी अर्हताएं यूं तो एकदम पाक-साफ़ थीं, फिर भी उसने हमेशा महात्मा को 'एम.के. गांधी' के नाम से ही संबोधित किया। आश्चर्य होता है कि क्या यह महज़ एक गणतांत्रिक प्रतिक्रिया भर थी, या फिर यह भी उस भद्रलोक वितृष्णा के लंबे इतिहास के प्रति कुछ-कुछ अनुग्रहीत थी? सैद्धांतिक और दीगर मतभेदों को मुनासिब अदब के कभी आड़े नहीं आने देने वाले नेताजी का उदाहरण, *द टेलिग्राफ* के लिए एक श्रेष्ठ उदाहरण है। यही नहीं, उसके सामने तो गुरुदेव की मिसाल भी है जिन्होंने सबसे पहले इस खिताब को शिरोधार्य किया था, उसका अभिषेक कर उसे जनप्रिय बनाया था। यदि सर्वश्रेष्ठ बंगाली, सर्वश्रेष्ठ आधुनिक भारतीय को 'महात्मा' कहकर बुला सकता है तो शेष बंगाल, भद्रलोक और अन्य को भी इस पर कोई उज्र होना नहीं चाहिये।

गांधी के अंबेडकर

महात्मा गांधी, राष्ट्र के पिता उतने नहीं थे, जितने कि राष्ट्र के भविष्य से जुड़ी तमाम बहसों की माता थे। अपने हमवतनों से वे आजीवन एक मित्रतापूर्ण भाव से उन सभी मुद्दों पर भिड़ते रहे जिन पर उनके परस्पर-विचारों में ज़मीन-असमान का अंतर रहा। एक राजनैतिक रणनीति के बतौर हिंसा की उपयोगिता और नैतिकता पर कम्युनिस्टों और बंगाली भद्रलोक से वे असहमत रहे। एक तरफ़ तो वे कट्टरपंथी मुस्लिमों से भिड़े तो दूसरी ओर उग्रवादी हिंदुओं से; ये दोनों ही धार्मिक आधार पर राज्य स्थापित करना चाहते थे। नेहरू और अन्य विज्ञानियों से वे इस बहस में मुब्तिला रहे कि आज़ाद भारत का आर्थिक विकास ग्रामोन्मुखी होना चाहिए या कारखाना-केंद्रित। और उधर एक और विभूति, रविंद्रनाथ टैगोर से वे अंग्रेज़ी भाषा, राष्ट्रवाद और चरखे जैसे विविध विषयों पर जूझते रहे।

देखा जाए तो, इन तमाम बहसों में सबसे ज़्यादा दमदार, दिलचस्प और लंबी चलने वाली बहसें गांधी और अंबेडकर के बीच रहीं। गांधी हिंदू धर्म को छुआछूत के कलंक से बचाना चाहते थे तो अंबेडकर अपने लोगों का उद्धार बहुसंख्यक भारतीय धर्म के दायरे से बाहर देखते थे। गांधी एक गंवई रूमानी थे जो स्व-शासित गांव को आज़ाद भारत की बुनियाद बनाना चाहते थे, जबकि अंबेडकर शहरी जीवन और आधुनिक टेक्नोलॉजी के प्रशंसक थे और एक अदद भारतीय गांव को वे अन्याय की कोठरी मान कर खारिज करते थे। गांधी एक ऐसे गूढ़ अराजकतावादी थे जो राज्य के प्रति शंकालु होते हुए भी अहिंसात्मक-

प्रतिरोध के पक्षधर थे। उधर अंबेडकर एक अटल संविधानवादी थे, जो राज्य की सीमाओं में रहकर काम करते थे और राज्य की मदद से ही सामाजिक समस्याओं के समाधान खोजा करते थे।

लेकिन गांधी और अंबेडकर में सबसे निर्णायक अंतर संभवतः राजनैतिक मार्ग के चुनाव को लेकर था। गांधी की नज़र में कांग्रेस दलितों सहित समूचे भारत की नुमाइंदगी करती थी। दक्षिण अफ्रीका में अपने पहले आश्रम के समय से ही क्या उन्होंने दलितों के हितों को कांग्रेस के अपने हितों के बतौर नहीं माना था? लेकिन अंबेडकर ने आज़ादी और सत्ता के बीच एक स्पष्ट अंतर रेखांकित किया था। कांग्रेस चाहती थी कि अंग्रेज़, सत्ता की बागडोर उनके हाथ में सौंप जाएं जबकि दलितों के लिए अपनी आज़ादी पाने के हिसाब से अपनी एक अलग पार्टी बनाना ज़रूरी था, ताकि चुनावी राजनीति के हलके में वे अपने हितों को ज़्यादा पुरज़ोर तरीके से रख सकें। इस प्रकार, केवल अपने जीवनकाल में ही नहीं, बल्कि बहुत आगे चलकर भी अंबेडकर, गांधी = कांग्रेस = राष्ट्र के इस आधिकारिक, और कदाचित निरंकुश समीकरण के लिए एक ख़तरनाक षड्यंत्रकारी चुनौती बने रहे।

सो इस तरह प्रस्तुत होता है एक ऐतिहासिक नाटक—जाति-व्यवस्था के परिष्कार के लिए प्रतिबद्ध हिंदू, और सिरे से ही जाति को खारिज कर देने वाले जाति-निवृत्त हिंदू के बीच खेला गया नाटक। हालिया विवरण, इसे नायक और खलनायक के बीच चली एक लड़ाई के बतौर प्रस्तुत करते हैं, जिसमें लेखक की जाति निर्धारित करती है कौन नायक है और कौन खलनायक। जबकि दरअसल, दोनों ही चरित्रों को नायक के बतौर देखा जाना चाहिए—अलबत्ता, त्रासद नायक।

गांधी की त्रासदी यह थी कि राष्ट्रीय आंदोलन में शामिल उनके सहयोगी, या तो अस्पृश्यता संबंधी उनकी चिंताएं समझते नहीं थे या फिर खुलकर उनका विरोध करते थे। धर्माचार्य और किस्म-किस्म के शंकराचार्य सोचते थे कि जाति-व्यवस्था को चुनौती देने के अपने इस उपक्रम में गांधी जी कुछ ज़्यादा ही जल्दी कर रहे हैं—और अव्वल तो उन्हें उनसे इसकी अनुमति लेनी चाहिए थी। कम्युनिस्ट हैरान थे कि वे भला हर किसी को यह क्यों कहते थे कि अपने शौचालयों की सफाई वे ख़ुद करें, जबकि वे वर्ग संघर्ष के मुद्दे पर बात कर सकते थे! और एक आम कांग्रेसी यह मानता था कि यह हरिजन काम, राष्ट्रीय

स्वतंत्रता के संपूर्ण कार्य में बाधा बनकर आड़े आ रहा है। इसीलिए, *टाइम्स ऑफ़ इंडिया* के एक पुराने संपादक, स्टॅनली रीड एक भारतीय राष्ट्रभक्त के उस उलाहने को उद्धृत करते हैं, जो उसने 1930 के दशक के उत्तरार्ध में दिया था, "गांधी, हरिजन आंदोलन में इतने मशगूल हैं कि हम जी रहे हैं या मर रहे हैं, हम बंधक हैं या स्वतंत्र; उन्हें इस बात की ज़रा भी फिक्र नहीं है।"

अपने संगी हिंदुओं के विरोध को देखते हुए, गांधी को मजबूरन अपनी गति धीमी करनी पड़ी। शुरुआत में तो उन्होंने यह माना कि छुआछूत बुरी बात है, लेकिन इसके साथ ही एक एहतियाती 'लेकिन' भी नत्थी कर दिया कि—अंतरजातीय भोजन और अंतरजातीय विवाह भी बुरी बात है। इसके बाद उन्होंने अंतरजातीय-मेलजोल और अंतरजातीय भोजन (इसी आधार पर मंदिर-प्रवेश के आंदोलन) को स्वीकार किया। इसके बाद वे इस दलील पर आए कि सभी मनुष्य और सभी वर्ण समान हैं। अंतिम और सबसे दूरगामी क़दम 1946 में जाकर ही लिया गया : वह यह कि सीधे-सीधे जाति-व्यवस्था पर प्रहार करते हुए अंतरजातीय विवाह को स्वीकार और उसका अनुमोदन किया गया।

अंबेडकर की त्रासदी यह थी कि अपनों की खातिर लड़ने के लिए उन्हें अंग्रेज़ों का सहारा लेना पड़ा। अपनी पुस्तक *वर्शिपिंग फॉल्स गॉड्स* में अरुण शौरी ने इस बात को काफ़ी तूल दी है। ये दो बातें करने के लिए अरुण शौरी को छह सौ पन्ने लग जाते हैं : 1. अंबेडकर, कांग्रेस और गांधी, दोनों के विरोधी थे और आम तौर पर इन दोनों की बनिस्बत अंग्रेज़ों को वरीयता देते थे; 2. अंबेडकर को 'संविधान का पिता' नहीं कहा जा सकता क्योंकि इसका मतलब होगा एकल कृतित्व, जबकि के.एम. मुंशी और बी.एन. राव जैसे कई अन्य लोगों ने भी इसके लेखन में अपना उल्लेखनीय योगदान दिया। *वर्शिपिंग फॉल्स गॉड्स* पढ़ने के बाद किसी को भी यह लग सकता है गोया संविधान को एक अकेले की रचना के बतौर भ्रांतिपूर्ण ढंग से विज्ञापित किया गया है। पूरे के पूरे अध्याय, सिरे से *ट्रांसफर ऑफ़ पॉवर* के इस या उस खंड पर आधारित हैं। *ट्रांसफर ऑफ़ पॉवर* 'हर मैजेस्टी'स स्टेशनरी ऑफिस' (ब्रिटेन की महारानी के स्टेशनरी कार्यालय) द्वारा कुछ वर्ष पूर्व प्रकाशित आधिकारिक दस्तावेज़ों का संग्रह है। उस शृंखला के संपादक, निकोलस मैनसर्ग ज़रूर शौरी की पुस्तक के सह-लेखक होने का दावा कर सकते हैं। और एक न्यायसंगत दुनिया उन्हें इस पुस्तक की रॉयल्टी में हिस्सा भी देगी।

अति-विध्वंस और अति-उद्धरण की कला में पारंगत शौरी एक ऐसे प्रचारक हैं जो इतिहासकार के रूप में अपनी हांके चले जाते हैं। वे गांधी के लिए केवल 'गांधीजी' और राष्ट्रीय आंदोलन के लिए केवल 'राष्ट्रीय आंदोलन' संबोधनों का इस्तेमाल इस तरह से करते हैं मानो इस ओर संकेत कर रहे हों कि जैसे वे तो पहले से ही मामला तय कर चुके हैं। क्योंकि प्रत्यय और बड़े अक्षरों (अंग्रेज़ी में कैपिटल लेटर) का इस्तेमाल, एक साथ तारीफ करना भी होता है और चेताना भी, व्यक्ति और उसके आंदोलन को आदर्श के बतौर पेश करना, किसी भी किस्म की आलोचना से परे और ऊपर। लेकिन सारे भारत की नुमाइंदगी संबंधी कांग्रेस का दावा हरदम चुनौतियों का सामना करता रहा है। कम्युनिस्टों का कहना था कि यह ज़मींदारों और पूंजीपतियों की पार्टी है। मुस्लिम लीग के मुताबिक यह हिंदुओं की पार्टी थी। तिस पर अंबेडकर ने यह मारक तुर्रा भी जड़ दिया कि यह तो सभी हिंदुओं की नुमाइंदगी भी नहीं करती, यह तो सिर्फ़ ऊंची जाति के हिंदुओं की पार्टी है।

शौरी इस बात से इन्कार करेंगे कि इन आलोचकों की दलीलों में कोई दम था। वे तो लोगों को राष्ट्रभक्ति का प्रमाणपत्र देने या, अधिकतर समय न देने के कारोबार में लगे रहते हैं। सो, शौरी साहब के लिए कांग्रेस के सारे विपक्षी संदेहास्पद हो जाते हैं, सिर्फ़ इसलिए कि उन्होंने यह कहने की जुर्रत की कि राष्ट्रीय आंदोलन हमेशा इतना भी राष्ट्रीय नहीं रहा जितना कि दर्शाया जाता रहा, या कि आज़ादी की लड़ाई कुछ लोगों की गुलामी का निमित्त भी बनी। लेकिन यह सवाल कि कांग्रेस के बाहर के इन लोगों को इतना तगड़ा समर्थन भला कैसे हासिल था? इस सवाल का शौरी जनाब के पास कोई जवाब नहीं, क्योंकि वे ज़रा रुक कर, इस पर सोचते ही नहीं; कुछ तो इसलिए कि वे तो पहले से ही अपना नज़रिया तय कर चुके, पर ज़्यादा करके इसलिए कि वे बुरी तरह से कुपढ़ हैं। आइए ऐसे कुछ महत्वपूर्ण तथ्यों पर ग़ौर करें जिन्हें या तो वे अनदेखा कर गए या फिर निगल गए।

कि अंबेडकर ने कांग्रेस के एवज़ अंग्रेज़ों को तवज्जो दी, पूरी तरह से न्यायसंगत है। यहां अठारहवीं सदी के अंग्रेज़ लेखक सैम्युअल जॉनसन की एक टिप्पणी प्रासंगिक है। अमेरिकी उपनिवेशवासियों द्वारा ब्रिटेन से आज़ादी के बारे में पूछे जाने पर जॉनसन ने कहा था, ''अरे! अश्वेतों को गुलाम बनाने वाले लोगों के मुंह से आज़ादी की इतनी ज़ोरदार भौं-भौं कैसी?'' भारतीय स्वतंत्रता

संग्राम के लिए अस्पृश्यता वह चीज़ थी, जो अमेरिकी प्रतिरोध के लिए दासता रही, बुनियादी विरोधाभास को दबाना ही इसका उद्देश्य था। अंबेडकर से पहले निचली जातियों के एक और विलक्षण नेता, ज्योतिबा फुले भी कांग्रेस पर अविश्वास रखते थे, जो उस समय के पूना ब्राह्मणों से भरी पड़ी थी। वे भी ब्रिटिशों को तरजीह देते थे, जिनकी सेनाओं और कारखानों में निचली जाति के लोगों को काम के वे अवसर मिल सकते थे अतीत में जिनसे उन्हें वंचित रखा गया था। अर्थव्यवस्था के खुलने और औपनिवेशिक नगरों के फलने-फूलने के चलते कई अछूत लोगों को गांव के चंगुल से मुक्ति मिली। अंग्रेज़ बदलाव के अनभिज्ञ कारक रहे होंगे, लेकिन उनके राज में निचली जाति वाले लोगों के लिए पेशवाओं के राज के मुकाबले कम दुश्वार हो चली थी।

लगता है कि शौरी, भारत के अन्य भागों में निचली जाति के आंदोलनों पर काबिल इतिहासकारों द्वारा किये गए काम से भी अनभिज्ञ हैं। मार्क ज्युअर्गेन्समेयर पंजाब के अछूतों के उस संघर्ष को अभिलेखित किया है, जिसने अपने प्रभावशाली नेता मंगू राम के नेतृत्व में कांग्रेस और आर्य समाज को ठुकराते हुए एक अलग पंथ 'आदि-धर्म' स्थापित किया, जो कि दोनों का ही विरोधी था। शेखर बंद्योपाध्याय ने बंगाल के नामशूद्रों के बारे में लिखा है जिन्हें अंबेडकर और उनके महारों की ही तर्ज पर इस बात पर विश्वास न था कि भविष्य की कांग्रेस सरकार उनकी हितैषी होगी। उधर अनगिनत विद्वानों ने दक्षिण भारत में, द्रविड़ आंदोलन का भी लेखा-जोखा लिया है। इस आंदोलन ने मद्रास की कांग्रेस में ब्राह्मणों के वर्चस्व का विरोध करते हुए अपना एक अलग रास्ता अख्तियार किया। आंदोलन के पुरोधा ई.वी. रामास्वामी 'पेरियार' के गांधीजी से गहरे मतभेद रहे।

इन सब आंदोलनों के नेता और उनके लाखों अनुयायी न सिर्फ़ कांग्रेस से बाहर ही रहे बल्कि अक्सर कांग्रेस के विरोध में रहे। शायद इसीलिए शौरी उन सबको देशद्रोही मान लेते हैं। वास्तव में शौरी का रवैया भी उन श्वेत अमेरिकियों जैसा ही जो उन अश्वेत नेताओं की राष्ट्रभक्ति को शक की नज़र से देखते हैं जिन्होंने नस्लभेद के विरुद्ध आवाज़ उठाने की जुर्रत की। अश्वेतों को अपने अधिकारों के लिए लड़ने के लिए तैयार करने वाले डब्ल्यू.ई.बी. डूबोइज़ और पॉल रॉब्सन जैसे कद्दावर नेताओं को तरह-तरह के नामों से बुलाया गया, जिनमें से 'अमेरिका-विरोधी' सबसे विनम्र गाली थी। आगे चलकर, महान मार्टिन

लूथर किंग को उस सबसे शक्तिशाली अमेरिकी एंजेसी, एफ.बी.आई. द्वारा उत्पीड़ित किया गया, जिसके निदेशक जे. एड्गर हूवर राष्ट्रभक्ति को श्वेत प्रभुत्व के सामने सिर झुकाने के तुल्य मानते थे।

शौरी ज़्यादातर समय ऐसा लिखते हैं जैसे कि कोई एकमात्र एक सत्य हो और जिसका कॉपीराइट उनके पास हो। बारंबार वे अंबेडकर को जिन्ना के समकक्ष बिठाते हैं और दोनों को ही ब्रिटिश राज का सहभागी मानते हैं। हिंदू धर्म के बारे में अंबेडकर के समूचे लेखन को वे कैरिकेचर बताते हैं, दुरालाप मानते हैं। एकबार भी वे यह नहीं स्वीकारते कि उच्च वर्ग द्वारा दलितों का दमन एक हकीकत थी। एक बार भी वे यह नहीं स्वीकारते कि अंबेडकर के शब्दालंकार और राजनैतिक झुकाव की जड़ में शायद वर्णवादी हिंदुओं के हाथों दलितों का भयावह और लगातार शोषण रहा हो। शौरी की नज़र में अंबेडकर का गांधी से मतभेद होना, उनके देशद्रोही होने का प्रमाण है। शौरी यह भी आरोप लगाते हैं कि महात्मा के आमरण अनशन का विरोध करके अंबेडकर उन्हें मृत्यु की ओर धकेल रहे थे, जबकि बाकी इतिहासकारों ने, मेरे ख्याल से ज़्यादा विश्वसनीय तरीके से, इस बात पर ज़ोर दिया है कि मरने की धमकी देकर गांधी ने अंबेडकर को ब्लैकमेल किया और उनसे ज़बर्दस्ती एक समझौते पर हस्ताक्षर करवाए।

वर्शिपिंग फॉल्स गॉड्स में, बीच में कहीं, शौरी शिकायत करते हैं कि एक के बाद एक करके हर शहर में हाथ में संविधान की एक प्रति लिए, भोंडे नीले रंग में पुते, अंबेडकर के बुत लगाए गए हैं। हालांकि सौंदर्यबोध संबंधी यह वितृष्णा वैसे अप्रासंगिक ही लगती है। क्योंकि इन मूर्तियों और इनके रंगढंग के प्रति आदर उस धर्म के सामाजिक तौर-तरीकों के साथ जुड़ा है, जिस धर्म से शौरी और मैं आते हैं। यदि जाति जीवित रहेगी तो उस शख्स की स्मृति भी जीवित रहेगी जो इसे मिटा देने की खातिर लड़-मिट गया। मज़े की बात यह है कि आज़ादी के 65 साल बाद भी जिस एक राजनेता, जीवित या मृत, का आकर्षण समूचे भारत में आज तक कायम है, वे डॉ. बी.आर. अंबेडकर ही हैं। एक ओर जहां, गांधी को उनके ही घर गुजरात में भुला दिया गया है, और अपने ही देश कश्मीर में नेहरू का अपमान किया जाता है; वहीं आज भी सारे भारत की हर बस्ती में अंबेडकर को पूजा जाता है। दलितों के लिए वे उनके संघर्ष का प्रतीक होने के साथ-साथ उनके विद्वान हैं, सिद्धांतकार हैं,

और एक ऐसे कर्मवीर हैं जिनका अपना जीवन ख़ुद जातिगत बाधाओं पर एक प्रेरणाप्रद विजय रहा आया।

कम्युनिस्टों, ईसाइयों, और मुसलमानों पर धावा बोलतीं अपनी किताबों के छपने के तुरंत बाद ही दलितों और उनके नायक पर शौरी ये हमले करते हैं। सच तो यह है कि हिंदुस्तानियों के जिस एकमात्र वर्ग पर उन्होंने हमला नहीं बोला है—और अपने वर्तमान राजनैतिक झुकाव को देखते हुए वे हमला नहीं करेंगे—वह है ऊंची जाति के हिंदू। आश्चर्य की बात है कि यह तमतमाया बहसबाज़ और अल्पसंख्यकों का बहेलिया, हिंदू धर्म की धज्जियां उड़ाने वाला कभी एक धर्मविरोधी वामपंथी होता था। शौरी के कैरियर को उसकी समग्रता में देखने के लिए हमें कम्युनिस्ट से कम्युनिस्ट विरोधी बने इस व्यक्ति के बारे में आइज़ॅक डशर के इन शब्दों को याद करना होगा-

> अपने काम में वह नैतिक संकोच के अभाव, संकीर्णता, सत्य के प्रति असम्मान और उस बेपनाह नफरत को ले आता है, जो स्टालिनवाद ने कूट-कूट कर उसके अंदर भर दी है। वह फिरकापरस्त बना रहता है। वह एक प्रति-स्टालिनवादी है। उसे दुनिया के दो ही पहलू दीखते हैं – एक उजला, दूसरा काला ... लेकिन अब तो ये रंग बदलती दुनिया है ... अपने इस भूतपूर्व-कम्युनिस्ट ... को बस यूं ही एक अहसास-सा सताये रहता है कि या तो उसने अपने ही पुराने आदर्शों के साथ कोई विश्वासघात किया है या फिर मध्यमवर्गीय समाज के आदर्शों के साथ ... तिस पर वह अपने इस अपराध बोध और अपनी उलझन को दबा देता है, या फिर एक असामान्य धृष्टता और घोर उग्रता के प्रदर्शन से उसे ढांप देने की कोशिश करता है। उसकी ज़िद है कि दुनिया उसके छटपटाते ज़मीर को सबसे पाक-साफ़ ज़मीर की तरह मान दे। उसका मकसद अब कोई नहीं - सिवा ख़ुद की हिमायत के।

II

अंबेडकर एक ऐसी शख़्सियत हैं जिन्हें सामाजिक वर्णक्रम के एक छोर से भरपूर सम्मान मिलता है। लेकिन कुछ अ-दलितों की भरपूर नाराज़गी भी उन्हें मिलती है, मुख्यतः तो इसलिए कि उन्होंने अपनी राजनैतिक हैसियत गांधीजी की कांग्रेस से अलहदा और गाहे-बगाहे उसकी मुख़ालिफ़त करते हुए बनाई। निस्संदेह, शौरी

की आलोचना की तो यह मजबूरी है, लेकिन दिलचस्प बात है कि जिस सप्ताह यह पुस्तक प्रकाशित हुई, लखनऊ की एक राजनैतिक रैली में समाजवादी पार्टी के बेनी प्रसाद वर्मा ने इसी तरह अंबेडकर को खारिज करते हुए कहा, ''उनके पास गांधीजी के लिए मुश्किलें पैदा करने के अलावा कोई और काम न था।'' यह कि गांधीजी से बहस करने, उन्हें चुनौती देने और उनकी आलोचना करने का अंबेडकर को कतई अधिकार न था, यह सोच राष्ट्रीय आंदोलन के समय भी बड़ी शिद्दत और कटुता से प्रकट होती आई थी।

लेकिन, मेरे ख्याल से, भारत के अ-सत्तारूढ़ राजा और सत्तारूढ़ महात्मा के ख़िलाफ़ खड़े होने के अपने इस उपक्रम में अंबेडकर को असाधारण साहस और इच्छा-शक्ति दरकार रही होगी। गांधी भी ऐसा ही सोचते थे। अक्तूबर 1931 में ऑक्सफोर्ड में हुई एक बैठक में गांधी ने कहा था कि उनके मन में ''डॉ. अंबेडकर के लिए सर्वोच्च सम्मान है। गुस्सा होने का उन्हें पूरा हक है। उनके द्वारा हमारे सिर न फोड़ना उनके आत्मसंयम को दर्शाता है।'' दो साल बाद अपने एक अंग्रेज़ मित्र को लिखते हुए उन्होंने कहा था कि कांग्रेस और उसके समर्थकों के प्रति अंबेडकर की नाराज़गी में उन्हें 'कुछ भी अस्वाभाविक नहीं' दिखता। ''उन्होंने न केवल हिंदुओं के अंत्यजों के साथ अमानवीय दुराचार होते देखा है, बल्कि अपनी सारी शिक्षा, ख़ुद को मिले सारे सम्मानों के बावजूद भारत लौटने पर उन्हीं सब अपमानों को झेला है जो अपमान, जो तिरस्कार अछूतों पर बरपाए जाते रहे हैं।'' जून 1936 में गांधीजी ने एक बार फिर कहा कि डॉ. अंबेडकर को ''उन सब अपमानों, अवमाननाओं से गुज़रना पड़ा है जो हममें से किसी को भी क्षुब्ध और क्रोधित कर सकते थे। मैं भी अगर उनकी जगह होता तो इतना ही गुस्सा होता।''

गांधी के उत्तरकालीन प्रशंसक, अंबेडकर के देशप्रेम और निष्ठा पर सवाल खड़े कर सकते हैं लेकिन महात्मा के मन में उनके प्रति ऐसी शंकाएं कभी न थीं। जून 1934 में कराची के छात्रों के एक समूह को संबोधित करते हुए गांधी ने उनसे कहा था, ''डॉ. अंबेडकर की कुर्बानी बहुत बड़ी है। वे अपने काम में मगन हैं। वे एक सादा जीवन बिताते हैं। वे हर महीने एक से दो हज़ार रुपए कमा सकते हैं। वे अगर चाहें तो बड़े आराम से यूरोप जाकर बस सकते हैं। लेकिन वे वहां नहीं जाना चाहते। उन्हें सिर्फ़ हरिजनों के कल्याण की चिंता है।''

गांधी के लिए, अंबेडकर का विरोध ऊंची जातियों के लिए एक सबक

था। मार्च 1936 में उन्होंने कहा था कि अंबेडकर और उनके अनुयायी अगर कोई और धर्म अपनाते हैं तो, "हम उनकी इस प्रताड़ना के अधिकारी हैं, और अब हमें जाग जाना चाहिए और अपना शुद्धिकरण करना चाहिए।" लेकिन लगभग सभी ने उनकी इस चेतावनी पर कान न धरा अपना, सो अपने जीवन के अंतिम दिनों में गांधीजी ने अपने साथी हिंदुओं में हरिजन कार्य के प्रति उदासीनता को लेकर किंचित खिन्नता से कहा : "दुख की बात तो यह है कि जिन लोगों को जाति-सुधार के काम के प्रति ख़ास तौर पर समर्पित होना था, उन्हीं लोगों ने कुछ न किया। सो क्या आश्चर्य कि हरिजन बंधु हमारे प्रति शंकालु होकर अपनी नाराज़गी और कड़ुवाहट प्रदर्शित करते हैं।"

ऊपर उद्धृत शब्द उसी विश्वसनीय और सहज उपलब्ध स्रोत *सीजीडब्ल्यूजी* से लिए गए हैं। इस सेट के 100 खंड मेरे आलों पर नज़ाकत से रखे हैं, जैसे कि एक अन्य साक्ष्य के अनुसार, वे उस व्यक्ति के आलों पर रखे हैं जिसने *वर्शिपिंग फॉल्स गॉड्स* का संकलन किया। संभवतः एक सर्वथा भर्त्सनापूर्ण पुस्तक का सबसे भर्त्सनात्मक आयाम यह है कि शौरी एक बार भी हमें यह नहीं बताते कि गांधी ने अपने इस महान विपक्षी के बारे में क्या लिखा, क्या कहा। अजीब बात है, सोचने पर शायद इतनी भी अजीब नहीं : क्योंकि अगर ऐसी अकादमिक शालीनता निभाई जाती, तो इस अभियोग के परखचे उड़ जाते कि अंबेडकर एक राष्ट्रद्रोही महत्वाकांक्षी थे।

दलितों द्वारा कांग्रेस की निंदा के औचित्य को जो थोड़े गांधीवादी समझ पाए उनमें से एक थे सी. राजगोपालाचारी। 1932 के उत्तरार्ध में राजाजी, केरल के गुरुवयूर मंदिर में तथाकथित अछूतों को प्रवेश दिलाने के अभियान से जुड़े। इस अभियान के मुखिया थे वंचितों के अधिकारों के निर्भय लड़ाके के. केलप्पन नायर। 20 दिसंबर, 1932 को गुरुवयूर में अपने एक भाषण में राजाजी ने ऊंची जाति वालों से कहा,

> यदि हम मंदिरों के द्वार हरिजनों के लिए खोल देंगे तो निश्चित ही स्वराज के लिए हमारी लड़ाई में हमें मदद मिलेगी। अपने स्वराज से हमें दूर रखने के कई कारणों में से एक तो यही है कि हम आपस में बंटे हुए हैं। महात्माजी को (1931 में द्वितीय राउंड टेबल कॉन्फ्रेंस के दौरान) लंदन ने बहुत ज़ख्म दिए। *लेकिन अंबेडकर के बाण सबसे ज़्यादा ज़हरीले थे। इंग्लैंड के चर्चिलों के आगे महात्माजी भी कभी*

> *न कांपे। लेकिन देश की नुमाइंदगी करने के चलते उन्हें डॉ. अंबेडकर के प्रहारों के आगे झुकना पड़ा।*

लेकिन जैसे कि हालात थे, सारे मंदिरों के प्रबंधकों को अपने यजमानों में शामिल उन तमाम सवर्ण हिंदुओं का समर्थन मिला जो शंकराचार्यों से इस बात पर सहमत थे कि गांधीवादी ऐसी खतरनाक प्रजाति हैं जिन्हें प्रवेश द्वार के बाहर ही रखा जाना चाहिए। दुर्भाग्य से, एक ओर जहां उच्च-जाति के हिंदू तब यह सोचते थे कि गांधीजी कुछ ज़्यादा ही तेज़ चल रहे थे, वहीं दलित आज यह सोचते हैं कि गांधीजी बड़े धीमे चले। दलित राजनेता, मायावती ने एकाधिक बार महात्मा को एक उथला पैतृकवादी बताया है जिसने सिर्फ़ सवर्णों के प्रभावी दीर्घकालीन वर्चस्व के रास्ते से बाधाएं हटाने का काम ही किया। ठीक इसी प्रकार, अपनी पुस्तक *व्हाइ आइ ऍम नॉट अ हिंदू* में कांचा इलैया गांधीजी के बारे में लिखते हुए कहते हैं, "गोया वे ब्राह्मणवादी सत्ता की चिरंतन रखवाली के लिए एक आधुनिक सहमति तंत्र का निर्माण करना चाहते थे।" – एक ऐसा मत जो उतना ही अन्यायपूर्ण है जितना कि अंबेडकर पर शौरी का मत।

अपने जीवनभर हालांकि गांधी और अंबेडकर राजनैतिक प्रतिपक्षी रहे, उनके जाने के दशकों बाद अब लेकिन उनके कामों को एक-दूसरे के बतौर देख सकना संभव होना चाहिए। कन्नड़ समीक्षक डी.आर. नागराज ने एक बार कहा था कि भारतीय राष्ट्रवाद के आख्यानों में 'जाति-सुधारक' गांधी के "प्रभावशाली कद के चलते" अंबेडकर का "हरिजन व्यक्तित्व और भी छोटा हुआ।" रामायण में केवल एक ही नायक है, लेकिन जैसा कि नागराज इशारा करते हैं, हनुमान या सुग्रीव की भूमिका निभाने के लिए मान जाने के लिहाज़ से अंबेडकर कुछ अधिक ही अभिमानी, बुद्धिमान, और आत्म-सम्मानी व्यक्ति थे। इसी तरह, दलित संतचरित लेखक और पर्चालेखक गांधी की लकीर को छोटा करते हुए अंबेडकर की लकीर को बड़ा बताने के फेर में पड़े रहते हैं। पटकथा लेखक और मिथक-रचयिता के लिए केवल एक ही नायक हो सकता है। लेकिन इतिहासकार पर ऐसा कोई बंधन नहीं। दलित मुक्ति का इतिहास अभी बाकी है, और उसके अधिकांश हिस्से तो अभी लिखे जाने हैं। इसमें अभी और नायकों की गुंजाइश बनेगी, बननी चाहिए। शुरुआत के हिसाब से अंबेडकर और गांधी कोई बुरे नहीं हैं।

गांधी जो नहीं थे : विनोबा भावे

जून 1975 को जब आपातकाल घोषित हुआ तो श्रीमती गांधी को एक अनपेक्षित कोने से समर्थन मिला, इंग्लैंड की लेबर पार्टी से। जिसकी उन्होंने कभी पूजा की थी, उस नेहरू के प्रति अपनी भटकी-भटकी निष्ठा के चलते माइकल फुट जैसे लोग इस बात से स्व-आश्वस्त थे कि नेहरू की लाड़ली के पास ऐसा कोई ठोस कारण ज़रूर होगा कि उन्हें अपने राजनैतिक विरोधियों - उन 'राजद्रोहियों, प्रतिक्रियावादियों, देशद्रोही तत्वों' - को जेल में डालना पड़ रहा है, प्रेस सेंसरशिप लागू करनी पड़ रही है, और भय व आतंक का एक शासन चलाना पड़ रहा है। वे तो ईमानदार ब्रिटिश समाजवादी, ई.पी. थॉमसन थे जिन्होंने इस 'फुट लाइन' को खारिज किया कि श्रीमती गांधी भी वैसे ही पेश आ रही थीं जैसे कि उनके पिता आते। अन्य लेबर राजनेताओं के विपरीत, थॉमसन, आपातकाल के दौरान भारत आए थे, और ख़ुद अपनी आंखों से देख पाए थे कि नेहरू ने जिन मज़बूत लोकतांत्रिक परंपराओं को स्थापित करने में अपनी महती भूमिका निभाई थी, हमारा देश उन परंपराओं से कितनी दूर छिटक आया था। अपने एक प्रखर निबंध 'दि नेहरू ट्रेडीशन' में थॉपसन ने पूछा था, ''नेहरू की बेटी भला ऐसा कैसे कर सकती है?' उनका जवाब, अंशतः, कुछ यूं था कि एक तरह से इंदिरा, नेहरू की सैद्धांतिक उत्तराधिकारी नहीं थी।

माइकल फुट को ऐसा नहीं करना चाहिए था, और शायद उन विनोबा को भी, जो कुछ हद तक आपातकाल के अनपेक्षित भारतीय समर्थक थे। विदेश

में लेबर पार्टी के समर्थन से जहां इंदिरा गांधी की छवि सुधरी, वहीं देश में गांधी के आध्यात्मिक वारिस उनके समर्थन में आए। आपातकाल को लेकर इंदिरा गांधी का समर्थन के चलते विनोबा उपहासपूर्ण ढंग से 'सरकारी संत' कहलाने लगे, जो कि उस व्यक्ति और उस आंदोलन पर एक दुखद टिप्पणी थी जिसे वह आगे ले जाना चाहते थे।

संयोग से, जून 1995, आपातकाल की बीसवीं बरसी होने के साथ-साथ विनोबा भावे का जन्म शताब्दी वर्ष भी था। विनोबा के अंग्रेज़ी में प्रकाशित संस्मरणों *मूव्ड बाइ लव* (प्रेम से प्रेरित) में वे हास्य और आत्मालोचन की क्षमता-रहित, एक पावन, दिव्य, आत्म-मुग्ध और आत्म-तुष्ट व्यक्तित्व के बतौर उभरते हैं। पुस्तक का अधिक उपयुक्त शीर्षक निश्चित ही *मूव्ड बाइ माइसेल्फ़* (स्वयं से प्रेरित) हो सकता था। इन संस्मरणों में शामिल ऐसे अनेक किस्से दर्शाते हैं कि वे अपने सहयोगियों से ज़्यादा परिश्रमी, वीतरागी और धुरंधर सिखाड़ रहे। प्रस्तुत है इस पुस्तक से एक उदाहरण है जिसमें लेखक अपनी पीठ थपथपाने की बजाय उसे धमधमाए जा रहा है। ''किसी ने मुझसे पूछा कि मैं चार भाषाएं क्यों सीख रहा हूं,'' वे लिखते हैं, ''और मैंने जवाब दिया - क्योंकि मैं पांचवीं न ढूंढ़ पाया।''

गांधीजी ने कभी कहा था, ''कहीं भी हो रहे सामाजिक अन्याय के ख़िलाफ़ आवाज़ नहीं उठाने वाला व्यक्ति, अहिंसा का अनुयायी हो ही नहीं सकता।' उन्हें अपने इस शिष्य विशेष को इस नियम के अपवाद के बतौर रखना था। मसलन, 1948 में जब पाकिस्तान से आए कुछ दलित शरणार्थी विनोबा भावे के पास गए और उन्हें बताया कि वे सरकार के विरुद्ध सत्याग्रह पर जाना चाहते हैं क्योंकि उन्हें वह ज़मीन नहीं अब तक नहीं दी गई, जिसका आश्वासन उन्हें दिया गया था। विनोबा भावे ने उन्हें ऐसा करने से मना किया। बारह साल बाद इंदौर में विनोबा खुद सत्याग्रह पर बैठे थे—वह भी, सिनेमा पोस्टर हटाने के लिए! वे चिल्लाए, ''इंदौर की नारियो जागो। इन पोस्टरों को एक दिन भी न सहो। फाड़ डालो! जला डालो!' कहीं से भी, यह एक अहिंसा-प्रेमी की भाषा तो नहीं लगती। प्राथमिकताओं को लेकर उनके ऊटपटांग बोध से शायद यह बात समझ आए कि आपातकाल के दौरान विनोबा जब महाराष्ट्र के मुख्यमंत्री से मिले तो उनका एकमात्र सरोकार उनसे गोवध पर प्रतिबंध लगवाना ही क्यों रहा।

भावे के संस्मरण पढ़ते हुए लगातार महसूस होता है कि उनकी जीवन-शैली और सोच गांधी जी से कितनी भिन्न थी। भावे ने कभी कोई ग़लती नहीं की, जबकि गांधी जी अपनी ग़लतियों को उजागर कर दिया करते थे। अपने संस्मरणों में भावे लिखते हैं, ''मैं स्वभाव से कठोर हृदय हूं। मुझे किसी की मृत्यु से कोई शोक नहीं होता, किसी के पैदा होने से खुशी नहीं मिलती, किसी की बीमारी से चिंतित नहीं होता।' जबकि गांधी जी, अपने मित्रों की मृत्यु पर रोते थे। यहां तक कि वेस्टमिनिस्टर ऍबे को ध्वस्त कर देने का हिटलर का ख्याल तक उन्हें व्यथित कर देता था। गांधी जी पर नाना प्रकार की दार्शनिक और नैतिक धाराओं का प्रभाव था—उनकी माता का वैष्णव मत, पर्वत-प्रवचन, और रस्किन, टॉलस्टॉय, और थोरो जैसे तमाम पश्चिमी चिंतक। जबकि भावे अपनी ही हिंदू जड़ों में जकड़े रहे। उनके ऊपर वेदों, गीता, और विष्णु सहस्रनाम का प्रभाव दिखता है। यहां तक कि अपने हुलिए में भी, गुरु और शिष्य एक-दूसरे के विलोम-रूप दिखाई देते हैं। सफाचट और चश्मा नाक पर चढ़ाए गांधी जी, एक आम आदमी की तरह (बल्कि असुंदर) ही दिखाई देते हैं जबकि विनोबा लहराती, बल खाती एक अच्छी-ख़ासी दाढ़ी रखते थे, और काले रंग का एक अजीब-सा स्कार्फ पहना करते थे—वे 'बाबा' बनना चाहते थे और दिखना भी चाहते थे।

विनोबा भावे के समूचे जीवन का आकलन करने पर कतई आश्चर्य नहीं होता कि 1975-1976 आते-आते वे मानव-अधिकारों के मुकाबले गाय-अधिकारों को अधिक महत्व देने लगे थे। दरअसल, आपातकाल से बहुत पहले ही उन्होंने गांधीवादी आंदोलन को एक अंधी गली में धकेल दिया था। ग्रामीण पुनर्निमाण, वृक्षारोपण और मिट्टी-संरक्षण, बेहतर कारीगर-तकनीक और पर्यावरण-स्नेही खेती जैसे ठोस और असल कामों में उनकी दिलचस्पी ज़रा कम ही रहती थी जिसके चलते जे.सी. कुमारप्पा और मीरा बहन जैसे साथी गांधीवादी उनसे काफ़ी खफा रहते थे।

उनके जितने भी और जैसे भी प्रशंसक आज बचे हैं, वे भूदान आंदोलन और उस समय का हवाला देते हैं, जब विनोबा भावे कई राज्यों के ज़मींदारों को इस बात के लिए मना सके थे कि वे अपनी कुछ ज़मीन भूमिहीनों को दान कर दें। लेकिन असल में तो उसके संस्थापक ने ही इस आंदोलन का बेड़ा गर्क कर दिया था। भूदान हो जाने के बाद विनोबा ने कभी इस बात की परवाह नहीं की कि उस ज़मीन पर वाकई खेती हो रही है या नहीं। उनके अनुयायियों

ने भूदान समितियां बनाईं परंतु भावे ने एक दिन सनक में आकर सब समितियां भंग कर दीं। अपने संस्मरण में अपने इस निर्णय को सही ठहराते हुए वे लिखते हैं, "अगरचे समितियां भंग करने से भूदान का पूरा काम रुकता है, तो भी मैं इसे सही निर्णय समझूंगा, क्योंकि मेरा मूल सिद्धांत है कि संस्थाएं कभी कोई क्रांति नहीं ला सकतीं।" इसका जवाब हम यह दे सकते हैं कि गांधी ने संगठन और किसी एक क्षेत्र या विभाग में लगनशील, साधनापूर्ण काम का महत्व समझा था। लेकिन भूदान आंदोलन का हश्र देखते हुए समझ में आता है कि विनोबा का यह मूल सिद्धांत कितना हास्यास्पद है। तिस पर विनोबा किसी भी गांव में एक रात से ज़्यादा नहीं ठहरते थे और न ही अपने किसी भी कार्यकर्ता को ऐसा करने देते थे। इसका नतीजा यह हुआ, जैसा कि आंदोलन के अंग्रेज़ हितैषी हल्लम टेनीसन ने लिखा है, "कई गांवों में गुटबाज़ी शुरू हो गई और भूदान आंदोलन ठप्प पड़ गया।"

विनोबा संस्कृत के विद्वान और बोली-विशेषज्ञ थे, परंतु चिंतक के बतौर बड़े उथले थे। साठ के दशक में वी.एस. नायपॉल, विनोबा और महात्मा की तुलना करते हुए लिखते हैं -

> कर्म के लिए भावे का निर्लिप्त आह्वान, आत्म-सिद्धि का अभ्यास, उच्छृंखलता का प्रदर्शन और साधुवृत्त हेकड़ी बन जाता है। वे अपनी भूमिका लक्ष्य-प्राप्ति तक नहीं मानते; आग का काम है बस जलना। अपने निजी धार्मिक कर्म को वे उसके व्यापक सामाजिक उद्देश्य से कुछ इस तरह अलग करके देखते हैं जैसा कि महात्मा ने कभी नहीं किया ... भावे बार-बार धर्मग्रंथों की ओर लौटते हैं : उन पर बार-बार लौटना भर ही अपने-आप में एक लक्ष्य बन जाता है। इस प्रकार, उद्धार, महात्मा और अच्छाई के नाम पर भावे पोंगापंथी में रम जाते हैं!

उनके समर्थकों की यह दलील हो सकती है कि 1975 में विनोबा, अस्सी साल के एक ऐसे बूढ़े व्यक्ति थे जो बमुश्किल ही आपातकाल के ख़िलाफ़ किसी लोकप्रिय सत्याग्रह की अगुवाई कर पाता। इसका तोड़ यह हो सकता है कि अव्वल तो उनके द्वारा आपातकाल का समर्थन करने की कोई तुक नहीं थी, और दूसरे, उनके जैसे अन्य पुराने चावलों ने इस मामले में सम्माननीय रास्ता

चुना। अपनी उम्र के सातवें दशक में अच्छे-ख़ासे पैठ चुके जयप्रकाश नारायण और मोरारजी भी उन तमाम गांधीवादियों में से दो थे उनके आपातकाल विरोध के चलते जिन्हें जेल भेज दिया गया था। यही नहीं, आचार्य कृपालाणी भी थे, जो उम्र में विनोबा से पूरे दस साल बड़े थे, और जिनका नैतिक दर्जा इतना ऊंचा था कि श्रीमती गांधी तक भी उन्हें जेल भेजने का साहस न जुटा सकीं। नब्बे बरस का और बीमार होने के बावजूद कृपालाणी ने आपातकाल की पुरज़ोर ख़िलाफ़त की। एक-के-बाद-एक तमाम मुश्किल ऑपरेशन करवाने के बाद जब अस्पताल में उनके डॉक्टर उन्हें देखने आए तब कृपालाणी जी उनींदे पड़े हुए थे, लेकिन ज्यों ही डॉक्टर ने उनके सीने पर स्टेथोस्कोप रखा वे हरकत में आए और बोले, ''कोई संविधान नहीं रहा—जो कुछ भी मैं छोड़े जा रहा हूं बस कुछेक संशोधन हैं।''

यही था वह ख़ालिस गांधीवादी जज़्बा जिसे सरकारी संत विनोबा भावे तब नहीं दिखला पाए जब इसकी ज़रूरत बहुत मायने रखती थी—जून 1975 और मार्च 1977 के बीच।

पश्चिम से प्रेम करने वाले गांधी

किसी प्रखर उग्रवादी और एक जाने-माने असंतुष्ट आंदोलनकारी के बीच भला क्या चीज़ साझा हो सकती है? उग्रवादी के. सुब्रह्मण्यम नयी दिल्ली में रहते और काम करते हैं; कभी सरकारी सलाहकार हुआ करते थे, अब वे टाइम्स ऑफ़ इंडिया के स्तंभों के ज़रिए अपने देशवासियों से नाभिकीय हो जाने, बने रहने का आग्रह करते रहते हैं। जबकि आंदोलनकारी एम.डी. नंजुंदस्वामी, बैंगलोर वासी हैं; कभी क़ानून के प्राध्यापक होते थे, आज वे 'कर्नाटक राज्य रैयत संघ' नामक किसान संगठन का नेतृत्व करते हैं। उनका संगठन, बैंगलोर और बहुराष्ट्रीय कंपनियों द्वारा किए जा रहे किसानों के शोषण के ख़िलाफ़ किसानों को एकजुट करता है।

एक व्यवस्थापरक हैं, तो दूसरे जनआंदोलनकारी। एक सत्ता के गलियारों में घूमा करते हैं; दूसरे भारत सरकार की जेलों में। ये दो पुरुष एक-दूसरे से अपनी कार्यशाली और अपनी विचारधाराओं के चलते जुदा-जुदा हैं, वे दोनों जितना अपने पूर्वाग्रहों के चलते एक-दूसरे से अलग-अलग हैं, एक-दूसरे से उतने ही जुदा वे अपनी संवेदनाओं के बूते भी हैं। उन दोनों के बीच ऐसी चीज़ भला क्या हो सकती है, जो वे एक-दूसरे से साझा करते हों? खैर, जनवरी 1996 के अंतिम सप्ताह में घटी इन घटनाओं पर ग़ौर फर्माएं :

1. बहस थी कि भारत को सी.टी.बी.टी. (व्यापक परीक्षण प्रतिबंध संधि) पर हस्ताक्षर करने चाहिए कि नहीं। सी.टी.बी.टी, संयुक्त राज्य अमेरिका

द्वारा प्रायोजित एक ऐसी संधि है जो नाभिकीय अस्त्रों के आगामी निर्माण व परीक्षण के निषेध के लिए बनाई गई है। कुछ रणनीतिकारों का मानना था कि भारत को इस संधि पर हस्ताक्षर करने चाहिए ताकि वह अपने निकट पड़ोसियों और 'नाभिकीय दहलीज़' पर खड़े अपने संगी राष्ट्र पाकिस्तान के साथ अपने तनावों को कम कर सके। जबकि अन्य इससे असहमत थे, और उनका दावा था कि नाभिकीय भय ज़रूरी है और केवल उसीके स्वामित्व के बूते ही हम पाकिस्तान को सीमाएं लांघने से रोक सकते हैं। ज्यों ही बहस आगे बढ़ी, श्रीमान के. सुब्रह्मण्यम ने एक तुरुप का पत्ता फेंका। उनका तर्क था कि सीटीबीटी पर हस्ताक्षर न करना पश्चिमी साम्राज्यवाद के विरुद्ध भारतीय ख़िलाफ़त की शानदार परंपरा के अनुरूप होगा। अपने पास परमाणु बम रखते हुए, दूसरे देशों को उनके अपने परमाणविक उत्पादन व परीक्षण पर पाबंदी लगाने की अनुमति न देना, ''गांधी के सिद्धांतों के अनुरूप होगा' वस्तुतः, यही, ''नाभिकीय साम्राज्यवाद के प्रति असहयोग का गांधीवादी तरीका होगा।' (दि टाइम्स ऑफ़ इंडिया, 24/1/1996)

इसके समानांतर और किंचित अर्थों में कहीं अधिक महत्वपूर्ण, एक बहस भारतीय अर्थव्यवस्था के उदारीकरण यानी पश्चिमी पूंजी और बहुराष्ट्रीय कंपनियों के प्रति इसे खोलने के उपायों से सरोकार रखती थी। तत्कालीन वित्तमंत्री, और इन सुधारों के शिल्पी, मनमोहन सिंह उन लाखों करोड़ों मध्यमवर्गीय भारतीयों के नायक थे जो यह सपना पाले बैठे थे कि उनकी इस पहलकदमियों के चलते यह देश, जड़ कर देने वाली अपनी ग़रीबी से निजात पा सकेगा, और भी भव्य एक 'सिंगापुर' होगा अपना भारत। लेकिन अन्यों, ख़ासकर बुद्धिजीवियों और वामपंथी परंपरा वाले एक्टिविस्टों के लिए तो सिंह एक खलनायक ही थे; इन एक्टिविस्टों का सोचना था कि उदारीकण, हमारे देशी उद्योगों और देशज कृषि को बर्बाद कर देगा, नतीजतन, भारत, पश्चिम पर और ज़्यादा निर्भर हो जाएगा। इस विचारधारा के नुमाइंदे, एम.डी. नंजुंदस्वामी, पिछले कुछ समय से विदेशी कंपनियों के प्रवेश के ख़िलाफ़ अपने 'रैयत संघ' को लामबंद करने में जुटे थे। उनका पहला निशाना, कारगिल नामक एक बीज-उत्पादक कंपनी थी, दूसरा निशाना डब्ल्यू.आर. ग्रेस नाम की एक दवा कंपनी। उनका अंतिम निशाना थी, अमेरिकी जीवनशैली का मानक, केएफसी (केन्टुकी फ्राइड चिकन)। इसके चलते केएफसी की योजनाबद्ध श्रृंखला के पहले स्टोर के बतौर बैंगलोर का केएफसी

रेस्तरां लगातार रैयत संघ के किसानों के रोष का निशाना बनता रहा। एक बार एक दुःसाहसी मुहिम के तहत कोई 200 एक्टिविस्ट इस रेस्तरां में घुस आए, और उन्होंने वहां की खिड़कियों के कांच और फर्नीचर तहस-नहस कर डाला, यही नहीं वहां बैठे सारे ग्राहकों को और रसोइयों को भी उन्होंने खूब कोसा-वोसा, और यह सब कर-करा के वे वहां से रुखसत हुए। हमले की योजना बनाने वाले नंजुंदस्वामी ने स्वयं इसमें शामिल न होकर एक प्रेस कांफ्रेंस बुलवाई, जिसमें केएफसी पर हुए हमले को लेकर वे बोले, ''इस हमले का मकसद सिर्फ़ पूरी दुनिया को यह बताना था कि बहुराष्ट्रीय कंपनियों की यहां दाल न गलने वाली।' इसके बाद उन्होंने इस बात का खुलासा किया कि अपने इस दुःसाहस के लिए उन्होंने 30 जनवरी का दिन ही क्यों चुना। ''हम इसी तरह महात्मा गांधी की पुण्यतिथि मनाते हैं ताकि सारी दुनिया को यह खबर मिले कि गांधीजी आज भी जीवित हैं।' (डेक्कन हेरल्ड, 31/1/1996)

गांधी के अपने उपयोग हैं, या कहें कि दुरुपयोग हैं, कारण कि इन दोनों ही महानुभावों ने बड़ी चतुराई से इस संत को अपने संदर्भों से निकाल तोड़-मरोड़ कर पेश किया। यह सही है, जैसा कि सुब्रह्मण्यम साहब का इशारा था कि महात्मा गांधी साम्राज्यवाद के ख़िलाफ़ लड़ने वाले एक जाने-माने लड़ाका थे, लेकिन बम बनाने वाले भारतीय वैज्ञानिकों को वे उपनिवेशवाद विरोधी देशभक्त मान सकते थे क्या? इसकी संभावना तो लगभग नदारद लगती है, क्योंकि एकबारगी महात्मा ने कहा था, ''जिसने भी परमाणु बम ईजाद किया है, उसने विज्ञान जगत का सबसे घिनौना पाप किया है।' सही है, जैसा कि नंजुंदस्वामी का आग्रह रहा है कि गांधी स्वदेशी और आर्थिक आत्म-निर्भरता में शिद्दत से यकीन रखते थे लेकिन क्या वे धमकी और तोड़-फोड़ वाले किसी भी काम को अपना समर्थन देते? नामुमकिन, क्योंकि यह काम तो अहिंसा में उनकी आस्था के संगत नहीं होता।

अधिकांश भारतीयों के लिए गांधी नैतिक प्रभुता की अंतिम कसौटी थे, और सार्वजनिक विमर्श में उनकी वही भूमिका थी जो कमोबेश संयुक्त राज्य अमेरिका में थॉमस जेफर्सन की थी या इस्लामिक देशों में कुरान की। इसलिए इस बात में हमें कोई आश्चर्य नहीं होता कि वर्तमान भारत में होने वाली हर बड़ी बहस के हर पहलू पर उनका हवाला दिया जाता है। हालांकि गांधी के आधुनिक आवाहनों की विशिष्टता यह है कि वे लगभग हमेशा पश्चिम पर हमले

की मुद्रा लिए रहते हैं। इस अर्थ में उग्रवादी और किसान लीडर भी एक ही हैं वे बस पश्चिम को गाली देने के लिए ही गांधी का इस्तेमाल करते हैं।

अंग्रेज़ चले जाने के पचास साल से भी ज़्यादा का अरसा बीतने के बावजूद, पश्चिमी प्रभुत्व की कथा अभी भी हमारे समाचार पत्रों के पन्नों के आस-पास मंडराती रहती है। एमटीवी आदि के चलते हमारी पारम्परिक संस्कृति में हो रहे क्षरण की चिंता में दुबला रहे दक्षिण-पंथी हिंदू रूढ़िवादी, विकास को कमज़ोर कर हमारी ग़रीबी को बढ़ाने वाली विदेशी पूंजी का विरोध कर रहे वामपंथी राष्ट्रवादी, एक नए-नवेले एकध्रुवीय संसार में अमेरिकी दबदबा बढ़ने की संभावना से व्याकुल हो रहे आला सरकारी अफसर—इनके अलावा कई और भी यह मान कर चलते हैं कि कोई 'विदेशी हाथ' हमारे देश की एकता, आत्म-निर्भरता और अखंडता को कमज़ोर किए दे रहा है। इस विदेशी हाथ का रंग हमेशा गोरा रहता है, हालांकि इसकी सटीक राष्ट्रीयता कभी-कभार ठीक से स्थापित नहीं हो पाती।

जैसा कि मेरी अपनी प्रजाति—बुद्धिजीवियों—के लोक-व्यवहार से साफ़ है, आज भारत में देशजवाद का बोलबाला है। एक समय था जब हममें से अधिकांश मार्क्सवादी हुआ करते थे, आज हममें से अधिकांश बहु-संस्कृतवादी हैं। समाजशास्त्री अब समाज को सांस्कृतिक व साभ्यतिक कोटियों से परखने लगे हैं जबकि पहले वर्ग और पूंजीवाद की कोटियां चलन में होती थीं। जहां कहीं भी विद्वता होगी, वहां शास्त्रार्थ तय है, पर यह बदलाव कहीं और इतना मुखर नहीं जितना कि निंदा की रंग बदलती शब्दावली में। इसलिए, मार्क्सवाद के सुनहरे दौर में यदि आप किसी लेखक से असहमत होते थे तो उसे पूंजीवाद का पिट्ठू या साम्राज्यवाद का पिल्ला कहकर खारिज कर देते थे। लेकिन आज, बहुसंस्कृतिवाद के इस धूमिल युग में, आक्रांताओं को यूरोकेंद्रिंत या सांस्कृतिक अकड़ू होने का आरोपी करार दिया जाता है। पूंजीवादियों और श्रमजीवियों के बीच का वर्ग संघर्ष बड़ी सुगमता से पश्चिम और 'शेष विश्व' के बीच के 'साभ्यतिक' संघर्ष में तब्दील हो चला है। इस लिहाज़ से, घोर सैद्धातिंक विरोधियों में एक-दूसरे के प्रति एक रोचक-सा सौमनस्य उभर आया है—और यह केवल भारत तक ही महदूद नहीं है। मसलन, अमेरिकी अकादमिक दुनिया में, चिल्ला-चिल्ला कर पश्चिम की दुहाई देने वाले हार्वर्ड के सैमुअल हटिंग्टन, और चीख-चीख कर 'शेष विश्व' की वकालत करने वाले एडवर्ड सईद, दोनों ही सभ्यताओं को

अनन्य, अपवर्जक, परस्पर प्रतिकूल, और अमूमन एक-दूसरे से सीखने के अयोग्य मानते लगते हैं।

जो लोग इस प्रकार की सामान्य साभ्यतिक पदावली में सोचते हैं वे बड़ी आसानी से गांधी को, सैद्धांतिक और भौतिक, दोनों ही रूप से सुएज़ के पूरब में अवस्थित करते हैं। एक ओर जहां ब्रिटिश टोरी नेता, अपनी संस्कृति की श्रेष्ठता को न मानने के लिए गांधी की आलोचना करते हैं, वहीं दूसरी ओर भारतीय राष्ट्रवादी गांधी की जयजयकार करते हैं क्योंकि उनकी नज़र में गांधी ने पश्चिमी दबंगता के बरक्स 'साभ्यतिक' विकल्प दिया। टोरी और देशजवादी, दोनों ही उस किस्से का सहारा लेते हैं जो शायद सबसे प्रसिद्ध गांधी-उक्ति है। 1931 में भारत के राजनैतिक भविष्य निर्धारण हेतु लंदन में आयोजित एक वार्तालाप में भाग लेने आए गांधी जी से जब एक ब्रिटिश पत्रकार ने सवाल किया कि पश्चिमी सभ्यता के बारे में वे क्या सोचते हैं तो उनका जवाब था, ''मेरे ख्याल से, यह ख्याल बुरा नहीं।' उनकी इस अति-उद्धृत वाक्पटुता के परे भी यह सोचा जा सकता है कि राष्ट्रवादी के पास यह विश्वास करने का पर्याप्त कारण है कि गांधी उसके पक्ष में हैं। क्योंकि अपनी राजनीति में उन्होंने विदेशी शासन से अपने देश को मुक्त कराने के अथक प्रयास किए, अपने अर्थशास्त्र में उन्होंने स्वदेशी को बढ़ावा दिया, मैनचेस्टर के मिल-बने सूती कपड़े पर उन्होंने हाथ-बुनी खादी को तवज्जो दी, और अपनी नैतिकी में उन्होंने भावनात्मक पोषण अपनी जन्मभूमि गुजरात की वैष्णव परंपराओं से अर्जित किया। इसीलिए, भारतीय राजनेता और बुद्धिजीवी जब पश्चिमी साम्राज्यवाद का कोई शुद्ध देशी विकल्प खोज रहे होते हैं तो उनका ध्यान सीधे गांधी पर जाता है।

तो क्या बुनियादी रूप से गांधी एक भारतीय, बल्कि एक हिंदू विचारक थे? मार्क्स के सबसे नामवर शागिर्द लेनिन ने कभी अपने गुरु के बारे में कहा था कि उनके विचार जर्मन दर्शन, ब्रिटिश राजनैतिक-आर्थिकी और फ्रेंच इतिहास-लेखन का एक संश्लेषण हैं। मैं भी कुछ-कुछ ऐसा ही सोचता हूं कि प्रभावों का बिलकुल ऐसा ही कोई भण्डार यह राज़ खोलेगा कि गांधी की सोच, बारास्ते लिओ टॉलस्टॉय रूसी जनवाद, हेनरी डेविड थोरो के ज़रिए अमेरिकी क्रांतिकारी लोकशाही, और जॉन रस्किन से मिले प्रति-उद्योगवाद का एक विशिष्ट भारतीय नुस्खा बनी होगी। इस हिंदू मनीषी के सगरे आभार अपने मूल में निस्संदेह पश्चिमी स्रोतों से आए

थे। और क्या कहें, जब यह बात उन्होंने ख़ुद ही कह दी हो—उनकी सबसे अधिक जानी-मानी रचना *हिंद स्वराज* (1909) के अंत में अनुलग्नक के बतौर दी गई पुस्तक सूची को देखें : टॉलस्टॉय की छह पुस्तकें, थोरो और रस्किन की दो-दो पुस्तकें, प्लेटो, मेज़िनी, एड्वर्ड कार्पेण्टर और अन्य की रचनाएं। इस अनुलग्नक सूची में केवल दो ही भारतीय नाम हैं—दादाभाई नौरोजी, और रमेश चंद्र दत्त, जिन्होंने हिंदू संस्कृति की महानता पर न लिखकर, भारत पर ब्रिटिश शासन के आर्थिक प्रभावों पर लिखा।

गांधी की उदार सांस्कृतिक सोच और बहुत सी पश्चिमी चीज़ों के प्रति उनके प्रेम का प्रमाण हम अंग्रेज़ों और दक्षिण अफ्रीकियों के साथ उनकी करीबी मित्रताओं, ईसाइयत के साथ उनके स्नेही जुड़ाव, या फिर दूसरे विश्वयुद्ध के दौरान इंग्लैंड व अंग्रेज़ सभ्यता की सलामती के प्रति उनके सरोकार में खोज सकते हैं। 1940 में जब उनके सबसे करीबी गोरे मित्र, चार्ल्स एफ. एंड्रूज़ गुज़रे तो गांधी ने लिखा कि इस अंग्रेज़ की बहुतेरी कारस्तानियां माफ की जा सकने के बावजूद -

> जब तलक इंग्लैंड और भारत रहेंगे, एंड्रूज़ का एक भी ऐतिहासिक कार्य भुलाया नहीं जा सकता। एंड्रूज़ की याद को हम अगर वाकई प्यार करते हैं तो उस अंग्रेज़ी कौम के लिए हमारे दिलों में ज़रा भी नफरत नहीं होनी चाहिए, एंड्रूज़ जिनके श्रेष्ठतम उदाहरण थे। यह संभव है, बिलकुल संभव है कि श्रेष्ठतम अंग्रेज़ और श्रेष्ठतम भारतीय एक-दूजे से मिलें और तब तक न बिछड़ें जब तक कि वे दोनों को स्वीकार्य कोई एक सिद्धांत न खोज लें। एंड्रूज़ की विरासत हमारे इस प्रयास की हकदार तो बनती है। यही विचार मेरे ऊपर छाया रहता है, जब-जब मैं एंड्रूज़ का स्नेहिल मुखड़ा स्मरण करता हूं, और सोचता हूं स्नेह से भरे कितने असंख्य काम वह कर गया ताकि भारत इस धरती पर बसे राष्ट्रों के बीच अपना एक स्वतंत्र मुकाम हासिल कर सके।

गुणीजन इस कथन से परिचित हैं, लेकिन मैं यहां पुख्ता सबूत के बतौर एक कम-जाना किस्सा प्रस्तुत करना चाहता हूं जो मेरे जाने तो गांधी संकलनों व गांधी-जीवनियों में कभी प्रवेश नहीं कर पाया। इस कथा में दो पात्र हैं—एक

भारतीय, यूसुफ मेहरअली, और एक अमेरिकी, बर्ट्रम डी. वोल्फ। अपने समय में दोनों बड़े जाने-माने नाम थे, लेकिन आज उन्हें भुला दिया गया लगता है। मेहरअली स्वतंत्रता सेनानी थे, कांग्रेस सोशलिस्ट पार्टी के संस्थापक-सदस्य थे, और कुछ समय के लिए बॉम्बे के मेयर भी रहे। वोल्फ, स्टालिनवाद के पुराने, साहसी, और पक्के वामपंथी आलोचक, और 'थ्री हू मेड अ रिवॉल्यूशन' व अन्य किताबों के लेखक थे।

1946 में यूसुफ मेहरअली अमेरिका गए। वे टीबी के मरीज़ थे और वहां आराम करने गए थे। पिछले दस साल ज़्यादातर जेल में ही बीते थे, लेकिन न्यूयॉर्क में उनके आतिथेय, बर्ट्रम वोल्फ ने अपने इस मित्र को असामान्य रूप से सौम्य चित्त में ही पाया। अपनी पिछली यात्राओं में मेहरअली उपनिवेशवाद के विरुद्ध पूरी तरह से नैतिक गुस्से से भरे-भरे थे, लेकिन अबकी बार वे अंग्रेज़ों की कुछ बढ़ाई करने में भी राज़ी थे। वोल्फ उनके इस हृदय-परिवर्तन से अचरज में थे, सो उन्होंने इस बाबत खुलासे की मांग की। "वे जा रहे हैं," मेहरअली ने कहा, "हम किसी भी दिन आज़ाद हो जाएंगे। गांधीजी कहते हैं कि अब जब वे जा रहे हैं तो हमें ब्रिटिश सभ्यता की श्रेष्ठ बातें ही याद रखनी चाहिए।"

कोई आधी सदी बाद, यह सलाह उतनी ही तर्कसंगत लगती है जितनी कि तब जब वह पहली बार दी गई थी। मैं किसी का भी पक्षधर नहीं हूं—न पेप्सी का, न के.एफ.सी. का, लेकिन इतना जानता हूं कि पश्चिमी सभ्यता का सर्वश्रेष्ठ अभी भी प्रस्तुत है, और हम अभी तक उसे समझ नहीं पाये हैं। उनकी सबसे सहृदय सरकारें—मसलन फिनलैंड व नॉर्वे की—अपने ग़रीबों और महिलाओं के साथ बेहतर बर्ताव करती हैं। जर्मनी और अमेरिका में उनके सर्वश्रेष्ठ वैज्ञानिक अपने अनुसंधानों को व्यावहारिक बनाकर उसका उपयोग मानवीय बेहतरी के लिए करते हैं, जबकि हमारे शोध पत्रों का ज़खीरा जमा करते हैं, जिनमें से कई तो खराब क्वालिटी के होते हैं, और उनके बूते समितियों की अध्यक्षताएं कबाड़ते हैं। उनके उद्योगपति अक्सर अपना अतिरिक्त धन कलाओं को प्रश्रय देने वाली संस्थाओं को दान दे देते हैं। उनके सरकारी अधिकारी, माटे तौर पर ईमानदार, मेहनती, और सक्षम होते हैं। अपवाद स्वरूप जब वे पकड़े जाते हैं तो क़ानून, विधायिका और मीडिया उनकी ख़बर लेते हैं। इसके विपरीत हमारे यहां आज तलक एक भी राजनेता भ्रष्टाचार के अपराध का दोषी नहीं पाया गया—बावजूद इस सच्चाई के कि इनमें से अधिकांश निस्संदेह इस मामले में

अपराधी हैं।

दुख की बात तो यह है कि जो भारतीय, पश्चिम की प्रशंसा भी करते हैं तो वे ग़ल्त कारणों से करते हैं। हममें से कई रविशंकर के मुकाबले मॅडोना को, आर.के. नारायण के मुकाबले डेनिएल स्टील, कुरते की बजाय टी-शर्ट, तंदूरी की बजाय केंटुकी फ्राइड पसंद करते हैं, जो सुरुचि के हिसाब से मेरी नज़र में बेमानी हैं। पेशेवर लोगों को भोग-विलास की चीज़ों वाली जीवनशैली भाती है जैसे कि वैक्यूम क्लीनर और फोर्ड कारें जो हमारे जैसे समाज के लिए बेकार और ग़ैर-ज़रूरी हैं। किसी को भी नहीं पता कि पश्चिम का उचित व शोभनीय अनुकरण हमें कहां करना चाहिए : लोकहित की ऐसी संस्थाएं बनाकर जो अनवरत ढंग से उस समाज की सक्षम व निष्पक्ष सेवा कर सकें जिनकी वे अंग हैं। उनके पास हैं, और हमें जिनकी ज़रूरत है, ऐसी अदालतें जिनके जज ख़रीदे न जा सकें, ऐसे विश्वविद्यालय जहां अध्यापक पढ़ाते हों और जहां के विद्यार्थी हमेशा हड़ताल व बहिष्कार न करते हों, सुरक्षित और विश्वसनीय परिवहन-व्यवस्था, अस्पताल जहां ग़रीबों और अमीरों का बराबरी से विनम्रतापूर्वक त्वरित इलाज होता हो।

भारत की आकांक्षा भी तो यही है न—एक विशाल, परिपक्व लोकतंत्र, एक प्राचीन, नित-नई बनती सभ्यता। तो क्या इसके पास इतना भी आत्मविश्वास नहीं, गरिमा नहीं कि वह पश्चिम से वही ले सके जो उसे चाहिए और उसके बाकी को वह चुपचाप नकार सके? ठीक यही जापान ने किया है, सिंगापुर ने अपने व्यवहार में अपनाया है। 1940 के समय में यूसुफ मेहरअली और गांधी थे जो यह जानते थे कि 'पश्चिम साम्राज्यवाद' की ढफली को कहां रोकना है। हम, जिन्होंने कभी किसी ब्रिटिश कारावास का अंतस नहीं देखा, क्या जानें, क्या समझें यह सब।

अंतरराष्ट्रीयतावादी

ई.पी. थॉमसन की यादें

1978 में ई.पी. थॉमसन का काम *दि पॉवर्टी ऑफ थ्योरी* प्रकाशित हुआ जो कि फ्रेंच चिंतक लुई ऑल्थ्यूज़र के कृतित्व पर एक प्रहार था। दो साल बाद मैं अपनी पीएच.डी. करने कलकत्ता आया। वामपंथी सरकार सत्ता में थी और वातावरण में समाजवाद का बोलबाला था। उस समय होने वाली पांडित्यपूर्ण तकरारों के मुद्दे थे—थॉमसन बनाम ऑल्थ्यूज़र, युवा और उपदेशक मार्क्स बनाम परिपक्व और तर्कसंगत मार्क्स, किसानी से उपजी क्रांतियां बनाम मज़दूर क्रांतियां, स्तालिनवाद, यूरो-कम्युनिज़्म और उत्तर-माओ चीनी मार्क्सवाद की खूबियां। ये बहसें प्राध्यापकों से रिसते हुए डॉक्टरल विद्यार्थियों तक पहुंचीं और फिर हौले-हौले सत्ता के मुख्यालय—सौभाग्य से जिसका नाम भी था राइटर्स बिल्डिंग—में भी व्यापीं। हवा का रुख भांपते हुए लेफ्ट फ्रंट की सरकार ने अपने मंत्रिमंडल में तीन या चार बुद्धिजीवियों को शामिल किया। आधुनिक बंगाल के इतिहास में पहली बार लगा कि विचार भी महत्व रखते हैं।

मैं बंगाली नहीं हूं और जिस आई.आई.एम. में मैं पढ़ा वह भी सचिवालय से कलकत्ता के दूसरे छोर पर था। लेकिन थॉमसन की इस कृति के प्रबल नैतिक केंद्र से प्रभावित हो तुरंत ही मैंने उनको पढ़ डाला। *पॉवर्टी ऑफ थ्योरी* से मैं *व्हिग्स एंड हंटर्स* पर पहुंचा जो कि सम्राट की मौज-मस्ती की खातिर हिरणों के प्रजनन के लिए सार्वजनिक भूमि को बाड़ लगाकर सुरक्षित करने का एक लेखा-जोखा था। शिकार-चोरों ने सम्राट के इस 'काले क़ानून (ब्लैक एक्ट)'

का विरोध चोरी-चोरी भेस बदलकर किया था। लेकिन जब मैं यह किताब 1981-82 में पढ़ रहा था तब तो भारतीय संसद में प्रस्तुत एक नए वन कानून के खिलाफ उठने वाली आवाज़ें बल्कि कुछ ज़्यादा ही बुलंद थीं।

थॉमसन की कृतियों ने इतिहास और समाजशास्त्र, अठारहवीं सदी के ब्रिटेन और बीसवीं सदी के भारत के बीच एक सेतु का काम किया। मैं उन शुरुआती इतिहासकारों की उस अदृश्य मंडली का हिस्सा बना जो उनके लेखों की दुर्लभ प्रतियां समूचे उपमहाद्वीप में प्रचारित-प्रसारित करती थी। मद्रास के एक मित्र को थॉमसन के निबंध *'दि मोरल इकोनॉमी ऑफ द इंग्लिश क्राउड'* की प्रति दरकार थी जो कि दिल्ली में मेरे एक अन्य मित्र के पास उपलब्ध थी जिसे मेरा मद्रासी मित्र नहीं जानता था। मैंने उस निबंध की स्याही के धब्बों से दाग़दार हुई एक प्रति हासिल की, और एक बहुत पुराने फोटोकॉपियर से उसकी एक और प्रतिलिपि बनाई, और फिर उस प्रति को मैं अपनी पेटी में डाल ग्रांड ट्रंक एक्सप्रेस में सवार हुआ, और हर आध घंटे के बाद अपनी बर्थ के नीचे झांक कर तब तक तसल्ली करता रहा जब तक कि हमारी गाड़ी मद्रास न पहुंची। वहां पहुंचकर मैंने वह बेशकीमती चीज़ उचित हाथों को सौंप दी, और जल्द ही बदले में एक तोहफा भी मिला। मद्रास के अख़बारों ने लंदन में छपा एक लेख छापा था। यह लेख एक फिल्म पर था जिसमें थॉमसन, सी. एल.आर. जेम्स (हमारे एक और, लेकिन थोड़े कमतर नायक) के साथ बातचीत कर रहे थे। मेरे मित्र ने मुझे वह रिपोर्ट भेजी; मैंने वह रिपोर्ट पढ़कर उसमें छपे फोटो की कतरन अपने बटुए में रख ली। बाद में, अपने एक गृह-प्रवास के दौरान मैंने अपनी एक आंटी को मेरे बटुए की तलाशी करते हुए देखा। मेरी प्रेमिका की तस्वीर तो खैर उन्हें न मिली, लेकिन उनके हाथ लगी एक तस्वीर दो बूढ़े विदेशी पुरुषों की—एक काला, एक गोरा।

II

उन्नीस सौ अस्सी के दशक में जिन दिनों मैं थॉमसन पढ़ रहा था और एक अध्येता के बतौर अपनी पहचान गढ़ रहा था, थॉमसन इतिहास को त्याग, निरस्त्रीकरण (शांति) आंदोलन से जुड़ चुके थे। उनके भारतीय प्रशंसक इस मसले पर विभक्त थे। जो लोग सीपीआई (एम) के प्रति निष्ठावान थे, उनकी शिकायत थी कि उन्होंने शीत युद्ध को गर्माने के लिए अमेरिका को साफ-साफ

ज़िम्मेदार नहीं ठहराया था। थॉमसन जब 1986 में अपने साथ नाभिकीय निरस्त्रीकरण अभियान का पैग़ाम लेकर भारत आए तो उनकी सभाओं में सीपीएम कार्यकर्ताओं ने बड़ा हंगामा मचाया और अपनी पार्टी की पत्रिकाओं में पश्चिमी साम्राज्यवादियों के हाथों का खिलौना बन जाने के लिए उन्हें खूब लताड़ा। खैर, पार्टी के अंदर और पार्टी के बाहर, हम सबमें छले जाने का कुछ अहसास तो था ही। *पॉवर्टी ऑफ थ्योरी* के बाद से हम लोगों ने ब्लेक पर उनकी पुस्तक और अठारहवीं सदी के सामाजिक इतिहास के उनके अध्ययनों, जिसे पहले से ही *कस्टम्स इन कॉमन* शीर्षक मिल चुका था, के वचनबद्ध संश्लेषण की बड़ी बेसब्री से प्रतीक्षा की थी। उसके बदले हमें मिला क्या—पूंजीवादी नाश और स्तालिनवादी सर्वसत्तावाद की एक विलंबित उबाऊ रामकहानी।

1989 में जब शीत युद्ध समाप्त हुआ तो थॉमसन का कहना था कि इसका कुछ श्रेय तो निरस्त्रीकरण अभियान को भी जाता है। लेकिन उनके इस दावे को विजेताओं और उनके सिद्धांतकारों, दोनों ने ही बुरी तरह से खारिज कर दिया। शुक्र है कि अभियान का अंत आते-आते वे इतिहास की ओर वापस आने लगे थे। मुझे इसका संकेत कुछ पहले ही मिल गया था। हुआ यह कि 1987 में मैंने औपनिवेशिक वानिकी पर अपना एक निबंध, उनके द्वारा सह-संस्थापित पत्रिका *पास्ट एंड प्रेज़ेंट* को भेजा। पत्रिका के पांच रेफरी थे, सब अनाम, लेकिन एक रिपोर्ट के पहले वाक्य ने थॉमसन का नाम ज़ाहिर कर दिया। "इस लेख के शिल्प में संकोच की कुछ चरमराहट सुनाई देती है," यहां से उसकी शुरुआत हुई—शैली एकदम वही थी, खरी-खरी, बस फिर क्या था, पहले वाक्य की आहट अभी बाकी ही थी कि और भी स्पष्ट एक सुराग मिल गया : "लेखक के विवरण में ब्रिटिशों द्वारा ढाए गए पर्यावरणीय विनाश—शिकार—का उल्लेख न होना आश्चर्यजनक है। गोरे शिकारियों के वहशीपन के कल्पनापरक लेखे-जोखे के लिए लेखक को एडवर्ड जे. थॉमसन के उपन्यास पढ़ने चाहिए, खासकर उनका उपन्यास *शिवा'ज़ हेअर*।"

मैंने पाया कि *शिवा'ज़ हेअर* की पृष्ठभूमि बंगाल थी, जहां इसके लेखक, ई.पी. थॉमसन के पिता ने एक शैक्षिक मिशनरी के बतौर कई साल गुज़ारे थे। वे टैगोर के एक सहयोगी और जीवनीकार भी थे, और आगे चलकर नेहरू व गांधी के मित्र बने और भारत की आज़ादी के समर्थक भी। लेकिन भारत व भारतीयों के प्रति युवा थॉमसन की समानुभूति का, कम से कम शुरुआत में

तो, इस बात से लेना देना कम ही था कि वे किसकी औलाद थे। उन्नीस सौ साठ के दशक की शुरुआत में जब बंगाली इतिहासकार पार्थ सारथी गुप्त बड़े थॉमसन के दस्तावेज़ों का अध्ययन करना चाहते थे तो उनसे एरिक हॉब्सबॉम ने कहा था कि ''एडवर्ड अपने पिता को लेकर शर्मिंदा हैं।'' गुप्त जब उनसे मिलने गए तो उन्होंने पाया कि पुत्र अपने पिता के बारे में तो बात करने को इच्छुक नहीं है लेकिन बंगाल में कम्युनिस्ट आंदोलन के विकास में अलबत्ता उनकी रुचि बहुत थी।

अपने अधिकांश जीवन में ई.पी. थॉमसन व्यक्तिगत स्तर पर भारत के हिमायती रहे और ठीक ऐसे ही अमेरिका-विरोधी रहे। न्यूयॉर्क में एक पार्टी में मिलने पर लेखक डिक मार्गोलिस ने उन्हें रूखा-रूखा और ग़ैर-मिलनसार और खुद के एक बड़ा आदमी होने के प्रति कुछ ज़्यादा ही सचेत पाया। थॉमसन की मां अमेरिकी थीं, पर मां के पैतृक देश के प्रति बेटे के नकारात्मक रवैए की वजह ठेठ राजनैतिक थी। एक तो नवधनाढ्य संस्कृति के खिलाफ इस उच्चवर्गीय अंग्रेज़ का पूर्वग्रह तिस पर आर्थिक व राजनीतिक साम्राज्यवाद के प्रति इस समाजवादी की वितृष्णा, इन दोनों के चलते ही थॉमसन का यह नज़रिया बना। इसके उलट, भारत एक प्राचीन सभ्यता था, और गांधी व नेहरू की बदौलत उपनिवेशवाद के खिलाफ संघर्ष का सिरमौर बना। थॉमसन यह भी मानते थे कि पश्चिम में गंवाई समाजवाद की लड़ाई, अब भी, कम हिंसात्मक तरीके से, तीसरी दुनिया में जीती जा सकती है। ''भारत *केवल* एक महत्वपूर्ण देश ही नहीं है,'' एक बार उन्होंने कहीं लिखा था, ''बल्कि दुनिया की सलामती के लिए संभवतः *सबसे* महत्वपूर्ण देश है ... दुनिया की तमाम भिन्न-भिन्न शक्तियां इस समाज में मौजूद हैं—हिंदू, मुस्लिम, ईसाई, धर्मनिरपेक्ष : स्तालिनवादी, उदारवादी, माओवादी, प्रजातांत्रिक समाजवादी, गांधीवादी। ऐसा कोई भी विचार नहीं पश्चिम या पूर्व में जिस पर सोच जारी हो, वह किसी भारतीय मन में सक्रिय न हो।''

यह 1977 में लिखे गए उस निबंध में मिलता है, जो उन्होंने अपनी पहली भारत यात्रा के बाद लिखा था। वे यहां नेहरू स्मारक संग्रहालय (नेहरू मेमोरियल म्यूज़ियम) में उनके पिता को नेहरू द्वारा लिखे गए पत्र सौंपने और उसके एवज़ में नेहरू को उनके पिता द्वारा लिखे गए पत्र वापस लेने आए थे। यह इंदिरा गांधी के आपातकाल के बीच का समय था, और इसका विज्ञापन ब्रिटेन में

लेबर पार्टी ने एक ऐसे कदम के बतौर किया था जिसके चलते भारत को अराजकता से निजात मिली। नेहरू स्मारक संग्रहालय पर थॉमसन का स्वागत श्रीमती गांधी स्वयं ने किया था। लेकिन इतिहासकार झांसे में न आए। इस दौरान, जे.एन.यू. के युवा अध्येताओं का एक आपातकाल विरोधी जत्था उनके संपर्क में आ चुका था। एक गुप्त बैठक आयोजित की गई : स्पष्ट ही जे.एन.यू. पर तो नहीं, किसी के निजी निवास पर। यहां पर थॉमसन को इस सवाल का जवाब देना ही पड़ा कि क्योंकर उसके ब्रिटिश संरक्षक ने भारतीय समाजवाद को धोखा दिया : ''ब्रिटिश लेबर आंदोलन ने आखिर क्यों हमें इस तरह त्याग दिया है?'' युवा अध्येताओं ने पूछा। ''माइकल फुट ने भला क्यों आपातकाल का समर्थन किया?'' थॉमसन उस वाकए को कुछ यूं याद करते हैं, ''बेहाल, तमतमाई, परित्यक्त, और साहस भरीं बीस जोड़ी आंखें मुझे तक रही थीं, मेरा जवाब सुनने के लिए। जवाब, जो मेरे पास नहीं था।''

उनमें से एक जोड़ी आंखों का मालिक नीलाद्रि भट्टाचार्य था। नील तब एक स्नातक छात्र थे; कोई एक दशक बाद मैं जब उन्हें जानने लगा तब तक वे जे.एन.यू. में इतिहास के एक रीडर बन चुके थे। 1991 में जब मैं ऑक्सफोर्ड जाने की तैयारी कर ही रहा था कि नील का फोन आया, ''इंग्लैंड जा रहे हो तो वहां ई.पी. थॉमसन से ज़रूर मिलना।'' मैं स्तंभित होकर बोला, ''मैं *थॉमसन* से मिलने जाऊं? वे कहां हैं, और मेरी क्या बिसात? जब मैं एडिलेड गया था तब तो तुमने मुझे डॉन ब्रेडमैन से मिलने को नहीं कहा था।'' ''देखो, तुम उनसे संपर्क ज़रूर करना,'' नील अड़ा रहा, ''वे तुम्हें जानते हैं—उन्होंने तुम्हारा *पास्ट एंड प्रेज़ेण्ट* वाला लेख पढ़ा है। फिर वे अकेले और बीमार हैं, और भारतीयों को पसंद करते हैं। यह रहा उनका पता।''

इंग्लैंड पहुंचने के बाद मैं इस उलझन में रहा कि थॉमसन से मिलूं या न मिलूं। अंततः अपने संकोच पर मैंने विजय पाई। नील के इस वाक्य से प्रोत्साहित होकर : 'फिर, वे भारतीयों को पसंद करते हैं।' मैंने वॉर्सेस्टर स्थित उनके घर के पते पर उन्हें एक पत्र लिख भेजा; लौटती डाक से उनका जवाब आया—''प्रिय मि. गुहा, अस्पताल में एक लंबा समय गुज़ारने के बाद अभी-अभी मैं अपने घर लौटा हूं। इन दिनों मैं चिड़चिड़ा हो चला हूं—हो सकता है कि आप मुझे चिड़ियाघर में कैद एक रीछ समझें। आपका, ई.पी. थॉमसन।'' एक हफ्ते के भीतर ही हालांकि उनका एक दोस्ताना पत्र मिला : ''प्रिय मि. गुहा,

अब मैं काफी बेहतर महसूस कर रहा हूं। यदि आप फुरसत में हैं और आपके पास समय है तो हमसे मिलने वॉर्सेस्टर ज़रूर आएं। क्या गुरुवार 13 तारीख को दोपहर का भोजन आप हमारे साथ लेना चाहेंगे? आप ऑक्सफोर्ड से 10.20 की ट्रेन ले सकते हैं और 4.30 पर वापसी कर सकते हैं। स्टेशन से कृपया एक टैक्सी लें और उससे 'अपर विक' आएं। डोरोथी और मुझको आपसे मिलने का इंतज़ार रहेगा।''

गुरुवार के दिन 10.20 बजने में अभी कोई एक घंटे का समय बाकी था। समय बिताने के इरादे से मैं घूमते-घामते स्टेशन के नज़दीक के बुकस्टोर में जा पहुंचा, और नीरद चौधुरी की *अ पैसेज टु इंग्लैंड* की एक प्रति खरीद ली। जिस कंपार्टमेंट में मैं चढ़ा, वह लगभग खाली ही था, सिवा उस दूर वाले छोर के, जहां केवल तीन महिलाएं बैठी थीं। उनकी गपशप और हंसी गमकते हुए इस पार आ रहे थे : निश्चित ही वे अमेरिकी थीं। बीच-बीच में मैं अपना चौधुरी भी पढ़ता जाता, लेकिन ज़्यादातर मैं यही सोचता रहा कि थॉमसन क्या कहेंगे, और क्या नहीं कहेंगे।

वॉर्सेस्टर स्टेशन पहुंचने के बाद मैंने, जैसा कि कहा गया था, एक टैक्सी ली। थॉमसन दंपती वैसे तो वॉर्सेस्टर के बाहर रहते थे लेकिन रास्ता शहर के बीच से होकर जाता था। हम क्रिकेट मैदान से होकर गुज़रे जिसमें एक कैथेड्रल खड़ा था। एक मैच चल रहा था। किसी दूसरे दिन मैं रुक कर इसे देखने लगता क्योंकि यह मैदान इंग्लैंड के सबसे खूबसूरत मैदानों में से था और एक महान भारतीय क्रिकेटर सीनियर नवाब पटौदी यहां अक्सर खेलते थे। एकाध ग़लत मोड़ लेने के बाद, टैक्सी ने आखिरकार सही घर 'विक्स एपिस्कोपी' ढूंढ़ ही लिया। यह एक या दो एकड़ वाले एक खेत में बना था, आगे की ओर भेड़ें चर रही थीं, जबकि पीछे की ओर एक पर्वत शृंखला नज़र आ रही थी। वह किसी ठेठ देहाती अंग्रेज़ भद्रपुरुष के घर सरीखा लग रहा था। और घर के मालिक ने मेरी इस राय की पुष्टि ही की, क्योंकि मेरे दरवाज़ा खटखटाने पर उन्होंने जब दरवाज़ा खोला तो उनके कदमों के पास एक कोली (भेड़ों की देखभाल करने वाला प्रशिक्षित कुत्ता) भी था। ''आप अपने आप ही आ पहुंचे?'', उन्होंने पूछा। ''डोरोथी ने तय किया था कि वह आपको उन अमेरिकियों के साथ ही ले आएंगी, जो यहां आने वाले हैं।''

उन्होंने मुझे अपने घर के भीतर आने के लिए कहा, और मैंने एक कुर्सी

पर बैठ अपनी किताब पास रखी एक मेज़ पर रख दी। ''आप नीरद चौधुरी को पढ़ते हैं,'' थॉमसन बुदबुदाए, ''हरामी प्रतिक्रियावादी।'' ''सही है,'' मैं हौले से बोला, ''लेकिन अंग्रेज़ी गद्य का उस्ताद।'' समय रहते डोरोथी भी आ पहुंचीं, खिलखिलाती हुईं उन्हीं अमेरिकी महिलाओं के साथ। उनमें से एक थॉमसन दंपती के एक लेखक मित्र की विधवा थीं। उसी ने उस सुबह फोन कर अपनी सहेलियों के साथ आने की बात कुछ इस तरह कही थी कि थॉमसनों के पास कोई विकल्प नहीं रह गया था सिवा ''हां'' करने के। डोरोथी जब खाना लगा रही थीं, तो उन तीन महिलाओं ने मुझे कैमरा थमाते हुए उनके फोटो खींचने के लिए कहा—पहले तो एक-एक करके चिड़ियाघर वाले रीछ के साथ और फिर सब की एक साथ।

भोजन पर थॉमसन महोदय शांत रहे, जबकि डोरोथी उन लेखक-पत्नी से पूछती रहीं कि उनके पति की किताबें अभी भी उपलब्ध हैं, और कौन-कौन लोग उनके पाठक हैं। भोजन होते ही थॉमसन ने घोषणा की कि वे मुझे ऊपर दुछत्ती पर ले जा रहे हैं, उनके पिता के लेख वग़ैरह दिखाने। बस फिर क्या था यह सुनकर मैं अपनी कुर्सी से उछल पड़ा, उनके साथ होने। वे मेरे आगे-आगे चलते रहे, कष्टपूर्वक, जो कि उनके चेहरे से साफ झलका जा रहा था। सीढ़ी के पैताने से ऊपर को देखते हुए डोरोथी ने पूछा कि क्या वे वाकई मुझे चार सीढ़ियां चढ़ ऊपर ले जाना चाहते हैं। ''हां, भई *हां,*'' साफ था कि वे भी उन अमेरिकी महिलाओं से छुटकारा पाना चाहते हैं।''

जब हम सबसे ऊपर पहुंचे, तो वे बैठ गए, एक या दो मिनट लगे उन्हें अपनी सांस वापस पाने में, इसके बाद वे एक बक्से में रखे इंडेक्स कार्डों को अलटने-पलटने लगे। ''देखने दो, बंदे का नाम क्या है जिसके जीवन के बारे में तुम लिख रहे हो? एल्विन। उसका तो एक भी खत नहीं यहां। लेकिन उस डरपोक पादरी, सी.एफ. एंड्रयूज़ के खत यहां ज़रूर हैं। और ये रहे उसके, और मेरे पिता के मित्र, टैगोर के खत। अपने पिता और टैगोर पर अपनी छोटी किताब खत्म करने के बाद मैं इन दस्तावेज़ों को बोदलिअन लाइब्रेरी को दान दे दूंगा।'' वे अभी कार्डों को उलट-पलटकर देख ही रहे थे कि मैंने उनसे वह सवाल किया जिसे पूछने के लिए मैंने बारह बरस इंतज़ार किया था—''ऐसा क्यों हैं कि आप नेहरू को तो अक्सर उद्धृत करते रहते हैं लेकिन गांधी को कभी नहीं? इसे लेकर मैं कुछ उलझन में हूं क्योंकि मेरे विचार से आपका ऐतिहासिक और

राजनैतिक कार्य अपनी प्रकृति में गांधी के करीब बैठता है।'' जवाब अनपेक्षित रूप से ढीला-ढाला और मुद्दे से हटकर था : ''मेरे ख्याल से इसका कारण यह है कि मेरे संग्रह में नेहरू के दो दर्जन खत हैं, जबकि गांधी का केवल एक।''

अगले साल मैं वापस इंग्लैंड में था, और थॉमसन दंपती को मैंने लिख कर सूचित किया। उनकी सेहत कुछ बेहतर हो आई थी; टैगोर की किताब छपने को थी, *कस्टम्स इन कॉमन* छप चुकी थी, और ब्लेक पर किताब बस खत्म होने को थी। आगंतुकों, कम से कम भारतीयों का स्वागत था। ''आइए, रविवार की दोपहर हमारे साथ बिताइए,'' उन्होंने लिखा, ''दिन क्या, रात भी बिताएं, और हम आपको उस ट्रेन में चढ़ा देंगे जो आपको आर्काइव्स खुलने के पहले लंदन पहुंचा देगी। मुझे हमेशा उन *तीन* (ज़ोर उनका) अमेरिकी महिलाओं पर गुस्सा आता रहा है जिन्होंने हमारी-आपकी पिछली मुलाक़ात का मज़ा किरकिरा कर दिया था।''

पैडिंग्टन बुकशॉप पर जिस पुस्तक की ओर मेरा ध्यान गया वह थी, ऑबरॉन वॉ के संस्मरण, *विल दिस डु?* वॉ को ट्रेन में पढ़ते हुए मैं देहाती भद्रपुरुष के लेखन की अनास्था और सहज सौंदर्य से मंत्रमुग्ध हुआ जा रहा था, जो उस भद्रपुरुष से बहुत अलग किस्म का बंदा था जिनसे मिलने मैं ट्रेन में सवार हुआ था। वॉर्सेस्टर पहुंचने से पहले मैंने पुस्तक को अपने बैग में रख दिया, मैं नहीं चाहता था कि एक *ब्रिटिश* प्रतिक्रियावादी के प्रति मेरी दिलचस्पी थॉमसन पर ज़ाहिर हो। सोचा कि रात में बिस्तर पर पड़े-पड़े इसे पढ़ डालूंगा।

ट्रेन ज्यों ही स्टेशन के भीतर दाखिल हुई, मैंने थॉमसन को देख लिया, अविश्वसनीय ढंग से बुढ़ाए और झुके-झुके, एक बेंच पर से खुद को उठाते हुए, एक हाथ में छड़ी थामे तो दूसरे में एक किताब। अच्छी सेहत वाली डोरोथी के लिए मेहमानों को ट्रेन से लिवा लाना एक ज़्यादा सामान्य बात थी—लेकिन थॉमसन के लिए ऐसा करना पिछली कसर की भरपाई करना था। हम लोग कार में बैठे : गिअर का बदलना हर बार एक मशक्कत थी। चाय और डोरोथी से उन्हें राहत मिली, और जल्द ही हम दुनिया भर में फैले अपने साझा दोस्तों के बारे में बतियाने लगे—इक्वेडॉर में झींगा-पालन (श्रिम्प फार्मिंग) की मुखालिफत कर रहे अमेरिकी आदिवासियों का अध्ययन कर रहे स्पेनिश समाजवादी खुआन मार्तिनेस आलियेर; बोस्निया में 'हेल्सिंकी वॉच' के तहत शांति व मानवाधिकार बहाल करने के प्रयास में जुटीं भारतीय नारीवादी राधा कुमार। मैं नई दिल्ली

में ऑक्सफोर्ड यूनिवर्सिटी प्रेस के अपने एक संपादक-मित्र का संदेश लेकर गया हुआ था : मेरे इस मित्र ने थॉमसन की पुस्तक *एलिअन हॉमिज* का संपादन किया था, जो उनके पिता व टैगोर पर लिखी गई थी, और मेरे मित्र को यह उम्मीद थी कि अपनी इस पुस्तक के विमोचन के लिए थॉमसन आएंगे। ''क्यों, भारत जाने का विचार बढ़िया है न?'' अपनी कुर्सी में हौले-हौले आगे-पीछे डोलते हुए थॉमसन ने अपने पैताने बैठे अपने कुत्ते से पूछा, ''*भारत* जाना कितना अच्छा होगा न?'' एक पल को तो डोरोथी चौकन्नी हुईं। ''नहीं, एडवर्ड'', वे दृढ़तापूर्वक बोलीं, ''इन सर्दियों में नहीं। हां अगले साल हो सकता है, वह भी तब जब डॉक्टर जाने की अनुमति दें।''

उस रात मैंने अपने बैग से पाजामा तो बाहर निकाला, लेकिन ऑबरॉन वॉ साहब को अंदर ही रहने दिया। पता नहीं क्यों, ऐसे महान क्रांतिकारियों के घर में इस किताब को छूना भी अजीब लगता था। हमारे सोने जाने के पहले, थॉमसन ने अपनी एक पुस्तक मुझे भेंट देनी चाही : अभी-अभी प्रकाशित *कस्टम्स इन कॉमन,* लेकिन वह तो मैं पहले ही लंदन में खरीद चुका था। ''जाने के पहले मुझे याद दिलाना कि मैं तुम्हें अपनी कविताओं की किताब दूं,'' वे बोले। अगली सुबह मैं अपनी विनम्रतावश उन्हें याद न दिला पाया लेकिन, जैसे ही डोरोथी और मैं स्टेशन जाने के लिए तत्पर हुए, उन्होंने मुझे यह बताकर आश्चर्यचकित कर दिया कि उनके पास *मेरी* पुस्तक पहले से ही है। ''संयोग से, मेरे पास *दिस फिशर्ड लैंड* की एक प्रति समीक्षा के लिए भेजी गई है। कल रात तुमने कहा था कि तुम मेरे लेखन के प्रति अपना एक सम्मान प्रकट करना चाहते हो : यह विचार कि भारत में मेरा भी थोड़ा (!) प्रभाव होगा, बड़ा आनंददायी है। लेकिन मेरी समीक्षा पढ़ने के बाद तुम शायद यह ख़्याल छोड़ देना चाहोगे।''

III

ई.पी. थॉमसन को जानना एक सम्मान की बात थी, और उससे भी अधिक सम्मान की बात थी छपाई में उनके द्वारा डांट खाना। *दिस फिशर्ड लैंड* (भारत के पारिस्थितिक इतिहास पर माधव गाडगिल के साथ लिखी गई किताब) की समीक्षा, लगता है उनके द्वारा लिखी गई आख़िरी समीक्षा थी। मैं शुरू में ही भांप चुका था कि आगे चलकर इसका लहजा कैसा होगा, क्योंकि हमारे एक साझा मित्र को उन्होंने लिखा था कि वे ''पहले अध्याय के वज़न से ही उखड़

गए थे।'' यहां मैं उनकी प्रकाशित समीक्षा के दो अंश प्रस्तुत कर रहा हूं, अपनी किताब पर ध्यान आकर्षित करने के लिहाज़ से नहीं, बल्कि इतिहासकार थॉमसन और अंतर्राष्ट्रीयतावादी थॉमसन की खूबियों को दिखाने के लिए। दुखदायी पहले अध्याय में पारिस्थितिकीय बदलाव का एक सिद्धांत पेश किया गया था, जिसके बारे में उनका कहना था कि वह ''इतना दोषपूर्ण नहीं था जितना कि उबाऊ, और कहीं-कहीं तो अपनी उन भ्रामक-तालिकाओं और रेखाचित्रों के चलते फालतू भी था, जो सर्वज्ञात का चित्रण करती थीं, गोया लेखक-द्वय को शब्द-शक्ति पर भरोसा न हो। किताबों को इस तरह प्रस्तुत नहीं किया जाना चाहिए, क्योंकि सामान्य पाठक, या छात्र, विमर्श के परिसर में घुसने के पहले ही उन्हें अनपढ़ा छोड़ चलता बन सकता है।''

उन्होंने लिखा कि उन्होंने इस पुस्तक को ''एक अवसाद की अवस्था में ही पटक दिया। क्या यह इतना ज़रूरी है कि इतना सारा पारिस्थितिकीय लेखन इस कदर अवसादपूर्ण हो? शायद हो, और होना भी चाहिए। तिस पर भी, तमाम शोषण और दुरुपयोग के बावजूद, हिमालय से लेकर प्रायद्वीप के छोर तक फैला उधड़ी हुई भूमि का यह विशाल क्षेत्र अभी भी इतने ढेर संसाधनों और प्रजातियों से इस हद तक संपन्न है कि क्या हमें ख्याली (यूटोपियाई) शाबाशी की एक हल्की सी मुस्कान भी दरकार नहीं! क्या इस अवरोह को पलटा नहीं जा सकता?''

यह वो आदमी था जो जानता था कि वह उस देश के भविष्य के बारे में लिखने के लिए मरा जा रहा था जो कि उसका अपना नहीं था। यहां मुझे जॉर्ज स्टाइनर की एक टिप्पणी याद आ रही है जो कुछ ऐसा कहती है कि मार्क्सवाद के पतन के चलते, ''उम्मीद के इतिहास में एक अंधियारी सुरंग आ गई है।'' सही है कि खुद मार्क्सवादी ही आशा करना भूल गए हैं। सोवियत-संघ के टूटने के बाद अग्रणी ब्रिटिश मार्क्सवादियों के एक गुट ने *ऑफ्टर द फाल* के उदास शीर्षक से निबंधों का एक संग्रह छापा था। ऐसे ही लोग, जिन्होंने कभी *पॉवर्टी ऑफ थ्योरी* के लेखक पर एक टुच्चा अंतरोन्मुखी अंग्रेज़ होने का इल्ज़ाम लगाया था।

उनकी समीक्षा पढ़ने के बाद, मैंने हमारी पुस्तक के सैद्धांतिक अध्याय के बचाव में एक ख़त थॉमसन को लिखा था। कम से कम, मैंने कहा, हमने जिन विशेषज्ञों का हवाला दिया था, उनमें से एक भी फ्रेंच नहीं था। मेरा यह

खत उन्हें मरने से पहले मिल गया होगा। उनकी मृत्यु का समाचार भी मुझे कुछ अजीब-सी परिस्थितियों में मिला। यह ख़बर *दि टाइम्स ऑफ इंडिया* के पृष्ठ 11 के किसी कोने में दबी थी। अपने अधिकांश मित्रों की ही तरह, मैं भी यह खबर सुबह सुबह पढ़ने से चूक गया था। लेकिन जहां मैं काम कर रहा था, उस नेहरू म्यूज़ियम के निदेशक तो नहीं चूके थे। दोपहर के समय एक फ्रेंच विद्वान के सेमिनार की अध्यक्षता करते हुए अपनी एक टिप्पणी की भूमिका कुछ यों रखी : "जैसा कि ई.पी. थॉमसन, जिनकी मृत्यु का समाचार आज के अख़बारों में है, ने कभी कहा था ..." मुझे काटो तो खून नहीं, लेकिन शेष सेमिनार में तो बैठना ही था, खैर। ज्यों ही सेमिनार ख़त्म हुआ, मैंने अपना दफ्तर छोड़ा और बस मेरी रुलाई फूट पड़ी। बिना सोचे ही, मेरे कदम घर की ओर चलने लगे, और कुछ देर बाद मैंने खुद को महात्मा गांधी के स्मारक के दरवाज़े पर खड़ा पाया, उसी जगह जहां 30 जनवरी 1948 को उन्हें गोली मार दी गई थी, और जो मेरे घर और दफ़्तर के एकदम बीचोबीच अवस्थित था। मैं स्मारक परिसर में दाखिल हुआ और अपने आपको शांत करने के लिहाज़ से एक पेड़ के नीचे जा बैठा : पता नहीं क्यों थॉमसन को याद करने के लिहाज़ से वह जगह मौजूं लगी, जबकि खुद थॉमसन को इसमें कोई तुक नज़र न आती।

सिद्धांत चाहे जो हो, व्यवहार में थॉमसन एक ठेठ अंतर्राष्ट्रीयतावादी व्यक्ति थे। उनकी स्मृति में दुनिया के ऐसे स्थानों में भी सभाएं आयोजित हुईं जहां उनके आलोचक अनाम हैं और असम्मानित रहेंगे। अकेले दिल्ली में ही तीन सभाएं आयोजित हुईं, और मेरे मित्रों ने हेल्सिंकी, बार्सिलोना और मेल्बोर्न में हुई सभाओं के साथ-साथ थॉमसन के नापसंदीदा संयुक्त राज्य अमेरिका में आयोजित एक दर्जन या उससे भी अधिक स्मृति सभाओं की जानकारी दी। थॉमसन की मृत्यु के कोई एक पखवाड़े बाद, मेरी मुलाक़ात नेहरू म्यूज़ियम के कैफे में बैठे सामाजिकी के एक प्रोफेसर से हुई। प्रोफेसर साहब, अख़बारी कतरनों के एक रजिस्टर के ऊपर झुके बैठे थे। मैं रुका और उनसे पूछा कि वे क्या पढ़ रहे हैं। वे थॉमसन द्वारा फॉकलैंड्स युद्ध के दौरान (और उस पर) लिखा हुआ एक निबंध पढ़ रहे थे। उस इतिहासकार को याद करने का यह उनका तरीका था जिसके लिए उन प्रोफेसर का कहना था, "हम सब वामपंथियों के लिए एक संदर्भ-द्रष्टा।"

दिसंबर 1993 में, जब तक कि शोककाल बीत चुका था—थॉमसन अगस्त

में गुज़रे थे—नई दिल्ली के मेरे घर के पते पर *लंदन रिव्यू ऑफ बुक्स* की एक प्रति आई। 1991 में जब मैं ऑक्सफोर्ड में था तो मेरे पास कुछ पाउंड बच गए थे और उनसे मैंने *एल.आर.बी.* का ग्राहक-शुल्क भर दिया था। इसे कुछ ज़्यादा ही तंगनज़र पाकर मैंने इसकी ग्राहकी खत्म हो जाने दी थी। एक साल से भी ज़्यादा समय तक उसका एक भी अंक मेरे पास नहीं आया था, और फिर अचानक यह अंक टपक पड़ा। खैर उसमें थॉमसन के पुराने झगड़ालू साथी पेरी एंडरसन का एक स्नेहिल संस्मरण था। अब अपने थॉमसन बाबू ने अपनी *द पावर्टी ऑफ थ्योरी* की शुरुआत यही कहकर की थी : ''अपने जीवन के तैंतीसवें वर्ष में मैंने तर्क करना शुरू किया था और बावजूद मेरी भरसक कोशिशों के मैं इस आदत को अपने पर से झाड़ न सका।'' लेकिन *एल.आर.बी.* का यह अंक मुझे यूं मिलने के पीछे भला कौन-सा तर्क काम कर रहा था? ना भेजे गए पाउंड्स और अप्रेषित अंकों संबंधी जानकारी को भुला देने के लिए कोई कम्प्यूटरी कारस्तानी? या फिर महज़ किसी जानकार और विचारशील ऑफिस सेक्रेटरी का काम, जो जानती थी कि यदि किसी भारतीय, फिर चाहे एक ही भारतीय ने क्यों नहीं, कभी *एल.आर.बी.* की सदस्यता ली हो तो उसका यह हक ज़रूर बनता है कि उसे पत्रिका का वह अंक निशुल्क मिले जिसमें ई.पी. थॉमसन को श्रद्धांजलि दी गई हो? बहरहाल, उस विशेष अंक के पहले न तो पूरे साल के लिए मुझे कभी यह पत्रिका मिली, और न ही उसके बाद से कभी।

1994 की गर्मियों में मैं एक बार फिर इंग्लैंड में था। मोटे तौर पर जिस पहले व्यक्ति से मैं मिला वे थे डेविड हार्डिमॅन, गुजरात के सामाजिक इतिहास पर तीन उम्दा थॉमसन-मार्का किताबों के लेखक। मुझे यह तो मालूम था कि *पास्ट एंड प्रेज़ेंट* की बैठकों में थॉमसन की ऐतिहासिक पद्धति के एक कल्पनाशील और स्थापित व्याख्याता, हार्डिमन को यह शिकायत हुआ करती थी कि ई.पी. थॉमसन उन्हें नज़रअंदाज़ करते हुए ऑक्सफोर्ड में मौजूद किसी भारतीय की तलाश में रहते थे। लेकिन अब 'इंडिया ऑफिस लाइब्रेरी में मुझे पाकर वे उत्तेजना में उछल पड़े : ''जानते हो कि *विटनेस अगेन्स्ट द बीस्ट* के अंदरूनी फ्लैप में क्या है? तुम्हारी किताब पढ़ते हुए थॉमसन का एक चित्र।'' तुरंत अपने काग़ज़-पत्तर पटक कर मैंने गॉवर स्ट्रीट स्थित 'डिलिअन्स' के लिए ट्यूब (रेल) पकड़ी। उनके पास सिर्फ़ थॉमसन के मरणोपरांत प्रकाशित ब्लेक पर लिखी उनकी पुस्तक का पेपरबैक संस्करण ही था। उसमें तो कोई भी फोटो न था। मैंने

सोचा, हो सकता है हार्डिमॅन साहब ने उसका पक्की जिल्द वाला (हार्डबैक) संस्करण देखा हो। डिलिअन्स से ही मुझे ऑक्सफोर्ड के ब्लैकवेल्'स बुकशॉप आज़माने का सुझाव मिला। बस फिर क्या था, उसी शाम मैं ब्लैकवेल्'स में था और वहां मुझे उस पुस्तक का हार्डबैक संस्करण मिला। वह फोटो वाकई वहां था, थॉमसन महाशय *दिस फिशर्ड लैंड* पढ़ते हुए, पुस्तक का जैकेट (बाहरी आवरण) और शीर्षक एकदम साफ-साफ दिखते हुए। लेकिन मेरी खुशी का पारावार तब थोड़ा थमा, जब मैंने सबसे पहले मिलने वाले अपने एक दोस्त को वह किताब दिखाई, ''देखते नहीं कि थॉमसन साहब की त्योरियां चढ़ी हुई हैं,'' उसने कहा, ''वे शायद तुम्हारा पहला अध्याय पढ़ रहे हैं।''

राज का दूसरा पहलू : मीरा, स्प्रैट, एल्विन और हाल्डेन

उन्नीस सौ बीस के दशक के बीच के वर्षों का समय भारतीय इतिहास में शांति का काल माना जाता है। ये वर्ष, असहयोग आंदोलन, जिसका अंत 1922 में चौरी चौरा के अग्निकांड से हुआ, और सविनय अवज्ञा आंदोलन, जिसकी शुरुआत 6 अप्रैल 1930 को दांडी में हुई, के दरम्यान एक अलक्षित और मोटे तौर पर अलिखित अंतराल की रचना करते हैं। स्वयं गांधी ने, चर्खे के लंबे-लंबे सत्रों के बीच अपनी आत्मकथा लिखते हुए इस शांति को गौरवान्वित किया था। जो अपेक्षाकृत कम राष्ट्रवादी थे वे, इस बीच, इस पर बहस कर रहे थे कि राज द्वारा स्थापित की गई विधान परिषदों में प्रवेश किया जाए या नहीं। चर्खा और परिषद-प्रवेश में विरोध तथा सत्याग्रह की अपील का अभाव है; ऐसे में आश्चर्य की बात नहीं कि इतिहासकार भारतीय राष्ट्रवाद के दो महान जन-आंदोलनों को अलगाने वाले इन वर्षों को नज़रअंदाज़ कर आगे बढ़ जाते हैं।

1925 और 1927 के बीच की उस अवधि पर बहुत थोड़े से शोधप्रबंध और पुस्तकें हैं जब दो असाधारण अंग्रेज़ पुरुषों और एक अंग्रेज़ महिला ने भारत आकर उसे अपना घर बनाया था। इनमें से प्रत्येक उस संघर्ष से अनुप्राणित था जो उनके देश के विरुद्ध एक पराधीन प्रजा कर रही थी, और प्रत्येक ने उस संघर्ष में सामान्य से कहीं ज़्यादा बड़ी भूमिका निभाई थी। ऐसे वक़्त में जब पासपोर्ट महज़ सुविधा का एक प्रतीक नहीं हुआ करता था, इनमें से प्रत्येक ने पृथ्वी के सबसे शक्तिशाली साम्राज्य की अपनी प्रमाणित सदस्यता के बदले

में एक ऐसे राष्ट्र के भीतर अपनी अनिश्चित हैसियत स्वीकार की थी जो ख़ुद ही अपने अस्तित्व में आने के लिए संघर्ष कर रहा था।

सबसे पहले आनेवालों में एक महिला थी। 1892 में जन्मी मैडेलीन स्लेड एक नौसेना अधिकारी की बेटी थी। जिस दौरान उसके पिता दूसरे देशों में पदस्थ थे, वह घुड़सवारी, शिकार और पियानो का अभ्यास करती हुई बड़ी हुई थी। किशोरावस्था में वह उनके साथ बंबई आई थी जहां उसका समय लगातार पार्टियों और पहाड़ों पर छुट्टियां मनाने में बीता था। उसकी सच्ची प्राथमिक रुचि संगीत में थी, ख़ासतौर से जर्मन संगीत में, और उसमें भी विशेष रूप से बीथोवन के संगीत में। इस संगीत-रचयिता पर लिखी गई रोमां रोलां की छोटी-सी पुस्तक और उनका वृहत उपन्यास *ज़्यां क्रिस्तोफ़* पढ़कर वह 1924 में उनसे मिलने विलानोव पहुंची। वहां पहुंचकर उसने पाया कि लेखक अपनी नई पुस्तक, *महात्मा गांधी* के प्रूफ़ देख रहा था। मिस स्लेड ने अब तक उस इंसान का नाम नहीं सुना था जिसकी तुलना रोलां ने ईसा मसीह से की थी। लेकिन जब यह पुस्तक आई तो उसने उसे तुरंत ख़रीदा और उसी वक़्त समझ गई कि 'बात नितांत खरी थी'। समझदारी से काम लेते हुए उसने कताई-बुनाई के अभ्यास के माध्यम से तैयारी करने का फैसला किया। मई 1925 में उसने गांधी को उस ऊन के नमूने भेजे जो उसने काता था। गांधी ने जवाब दिया कि भेजी गई सामग्री बहुत उम्दा है, और उससे कहा कि 'जब भी तुम आना चाहो' आ जाओ। मार्सेलिस से 25 अक्टूबर को जहाज़ की यात्रा शुरू कर वह 6 नवंबर को बंबई पहुंची और रात में अहमदाबाद की ट्रेन पकड़ी।

फ़िलिप स्प्रैट पंद्रह महीने बाद भारत पहुंचा, और निहायत ही अलग रास्ते से। मैडेलीन स्लेड से दस बरस छोटा, वह लंदन के एक भिन्न मतावलंबी (नॉनकन्फ़र्मिस्ट) रुझान वाले स्कूली अध्यापक का बेटा था। 1921 में इस निम्न-मध्यवर्गीय लड़के ने डाउनिंग कॉलेज, कैंब्रिज की स्कॉलरशिप हासिल की। विश्वविद्यालय के कई समूह रूस की क्रांति से उत्प्रेरित थे, और स्प्रैट उनमें शामिल हो गया। वह लेबर क्लब से ग्रेट ब्रिटेन की कम्युनिस्ट पार्टी में चला गया जहां वह उनके प्रकाशनों को कारखानों के बाहर तथा रेलवे प्लेटफ़ॉर्मों पर बेचा करता था। स्नातक होने के बाद उससे एक 'संदेशवाहक और रिपोर्टर' की हैसियत में भारत जाने को कहा गया। एस. ए. डांगे, मुज़फ़्फ़र अहमद और अन्य लोगों ने अभी-अभी कम्युनिस्ट पार्टी ऑफ़ इंडिया की शुरुआत की थी और उसको,

उपनिवेशवादी शैली के एकदम अनुरूप, सीपीजीबी (कम्युनिस्ट पार्टी ऑफ़ ग्रेट ब्रिटेन) नियंत्रित और परिचालित करना चाहती थी। स्प्रैट को निर्देश दिए गए थे कि वह सीपीआई से वैधानिक आवरण के तौर पर एक अलग मजदूर और किसान पार्टी बनाने को कहे, और ट्रेड यूनियनों (जिनका नेतृत्व उस समय एन. एम. जोशी जैसे उदार सुधारवादियों के हाथ में था) पर कब्ज़ा करने के लिए अतिरिक्त परिश्रम करे। वह 1927 की शुरुआत में बंबई पहुंचा, जहां से फिर वह दिल्ली, कानपुर और लाहौर में कार्यकर्ताओं और साम्यवादियों की तलाश पर निकला ताकि उनका नेतृत्व कर सके।

तभी एक और साहसी अंग्रेज़, वरियर एल्विन, ने 1927 में मालाबार में क़दम रख। वह प्रायद्वीप से होता हुआ पूना आया जिसे उसने अपने निवासस्थल के तौर पर चुना। वह स्प्रैट का एकदम समकालीन था, जिसका जन्म भी 1902 में हुआ था। उसने उसी वर्ष मेर्ट्रन कॉलेज, ऑक्सफ़ोर्ड में प्रवेश लिया जिस वर्ष कम्युनिस्ट कैंब्रिज में शामिल हुए थे। वह एक बिशप का पुत्र था जिसकी मृत्यु के समय वह छह वर्ष का था। एल्विन ने ऑक्सफ़ोर्ड में उज्ज्वल जीवन की शुरुआत करते हुए अंग्रेज़ी और थियोलॉजी में प्रथम श्रेणी की उपाधि हासिल की। विश्वविद्यालय छोड़ने पर जब उसे ईसाई पुरोहित-वर्ग में सम्मिलित किया गया तो लगा कि वह इंग्लैंड के चर्च की धर्मसत्ता में अपने पिता के पदचिह्नों पर चलने के लिए तैयार है। लेकिन अपने दोस्तों को आश्चर्य में डालते हुए और अपनी मां को गहरा झटका पहुंचाते हुए उसने *क्रिस्टा सेवा संघ* में शामिल होने का फैसला किया, जो ईसाइयत के 'भारतीयकरण' के लिए प्रयत्नशील एक छोटा-सा, संघर्षरत पंथ हुआ करता था।

भारत आ चुकने के बाद, शायद एक बार भी पीछे मुड़कर देखे बग़ैर, इन तीन विदेशियों ने स्वयं को इस धरती के जीवन के प्रति समर्पित कर दिया। मैडेलीन स्लेड, 'मीराबेन' के रूप में, गांधी की सबसे क़रीबी, समर्पित और जब-तब कट्टर अनुयायी बन गई। उसने उनके लिए पकाया, उनकी साफ़-सफाई की, उनका भोजन तैयार किया, उनके कपड़े धोए। जब गांधी को जेल हो गई, तो उसने *यंग इंडिया* का संपादन संभाला, जब तक कि उसको लेने के लिए भी पुलिस नहीं आ गई। अन्य गांधीवादियों (जिनमें, आरोप है कि, उनकी पत्नी कस्तूरबा भी शामिल थीं) को उसका यह अधिकार-भाव तकलीफ़देह लगता था, लेकिन गुरु के लिए वह एक बेटी के समान आत्मीय और विश्वसनीय थी।

1931 में वे उसको गोल मेज़ कॉन्फ्रेंस में ले गए। वह इस ज़िद के साथ वहां खद्दर की साड़ी और सैंडिल पहनकर पहुंची कि इंग्लैंड अब उसके लिए एक पराया देश है। जब लंदन के एक रिपोर्टर ने उससे पूछा कि क्या वह हिंदू हो गई है, तो उसने जवाब दिया: 'नहीं, लेकिन एक समय था जब ईसा मसीह और बुद्ध हुआ करते थे, अब उनकी जगह पर गांधी हैं।' 1934 में उसने संयुक्त राज्य अमेरिका की सफल यात्रा की, गांधी के संदेश को एक ऐसे देश में ले जाते हुए जो ब्रितानियों के बारे में बुरी से बुरी बात पर भरोसा करने के लिए हमेशा तत्पर रहता था, ख़ासतौर से तब तो और भी जब यह बात किसी ऐसे व्यक्ति द्वारा बतायी जा रही हो जो स्वयं कभी ब्रितानी हुआ करता था। अगले साल गांधी ने उसे अपने नए आश्रम के लिए उपयुक्त स्थल की तलाश करने के लिए चुना। उन्होंने उसको भारत के सबसे निर्धन ज़िले, वर्धा, में सबसे निर्धन गांव तलाशने को कहा। मीरा ने सेगांव को तय किया, जल्दी ही जिसका नया नामकरण, सेवाग्राम के रूप में किया गया, जहां पर गांधी और उनके सचिवालय को नए सिरे से बसाया गया।

इस दौरान एल्विन एक कम सीधे किंतु निश्चय ही कहीं ज़्यादा ख़ूबसूरत रास्ते पर चलता रहा। 1928 में जब वह एक अंतरधार्मिक बैठक के लिए साबरमती गया, तो वह भी महात्मा के जादुई प्रभाव में आया, इस क़दर कि वह उनके अंग्रेज़ पुत्र के रूप में अपना लिए जाने पर राज़ी हो गया, वैसे ही जैसे मीरा बेटी थी। उसे गांधी में ईसा और सत्याग्रह में बाइबल के विधान के दर्शन हुए। *ट्रुथ अबाउट इंडिया* और *डॉन ऑफ़ इंडियन फ्रीडम* जैसी पुस्तकों तथा दर्जनों अख़बारी लेखों के माध्यम से उसने किसी हद तक दो अलग-अलग समुदायों को संबोधित किया : ब्रितानी जनता, जिसे भारत के उद्देश्य के न्यायसंगत होने के बारे में विश्वास दिलाना ज़रूरी था, और भारत का ईसाई समुदाय जिसने, कुछ अपवादों को छोड़ दें तो, कांग्रेस के मुक़ाबले राज को प्राथमिकता देने के अपने ध्येय को स्पष्ट कर रखा था। अंततः एल्विन ने ऐसे निर्धन भारतीयों की तलाश में, जिनके हित में वह अधिक सीधे तौर पर काम कर सकता था, उसने क्रिस्टा सेवा संघ त्याग दिया, जो अपने आप में अपनी सीमाओं में बंधा हुआ संन्यासियों का एक आश्रम था। उसने आदिवासियों को चुना—ऐसा समुदाय जिसे उस वक़्त के सुधारवादियों और राष्ट्रवादियों ने नज़रअंदाज़ कर रखा था। इस तरह 1932 में वह अपने साथी शामराव हिवाले के साथ मंडला ज़िले के

एक दूरवर्ती गांव में पहुंचा। मौज-मस्ती में रुचि रखने वाले, जमकर पीने वाले, खादी से नफ़रत करने वाले और कामवासना-ग्रस्त गोंडों के जीवन ने उसे महात्मा को एक नई रोशनी में देखने का अवसर दिया। उसका निजी लगाव तो बना रहा, लेकिन गांधी के सिद्धांत को उसने आदिवासियों के लिए अनुपयुक्त पाकर खारिज कर दिया, तब तो और भी जब उसने एक गोंड लड़की से शादी कर ली और ब्रह्मचर्य का पालन करने से इन्कार कर दिया। तीस और चालीस के दशक के दौरान, जब शामराव स्कूलों और एक अस्पताल का संचालन कर रहे थे, एल्विन ने आदिवासियों की संस्कृति और उनकी विषम परिस्थितियों के बारे में अनेक युगप्रवर्तक ग्रंथ लिखे। इनमें से कम से कम दो पुस्तकें, *द बैगा* (1939) और *द मूरिया एंड देअर घोटुल* (1947), विज्ञान और साहित्य के अलंकरण हैं। नृतत्त्वशास्त्र का इतिहास जिन रोचक विरोधाभासों से भरा हुआ है यह उन्हीं में से एक विरोधाभास है कि ऑक्सफ़ोर्ड का यह भूतपूर्व डॉन भारतीय आदिवासियों के हक़ों का सुविख्यात प्रवक्ता बना।

एल्विन मीराबेन से परिचित था और दोनों के विचारों में आपस में मेल नहीं था। उसने एक सप्ताहांत के बारे में लिखा है जो उन्होंने गांधी के एक हितैषी के जुहू-स्थित कॉटेज में बिताया था। वह एक गर्म दिन था, लेकिन जब वे दोपहर का खाना खा रहे थे तो मीरा ने मेज़ से उठकर खिड़कियां बंद कर दीं। इस पर जब एल्विन ने आपत्ति की तो उनको यह जवाब मिला : 'हवा नमक के कण लेकर आ रही है। ये भोजन में मिल सकते हैं, और तुम्हारे आवेग को भड़का सकते हैं।' एल्विन इसके दीर्घ प्रलंबित उत्तरार्ध के बारे में हमें नहीं बताता, जो कि गांधीवादियों के अत्यंत सफलतापूर्वक दबाकर रखे गए रहस्यों में से एक है। उन्नीस सौ तीस के दशक के अंतिम दिनों में, जब मीराबेन पैंतालीस से ऊपर की थी, उसे सिख क्रांतिकारी पृथ्वी सिंह आज़ाद से गहरा प्रेम हो गया। यह प्रेम इकतरफ़ा रह गया, और संताप में डूबी मीरा, गांधी को छोड़कर शांति की तलाश में हिमालय चली गई।

स्प्रैट कभी मीरा और एल्विन की तरह गांधी का भक्त नहीं रहा, लेकिन भारत में रहते हुए वह, कभी भी, उनके प्रभाव से बच नहीं सका। मार्च 1929 में उसे 'मेरठ कॉन्सिपिरेसी केस' के नाम से प्रसिद्ध मामले में गिरफ़्तार कर लिया गया और उसके अन्य कॉमरेडों के साथ उसको जेल में डाल दिया गया। यह उसके लिए आश्चर्य की बात थी कि, यद्यपि साम्यवादियों ने कांग्रेस पर

'बुर्ज़ुआ राष्ट्रवादी' कहकर आक्रमण किया था तब भी ये दीवान चमनलाल और डॉ. सैफुद्दीन किचलू जैसे कांग्रेसी ही थे जिन्होंने उसके बचाव का इंतज़ाम किया। 'ब्रिटिश इंडिया के संप्रभु सम्राट को पदच्युत करने का षड्यंत्र रचने' के जुर्म के लिए दंडित स्प्रैट ने जेल का अपना वक़्त गांधी के बारे में अच्छा ख़ासा अध्ययन करते हुए बिताया। जैसा कि उसने टुकड़ों-टुकड़ों में लिखे गए अपने संस्मरण *ब्लोइंग अप इंडिया* (1955) में याद किया है, महात्मा के 'विचारों और व्यक्तित्व ने मेरे भीतर के शुद्धतावादी को ज़बरदस्त रूप से आकृष्ट किया था और मैं यह सोचने लगा था कि भारत के आंतरिक मामलों में वे आंशिक रूप से सही हो सकते हैं।'

1936 में जब स्प्रैट जेल से छूटा तो वह सेवाग्राम की यात्रा पर गया। कुछ स्पष्ट सवाल पूछे गए, और उनके जवाब दिए गए, जिसके नतीजे में यह अंग्रेज़ मद्रास में बस गया—उसे एक तमिल लड़की से प्रेम हो गया था और वह जल्दी ही उससे विवाह करने वाला था। 1938 में हक्सले प्रेस (114 आर्मेनियन स्ट्रीट, जॉर्जटाऊन), जिसे बंद हुए अब अरसा बीत चुका है, ने *गांधीइज़्मः एन एनालिसिस* नामक उसकी पुस्तक प्रकाशित की, 515 पृष्ठों का एक विशाल ग्रंथ, जो संबंधित विषय पर तब तक पेश किया गया समग्रतम लेखा है, बल्कि जो गांधी पर किसी मार्क्सवादी या अर्धमार्क्सवादी द्वारा लिखी गई आज तक की भी सर्वाधिक अंतर्दृष्टिपूर्ण पुस्तक है। जोज़ेफ डोक और सी. एफ़. एंड्र्यूज़ आदि की उससे पहले की जीवनियां बहुत ही श्रद्धापूर्ण और पूरी तरह से प्रामाणिकतावादी थीं। स्प्रैट की कृति ऐसा पहला आख्यानपरक विवरण थी जिसने घटनाओं और अभियानों को और इसी के साथ-साथ महात्मा के निरंतर विकासशील व्यक्तित्व को समकालीन इतिहास के परिप्रेक्ष्य में रखकर देखने की कोशिश की थी। यह भगोड़ा लेनिनवादी, गांधी में हठधर्मिता के अभाव से और अपने प्रतिद्वंद्वियों के साथ बहस में मुब्तिला होने की तत्परता से बहुत गहरे प्रभावित था। अपने साथियों के वर्ग-अवव्याख्यावाद (क्लास-रिडक्शनिज़्म) को मानने से इन्कार करते हुए, वह इस धारणा पर कायम था कि स्वतंत्रता आंदोलन प्रजातंत्र के लिए तैयार की गई भारत की भूमिका थी—जनता को एक राजनैतिक शक्ति में बदलने का पहला प्रयत्न था। उसने इस बात को पहचाना कि गांधी की अहिंसा के पीछे धार्मिक उत्प्रेरणा थी, न कि जनसमुदाय की क्रांतिकारी प्रवृत्तियों को काबू में करने का वर्ग-छल, जैसा कि अन्य साम्यवादियों का दावा था।

महात्मा जिस तरह से और जिस तरह के प्रतीकों का चुनाव करते थे उससे वे कभी-कभी मध्ययुगीन अतीतजीवी लगते थे, लेकिन, जैसा कि स्प्रैट ने बहुत ही गहरी अंतर्दृष्टि के साथ उल्लेख किया है, 'हो सकता कि गांधी का मार्ग ही अंततः भारत के आधुनिकीकरण का सच्चा मार्ग साबित हो...। उनके मानस का संपर्क ही कुछ ऐसा है कि वह व्यावहारिक मसलों और उनके अपने अनुभवपरक दृष्टिकोणों के प्रति दूसरे लोगों में रुचि विकसित कर देता था, ऐसे गुण वैज्ञानिक तकनीकी विकास की ओर ले जाते हैं।' कुल मिलाकर, यह अंग्रेज़ और मार्क्सवादी, निष्कर्ष निकालते हुए कहता है, 'मि. गांधी साम्राज्य के सबसे विशिष्ट नागरिक हैं।'

1948 में जब गांधी की मृत्यु हुई तो मीरा ने ऋषिकेश के अपने आश्रम से संदेश भेजा : 'मेरे लिए ईश्वर और बापू एक हो चुके हैं।' स्प्रैट ने, जो अब तक एम. एन. रॉय का एक सहयोगी बन चुका था, रॉय की पत्नी को लिखा कि यह हत्या

> मेरे लिए निश्चय ही एक आघात है...। मैंने एक समय में उनकी चीज़ों को बहुत पढ़ा था, और वर्धा जाकर उनका लंबा साक्षात्कार लिया था। मैं स्पष्ट तौर पर पुत्रवत अनुभूतियों से भरा हुआ था। हम इस तरह के व्यक्ति की उसी तरह से आलोचना करना चाहते हैं, जैसे कि हम अपनी नींव पर अडिग रूप से खड़ी किसी संस्था की आलोचना करना चाहते हैं-हमेशा इस शर्त पर कि हमारी आलोचनात्मक सलाहें मानी न जाएं। यह किसी भी ब्रितानी क्रांतिकारी की भर्त्सना के साथ जुड़ी हुई अनकही शर्त है।

एल्विन उस वक़्त बनारस में, एंथ्रोपोलॉजिकल सर्वे ऑफ़ इंडिया में डिप्टी डाइरेक्टर था वह अपने अंतिम वर्षों में गांधी से दूर रहा था, लेकिन अब उसके भीतर एक शिष्य की पुरानी, स्वामित्व से भरी भावनाएं लौटीं। जैसा कि उसने 31 जनवरी की अपनी डायरी में लिखा है, वह 'दिन भर बापू के दाहसंस्कार के बारे में सोचता रहा। सुबह 11 से शाम 5 बजे तक बार-बार रेडियो का प्रसारण सुनता रहा।' हफ़्ते भर बाद वह रेल के एक ऐसे कंपार्टमेंट में बैठा जहां सीआईडी का एक आदमी और दो व्यापारी 'ऊंची आवाज़ में गांधी की हत्या के बारे में बातचीत कर रहे थे, लेकिन मुझे नहीं लगता कि उनके दिलों

में उनको लेकर कोई करुणा थी।' एल्विन के दिल में वह निश्चय ही थी, क्योंकि जैसा कि उसने अपनी आत्मकथा में लिखा है कि महात्मा के 'अंतिम दिनों में जब गांधी अपने सर्वोच्च शिखर पर थे' उनके साथ अपने अलगाव को लेकर वह 'बहुत दुखी' महसूस करता था।

महात्मा मर चुके थे, लेकिन उनका देश आज़ाद था, और अब वह काम बाक़ी था जो इन तीन आलोचनात्मक प्रशंसकों को करना था। उधर हिमालय पर, मीराबेन ने उत्तर-गांधीय भारत में आर्थिक विकास की दिशाओं के बारे में चेतावनी जारी करने की ज़िम्मेदारी ली। राजेंद्र प्रसाद को, जो अब राष्ट्रपति थे, और जवाहरलाल नेहरू को, जो अब प्रधानमंत्री थे, जेलों की उनकी इस साथिन ने तंग कर देने की हद तक ज़िद से भरे अनेक ख़त लिखे। जब सिंचाई की ज़रूरतें छोटे बांधों और जलाशयों की मदद से अधिक सस्ते में और कारगर ढंग से पूरी हो सकती हैं, तब सरकार बड़े बांधों को प्रोत्साहित करने में क्यों लगी हुई है? उत्तरप्रदेश का वन विभाग पर्यावरण की दृष्टि से कहीं अधिक वांछनीय बांज के पौधों की बजाय चीड़ के पौधे क्यों लगा रहा है?

वरियर एल्विन के अपने सवाल थे, पर उनके जवाब के मामले में वह तुलनात्मक रूप से कहीं ज़्यादा भाग्यशाली था। क्योंकि नेहरू ने, जो ख़ुद भी एक क़िस्म के आदिवासी-प्रेमी थे, उसको मंडला के उसके घर से बुलाकर नॉर्थ-ईस्ट फ्रंटियर एजेंसी (नेफ़ा) के प्रशासन का सलाहकार नियुक्त कर दिया। मध्यप्रदेश और उड़ीसा के आदिवासियों के बीच बीस वर्ष के कठोर परिश्रम के बाद एल्विन उनके भाग्य को लेकर हताश था। उसने बहुत मार्मिकता के साथ लिखा कि सिर्फ़ मच्छर ही मध्यभारत के वनवासियों के सच्चे हितैषी हैं: 'काश कि वे हरेक पुण्यात्मा और सुधारवादी को काटकर उनमें मस्तिष्क ज्वर फैला दें।' लेकिन अलग-थलग पड़े नेफ़ा में, जहां अभी तक ईसाई धर्मप्रचारक और साहूकार नहीं पहुंच पाए थे, उम्मीद बाक़ी थी। नई और सर्वदा आकर्षक जनजातियों के बीच यात्राएं करते हुए, दिल्ली के बेताज बादशाह के आदेश पर युवा अधिकारियों को प्रशिक्षित करते हुए, एल्विन ने 'फ़िलॉसफ़र ऑफ़ नेफ़ा' के रूप में बहुत ख्याति (और, कहना होगा, कुछ कुख्याति भी) अर्जित की, जिसकी जनजातीय कल्याण की फ़िलॉसफ़ी का समाहार *फेस्टिना लेंटा*, यानी 'हड़बड़ी करो पर धीरे-धीरे', की शब्दावली में किया गया था।

फ़िलिप स्प्रैट, इस बीच, बैंगलोर में आकर्षण-हीन जीवन जीते हुए

माइज़इंडिया नामक साप्ताहिक पत्र में लिखता रहा था और उसके संपादन में मदद करता रहा था, वह पत्र जिसके बारे में तब के किसी पाठक ने कहा थाः 'दक्षिणपंथियों का ऐसा ब्लिट्ज़ जो कुछ ज़्यादा बुद्धिमान भर है'। क्योंकि स्प्रैट अब साम्यवाद से पूंजीवाद की ओर जा चुके था, बीच में थोड़े वक़्त के लिए एम. एन. रॉय के कैंप में रुकते हुए, जो ख़ुद भी एक पथच्युत मार्क्सवादी थे, जिन्होंने अपने और कुछ अन्य चुने हुए लोगों के लिए 'मूलगामी मानववाद' का मध्यमार्ग गढ़ लिया था। एक भारतीय महिला के साथ विवाह ने स्प्रैट को राष्ट्रभक्ति और साम्यवाद के बीच की असंगति को समझने में मदद की थी। 1952 में उसने लिखा कि 'साम्यवादी अपनी मातृभूमि का नहीं, बल्कि रूस का बचाव करता है। उसका सारा प्रेम रूस और उसके नेताओं पर केंद्रित हैः उसकी सारी नफ़रत उनके विरोधियों पर, ख़ास तौर से उसके अपने देश के शासकों पर केंद्रित है।' उसने अब अपनी पुरानी आस्था साम्यवाद को, 'सुव्यवस्थित राजनैतिक बेईमानी' कहकर खारिज कर दिया था।

स्प्रैट अपने लेखन में कभी-कभी गांधी की प्रशंसा करते हुए, और पूरे समय नेहरू की आलोचना करते हुए *माइज़इंडिया* के हर अंक का आधा हिस्सा तैयार करता दिखाई देता है। वह 'इंडियन कांग्रेस फ़ॉर कल्चरल फ्रीडम' जैसे समूहों में सक्रिय था, जिसका कहना था कि हमें शीतयुद्ध में अमेरिका, और 'फ़ोरम फ़ॉर फ्री एंटरप्राईज़' के पक्ष में होना चाहिए, जिनका, अंतरराष्ट्रीय मुद्रा कोष द्वारा किए गए इस तरह के आग्रह के बहुत पहले से, यह आग्रह था कि भारतीय बाज़ार को पूंजीवादियों के शोषण और जनता की समृद्धि के लिए खुला छोड़ देना चाहिए। स्प्रैट के सिर पर सवार एक और मुद्दा था कश्मीर। 1951 के अपने एक संपादकीय में, और बाद के वर्षों के अपने उत्तरोत्तर जुझारू होते गए निबंधों में, उसने सलाह दी थी कि घाटी सौंप देनी चाहिए और जम्मू तथा लद्दाख को अपने पास रखना चाहिए। उसका सोचना था कि अगर ऐसा नहीं किया गया तो सेना हर वक़्त कश्मीर में बनी रहेगी जिससे हमारे ख़ज़ाने में और हमारे राष्ट्रीय मनोबल में लगातार रिसाव होता रहेगा। काश कि नेहरू ने स्प्रैट की बात पर कान दिया होता! यहां तक कि आज भी उस एक दक्षिण भारतीय पत्र में बिखरे स्प्रैट के, अन्यायपूर्वक भुला दिए गए, लेखन के संचयन की गुंजाइश बनी हुई है।

1957 में हमारे इन तीनों आदर्श व्यक्तित्वों को एक चौथा व्यक्ति, ब्रिटेन

में जन्मा एक भारतीय, आपस में जोड़ता है। जे. बी. एस. हाल्डेन का जन्म 1892 में ऑक्सफ़ोर्ड के एक बौद्धिक अभिजात वर्ग में हुआ था। उसके पिता एक महान शरीरक्रिया-वैज्ञानिक थे, और अपने ख़ुद के शरीरों पर ख़तरनाक प्रयोग करने में पिता की मदद करते हुए उसने अपने वैज्ञानिक जीवन की शुरुआत की थी। ऑक्सफ़ोर्ड से स्नातक करने के बाद युवा हाल्डेन ने प्रथम विश्वयुद्ध में भाग लिया। ईराक़ में घायल होने पर उसे स्वास्थ्यलाभ के लिए भारत भेजा गया और इस बार 'इस दृढ़ निश्चय के साथ कि जितना जल्दी संभव होगा उतना जल्दी मैं भारतीयों के साथ बराबरी का रिश्ता बनाने के लिए वापस लौटूंगा।' वह दिन अभी दूर था, इसलिए हाल्डेन ने ब्रितानी विज्ञान में एक सक्रिय और ज़ोरदार कैरियर की शुरुआत की। उसकी गणना पिछली सदी के आधा दर्जन शीर्षस्थ जीववैज्ञानिकों में और एक असंदिग्ध रूप से बहुमुखी प्रतिभा से संपन्न व्यक्तित्व के रूप में की जाती है। उसने विकासवाद के सिद्धांत, जीवरसायन और जेनेटिक्स में बुनियादी योगदान किया। एक प्रतिबद्ध मार्क्सवादी की हैसियत से उसने *डेली वर्कर* में साप्ताहिक कॉलम लिखा, और जे. डी. बर्नाल तथा लेंसलॉट हॉग्बेन के साथ, वह लोकप्रिय विज्ञान आंदोलन का एक प्रमुख व्यक्ति था। उसकी लिखी एक कविता, 'कैंसर्'स अ फ़नी थिंग', *ऑक्सफ़ोर्ड बुक ऑफ़ ट्वेन्टिअथ सेंचुरी वर्स* में संग्रहीत हुई थी। तब भी उसने एक बार लाजवाब अंदाज़ में दावा किया था कि 'मेरे जीवन का सर्वश्रेष्ठ और सबसे महत्वपूर्ण कर्म' हिटलर से बचकर भागे यहूदी वैज्ञानिकों के लिए नौकरियां ढूंढ़ना था।

ये सारी बातें रोनाल्ड क्लार्क द्वारा लिखी हाल्डेन की जीवनी *जेबीएस* में देखी जा सकती हैं। लेकिन क्लार्क दोषपूर्ण तरीक़े से हाल्डेन के जीवन के उन अंतिम आठ वर्षों को लांघ जाता है, जब उसने भारत में जाकर रहने और काम करने की खातिर ब्रितानी नागरिकता त्याग दी थी। जब वह आया था तो लगभग पैंसठ साल का था, ऐसे वक़्त में जब उसकी प्रौढ़ आयु—जैसे कि उसकी वैज्ञानिक श्रेष्ठता भी—उसे उन अन्य लोगों के बीच विशिष्ट बनाती थी जिनके बारे में मैंने यहां लिखा है। पारंपरिक समझ यह है कि हाल्डेन ने इंग्लैंड, स्वेज़ संकट के बाद छोड़ा था, इसलिए कि वह उस 'साम्राज्यवादी' देश में और नहीं रहना चाहता था। फ्रांस के विज्ञान इतिहासकार फ्रांसिस ज़िमरमान का अनुमान है कि वह जीवविज्ञान को प्रयोगशाला से बाहर लाना चाहता था और उसे उष्णकटिबंध की मिट्टी में रोपना चाहता था। उसकी बहन, उपन्यासकार और

यात्रावृत्तांत लेखक, नाओमी मिशिसन का ख़याल है कि वह उस वक़्त के उन भारतीय नेताओं की शालीनता और संयम के प्रति आकर्षित था जो उन राजनीतिज्ञों द्वारा उत्पीड़ित और जेल-यातनाओं के शिकार बनाए गए थे जिन्होंने स्वयं दो-दो विश्वयुद्ध और असंख्य छोटे युद्ध भड़काए थे। लायसेंको की हास्यास्पद विफलता के बाद हाल्डेन का सोवियत संघ से भी मोहभंग हो गया था, और नेहरू का व्यक्तित्व उसे स्तालिन या चर्चिल के किसी भी समय के व्यक्तित्व के मुक़ाबले ज़्यादा आकर्षक लगने लगा था।

ख़ैर, जब हाल्डेन अपनी जीववैज्ञानिक पत्नी के साथ आकर कलकत्ता में बस गया, तो वह पूरी तरह से भारतीय बन गया। वह शाकाहारी हो गया और इतनी पर्याप्त संस्कृत सीख गया कि वह उसके ब्राह्मण विद्यार्थियों से कहीं बेहतर थी। उसने भारतीय वेशभूषा धारण कर ली, यहां तक अपनी यूरोप यात्राओं के दौरान भी वह उसी वेशभूषा में रहता था। 1961 में रॉयल सोसायटी के स्वागत समारोह में उसने केसरिया धोती पहनी हुई थी, जिसमें नाओमी मिशिसन ने सेफ्टी पिन टांके थे। हालांकि यह बात दर्ज़ की गई है कि उसे इंडियन स्टैटिस्टिकल इंस्टिट्यूट (जहां पर वह काम करता था) में फ्रांसीसी टाइपराईटर के न होने की शिकायत थी—उसके बिना वह आखिर ज़्यां पॉल सार्त्र के साथ अपने वाद-विवाद को कैसे जारी रख सकता था? उसने अपने इर्दगिर्द बहुत से विद्यार्थियों को एकत्र किया जिनके संस्मरण 1992 में आईएसआई द्वारा उसकी जन्मशती पर प्रकाशित ख़ूबसूरत अल्बम में शामिल हुए हैं। यहां हाल्डेनवाद के सिर्फ़ एक ही अंश को उद्धृत करने की गुंजाइश है : अपने आप में डूबे रहने वाले अपने एक सहयोगी के प्रति यह पैनापन : 'तुम हमेशा मुझे बताते रहते हो कि तुम्हारे दिमाग़ में क्या चल रहा है, लेकिन विज्ञान की शुरुआत उन चीज़ों में दिलचस्पी लेने के साथ होती है जो तुमसे बाहर घटित हो रही हैं।'

कुछ ही वर्षों में हाल्डेन ने आईएसआई के संस्थापक निदेशक प्रशांत चंद्र महालनोबिस से झगड़ा कर लिया। वह अपनी पत्नी, प्रयोगशाला और सहयोगियों को भुवनेश्वर ले गया, जहां वैज्ञानिक बुद्धि वाले मुख्यमंत्री बीजू पटनायक ने उसे ज़मीन उपलब्ध करायी थी। जो समय उनके लिए दिया गया था उसमें हाल्डेन भारतीय जीवविज्ञान का स्कूल तो स्थापित नहीं कर सकते था, लेकिन उसने उस जगह पर अंगुली अवश्य रखी जहां उसके उद्गम की संभावना हो

सकते थे। उन्होंने पक्षीविज्ञानी सालिम अली से दोस्ती की, जो पक्षियों का शिकार कर और उनमें मसाला भर कर उनका अध्ययन करने की बजाय उनके बीहड़ों में जाकर उनका अध्ययन करना पसंद करते थे। इस मुसलमान ने इस ईसाई को हिंदू जीवविज्ञान की संभावनाओं पर अनेक प्रबोधक निबंध लिखने की प्रेरणा दी। हाल्डेन लिखते हैं कि सबसे महान आधुनिक हिंदू 'इस बात को लेकर एकदम स्पष्ट था कि प्राणियों के प्रति अहिंसा मनुष्य का एक कर्तव्य है। और भारत में जीववैज्ञानिक अनुसंधान को गांधी के सिद्धांतों पर आधारित न करने की कोई वजह नहीं दीखती।' एक अहिंसक जेनेटिक्स तालाबों में बत्तखों की प्रजनन-प्रक्रिया का अध्ययन करेगी और तराजू, पैमाइशी फीते तथा रंग-तालिका जैसे सरल उपकरणों के सहारे उनका पर्यवेक्षण करेगी। भारत के साहसिक अहिंसक जीवविज्ञानियों के बीच ऐसे भी लोग होंगे जो अपने ही शरीरों पर परीक्षण कर सर्प-दंश के विरुद्ध ग्रामीणों का बचाव करने वाले टीके ईजाद कर सकेंगे। 'हो सकता है कि प्रक्रिया के पूरी तरह निष्पादित होने तक दो-तीन लोगों को अपनी जानें गवानी पड़ जाएं। अगर ऐसा हुआ तो उनका मरना अकारथ नहीं जाएगा।' इस तरह विश्व संस्कृति के लिए भारत के इस महान योगदान, अहिंसा का, यूरोप के महानतम योगदान, वैज्ञानिक पद्धति के साथ संगम होगा, जो यह उम्मीद जगाएगा कि 'इनकी संतानें मनुष्यता को एक नई ऊंचाई तक पहुंचाएंगी।'

हाल्डेन दिसंबर 1964 में भुवनेश्वर में कैंसर से मरे, अपनी ज़ुबान पर *गीता* के एक श्लोक के साथ। एल्विन की मृत्यु भी उसी साल के शुरू में हो चुकी थी, लेकिन तब तक वह अपना संस्मरण, *द ट्राइबल वर्ल्ड ऑफ़ वरियर एल्विन*, पूरा कर चुके थे। यह उनके काम का अत्यंत पारदर्शी आकलन है, जो भारत की श्रेष्ठ आत्मकथाओं के रूप में लिखे गई गांधी, नेहरू, नीरद चौधुरी और सालिम अली के आत्मसाक्ष्यों के समकक्ष ठहरता है। स्प्रैट के जीवन का अभी लगभग एक दशक शेष था, जिसका ज़्यादातर हिस्सा सी. राजगोपालाचारी के मद्रास स्थित पत्र *स्वराज्य* को सेवाएं प्रदान करते हुए बीता। 1966 में उन्होंने अपनी पुस्तक *हिंदू कल्चर एंड पर्सनैलिटी* प्रकाशित की। यह एक बहुत ही सघन ढंग से लिखी गई पुस्तक है, जिसमें, कम से कम मुझे, उस ओज और साफ़गोई का अभाव महसूस होता है जो उनके राजनैतिक लेखन में पाए जाते हैं। लेकिन स्वयं स्प्रैट उसे अपनी प्रमुख कृति मानते थे, और मुझे बताया गया है कि बाद

के मनोविश्लेषकों ने उसका परिश्रमपूर्वक उत्खनन किया है।

मीराबेन 1960 में भारत छोड़कर ऑस्ट्रेलिया चली गईं, 1982 में जाकर उनकी मृत्यु हुई। उनके इस नए बसेरे में वेद मेहता और सुधीर कक्कड़ (अलग-अलग वक़्त में) उनसे मिले थे। तब से दोनों का ही यह दावा रहा है, लिखित में, कि गांधी और भारत में उसकी दिलचस्पी समाप्त हो चुकी थी। सचाई, हालांकि कुछ और ही है। क्योंकि, जैसा कि उसके ख़त बताते हैं, मीराबेन अपने गुरु और उनके देश को कभी नहीं भूलीं। साठ के दशक के अंतिम वर्षों में उन्होंने भाखड़ा नंगल परियोजना के विस्थापितों तथा पुनर्वास की प्रतीक्षा करते बेदख़ल परिवारों के बारे में *हिंदुस्तान टाइम्स* में एक रिपोर्ट देखी। यह सत्याग्रह की प्रतीक्षा करता हुआ एक अन्याय था; उसने भारत के सर्वोदय कार्यकर्ताओं को पत्र लिखा, और यह उससे बीस साल पहले की बात है जब मेधा पाटकर ने एक दूसरे बांध के शिकार हुए लोगों के लिए संघर्ष की शुरुआत की थी। जब *इंटरनेशनल हेरल्ड ट्रिब्यून* ने लुइस ममफ़ोर्ड के पर्यावरण संबंधी लेखन की तारीफ़ में एक लेख प्रकाशित किया, तो उन्होंने बहुत ही रूखे ढंग से लिखा कि गांधी ये काफी कुछ बातें आधी सदी पहले ही कह चुके थे। और जैसा कि सर रिचर्ड एटनबरो ने लिखा है, मीराबेन ने 'एक के बाद एक किस्से सुनाते हुए' और गांधी द्वारा उनको लिखे गए अधिकांश खत उपलब्ध कराते हुए, उनके फ़िल्म निर्माण में उनको 'उदारतापूर्ण प्रोत्साहन' उपलब्ध कराया था। उन्होंने प्रधानमंत्री मोरारजी देसाई को भी पत्र लिखकर आग्रह किया कि वे *गांधी* को आर्थिक सहयोग उपलब्ध कराने के मूलतः नेहरू द्वारा किए गए वादे का सम्मान करें। लेकिन जब एटनबरो ने उनको फ़िल्म के कुछ आरंभिक अंश भेजे, तो उन्होंने शिकायत की कि जेराल्डीन जेम्स, जो फिल्म में उनका पार्ट अदा कर रही थीं, 'उनके मुक़ाबले बहुत-बहुत ज़्यादा ख़ूबसूरत है।'

नृतत्वशास्त्री शिव विश्वनाथन ने 'राज का दूसरा पक्ष' के बारे में बात की है, उन पुरुषों और स्त्रियों के बारे में जिन्होंने, अपनी गोरी चमड़ी के बावजूद, भारत को अपना घर बनाने तथा उसके पक्ष में खड़े होने के लिए उपनिवेशवाद का तिरस्कार किया। उनके दिमाग़ में हिंदू और हिंदूवाद से प्रेम करने वाली एनी बेसेंट और सिस्टर निवेदिता, और महान उदारवादी पत्रकार बी. जी. हॉर्निमन, जिनका नाम, शिवसेना के वर्षों के शासन के बावजूद, आज भी बंबई के प्रमुख चौराहों को विभूषित करता है, जैसे व्यक्तित्व रहे हैं। और भी नाम हैं, जो अब

उतने प्रसिद्ध नहीं रहे, और एक वह भी जो, इस नाम को धारण करने वाले के संत समान होने की वजह से और गांधी तथा टैगोर के साथ उसकी मित्रता की वजह से, उन दूसरे नामों में सर्वोपरि है- चार्ल्स फ्रीएर एंड्र्यूज़।

भारतीय राष्ट्रवाद के अपेक्षाकृत पुराने इतिहासों ने 'हमारी आज़ादी के इन विदेशी दोस्तों' को गुंजाइश उपलब्ध कराई थी। लेकिन गणतंत्र का उभरता इतिहास उन ब्रितानियों को याद रखता दिखाई नहीं देता जो 1947 के बाद तक रुके रहे या जो—हाल्डेन के प्रकरण में—1947 के बाद आए; रुके रहे, यानी, बॉक्सवाला या भूरे साहिबों की तरह नहीं, बल्कि देशभक्त और जनहित भावना से भरे हुए भारतीयों की तरह। जिन चार लोगों का चित्र यहां खीचा गया है वे सब के सब प्रतिष्ठित नेहरूवादी थे, हालांकि इनमें से दो में नेहरू की नीतियों के विरोध की अधिक संभावना थी, जबकि बाक़ी दो न सिर्फ़ उनके समर्थक थे बल्कि उनके जनक के प्रति कुछ आत्मीयता का दावा भी करते थे—इन दोनों, हाल्डेन और एल्विन, की दर्दनाक मृत्यु उसी साल हुई जिस साल नेहरू की हुई थी।

इन चारों ने गांधी के बारे में हमारी समझ को बढ़ाया, उनके चिंतन को उन दिशाओं में ले जाते हुए जिनके बारे में स्वयं महात्मा ने भी शायद अनुमान न लगाया होगा। अपनी व्यापक जीवन-यात्राओं के दौरान इस देश के ज़्यादातर हिस्सों को पार किया या उनको प्यार किया : मीराबेन ने पश्चिम में और सुदूर उत्तर में काम करते हुए, एल्विन ने पश्चिम, मध्य और उत्तर-पूर्व में, हाल्डेन ने पूर्व में, और स्प्रैट ने, शानदार और ऐकांतिक ढंग से दक्षिण में। दो व्यक्ति, स्प्रैट और मीराबेन, अंत तक अपने लक्ष्य के प्रति एकाग्र बने रहे, अपने संकल्पों के एक सेट को दूसरे से बदलते हुए। दो व्यक्तियों, हाल्डेन और एल्विन, के सरोकारों में चकरा देने वाली विविधता थी, और उन्होंने प्रतिष्ठित और अल्पप्रतिष्ठित पत्रों में बेहद उग्र लेखन करते हुए उन सरोकारों को उतने ही विविध पाठक समुदाय तक पहुंचाया। दोनों, अपनी युवावस्था में क्रमशः मार्क्स और ईसा के प्रति अपनी प्रतिबद्धता के चलते घोर कट्टरवादी थे, लेकिन दोनों ने अंततः बुद्ध का मध्यमार्ग अपनाया।

एल्विन और स्प्रैट ने भारतीयों से विवाह किया और उनकी भारतीय संतानें हुईं। मीरा चाहती थी, लेकिन कर न सकी, जबकि हाल्डेन जब आए तो वो पहले से ही विवाहित थे—उल्लेखनीय रूप से, उनकी पत्नी उनकी मृत्यु के बाद

हिंदुस्तान में ही बनी रहीं, उस वक़्त तक जब तक कि 1978 में आदिलाबाद के जंगलों में फ़ील्ड-यात्रा के दौरान सियार के काटने से ख़ुद उनकी मृत्यु नहीं हो गई। लेकिन चारों ने बुर्ज़ुआ परिपाटियों का तिरस्कार किया; वे ज़बरदस्त ढंग से, और आजीवन, *जोखिम उठाने वाले* थे।

दिलचस्प बात है कि, अगर एल्विन और मीरा की संक्षिप्त सी मुलाक़ात को छोड़ दिया जाए तो, चारों एक दूसरे को नहीं जानते थे। लेकिन हम उनको साथ-साथ देख सकते हैं, कार्यकर्ताओं और अध्येताओं की एक चौकड़ी जिसने स्वाधीन भारत के जीवन को नैतिक ऊंचाई और समृद्धि प्रदान की।

अंग्रेज़ी शांति में बसे निर्वासित : कार्ल मार्क्स और नीरद चौधुरी

जून 1994 में, अपने संक्षिप्त लंदन प्रवास के दौरान, जब मैं हाईगेट स्थित मार्क्स की कब्र देखने जा रहा था, तो मैंने अपने मेज़बान गोपाल गांधी से आग्रह किया कि वे मेरे साथ चलें। हम लोग एक गर्म शनिवार को दोपहर बाद ट्यूब में बैठकर हाईगेट स्टेशन के लिए रवाना हुए। हम स्टेशन से निकलकर सूरज की रोशनी में आए और जो पहला आदमी दिखाई दिया उससे कब्रगाह का रास्ता पूछने आगे बढ़े। 'सीढ़ियां चढ़ कर मेन रोड पर जाइए, और फिर दाएं मुड़ जाइए', उसने कहा। हमसे जैसा कहा गया था हमने वैसा ही किया और चलना शुरू कर दिया। सड़क के दोनों तरफ़ एक ही चीज़ दिखाई देती थी—सदी के शुरुआती वर्षों में बनी पत्थर की गली के सामने मकानों की कतार। बीच में थोड़ी-सी देर के लिए एक पार्क भर दिखाई दिया लेकिन कब्रों का कोई नामो निशान नहीं था। हम हल्की-सी ढलान पर धीरे-धीरे उतरते रहे, मार्क्स और महात्मा गांधी के बारे में बतियाते हुए, जैसा कि दो भारतीय आम तौर से करेंगे। मैंने गोपाल को वह किस्सा सुनाया कि किस तरह गांधी ने अपने पचहत्तरवें वर्ष में, जब वे 1942-3 के दौरान पूना के आगा खां पैलेस में भूमिगत थे, *दास कैपिटल* पढ़ने की कोशिश की थी, लेकिन उसको जारी रख पाना मुश्किल पाया था और वस्तुपूजा पर केंद्रित पस्त कर देने वाले पहले अध्याय को पढ़ने के बाद उसको एक तरफ़ रख दिया था। इसके जवाब में गोपाल ने मुझे उस प्रेस कान्फ्रेंस का किस्सा सुनाया जो, 'भूदान' आंदोलन के उत्कर्ष के दिनों में, गांधी

के उत्तराधिकारी विनोबा भावे द्वारा आयोजित की गई थी। विनोबा से गांधीवाद और साम्यवाद के बीच के फ़र्क के बारे में पूछा गया, और उन्होंने जवाब दिया, 'गांधीवाद में हिंसा को शामिल कर दें तो वह साम्यवाद है'। इस हाज़िरजवाबी ने रिपोर्टरों को खुश कर दिया, लेकिन बाद में यह संभावित किंतु विफल संत जयप्रकाश नारायण द्वारा ज़मीन पर ले आया गया, जिन्होंने उनको चुनौती देते हुए सवाल किया: 'अगर गांधीवाद में हिंसा को शामिल कर देने से गांधीवाद साम्यवाद बनता है, तो क्या गांधीवाद महज़ हिंसाविहीन साम्यवाद है?'

हम तब तक बातचीत करते हुए चलते रहे जब तक कि दो सौ गज़ दो हज़ार नहीं हो गए। मकान अब सड़क से दूर स्थित थे, जो नए और साफ़-सुथरे लॉनों से सज्जित दिखाई देते थे—हम उपनगरीय इलाक़े में थे। हम समझ गए कि हम एक लालबुझक्कड़ के शिकार हुए हैं। तभी हमारी खुफ़िया निगाह एक पेट्रोल पंप पर पड़ी, जो, एक तरह से, लंदन की पान की दुकान कही जा सकती है, एक ऐसा पड़ाव जहां हर कोई थोड़ी देर को रुकता है और जहां के कर्मचारी स्थानीय जगहों की जानकारी रखना अपनी ज़िम्मेदारी समझते हैं। 'यहां हमें पता चल जाएगा', हम दोनों ने एकसाथ कहा और वहां दाखिल हुए। काउंटर के पीछे बैठी एक प्यारी सी बुजुर्ग महिला ने हमसे कहा कि हमें पूरा रास्ता पार करते हुए उसी जगह जाना होगा जहां से हम चले थे। 'ट्यूब स्टेशन पहुंचने के ठीक पहले', उसने कहा, 'दाईं तरफ़ जाने वाला घुमावदार रास्ता पकड़िए, हाईगेट हिल पर चढ़िए, बस वहीं कब्रगाह है, बाईं तरफ़, चोटी पर पहुंचते ही। आपसे चूक नहीं होगी।' और तब, जब हम उसका शुक्रिया अदा करते हुए बाहर निकले, उसने कहा, 'मार्क्स को मेरा प्यार दें'।

अंततः हम उल्टे पांव वापस लौटे। हाईगेट हिल की चढ़ाई कठिन और आश्चर्यजनक रूप से खड़ी साबित हुई। मुझे अहसास नहीं था कि लंदन में भी शिमला जैसी खड़ी ढलान हो सकती है। दिन गरम था और, इंग्लैंड की गर्मियों के दिन के बारे में अपनी विद्वत्तापूर्ण धारणा के चलते, जो उतनी ही त्रुटिपूर्ण थी जितनी कि वह अंग्रेज़ी लैंडस्केप के बारे में थी, मैंने कुछ ज़्यादा ही कपड़े पहन रखे थे। पसीना मेरी शर्ट से होकर मेरी जैकेट तक चला आया था और मैं प्यास के मारे मरा जा रहा था। मैं कोई शीतल पेय पीना चाहता था लेकिन गोपाल से कहने में संकोच कर रहा था, यह महसूस करते हुए कि ऐसा आग्रह तपस्वी गांधी और संयमी मार्क्स की भावनाओं के विपरीत होगा।

अंततः हम पहाड़ी की चोटी पर पहुंचे और उतरना शुरू किया। हमें एक बार फिर पुराने घर मिले, जिनमें से कुछ पर विचित्र संकेत अंकित थे जो बताते थे कि वे जल्दी ही अपार्टमेंट ब्लॉक्स के रूप में विकसित किए जाने वाले थे। एक पोस्ट ऑफ़िस और एक बैंक, लेकिन कब्रगाह अब भी कहीं नहीं। अचानक मेरे दिमाग़ ने ऑक्सफ़ोर्ड इतिहासकार रिचर्ड कॉब के एक निबंध को याद किया जो फ्रांसीसी इतिहासकार अल्बर्ट सोबोल की कब्र की तलाश में पैरिस की गलियों का चक्कर काटने के बारे में था। कॉब का साथी उसका एक चीनी सहकर्मी था जो सोबोल से मिला तो कभी नहीं था लेकिन वह फ्रांसीसी क्रांति के एक महान व्याख्याकार के रूप में उसके प्रति गहरी श्रद्धा रखता था। वह अंग्रेज़ भी इस इतिहासकार को, असल जीवन में एक ढोंगी, ग़ैरज़िम्मेदार पति और प्रतिरोध आंदोलन के दौरान अपनी बहादुरी के काल्पनिक किस्से गढ़ने वाले के रूप में, भलीभांति जानता था—लेकिन वह अपने चीनी दोस्त के सामने यह सच्चाई उजागर करने का साहस नहीं कर सका था।

हम ढलान से उतर कर एक व्यस्त सड़क पर आ गए। अब हम दाहिने मुड़ें या बाएं? बायें, जिस आदमी से हमने पूछा, उसने कहा, 'फिर दूसरे मोड़ पर दाहिने मुड़िए, चर्च तक चलते जाइए, और फिर स्वेन्'स लेन की तरफ़ दाहिने। पहाड़ी से नीचे, और वह रही आपके बाईं तरफ़। आपसे चूक नहीं होगी।' यह एकदम स्पष्ट दिशानिर्देश थे और वे सही निकले। दस मिनट बाद हम हाईगेट कब्रगाह के दरवाज़ों पर थे। हम ठीक उस वक़्त पहुंचे जब वे जंज़ीरों में ताले डालते हुए उनको बंद कर रहे थे। 'सॉरी' चौकीदार ने कहा, 'लेकिन पांच बजकर पांच मिनट हो रहे हैं' (बंद होने का वक़्त)। 'अगर हम अपने यहां होते', गोपाल ने टिप्पणी की, 'तो हम उससे "एडजस्ट" करने का आग्रह कर सकते थे।'

II

छह महीने बाद, नए वर्ष के दिन, मैं फिर से लंदन आया। हम लोगों ने सावधानी बरतते हुए फ़ोन करके दर्शकों के लिए कब्रगाह के खुलने के समय के बारे में जानकारी ले ली। दोपहर के भोजन के बाद हम ग्रीन पार्क स्थित गोपाल के घर से चले लेकिन ह्यूस्टन में हमने ग़लत ट्रेन ले ली। छुट्टी का दिन होने की वजह से रेल-सेवाएं अस्तव्यस्त थीं और जब तक हम ट्रेनें बदलते हुए हाईगेट तक पहुंचे तब तक साढ़े तीन बज चुके थे, लेकिन बंद होने में अभी भी आधा

घंटा बाक़ी था, क्योंकि ठंड के दिनों की वजह से बंद होने का समय एक घंटा पीछे खिसका दिया गया था। जब हम स्टेशन से बाहर आए तो मौसम ठंडा था और हवा चल रही थी, और अब मैं इस मौसम से बचाव करने के लिए अपनी उस जैकेट का शुक्रगुज़ार था जो मैंने जून में भी पहनी हुई थी। उम्मीद भरी थोड़ी-सी पूछताछ के बाद हम, किसी तरह, हाईगेट हिल का अपना रास्ता पाने में कामयाब रहे। हम चढ़ते-उतरते, बायें-दायें मुड़ते हुए स्वेन्'स लेन पहुंचे। चार बजने में 10 मिनट बाकी थे जब हम, दिन के आखिरी दर्शकों के रूप में, कब्रगाह पर पहुंचे। दो मिनट बाद हम मार्क्स की कब्र पर थे। वह एक आठ फुट ऊंची समाधि-शिला थी जिसके शीर्ष पर महापुरुष की भूरे रंग की पॉलिश की हुई आवक्ष प्रतिमा थी। मुझे किसी तुलनात्मक रूप से छोटी और पुरानी चीज़ की उम्मीद थी, उस ज़माने की, जब उनको दफ़नाया गया था। मूल समाधि-शिला कैसी थी, इसे जानने का हमारे पास कोई साधन नहीं था, लेकिन जो हम देख रहे थे वह बीस साल से ज़्यादा पुरानी नहीं थी, जो शायद किन्हीं कम्युनिस्टों द्वारा खड़ी कर दी गई थी, या हो सकता है कब्रगाह के लोगों ने ही अपने विरासत स्थल के रूप में उसको निर्मित कर दिया हो (हम लोगों ने एक पाउंड के प्रवेश शुल्क का भुगतान किया था जो इस किस्म के संरक्षण और संवर्धन के नाम पर लिया गया था)। अंत में घिसे और पॉलिश किए हुए उस पत्थर पर उकेरा गया नारा था, 'दुनिया के मज़दूरो एक हो', जिसके नीचे कई नाम अंकित थे। ये थे, जेनी वॉन वेस्टफ़ालेन, कार्ल मार्क्स, हेलेन डेमुथ और एलेनोर मार्क्स। शिला के नीचे ताज़ा फूलों का एक गुच्छा था जो उस दिन हमसे पहले के किसी दर्शक ने अर्पित किया था।

गोपाल ने मुझसे उन दूसरे नामों को पहचानने का आग्रह किया। मैंने झट से मौक़े का लाभ उठाया। अपनी मृत्यु में मार्क्स जिन लोगों के साथ थे उनमें क़रीब-क़रीब वही लोग थे जो उनके साथ तब हुआ करते थे जब वे जीवित थे। जेनी वेस्टफ़ालेन पत्नी थीं, चार साल बड़ी, अभिजात पृष्ठभूमि से संबंधित लेकिन अपने पति के प्रति समर्पित। हेलेन डेमुथ उनके घर की प्रबंधक, और कभी उनकी प्रियतमा रह चुकी थी, जिससे उनका एक बेटा था (जिसे, सबकी लाज रखने के लिए, एंगेल्स ने गोद ले लिया था)। एलेनोर ख़ूबसूरत और प्रतिभावान बेटी थी, नारीवादी और समाजवादी, जिसने हेलेन डेमुथ के साथ अपने पिता के रिश्ते की सच्चाई जानने के बाद अपनी जान ले ली थी। यह

एक विचलित करने वाली सूची थी लेकिन एक और नाम होता तो उसने इसको पूरा कर दिया होता—फ्रेडरिक एंगेल्स।

हम मुड़े, मेरा ख़याल था, प्रवेश द्वार की तरफ़ वापस जाने के लिए। 'कुछ और भी है जो मैं देखना चाहता था', गोपाल ने कहा, पहली बार इस बात को उजागर करते हुए कि क्यों वे दोनों बार मेरे साथ आने को इतने जल्दी राज़ी हो गए थे। मार्क्स की समाधि-शिला की बाईं तरफ़ एक क़िस्म का कॉमरेड कॉर्नर था, ईराक़, सीरिया और दूसरे देशों से निष्कासित कम्युनिस्टों की कब्रें। एकदम दाहिनी तरफ़ की समाधि-शिला, जिसकी गोपाल को तलाश थी, 'डॉ. यूसुफ़ दादू, प्रेसिडंट ऑफ़ साऊथ अफ़्रिकन कम्युनिस्ट पार्टी' के नाम से थी। अब मैंने गोपाल से विस्तार से बताने को कहा। 'उन्होंने चालीस के दशक में भारत में गांधी के साथ काम किया था', उन्होंने बताया, 'और साऊथ अफ़्रीका लौटने पर मंडेला पर शुरुआती प्रभाव डाला था।' एक भारतीय और एक कम्युनिस्ट, महात्मा गांधी और नेल्सन मंडेला के बीच एक सीधा संपर्क सूत्र।*

III

कुछ दिनों बाद, मुझे अपनी पत्नी को ऑक्सफ़ोर्ड ले जाना था। 'मेरे साथ चलो', गोपाल ने कहा। 'मुझे वैसे भी नीरद चौधुरी से मिलना है।' अब यह बताने का वक़्त आ चुका है कि गोपाल तब लंदन स्थित नेहरू सेंटर के निदेशक, और इंडियन मिशन में संस्कृति मंत्री थे। इधर नीरद चौधुरी भारत में सरकार द्वारा बेहद उपेक्षित रहे थे; उनके हिस्से में कोई सम्मान नहीं आया था, एक पद्मश्री तक नहीं। एक समय था जब उनके भूतपूर्व नियोक्ता, आकाशवाणी द्वारा उनकी कृतियों को ब्लैकलिस्ट तक कर दिया गया था। मेरा ख़याल है इसलिए कि उन्होंने अपनी पुस्तक *ऑटोबायोग्राफी ऑफ़ एन अननोन इंडियन* ब्रिटिश राज को समर्पित की थी इसलिए उनको अपर्याप्त देशभक्त माना जाता था। गोपाल, जो यह बात समझते थे, बहुत ही ज़िम्मेदारीपूर्वक इस महानतम जीवित लेखक से हर छह महीने में मिलने जाया करते थे।

---

* बहुत बाद में जाकर मुझे यह सूझा कि अपने आसपास दफन अरब कॉमरेडों की तरह दादू जन्म से मुसलमान थे। तब भी उन्होंने एक ऐसी कब्रगाह में दफन होना चुना था जो असल में ईसाई कब्रगाह थी। हालांकि इसका एक कोना ऐसा था जो हमेशा ही कम्युनिस्ट रहने वाला था।

नीरद चौधुरी ऑक्सफोर्ड में अकेले रहते थे, अट्ठान्वे साल की उम्र में और अपनी असाधारण क्षमताओं के साथ। भारत में उनका जीवन ग़रीबी में बीता था और अब वे इंग्लैंड में भी ग़रीबी में ही रहते थे—ग़रीबी, यानी, अगर उसकी तुलना उनके वर्ग-स्तर, अर्थात बंगाली भद्रलोक से की जाती, या उन दूसरे लेखकों के जीवन-स्तर से जो उनके मुक़ाबले में एक चौथाई प्रतिभा रखते थे लेकिन जो साफ़ तौर पर कहीं ज़्यादा बिकने वाले थे। साठ साल की उनकी पत्नी की मृत्यु तीन महीने पहले हुई थी। उसके पहले वे कुछ समय तक अपाहिज़ रह चुकी थीं; उनकी देखभाल ब्रिटेन की सामाजिक सुरक्षा व्यवस्था करती थी, उनके पति की ही तरह। उनके तीन बेटे दुनिया के अलग-अलग हिस्सों में बिखरे हुए थे, और गोपाल चिंतित थे कि वे इस कमी को किस तरह सह पाते होंगे।

नीरद चौधुरी पिछली चौथाई सदी से इंग्लैंड में रह रहे थे, लेकिन तब भी भारत के बौद्धिक जीवन में उनकी उपस्थिति बराबर बनी रही थी। उनके साक्षात्कार और लेख, सिर्फ़ कलकत्ता के ही नहीं, देशभर के अख़बारों में छपते रहते थे। ये निबंध और साक्षात्कार, वर्ग के प्रति उनके आग्रह, अंग्रेज़ी सभ्यता के प्रति उनके प्रेम, और उसके क्षय को लेकर उनकी हताशा के बारे में बताते थे। अन्य वामपंथियों की ही तरह मैं भी उनकी शैली का तो प्रशंसक था लेकिन उनकी राजनीति का नहीं। वे एक महान प्रतीक थे, और मैंने हालांकि इसके पहले ऑक्सफ़ोर्ड में तीन महीने बिताए थे, लेकिन मैं तब अकेले उनसे मिलने का साहस नहीं जुटा सका था। ऐसे में गोपाल का साथ ले चलने का प्रस्ताव ऐसा था जिससे इन्कार करने का सवाल ही नहीं उठता था।

हम ईंटों से बने एक दोमंज़िला मकान में, जिसके बग़ीचे में चारों तरफ़ खरपतवार फैली हुई थी, ग्यारह बजे पहुंचे, पूर्वग्रहों से लदे-फदे। क्षरण बाहर था, लेकिन भीतर नहीं। औपचारिक बंगाली पोशाक, बेदाग़ धोती पंजाबी पहने हुए नीरद बाबू ने दरवाज़ा खोला। वे ठिंगने थे—पांच फुट से भी कम—लेकिन एकदम सही अनुपात में। अपनी उम्र के लिहाज़ से वे एक 'भौतिक और बौद्धिक चमत्कार' थे, जैसा कि भारत के भूतपूर्व राष्ट्रपति और पिछली मुलाक़ात में गोपाल के साथ आए रामास्वामी वेंकटरमन ने उनके बारे में कहा था।

हमें घर के अंदर ले जाया गया। इस अंग्रेज़ भद्रपुरुष की बैठक किसी भी भारतीय मध्यवर्ग के घर की जैसी ही थीः सोफ़ों, स्टूलों, मेज़ों से भरी हुई, जो सुंदर की बजाय उपयोगी ज़्यादा थे, दीवारें जड़े हुए छापा चित्रों और पुस्तकों

की अलमारियों से, चीनी मिट्टी के बर्तनों और सजावटी चीज़ों से अंटी हुईं। हम बैठे और वे बोलते रहे, धाराप्रवाह, अगले ढाई घंटे तक—ज़्यादातर वक़्त अंग्रेज़ी में—बीच-बीच में लैटिन, संस्कृत, जर्मन, बंगाली या हिंदुस्तानी का नाटकीय सहारा लेते हुए। पूरे वक़्त—चाहे वे हमें प्लेटें पकड़ा रहे हों, तस्वीरें दिखा रहे हों, अपनी पत्नी के बारे में बता रहे हों—उनका नियंत्रण अद्‌भुत था। उन्होंने सिर्फ़ एक बार अपना धीरज खोया था, जब गोपाल, बिना कहे, एक ब्रीफ़केस खोलने में उनकी मदद करने उठे थे। अपनी टेढ़ी उंगली से गोपाल की कुर्सी तरफ़ इशारा करते हुए वे बोले, 'बैठ जाओ, बैठ जाओ, मेरी बात पर *ध्यान दो* ।'

नीरद बाबू की कही कुछ बातें बिल्कुल ही आश्चर्य-रहित थीं। पोर्ट की जो बोतल हम लोग अपने साथ लेकर गए थे, उसका बारीक़ी से परीक्षण किया गया और तय पाया गया कि वह पीने के लिहाज़ से तो ठीक थी लेकिन पेश करने के लिहाज़ से नहीं। उनकी *ऑटोबायोग्राफी* पर *इलस्ट्रेटेड लंदन न्यूज़* में प्रकाशित जे. सी. स्क्वायर की समीक्षा का एक हिस्सा बांचा गया। उन्होंने, विस्तार से, इंग्लैंड के राजसी महलों के बारे में बताया जहां उनका और उनकी पत्नी का पूरी बराबरी का दर्ज़ा देते हुए स्वागत किया गया था। 'ड्यूक ऑफ़ ब्लैंकशर के यहां मैं मीनार पर स्थित एक तोप की सराहना कर रहा था, जिस पर ड्यूक ने टिप्पणी की, ''इसका प्रयोग कोपेनहेगन की लड़ाई में किया गया था''। ''कौन सी?'' मैंने पूछा। ''कुछ ही अंग्रेज़ों को जानकारी है कि वे दो बार हुई थीं,'' ड्यूक ने आश्चर्य प्रगट करते हुए कहा।' युद्ध के प्रति इस आकर्षण की जड़ें स्पष्ट रूप से बंगाल में थीं (अंग्रेज़ों ने बंगालियों को ग़ैर लड़ाकू कौम की उपाधि दे रखी थी), नीरद बाबू ने, दूसरे विश्वयुद्ध में इस्तेमाल की गई तोपों का ज़िक्र करते हुए, स्पष्ट किया।

नीरद चौधुरी, अंग्रेज़ों के पक्षधर और मुसलमान-विरोधी थे। उन्होंने मेरी पत्नी की वेशभूषा, लहराते हुए चूड़ीदार कुर्ते पर सख़्त आपत्ति जताते हुए कहा, 'मैंने कभी भी धोती की जगह पाजामा नहीं पहना, क्योंकि वह इस्लामी है।' इसके बाद वे गोपाल की तरफ़ मुड़े : 'मैंने हाल ही में सुभाष बोस और महात्मा गांधी पर बंगाली में एक लेख लिखा है, और वह आपके नाना के बारे में बहुत प्रशंसात्मक नहीं है' (जो कि मुसलमानों के प्रति अपने प्रेम के लिए बदनाम थे)।

एक बार इस बातचीत में मुझे भी खींच लिया गया। 'मेरा ख़याल है आप वरियर एल्विन की जीवनी पर काम कर रहे हैं। इससे क्या होगा?' 'दरअसल

वह एक अनोखा आदमी था', मैंने सतर्कतापूर्वक जवाब दिया, 'एक ऑक्सफ़ोर्ड स्कॉलर, जो भारतीय आदिवासियों के साथ रहा था और जिसने उनके बारे में लिखा था।' 'मुझे भारत प्रेमी अंग्रेज़ों से नफ़रत है', नीरद बाबू ने कहा। 'जब प्रोफ़ेसर ह्यूज टिंकर ने अपनी सी. एफ़ एंड्र्यूज़ पर लिखी जीवनी मुझे भेजी थी, तो मैंने उनको कहा था, "यह आपके समय की बेहद निराशाजनक बर्बादी है!" जानते हैं, वरियर एल्विन ने 1952 में कलकत्ता के *स्टेट्समैन* में मेरी *ऑटोबायोग्राफी* की समीक्षा की थी, बहुत ही सकारात्मक। इसके बाद जब 1961 में मेरी *पैसेज़ टु इंग्लैंड* आई, तो उसने उसी कॉलम में उसको ख़ारिज कर दिया। उसने कहा नीरद चौधुरी खुद को बहुत गंभीरता से लेते हैं। यह बात क्या वह पहले से ही नहीं जानता था, जब उसने मेरी पांच सौ छह पृष्ठों की आत्मकथा पढ़ी थी?' मैंने सुझाया कि हो सकता है *पैसेज़ टु इंग्लैंड* की आलोचना एल्विन ने इसलिए की हो कि वह उस देश के प्रति अपनी वफ़ादारी को रेखांकित करना चाहता हो जिसे उसने अपना लिया था—तब तक वह भारतीय नागरिक और भारत सरकार का एक अधिकारी बन चुका था। 'बेवकूफ़ी की बात', नीरद बाबू ने जवाब दिया। 'असल वजह यह थी कि वह जान गया था कि इंग्लैंड को मैं उसकी तुलना में बेहतर ढंग से समझता था। ख़ैर, उसके बाद *द स्टेट्समैन* से मैंने अपने संबंध तोड़ दिए।'*

इसके बाद नीरद बाबू उठे और (टेप पर) मोज़ार्ट का एक अंश बजाते हुए उन्होंने चाय लाने का संकेत किया। चाय की केतली एक युवा बंगाली स्त्री द्वारा लाई गई जो विषाणु विज्ञान संस्थान में वैज्ञानिक थी, और सप्ताहांत पर आकर घर के कामों में मदद करती थी। सत्कार-व्यवस्था हमारे मेज़बान की सतर्क निगरानी में हो रही थी। उन्होंने दार्जिलिंग चाय लाने को कहा था, न कि असम की हल्की ब्लेंड वाली चाय। उत्कृष्ट चीनी की प्लेट ('रॉयल डर्बी—साठ पाउंड का एक पीस—जब मैंने ख़रीदी थी तब पांच पाउंड की थी') में जर्मन क्रिसमस स्टोलेन घुमाए गए।

बाद में हमें ऊपर उनके शयन-कक्ष में ले जाया गया। एक बिस्तर पर, जो उनकी पत्नी का था, उनके विवाह की साड़ी, और एक पश्मीना शॉल जो

* बाद में वे फिर से स्थापित हो गए थे, क्योंकि, जैसा कि मैं उनको याद दिलाने का साहस नहीं कर सका, *दि स्टेट्समैन* ने 1993 के अपने पूजा अंक में हिंदू और मुसलमानों की अतीत और वर्तमान में असंगति पर एक लंबा लेख प्रकाशित किया था।

उनके लिए दी गई उनकी पहली भेंट थी, क़रीने से रखे हुए थे। उन्होंने कहा, 'हिंदू पत्नी एक चमकते हुए संगमरमर के, दो सुनहरी टोंटियों वाले बाथटब जैसी होती है, जिनमें से एक में गर्म पानी आता है और एक में ठंडा पानी।'

कक्ष उनकी पत्नी का स्मारक था, और नीरद बाबू का अध्ययन-कक्ष भी। नीरद बाबू के बिस्तर की बगल में, किसी बच्चे की स्कूल-डेस्क से भी छोटी, एक ज़रा-सी मेज़ थी, तीन फुट लंबी और डेढ़ फुट चौड़ी। उसका मुंह दीवार की तरफ़ था, और उस पर टाईपराइटर रखा हुआ था—ये वो जगह है जहां वे अंग्रेज़ी में लिखते हैं। एक दूसरी मेज़, खिड़की के क़रीब रखी हुई थी, जहां से पिछवाड़े का बग़ीचा दिखाई देता था। वह खाली थी। यहां बैठकर वे हाथ से बंगाली में लिखते थे। क्या इसके पीछे कोई गहरा अर्थ छुपा हुआ था? मैं सोचने लगा। टाईपराइटर और दीवार, अंग्रज़ी का भावशून्य तर्क? हाथ में थमी हुई क़लम और हरियाली, उनकी देशज बंगाली भावनाएं?

बंगाली और अंग्रेज़ी नीरद चौधुरी की दो ज़ुबानें थीं, और उनकी दो राष्ट्रीयताएं। उनकी आत्मकथा के शीर्षक के बावजूद भारतीय राष्ट्रवाद को लेकर उनकी दुश्मनी अडिग थी। उनका व्यक्तित्व, जैसे कि उनकी वेशभूषा—घर में धोती पंजाबी, बाहर मेल खाता हुआ सूट—दोनों को संतुलित रखते थे। और तब भी, क्या बांग्ली की ओर उनकी वापसी—उनकी अंतिम पुस्तकें उसी भाषा में थीं—एक अंग्रेज़ी लेखक और भद्रपुरुष की उनकी उस छवि से मुंह मोड़ने की सूचक है जो सदी की एक अच्छी ख़ासी अवधि में गढ़ी गई थी? हम जाने को तैयार ही हुए थे कि तभी फोन की घंटी बज उठी। वैज्ञानिक फोन उठाने के लिए गई। 'कौन है?' बुज़ुर्गवार ने पूछा। *'अपनेर छेले, देश थेके,'* उसने जवाब दिया। यह उनका बेटा था, जो कलकत्ता से फोन कर रहा था, 'देश' यानी *घर* से।

IV

इस मुलाक़ात के कुछ समय बाद, शिलांग में वरियर एल्विन के काग़ज़ों में, नीरद चौधुरी की पुस्तकों पर *स्टेट्समैन* में लिखी गई उनकी समीक्षाएं मेरी नज़र से गुज़रीं। *ऑटोबायोग्राफी ऑफ़ एन अननोन इंडियन* (1951) के बारे में एल्विन की टिप्पणी थी कि वह 'अपनी साहित्यिक गरिमा, अपनी साहसपूर्ण स्पष्टवादिता, और अपनी ऐतिहासिक दृष्टि के विराट विस्तार में नेहरू की

आत्मकथा से तुलना की चुनौती पेश करती है।' समीक्षा अनाम थी, इसलिए चौधुरी ने *दि स्टेट्समैन* के संपादक को बेहद कुटिलतापूर्वक लिखा : 'यह पत्र मैं आपको सबसे पहले तो शुक्रिया अदा करने के लिए लिख रहा हूं कि आपने मेरी पुस्तक की प्रशंसापूर्ण समीक्षा प्रकाशित की है। दूसरे, मैं जानना चाहूंगा कि क्या मुझे समीक्षक का नाम और पता मिल सकता है। इसका ताल्लुक समीक्षा से नहीं है, बल्कि इसलिए कि आकाशवाणी की विदेश सेवा, जिसके लिए मैं काम करता हूं, इस लेखक से संपर्क बनाने को इच्छुक है ताकि वह कभी-कभार उसकी वार्ता प्रसारित कर सके।'

ज़ाहिर है, अगर एक आदमी इतना विवेकशील था कि वह श्री चौधुरी की पुस्तक की तारीफ़ कर सकता था, तो वह आकाशवाणी पर बोलने के लिए भी पर्याप्त अच्छा ही था। आठ साल बाद, नीरद बाबू की दूसरी पुस्तक, *अ पैसेज़ टु इंग्लैंड*, इसी समीक्षक को भेजी गई, जो इस बार साफ़ तौर पर उतना उत्सुक नहीं था। एल्विन ने (एक बार फिर अनाम तौर पर) लिखा : 'जब से जेफ्री गोरेर्स और रेमंड मॉर्टीमर्स और *दि स्टेट्समैन* ने भी उनकी आत्मकथा को क्लासिक्स में शामिल किया है, मि. चौधुरी ख़ुद को एक संस्था समझने लगे हैं। वे एक आप्तपुरुष हैं और जो कुछ भी उनके इर्दगिर्द घटित होता है उसका प्रतीकात्मक महत्व होता है; उनका हल्के से हल्का शब्द भी सूत्रवाक्य बन जाता है। वे अहंकारी नहीं हैं, न ही ख़ास तौर से तानाशाह हैं; बस उन्होंने ख़ुद को कुछ ज़्यादा ही गंभीरता से लेना शुरू कर दिया है, तभी वे ख़ुद में इतनी ज़्यादा दिलचस्पी लेने लगे हैं।' आगे उन्होंने लिखा, मि. चौधुरी 'अंग्रेज़ी मौसम के बारे में लिखते हुए बहुत चतुराई बरतते हैं, अंग्रेज़ी धर्म के बारे में लिखते हुए उससे कम चतुराई बरतते हैं, और "एडूवेंचर्स ऑफ़ अ ब्राउन मैन इन सर्च ऑफ़ सिविलाइज़ेशन" शीर्षक अध्याय बहुत अच्छे से लिखते हैं। संक्षेप में, मि. चौधुरी की पुस्तक वाक़ई उल्लेखनीय होती अगर उसमें मि. चौधुरी की मात्रा कुछ कम होती। बहरहाल, जैसी भी वह है, वह ज़्यादातर पठनीय, मनोरंजक और सूचनापरक है, और उसे निश्चय ही पढ़ा जाना चाहिए।'

यह आकलन उचित ही प्रतीत होता है, लेकिन श्री चाधुरी को वैसा प्रतीत नहीं हुआ। हम निश्चित तौर पर मानकर चल सकते हैं कि अपना जो दृष्टिकोण वे कोई तीस बरस बाद मेरे सामने व्यक्त कर रह थे उसको उन्होंने

कहीं ज़्यादा बलपूर्वक रखते हुए एकबार फिर *दि स्टेट्समैन* को लिखा होगा। एक समय के बड़े समाचार पत्र की मध्यस्थता में, लेखक और समीक्षक के बीच का यह आदान-प्रदान आधुनिक भारत के साहित्यिक इतिहास में एक छोटी-सी पादटिप्पणी की हैसियत रखता है। यह दो अद्वितीय पुरुषों के बीच का टकराव था, एक ऑक्सफ़ोर्ड का अध्येता, जो भारतीय बन गया गया था और दूसरा बंगाली भद्रलोक का, जिसकी आकांक्षा अंग्रेज़ होने की थी।

पारिस्थितिकीय देशभक्त : एम. कृष्णन

मेरे सामने 1994 के नए वर्ष का एक कार्ड है। यह एक इक्यासी वर्ष के आदमी द्वारा अपनी इक्यानवे साल की बहन के लिए रचा गया है। वे उमस से भरे हुए नगर मद्रास में रहते हैं, और उनकी बहन मैसूर में, जो उस कर्नाटकीय पठार पर बसा नगर है, जो उनकी स्मृति में 'दिसंबर-जनवरी में उत्तरी ध्रुव इलाके जैसा ठंडा हो सकता है।' वे एक कलाकार हैं, और उनकी बहन भी। इस तथ्य को और मैसूर के मौसम को चिह्नित करता यह कार्ड, उनको एक उड़ान भरते पक्षी के रूप में चित्रित करते उनके पोर्ट्रेट से शुरू होता है, जिसकी लाल चोंच, लाल पैर, और स्याह-सफ़ेद पंख नीले आसमान की पृष्ठभूमि पर अंकित हैं। कलाकार के अनुसार यह एक सफेद सारस है, जिसके लैटिन और तमिल नाम भी सुविधा के लिए दिए गए हैं।

पर सफेद सारस ही क्यों? 'क्या आपको इसमें कोई संबंध दिखाई नहीं देता?' कलाकार अपनी बहन से पूछता है। वह उसको कोई चौदह सौ वर्ष पहले के कवि सथ्थी-मुथ्थप्पुलवार की उस कविता की याद दिलाता है जो अपने शीतकालीन प्रवास के लिए कन्याकुमारी के मैदानों की यात्रा के दौरान मदुरै पर से गुज़रते इसी पक्षी को संबोधित थी। इसके बाद एक कॉलम में यह गीत तमिल में मुद्रित है, सुघड़ अक्षरों, शब्दों में; दूसरा कॉलम उसका अंग्रेज़ी तर्जुमा पेश करता है—एक टंकित कच्चा खाका जिसके टंकण की अशुद्धियों को हस्तलिपि में सुधारा गया है। कवि, 'ताड़ के दो फांक डंठल जैसी नुकीली मूंगे के रंग

सी सुर्ख चोंच वाले' इस पक्षी से कहता है कि अगर वह उत्तर की ओर अपनी वापस यात्रा में कभी उसके गांव, सथ्थीमुथ्थम के ताल पर ज़रा सा ठहरे तो वह उसकी पत्नी से ज़रूर मिले जो अपनी 'गीली दीवारों वाली-चूती हुई' कुटिया में बैठी 'छिपकली की हींसती आवाज़ में मेरे आगमन का शगुन सुन रही होगी'; और

उससे कहो कि देखा था तुमने इस अधम जीव को
पाण्ड्य राजा की राजधानी मदुरै में,
कृशकाय निर्वसन उत्तरी हवाओं के दंश को झेलते,
धड़ को अपनी बांहों में समेटे,
देह को अपने उकडूं पैरों से ढंके
बमुश्किल जीवित
अपने पिटारे में पड़े किसी सांप की तरह

इसके बाद कुछ पारिवारिक समाचार, और फिर कार्ड के अंत में दुखी सथ्थी-मुथ्थप-पुलावार की रंगीन शबीह है। 'सारस एकदम सटीक है', कलाकार टिप्पणी करता है, लेकिन 'मुझे अपने चित्रण में कवि के प्रभाव को उकेरने की कोशिश नहीं करनी चाहिए थी, वह किसी गड्ढे में बैठे मेंढक जैसा ज़्यादा लगता है, बजाय पिटारे में बैठे सांप के, हालांकि गर्भस्थ स्थिति कहना एकदम सही होता।'

यह नए वर्ष का कार्ड एम. कृष्णन द्वारा उनकी बहन मुथु को भेजा गया था। यह सच्चे अर्थों में अपने समय-विशेष की छाप लिए एक सजावटी चीज़ थी—'एक ऐसी वस्तु या कृति जिसकी मुख्य दिलचस्पी इतिहास आदि के साथ उसके साहचर्य में निहित होती है' (*कंसाईज़ ऑक्सफ़ोर्ड डिक्शनरी*)—एक ऐसी वस्तु या कृति जो सिर्फ़ उसी व्यक्ति द्वारा भेजी या प्राप्त की जा सकती थी जो प्रथम विश्वयुद्ध के पहले पैदा हुआ हो। यह कार्ड संस्कृति, ज्ञान, संवेदनशीलता और शैली में रचे-बसे दो बुज़ुर्गों के बीच दशकों से चल रहे एक संवाद को जारी रखता है। यह उन खूबियों का भी एक सुंदर निदर्शन है जिन्होंने कृष्णन को धरती पर एक श्रेष्ठतम प्रकृति-विज्ञानी और प्रकृति लेखक के रूप में गढ़ा था। इस निजी संवाद में, जैसे कि उनके छपे हुए साहित्य में भी, हम उत्कृष्ट कारीगरी, असाधारण आत्मविश्वास और खब्त के स्तर के परिष्कार का अनूठा संयोग पाते हैं। हम कलाकार, अध्येता और लेखक को एक साथ काम करते

देखते हैं, एक ऐसे इंसान को जो प्रकृति और संस्कृति के बीच या साहित्य और विज्ञान के बीच अकादमिकों द्वारा खड़े किए गए भेद को अकेले ही निरर्थक साबित कर देता है। यहां तक कि उसके दिखावे—सारस के लैटिन नाम, *Ciconia ciconia ciconia* को लेकर पांडित्यपूर्ण बारीकी—में भी एक ख़ासियत है।

हालांकि इस कार्ड की सबसे उल्लेखनीय बात शायद यह है कि कृष्णन ने उसे यह जानते हुए तैयार किया था कि संभव था कि वह कभी भी मैसूर न पहुंच पाता। क्योंकि दिसंबर 1993 में डाक विभाग की हड़ताल जारी थी, और, जैसा कि उन्होंने मुथु को लिखा था, 'सिर्फ़ भगवान ही जानता है कि तुमको यह कब मिलेगा या नियमित डाक-कर्मियों के स्थान पर काम कर रहे अनाड़ियों की मेहरबानी से यह मिल भी पाएगा या नहीं।' कार्ड निश्चय ही अपनी बहन के प्रति स्नेह के चलते तैयार किया गया था, लेकिन इसे तैयार करने का विशुद्ध आनंद भी उसके पीछे था। यह एक ऐसे व्यक्ति की रचना थी जिसे अपने पेशे से प्रेम था, ऐसा इंसान जो इस बात से नितांत उदासीन था कि दुनिया उसके बारे में क्या सोचती थी।

II

एम. कृष्णन का जन्म तमिल लेखक और सुधारवादी ए. माधवैया (1872-1925) की आठ संतानों में सबसे छोटे बेटे के रूप में 30 जून 1912 को तिरुनेलवेली में हुआ था। माधवैया मद्रास सरकार के नमक और आबकारी विभाग में नौकरी करते थे। वे छोटे-छोटे क़स्बों में पदस्थ हुआ करते थे, जहां उनका ज़्यादातर काम स्मगलरों और ग़ैरक़ानूनी नशीले पदार्थ बेचने वालों की तलाश में घोड़े पर सवार होकर गांव-गांव भटकना होता था। अपने बचे हुए वक़्त में वे पढ़ते और लिखते थे। तमिल में प्रकाशित पहला यथार्थवादी उपन्यास (*पद्मावती चरित्रम*, 1898), लंदन से प्रकाशित एक अंग्रेज़ी उपन्यास (*तिल्लई गोविंदन*, 1916) के साथ-साथ निबंध, कहानियां, कविताएं, और व्यंग्य रचनाएं उनके व्यापक लेखन में शामिल हैं। 1920 के आसपास उन्होंने असमय रिटायरमेंट ले लिया, अपनी पेंशन का विनिमय किया और उससे हुई आमदनी से मद्रास के माइलापुर इलाक़े में एक मकान बनवाया। इस नए पारिवारिक आवास से लगा हुआ एक छप्पर था जहां उन्होंने अपनी पत्रिका, *पंचमिरतम*, के लिए एक छापाखाना स्थापित किया। माधवैया ने अपना बाक़ी बचा जीवन साहित्य के

लिए समर्पित करने का फ़ैसला किया था, लेकिन उस जीवन का कोई खास हिस्सा बचा नहीं था। पचपन वर्ष की उम्र में मद्रास के सीनेट हाऊस में, तमिल या उसकी समकक्ष किसी भाषा को बी. ए. में एक अनिवार्य विषय के रूप में शामिल करने की ज़रूरत पर दिए गए एक जोशीले भाषण के तुरंत बाद उनकी मृत्यु हो गई।

माधवैया एक अद्भुत इंसान थे, जिनको कृष्णन का संस्मरण और भी अद्भुत बना देता है। 1990 में उनके द्वारा संकलित यह 'सत्यापित तथ्यात्मक दस्तावेज़' एक समर्पित पुत्र द्वारा अपनी अधूरी स्मृतियों में चमक और दीप्ति लाकर की गई एक असामान्य रूप से निर्दोष आराधना है। पिता, इस बयान के मुताबिक, अधिकारियों के साथ हमेशा असहमति की स्थिति में हुआ करते थे, अपने समय के सामाजिक और राजनैतिक बहाव से हमेशा आगे। किंचित और निजी मौज में, कृष्णन पिता के साथ की अपनी सुबह-सुबह की घुड़सवारी और सूर्योदय से पहले की मरीना बीच की सैर को याद करते हैं। वे लिखते हैं कि किस तरह माधवैया अपने जीवन के अंतिम चार वर्षों के दौरान अपना भोजन अपनी इस अंतिम संतान के साथ किया करते थे, और किस तरह रात को उनकी खाट उसकी खाट की बगल में बिछाई जाती थी।

जब पिता की मृत्यु हो गई तो छोटे बच्चों की देखभाल और आर्थिक ज़िम्मेदारी उनकी दूसरी संतान लक्ष्मी ने संभाली। 1886 में जन्मी और 1905 में विवाहित, वे अपने पति के परिवार द्वारा बहिष्कृत थीं। माधवैया, लक्ष्मी को वापस ले आए और उनको शिक्षित किया। उनकी मृत्यु के समय वे क़्वीन्स मेरी कॉलेज में पढ़ा रही थीं, जहां की वे बाद में प्राचार्य होने वाली थीं। कृष्णन अब हिंदू हाई स्कूल में पढ़ रहे थे; हालांकि वे उस तरह के विद्यार्थी नहीं थे जिसे हम 'आदर्श' कहें, लेकिन उन्होंने बहुत अध्ययन किया और कला के प्रति अपनी रुचि विकसित कीः प्रकृति के प्रति भी, क्योंकि बीस के दशक में माइलापुर एक तरह से एक सीमांत बसाहट थी, जहां यत्र-तत्र बिखरे हुए मकानों के बीच एकड़ों में झाड़ियां और चारागाह फैले हुए थे। वह इलाक़ा प्रचुर मात्रा में पक्षियों का घर था और विलक्षण किस्म के सियारों तथा काले मृगों का भी। पर्यावरण उसमें रचा-बसा हुआ था : एक अध्येता ब्राह्मण के इस ग्यारह साल के बेटे ने एक विकसित नेवला पाल रखा था।

1927 में कृष्णन ने प्रेसीडेंसी कॉलेज में दाखिला लिया, एक ऐसा संस्थान

जिसका आज क्षरण हो चुका है, लेकिन जो तब अपने पूरे वैभव पर हुआ करता था। वे इंटरमीडिएट इम्तिहान में शामिल हुए और, 1931 में बी. ए. के इम्तिहान में, जिसमें उनका एक विषय तमिल भी था, जिसके लिए उनके पिता ने इतनी ज़ोर-शोर से लड़ाई लड़ी थी। जो विषय उनको सबसे ज़्यादा पसंद था, वह था वनस्पति विज्ञान, जो प्रोफ़ेसर फाइसन पढ़ाया करते थे। फ़ाइसन फ़ील्ड में जाकर काम करने वाले एक उत्कृष्ट वैज्ञानिक थे जिन्होंने, जैसा कि उनके बारे में कृष्णन के बाद के जीवन में दिए गए हवाले से ज्ञात होता है, इस युवा विद्यार्थी पर गहरा प्रभाव डाला था। उन्होंने फ़ाइसन दंपती के साथ नीलगिरि और कोडइकनाल की पहाड़ियों की यात्रा करते हुए प्रोफ़ेसर से विज्ञान और उनकी पत्नी से वाटर कलर पेंटिंग की शिक्षाएं हासिल कीं।

बी. ए. में तीसरी श्रेणी हासिल करने में फ़ाइसन दंपती के साथ कृष्णन की दोस्ती उनके ज़रा भी आड़े नहीं आई। नौकरी की संभावनाएं क्षीण थीं, लेकिन एक बड़े भाई, एम. अनंतनारायणन, इंडियन सिविल सर्विस में थे,* और उनके एक श्वसुर थे जो अभी भी प्रतिष्ठित पद पर थे। ये थे आर. नारायण अय्यर, जो आई.सी.एस. तक पहुंचने वाले शुरुआती तमिलों में से एक थे। नारायण अय्यर, कृष्णन को एक और बड़े आदमी, सर टी. विजयराघवाचारी, के पास ले गए, जो किसी सामंत से कम नहीं थे, और जिनके अनेक प्रभारों में से एक पूसा का एग्रीकल्चरल रिसर्च इंस्टीट्यूट भी था, जो कि एक ऐसे युवा विद्यार्थी के लिए जो अपने शैक्षणिक रिकॉर्ड के प्रति उदासीन था, किंतु वनस्पतियों में गंभीर दिलचस्पी रखता था, कब्र के बराबर था। जब सर टी. वी. को कृष्णन की 'उपलब्धियों' के बारे में बताया गया, तो उन्होंने सलाह दी कि वे पहले एम.ए. करें, फिर आएं। दो साल बाद यह यात्रा दोहराई गई। इस मुलाक़ात के पचपन वर्ष बाद इस याचक ने एक ख़त में मुलाक़ात के उस दृश्य को इन शब्दों में याद किया : 'सामंत एक आरामकुर्सी पर : उनकी बगल में बेंत की कुर्सी पर मैं; दूर एक सोफ़े पर मि. आर.एन.।' 'एक और थर्ड क्लास', सामंत गरजे। 'ऐसा है कि अगर तुम बी.ए. या एम.ए. में से किसी में भी फ़र्स्ट क्लास लाए होते, तो मैं तुम्हारे लिए कुछ सकता था।' 'अगर यही होता तो

* और बाद में, *अपने* खाली समय में, प्रतिष्ठित उपन्यास *द सिल्वर पिल्ग्रिमेज* के लेखक, जो मूलतः क्राइटेरिअन बुक्स, न्यूयॉर्क द्वारा 1961 में प्रकाशित हुआ, और पेंगुइन इंडिया द्वारा 1993 में पुनर्मुद्रित किया गया।

फिर यहां आने की ज़रूरत ही न पड़ती,' नारायण अय्यर ने कहा और कृष्णन को लेकर वहां से चले गए।

इसके बाद परिवार के आग्रह पर कृष्णन ने दो वर्ष क़ानून की डिग्री हासिल करने में लगाए। 1936 में उन्होंने यह डिग्री हासिल कर ली थी लेकिन उसके बाद उनके वकालत संबंधी किसी काम का या अदालत में हाज़िर होने का कोई दस्तावेज़ उपलब्ध नहीं है। उस ज़माने में आमदनी का न होना विवाह में कोई अड़चन पैदा नहीं करता था। इसलिए 26 मार्च 1937 को कृष्णन ने बैंगलोर की इंदुमति हसब्नीस से विवाह कर लिया। वे सिर्फ़ पंद्रह साल की थीं, लेकिन तब भी अपनी ऊर्जा और इच्छाशक्ति में अपने पति से मेल रखती थीं।

किसी भी तरह के वैतनिक रोज़गार का जो पहला 'प्रमाणित तथ्यात्मक दस्तावेज़' मेरे पास है, वह 1937 का है, जब कृष्णन ने *मद्रास मेल* में अपने कुछ रेखांकन और व्यंग्यचित्र प्रकाशित कराए थे। अगले ही साल वे कम प्रसार वाली किंतु खासी प्रतिष्ठित पत्रिका *इंडियन अफ़ेयर्स* में पुस्तक सज्जा पर अपने निबंध और, इसके फलस्वरूप *द स्टेट्समैन* और *द हिंदू* में प्रकृति विषयक नोट्स प्रकाशित करा रहे थे। ये आरंभिक नोट्स, सूक्ष्म पर्यवेक्षण और अतिरिक्त शैली को दर्शाते हैं जो आगे चलकर उनके समूचे कृतित्व को वैशिष्ट्य प्रदान करते हैं। लेकिन जैसा कि लगभग उसी समय उपन्यासकार होने की आकांक्षा रखने वाले आर.के. नारायण महसूस कर रहे थे, तमिल ब्राह्मणवाद के नैतिक और आर्थिक विश्व में स्वतंत्र लेखक की अवधारणा अनजानी थी। परिणामतः विवाह के शुरुआती वर्षों में कृष्णन अनियमित रूप से कोई न कोई 'नियमित' नौकरी करते रहे—शुरू में 'एसोसिएटेड प्रेस' में, फिर 'मद्रास स्कूल ऑफ़ आर्ट' में, और अंत में पब्लिसिटी ऑफ़िसर के रूप में आकाशवाणी के स्थानीय केंद्र में।

1942 में, उनके परिवार के अनुरोध पर और जितना भी प्रभाव वह डाल सकता था उसकी मदद से, संदूर के महाराजा द्वारा, जो वर्तमान कर्नाटक के उत्तरी भाग की एक रियासत पर राज्य करते थे, कृष्णन को नौकरी पर रख लिया गया। नौकरी तो, लगता है, महज़ एक संयोग की बात थी—मुख्य वजह यह थी कि उनकी पत्नी के डॉक्टर ने उनको किसी अपेक्षाकृत शुष्क स्थान पर जाकर रहने की सलाह दी थी। कृष्णन को इस रियासत में आठ साल बिताने थे—आठ साल एक वेतनदाता के अधीन लेकिन, जैसी कि उनकी फ़ितरत थी, कई तरह के काम करते हुए। संदूर में कृष्णन ने स्कूली अध्यापक, जज, प्रचार

अधिकारी और महाराजा के राजनैतिक सचिव के रूप में सफलतापूर्वक अपनी सेवाएं दीं। काम नीरस था, लेकिन उससे बाहर निकलने की संभावना हमेशा बनी रहती थी। क्योंकि, संदूर के अंदरूनी इलाक़ों की यात्राएं करते हुए इस प्रकृति-प्रेमी को जब तब सांभर और जंगली सूअर, सियार, जंगली विडाल, साही और चीते दिख जाया करते थे। पहाड़ियों और वनों से घिरी, तुंगभद्रा की धार के दोनों ओर फैले खेतों और झाड़ियों के जंगलों को अपने भीतर समेटती, और विशाल खंडहर नगर हंपी से बैलगाड़ी की एक दिन की यात्रा की दूरी पर स्थित इस घाटी में कृष्णन प्रकृति और सांस्कृतिक इतिहास के प्रति अपने प्रेम का पोषण कर सकते थे। उन्होंने बकरियां पालीं, जिनको जब-तब वे स्वयं चराने ले जाया करते थे; रियासत के स्काउट लड़कों के साथ मिलकर प्रयोग के तौर पर संचालित एक कबूतरखाने में कबूतरों का प्रजनन किया; और वे बीहड़ों में और हंपी के मंदिरों में पैदल भटके, जहां से घर लौटकर वे लालटेन की रोशनी में उन तमिल कवियों को पढ़ा करते जिनको किसी ज़माने में विजयनगर के राजाओं का राजाश्रय प्राप्त था। उन्होंने भीतरी डेक्कन में रसोई का रत्न समझे जाने वाले व्यंजन मंडालु-मेनासिनाकई (तेल में तली गई मिर्च) के प्रति भी स्थायी अनुराग विकसित कर लिया था।

कृष्णन अपने स्वभाव से रियासत के अनौपचारिक पैतृकवाद के पर्याप्त उपयुक्त बैठते थे। वे यहां के माहौल में जिस तरह फिट थे वैसे वे ब्रिटिश भारत की नियमों से बंधी निष्पक्षता में कभी न रहे होते। संदूर, कृष्णन का परिष्कार करने वाली पाठशाला थी, या, रूपक को हल्का सा बदलकर कहें तो, वह प्रयोगशाली थी जहां उन्होंने अपनी अस्वीकृत डॉक्टरी डिग्री के लिए शोध किया था। वहां पर उन्होंने जो कुछ सीखा था वह चालीस के दशक में उनके अपने नाम से *द इलस्ट्रेटेड वीकली ऑफ़ इंडिया* में तथा कल्पित नाम 'ज़ेड' से *द हिंदू* में प्रकाशित प्रकृति विषयक निबंधों, सांस्कृतिक चित्रणों और कहानियों के रूप में लोगों तक पहुंचा। बाद में वर्षों तक वे अपने लेखों को अपने संदूर के दिनों के किसी तथ्य या किस्से से संवारा करते थे। रियासत उनके लिए बहुत मानी रखती थी, और वे रियासत के लिए। कृष्णन के संदूर छोड़ने के कोई आधी सदी बाद उनके एक विद्यार्थी, एम. वाई. घोरपड़े—जो बाद के दिनों में खुद भी एक प्रसिद्ध वाइल्डलाइफ़ फोटोग्राफर बना—ने याद किया

> संरक्षणात्मक रंगसज्जा पर केंद्रित एक व्याख्यान, जिसके दौरान विज्ञान तथा प्राकृतिक अध्ययन पढ़ाने वाले अध्यापक ने, जो एक प्रतिभाशाली कलाकार भी थे, पोर्टेबल ब्लैकबोर्ड पर एक ज़ेबरा और एक गधे के चित्र उकेरे। ब्लैकबोर्ड को हमसे उत्तरोत्तर दूर ले जाया गया, यह दर्शाने के लिए कि एक दूरी पर ज़ेबरा अपने खंडित रंग-पैटर्न की वजह से आंख के सामने उस गधे के मुक़ाबले कम स्पष्टता में उभरता है जिसे एक ही रंग से चित्रित किया गया है; जबकि बहुत क़रीब से देखने पर यह कल्पना करना मुश्किल होगा कि ज़ेबरा की काली और सफ़ेद चमकीली धारियां गधे के फीके, इकसार भूरे रंग के मुक़ाबले में अस्पष्ट कैसे दिख सकती हैं। मेरे ये अध्यापक कोई और नहीं बल्कि एम. कृष्णन थे।

1949 में जब संदूर की रियासत 520 अन्य रियासतों के साथ भारतीय राज्यसंघ में विलीन हो गई, कृष्णन मद्रास लौट आए जहां उन्होंने उस खपरैलदार कुटीर को अपना घर बनाया जो उनके पिता ने अपने छापाखाने के लिए बनायी थी। उन्होंने उसके बाद कभी कोई नौकरी नहीं की, और एक लेखक और फोटोग्राफर के रूप में एक अस्थिर किंतु ईमानदार आजीविका अपनाए रहे। 1950 में उन्होंने कलकत्ता के *द स्टेट्समैन* के लिए एक पाक्षिक कॉलम *कंट्री नोटबुक* की शुरुआत की; उनका आख़िरी कॉलम उसी दिन छपा जिस दिन उनकी मृत्यु हुई।

यह कॉलम, जो एक साथ विज्ञानसम्मत और परिकल्पनात्मक, साहित्य और मिथकों के संकेतों का छौंक लिए, हठधर्मी, तथा तीक्ष्ण परिहास से युक्त हुआ करता था, इस देश की और किसी भी दूसरे देश की अंग्रेज़ी पत्रकारिता की असाधारण उपलब्धि मानी जानी चाहिए। कृष्णन का मुख्य ठौर तो *द स्टेट्समैन* था ही, लेकिन वे *द हिंदू, द इंडियन एक्सप्रेस, द इलस्ट्रेटेड वीकली ऑफ़ इंडिया, शंकर्स वीकली* आदि के लिए भी लिखते थे, और चकित कर देने वाले विविध विषयों पर लिखते थे। सबसे ऊपर तो वे एक महान पुरोगामी प्रकृति-वैज्ञानिक के रूप में जाने जाते हैं, जो कि उचित ही है। लेकिन अपने ज़माने में उन्होंने कला समीक्षक, कथाकार, कवि, अनुवादक और साहित्येतिहासकार के रूप में भी उपस्थिति जतायी थी। यहां तक कि जनवरी 1952 में उन्होंने *द स्टेट्समैन* में उस बरस के उस पांच दिवसीय मद्रास टेस्ट की रिपोर्टिंग तक

की थी, जिसमें वीनू मांकड़ द्वारा झटके गए बारह विकेटों के साथ भारत ने पहली बार इंग्लैंड को हराया था। ये रिपोर्टें 'फ़्रॉम अ स्पेशल क्रिकेट करेस्पॉण्डेंट' के नाम से छपी थीं, एक विचित्र सा लगता ऐसा विवरण जिसमें उससे कहीं ज़्यादा सचाई थी जितना कि अख़बार समझता था।

एक बार मैंने सलामी बल्लेबाज़ कृष्णमाचारी श्रीकांत के बारे में लिखा था कि वह अकेला ऐसा तमिल ब्राह्मण था, रक्षात्मक खेल जिसका मुहावरा नहीं था। मैं कृष्णन के बारे में भूल गया था। उनके जो भाई इंडियन सिविल सर्विस में थे वे अंत में मद्रास के मुख्य न्यायाधीश बने; उनका बेटा, जो इंडियन फ़ॉरेस्ट सर्विस में था, अंत में तमिलनाडु के प्रिंसिपल चीफ़ कन्ज़र्वेटिव ऑफ़िसर ऑफ़ फ़ॉरेस्ट के पद पर पहुंचा; एक भतीजा जो इंडियन फ़ॉरेन सर्विस में था, वह जर्मनी और जापान का राजदूत था। पर कृष्णन हमेशा अपने ही शर्तों पर बने रहे, और ऐसा सिर्फ़ नियमित रोज़गार के मामले में ही नहीं था।

III

प्राकृतिक इतिहास के पुस्तकालय, असाधारण किस्म के निवासस्थलों– महासागर, पर्वत और रेगिस्तान; और चमत्कारपूर्ण महामेरुदंडधारी जीवों–व्हेल, शेर, बाघ–से भरे पड़े हैं। कृष्णन ने प्रायद्वीपीय भारत के नीरस भूदृश्य के बारे में लिखने का चुनाव किया, एक ऐसे ग्रामीण प्रदेश के बारे में जो 'चोटियों और खंदकों, चट्टानों और मांदों, बहुशाखाओं वाले, तंतुमय, झंखाड़ों और कंटीली झाड़ियों तथा सूखे चरागाहों, और बीच-बीच में रेतीली या चट्टानी या किंचित आर्द्र मरुवनस्पतियों में बंटा हुआ है।' उनमें इस भूमि को जीवंत बना देने की, इसकी ऊपरी रंगहीनता को एक अल्पभाषी किंतु व्यंजक प्रभाव से युक्त गद्य में लिखने की ख़ास प्रतिभा थी। बाघ और हाथी के बारे में जानते हुए भी वे बड़े प्यार से सियार, घोरपड, और उल्लुओं, तथा भारतीय देहातों के छोटे, घरेलू, सीधे-सादे प्राणियों के बारे में लिखते थे। चूंकि उन्होंने हिमालय के बाघों के बारे में लिखने की बजाय रानीबेन्नूर के काले मृगों के बारे में लिखा, वे जिम कॉर्बेट की तरह प्रसिद्ध नहीं हुए, ऐसी स्थिति, जो लेखक और प्रकृतिप्रेमी के रूप में, दोनों की संबंधित दक्षताओं पर ठीक से रोशनी नहीं डालती। अब जबकि हम तुलना ही कर रहे हैं, तो मुझे यह भी कहने की इजाज़त दें कि कृष्णन में एक ऐसा सूक्ष्म दृश्य बोध था जो प्रकृति पर लिखने वाले किसी भी अन्य भारतीय लेखक में नहीं पाया

जाता।

कृष्णन ने अपने पाठकों को कभी भी कमतर समझकर बात नहीं की क्योंकि वे उनके ज्ञान और रुचि की व्यापकता को अपने से कम नहीं मानते थे। अगर उनने ब्लेक को नहीं पढ़ा था (और उनको उसकी कविताएं कंठस्थ थीं), या कि वे 'ईहा' के बारे में नहीं जानते थे, तो वे कभी भी पुस्तकालय में जाकर पता कर सकते थे। जिसे मैं उनके जीवन का सबसे उत्कृष्ट काल मानता हूं—जो, मोटे तौर पर 1948 से 1961 के बीच का है—उसमें उनका शिक्षण बहुत हल्के-फुल्के ढंग से हुआ था, जो प्रायः परिहास से रचा-बसा था, और यह परिहास भी, एक अच्छे अंग्रेज के से ढंग से, आम तौर से ख़ुद को लक्ष्य बनाकर किया गया होता था। लेकिन जैसे-जैसे उनकी उम्र बढ़ती गई उनका स्वर उदास और गंभीर होता गया। निबंध अभी भी खूबसूरत ढंग से लिखे गए और विस्तृत जानकारी से समृद्ध थे। लेकिन अब वे मानवीय या सांस्कृतिक संदर्भों के प्रति उतने सचेत नहीं रह गए थे, अब वे ज़्यादा सीधे-सीधे अर्थ में प्राकृतिक इतिहास होते थे। कहने का तात्पर्य यह कि समय के साथ कृष्णन बदल गए थे : अगर उन्नीस सौ सत्तर के दशक के बाद से हम उनके निबंधों में एक सख़्त स्वर, बल्कि उतावली से भरी धमकी का भाव देखते हैं, तो यह चीज़ पूरे देश में जंगलों और वन्यजीवन के तेज़ी से उजड़ते जाने की प्रक्रिया से अछूती नहीं थी।

पर्यावरणविद रमण सुकुमार ने कहा है कि कृष्णन एक ऐसे दौर में काम कर रहे थे जब 'पर्यावरण' लाखों डॉलर की शोध निधि को आकर्षित करने वाला मोहक विषय नहीं हुआ करता था। इस प्रकृतिविज्ञानी ने अपनी निधि का इस्तेमाल करते हुए अपना ज़्यादातर फ़ील्ड-वर्क किया था और अपने सारे फोटोग्राफ लिए थे। जब सुकुमार ने अपना शोधकार्य शुरू किया तो वे कृष्णन के पास गए, जिन्होंने उनसे कहा : 'हाथियों का निरीक्षण करते समय भगवान के लिए अपने पीछे देखते रहना,' और इस तरह इस नौसिखिये को उस झुंड से छूटे हाथी के प्रति आगाह किया जो अपने साथियों के चले जाने के बाद अचानक उस पर टूट पड़ सकता था। सुकुमार, जो आज हाथियों के अंतरराष्ट्रीय विशेषज्ञ हैं, मुझे बताते हैं कि 1972 की अपनी एक अल्पज्ञात टिप्पणी में इस प्रकृतिविज्ञानी ने दो संदर्भों में उच्च-तकनीकी विज्ञान का पूर्वानुमान कर लिया था। पहला, कृष्णन ने लक्ष्य किया था कि हाथी अपने संप्रेषण के लिए ध्वनि

की एक ऐसी फ्रीक्वेंसी का प्रयोग करते हैं जो इंसानों को आसानी से सुनाई नहीं देती, ऐसी ध्वनियां जिनको उन्होंने 'कंठपरक, बमुश्किल सुनाई देने वाली, स्पंदित घुरघुराहट' कहा था। बारह साल बाद पोर्टलैंड प्राणी संग्रहालय में तीन वैज्ञानिकों ने इस चीज़ को 'इन्फ्रासाउंड' का नाम, और 14 हट्र्ज़ का नंबर दिया, यह मनुष्य के कान की सीमा से दशांश नीचे का स्तर था। दूसरा, कृष्णन का अनुमान था कि हथिनियां कभी-कभी अपने लिए साथी को चुनती हैं, एक ऐसा दावा जिसे, उस समय के वैज्ञानिकों के बीच इस बात पर आम सहमति के कारण कि हाथियों का संसर्ग नर हाथियों के सोपानक्रम की प्रधानता के आधार पर तय होता है, माना नहीं गया था; लेकिन आज कृष्णन का दृष्टिकोण अफ्रीकी हाथियों पर किए गए शोधों से प्रमाणित होता प्रतीत होता है। यह असंभाव्य नहीं है कि ऐसी ही प्रखर अंतर्दृष्टि और सूक्ष्म पर्यवेक्षणों पर आधारित कृष्णन की दूसरी परिकल्पनाएं आने वाले समय में तकनीक-प्रेरित शोधों से प्रमाणित हो जाएं।

उस वक़्त अपनी शुरुआत कर रहे सुकुमार से कृष्णन ने कहा था कि 'अध्ययन की ख़ातिर हाथियों का अध्ययन करना। यह उम्मीद मत करना कि इससे कुछ हासिल होगा।' यह एक एक साहसपूर्ण परामर्श था, भले ही स्वयं कृष्णन ने इसका पालन हमेशा न किया हो। बने बनाये ढांचे के बाहर रहकर काम करते हुए, वे कभी-कभी इसके साथ छल भी करते थे—इंडियन बोर्ड ऑफ़ वाइल्ड लाइफ़ के सदस्य (तीन दशकों से ज़्यादा समय तक) की हैसियत से, और प्रोजेक्ट टाइगर की संचालन समिति के अंग की हैसियत से। जब-तब ख़तरे की घंटी बजाते हुए प्रकृति का यह वृत्तांतकार उसकी रक्षा करने वाला धर्मयोद्धा बन जाया करता था। 1970 का एक निबंध, 'द ड्विंडलिंग ऍनिमल्स ऑफ़ फ़ॉरेस्ट' शिकायत करता है कि 'आज भारतीय समाज में वन्य जीवन के प्रति मानवोचित करुणा का भाव न तो निरक्षर ग़रीबों में ही है और न ही शिक्षितों में।' उन्हें इस बात पर ताज्जुब था कि 'केंद्र क्यों नहीं राज्यों को इस बात के लिए तैयार कर सकता कि वे वन्य जीवन के प्रति अधिक संरक्षणात्मक रवैया अपनाएं।' 18 फ़रवरी 1996 को छपा उनका आख़िरी कॉलम इसका आंशिक जवाब देता है: रुकावट 'लगता है हमारे संविधान में ही है, जो ऐसे लोगों द्वारा तैयार किया गया जिनको क़ानूनी और राजनैतिक मसलों की तो असाधारण समझ थी, लेकिन जिनको भारत की अनूठी जैविक समृद्धि की शायद ही कोई

समझ रही हो—लगता है कि उनको तो इस बात तक अहसास नहीं था कि किसी देश की पहचान उसकी परिवर्तनशील मानव संस्कृति पर उतनी नहीं जितनी कि वह उसकी भूरचना पर, उसकी वनस्पतियों और जीव-जगत पर, उसके *नैसर्गिक* आधार पर निर्भर करती है।'

कृष्णन एक पारिस्थितिकीय देशभक्त थे जिनका—1974 की उनकी एक रचना से उद्धृत करते हुए कहें तो—विश्वास था कि अगर 'हम भारतीयों की आने वाली पीढ़ियों के लिए भारत और उसकी वैभवशाली नैसर्गिक विरासत को बचाकर रख सकेंगे, और अपने देश की उस भौतिक और जैविक पूर्णता की रक्षा कर सकेंगे, जो आज ख़तरे में है'—केवल तभी हम 'उनको एक गर्व करने लायक़ देश सौंप सकेंगे।' जिसका मतलब था प्रकृति का विनाश करने वाली शक्तियों—बांधों, खदानों, वनों के वणिक दोहन, मवेशियों, विजातीय पौधों—को पीछे धकेलना, ताकि हम 'प्रकृति के संतुलन' को बनाये रख सकें 'और उसको बिगाड़ने के लिए कुछ न करें।' उन्होंने लिखा कि समय आ गया है जब 'हम अपनी वनस्पति-विषयक प्राथमिकताओं में एक स्वार्थी क़िस्म की देशभक्ति विकसित करें।' बाहर से आयातित प्रजातियों के विरोध के मामले में वे काफ़ी कठोर हो जा सकते थे। एक बार उनसे बैंगलोर के इंडियन इंस्टीट्यूट ऑफ़ साइंस, जिसे आम सहमति से हमारा सबसे सुंदर विश्वविद्यालयीन परिसर माना जाता है, में व्याख्यान देने का आग्रह किया गया। वह फरवरी का महीना था और वीथियां टाबेबुइया से जगमगा रही थीं, जिसके पीले फूल अपने पूरे वैभव पर थे। संस्थान को सज्जित करती अन्य वृक्ष प्रजातियों की ही तरह ये मध्य अमेरिकी वृक्ष भी निदेशक की पत्नी द्वारा रोपे गए थे। एक रिसेप्शन पर इस महिला ने कृष्णन से पूछा कि कैंपस के बारे में उनका क्या ख़याल है। 'शर्मनाक', उन्होंने जवाब दिया, 'आपको इन तमाम विदेशी पेड़ों को उखाड़ देना चाहिए और उनकी जगह हमारे अपने कुछ वृक्ष लगाने चाहिए।' एक और अवसर पर, जब उनके एक रिश्तेदार ने उसके घर के क़रीब गुलमोहर के वृक्ष के काटकर गिराए जाने से हुई मौत के बारे में लिखा, तो कृष्णन ने तपाक से जवाब दिया, 'ख़ैर, एक गुलमोहर की मौत पर इतना शोक क्यों मनाना—एक ऐसे विजातीय की मौत पर जो अपने तले की ज़मीन को अपने झड़े हुए, मुरझाये फूलों से भर देता है—जो मेडागास्कर से आई एक सिंदूरी छिनाल है? अगर तुम सचमुच चित्त को हर लेने वाले लाल फूलों के ताज को देखना चाहते हो,

तो तुम्हें जंगल की लपट को, पूरी तरह से हमारे अपने पलाश *(ब्यूटी मोनोस्पर्मा)* को, देखना चाहिए, गर्मियों के शुरू में—जिसके पास पास लगे तीन या चार पेड़ क्षितिज को आग से भर देते हैं।'

कृष्णन प्रामाणिक रूप से देसी दो परंपराओं को एक दूसरे के बरअक्स रखकर देखना पसंद करते थे, 'वेदांतगल' और 'अशोक' की परंपराएं। पहली जो चिंगलपेट के निकट के एक गांव से संबंधित थी, जहां के दस्तूर और धार्मिक परंपरा, पीढ़ियों से शिकारियों के तीरों और बंदूक़ों से प्रजनन करते पक्षियों की रक्षा करती आई थी; और दूसरी इस मौर्य सम्राट से संबंधित थी जिसने अपनी प्रजा को आदेश दिया हुआ था कि वे दुर्लभ प्राणियों और पौधों की रक्षा करें। कृष्णन पहली बार उन्नीस सौ पचास के दशक की शुरुआत में वेदांतगल गए थे जहां उन्होंने उसके पक्षी-जीवन का और संरक्षण के इतिहास का अध्ययन किया था और उसे एक औपचारिक 'अभयारण्य' का नाम दिलाए जाने में सफल हुए थे। वे जानते थे कि सांस्कृतिक परंपराएं प्रकृति के साथ सामंजस्य का रिश्ता कायम कर सकती थीं। लेकिन उन्होंने यह भी महसूस किया था कि बदले हुए आधुनिक संदर्भ में, तेज़ी से हो रहे आर्थिक विकास और मनुष्यों की आबादी में हो रही वृद्धि के चलते, पारंपरिक संयम ने बहुत से मामलों में लालच के लिए रास्ता साफ़ कर दिया था। उनको उम्मीद थी कि एक ऐसा वक़्त आएगा जब स्थानीय परंपराएं वन्यजीवन के संरक्षण में रचनात्मक तरीक़े से और अधिक भूमिका निभा सकेंगी। तब तक प्राकृतिक वास और बची हुई प्रजातियों की रक्षा के लिए राज्य को एक संरक्षक की भूमिका निभानी होगी।

कृष्णन शाकाहारी थे, जिन्होंने कभी राइफल नहीं उठाई थी, एक ऐसा इंसान जो एक शिकारी से रक्षक बनने में और पश्चाताप से भरे कसाइयों के क्लब का सदस्य होने में नहीं, बल्कि एक संरक्षणवादी की तरह ही संरक्षणवादी होने में अपनी पीढ़ी के लोगों के बीच एक अपवाद था। हमारे प्राकृतिक इतिहास के सबसे अच्छे अध्येता या तो यूरोपीय रहे हैं, या श्रमिक जातियों से आए हिंदू और ईसाई रहे हैं, या फिर राजपूत और मुस्लिम राजघरानों के सदस्य रहे हैं। यूरोपीय अध्येता वन्य जीवन के अपने अनुभव और 'एनलाइटेनमेंट' के बाद विकसित वैज्ञानिक तर्कणा के प्रति अपनी निष्ठा के चलते अधिक गंभीरतापूर्ण अध्ययन के लिए प्रेरित हुए थे; निचली पृष्ठभूमियों से आए प्रकृतिवादियों का अभ्यास प्राणियों और पेड़-पौधों के साथ काम करने की उनकी व्यावसायिक

परंपराओं के नाते विकसित हुआ था; ठाकुरों और नवाबों को शिकार से हटकर संरक्षण की ओर जाने की चुनौती उनकी अभिजात वंशपरंपराओं से मिली थी। और तब भी हुआ यह कि एक रसम पीने वाला, बंदूक़ से नफ़रत करने वाला, तमिल ब्राह्मण इन सबसे अधिक योग्य प्रकृतिविज्ञानी बना।

IV

कृष्णन किस तरह के इंसान थे? उनका चरित्र उनकी फोटोग्राफी की तकनीकी सामग्री से सबसे बेहतर ढंग से उजागर होता है। इस कौशल के निकट वे देर से आए थे, जब चालीस की उम्र पार कर चुके थे, लेकिन उन्होंने इसके प्रति जो भीषण प्रतिबद्धता दिखाई वह पूरी तरह से उनकी अपनी थी। वे पूरी सख़्ती के साथ रंगीन फ़िल्म की बजाय श्वेत-श्याम फ़िल्म को, और 35 एम.एम. की बजाय रोल फ़िल्म को प्राथमिकता देते थे, क्योंकि इससे उनको बड़े प्रिंट (36''×24'') तैयार करने में मदद मिलती थी जो जीवजंतुओं को बीहड़ों में उनकी संपूर्णता में दर्शाते थे। लेकिन ये प्राथमिकताएं किसी भी बनत के ऐसे कैमरे के इस्तेमाल की संभावना को निरस्त कर देती थीं जो तब के भारतीय बाज़ार में उपलब्ध थे। इस आदमी को, जो कि अपने जीवनकाल में 'भारतीय वन्यजीवन फोटोग्राफी के क्षेत्र का सबसे बड़ा नाम' था, ख़ुद को ही एक कैमरा कमोबेश गढ़ना पड़ा था। यह, उनके सहयोगी प्रकृति-वैज्ञानिक ई.पी.जी के शब्दों में, 'एक विशाल संयोजन था, जिसकी बॉडी एक तरह की थी, तो टेलीलेंस दूसरी तरह का था, और दूसरे हिस्से तथा सहायक वस्तुएं स्वयं उनके द्वारा बहुत ही कुशलतापूर्वक गढ़ी गई थीं। मैं दावे के साथ नहीं कह सकता कि उन सबको आपस में जोड़ने के लिए इस्तेमाल किये गए जूते के तसमों को मैंने देखा था, लेकिन इतना पक्का है कि उसमें कहीं न कहीं कुछ तार और छल्ले ज़रूर रहे होंगे!'

यह अनोखा यंत्र, गुरु और उसके चेले, दोनों के बीच *Super-Ponderosa* के नाम से जाना जाता था। 1974 में इसकी बॉडी बदलने की ज़रूरत पड़ी; समस्या यह थी कि वह एक जर्मन बनावट थी, *पूर्वी* जर्मन। अगर कृष्णन पेंटाकॉन सिक्स बॉडी को, उसके लेंसों के बग़ैर, आयात करना चाहते थे, तो इसके लिए उनको एकसाथ *लौह आवरण* को और स्वदेशी दिमाग़ वाली भारत सरकार दोनों को भेदना ज़रूरी था। उन्होंने इसको बदलने के लिए यूरोप, एशिया और अमेरिका

के फोटो उपकरणों की आपूर्ति करने वाली 120 कंपनियों को ख़त लिखे। इनमें से सिर्फ़ एक, हांगकांग की एंड्र्यूज़ एंड कंपनी, ने जवाब दिया। उनको लगा कि यह क़िस्मत की ही बात थी, क्योंकि उनका भतीजा अभी-अभी उस उपनिवेश के इंडियन मिशन में नियुक्त हुआ था। ज़रूरत पड़ने पर यह भतीजा भुगतान कर सकता था, बॉक्स को वहां से उठा सकता था, और उसको मद्रास भेज सकता था। कृष्णन ने दिल्ली की उड़ान ली और, तीखी सर्दी, वह दिसंबर था, तथा डिप्टी चीफ़ कंट्रोलर ऑफ़ इंपोर्ट एंड एक्सपोर्ट, सर्दुल सिंह के साथ हुई कई अप्रिय मुठभेड़ों के बाद, आखिरकार वह लाइसेंस हासिल करने में कामयाब हुए जो उनको कैमरे की दो अकेली बॉडियों को आयात करने की छूट देता था।

इस बीच, लौह आवरण के उस पार, पूर्वी जर्मन, पी-6 का उत्पादन बंद कर चुके थे। एंड्र्यूज़ एंड कंपनी, जिसने कृष्णन को एक बॉक्स की आपूर्ति का वचन दिया था, ने उनको अब एक खत लिखकर बताया कि वे बॉक्स 'फ़िलहाल आऊट ऑफ़ स्टॉक' है, और ये आइटम वे उसी साल बाद में भेजेंगे। सच्चाई यह थी कि इस ब्रांड के ख़त्म हो जाने की ख़बर सुनने के बाद वे काईंयां चीनी, अकेला बॉक्स बेचना ही नहीं चाहते थे—आख़िर वे उसके लेंसों को कहां ले जाते, जो इस ग्राहक विशेष के लिए किसी उपयोग के नहीं थे? किस्से का अंत नीरस और ख़ास भारतीय अंदाज़ में होता है : इस फोटोग्राफर के लिए पी-6 बॉक्स इंग्लैंड के उसके किसी दोस्त ने भेंट कर दिया।

तब भी जबकि कृष्णन कार या स्कूटर ख़रीदने की स्थिति में थे, उन्होंने ये चीज़ें कभी नहीं ख़रीदीं। छठे दशक के आख़िरी दिनों में उनके बेटे हरि ने कुछ समय तक कार ख़रीदने के बारे में सोचा था, क्योंकि वन विभाग का अधिकारी होने के नाते उसे काफ़ी आना-जाना करना पड़ता था। बाप और बेटे ने मिलकर आर्थिक स्थिति का आकलन किया और इस नतीजे पर पहुंचे कि वे दोनों ही एक-एक चौपहिया खरीद सकते हैं। हरि याद करते हैं कि इसके पहले कि ख़रीदी का ऑर्डर जारी होता, कई दिन पहले ही 'बहुत ही तेज़ी से और अनपेक्षित ढंग से मुक्ति का संदेश आ पहुंचा, जो पेट्रोल की क़ीमतों में ''बढ़ोत्तरी'' की शक्ल में केंद्रीय वित्त मंत्री की ओर से भेजा गया था'; दोनों के लिए ही मसला बिलाशक हमेशा के लिए ख़त्म हो गया।

यह भी ठेठ उन्हीं का ढंग कहा जाएगा कि 1995 में कृष्णन उसी 'स्वान

सिग्नेचर फ़ाउंटन पेन' का इस्तेमाल कर रहे थे जिससे उन्होंने बी.ए. की परीक्षा के सवाल हल किए थे। टेक्नॉलॉजी के क्षेत्र में 'ताज़ा' के प्रति उनके रुख को बहुत उपयोगी ढंग से कवि ब्लादिमीर मायकोव्स्की के रुख के बरअक्स रखकर देखा जा सकता है। जॉर्जियाई घाटी में जन्मे मायकोव्स्की कॉकेशस की महिमा से क़तई अप्रभावित थे। वे अपने फ़ॉरेस्ट रेंजर पिता के साथ जंगलों में पले-बढ़े थे। एक रात जब यह बालक अपने पिता के दौरे पर उनके साथ था, उसने एक नदी किनारे दूर एक कारखाना देखा जो भव्य ढंग से जगमगा रहा था। 'बिजली देखने के बाद', मायकोव्स्की अपने संस्मरण में याद करते हुए कहते हैं, 'प्रकृति में मेरी रुचि ख़त्म हो गई। वह पर्याप्त अप-टु-डेट नहीं थी।'

एकबारगी कृष्णन संयोग से उस भीड़ में शामिल हुए जो भारत के पहले जेट हवाई जहाज़ का प्रदर्शन देख रही थी; वे बिना प्रभावित हुए वहां से चले गए—वह पर्याप्त नैसर्गिक नहीं था। क्योंकि ये 'महज़ बड़ी, कोलाहलपूर्ण मशीनें' थीं जिनकी क्षमता और गति 'मैकेनिकल, केमिकल और अमानवीय' थी। जो चीज़ उनको प्रभावित करती थी, वह थी 'प्राणियों की जीवित, मांसल गति', वह फुर्ती जिस पर वे चकित हो सकते थे। उन्होंने अपने पाठकों से कहा था कि 'अगर आपको गति पसंद है, और अपनी सहज, लयपूर्ण आवेगशीलता पर टिकी हुई कोई चीज़ देखना चाहते हैं, तो आपको कुछ मील दूर जाकर काले मृगों के झुंड को देखना चाहिए—वहां मिलेगा आपको गति का सच्चा ऐंद्रिय अनुभव।'

एक युवा दोस्त, जो उनको अच्छे से जानता था, लिखता है कि हालांकि 'कृष्णन ने अपनी असाधारण प्रतिभा को कम करके आंकने का अपराध कभी नहीं किया, तब भी वे स्वतःआरोपित गुमनामी में ही रहे। अगर वे जंगल में नहीं होते थे, तो मद्रास के अपने घर-युक्त-स्टूडियो की झाड़ियों की ओट में एकांतवास करते रहते थे। वहां, जब कृष्णन फ़िल्म डेवलप नहीं कर रहे होते थे, कोई रेखांकन नहीं बना रहे होते थे या अपना कोई कॉलम टाइप नहीं कर रहे होते थे, तो वे अपनी *अ*-प्राकृतिक दिलचस्पियों में मुब्तिला रहते : जासूसी उपन्यास, कर्नाटक संगीत या फिर क्रिकेट। मैं इनमें से उनकी आखिरी दिलचस्पी में साझा करता था, लेकिन मैं इसमें उनकी गहरी समझ की तसदीक कर सकता हूं। 1991 में, 'द डिसेंट ऑफ़ द पी.एच. आइट्स' शीर्षक से लिखे गए एक पारिवारिक इतिहास के अंतर्गत उन्होंने अपने भाई पी.एम. वाय. नारायणन (एक मेडिकल डॉक्टर, जिनकी युवावस्था में ही मृत्यु हो गई थी) के बारे में यह महत्वपूर्ण विवरण दर्ज किया था कि वह

'एक बाएं हाथ का बल्लेबाज़ और गेंदबाज़ था जो चाइनामैन गेंद फेंक सकता था।''*

'कृष्णन का एकांतवास कुख्यात था', उनका वही दोस्त कहता है, और दो ऐसे किस्से हैं जो इसका प्रमाण हैं। छठे दशक के मध्य में, जब एयर इंडिया ने लंदन के लिए एक नॉन-स्टॉप उड़ान सेवा शुरू की, तो उन्होंने शुभारंभ उड़ान में 'प्रतिष्ठित भारतीयों' के एक चुनिंदा समूह के लिए मुफ़्त टिकट प्रदान करने की घोषणा की, जिसमें इंग्लिस्तान की एक सप्ताह की यात्रा भी शामिल थी। कृष्णन और उनके काम के प्रति समर्पण का भाव रखने वाला एयर इंडिया का एक मैनेजर जानता था कि भारत में जिस तरह से प्रबंध होते हैं उनके चलते कृष्णन का नाम सूची में शामिल नहीं हो पाएगा। जबकि इसके लिए इस अंग्रेज़ी साहित्य के अध्येता और अंग्रेज़ी गद्य के उस्ताद से ज़्यादा योग्य व्यक्ति कौन हो सकता था? एक सार्वजनिक क्षेत्र की एयरलाइन के लिए इससे बेहतर क्या हो सकता था कि वह कृष्णन का सरोवरों के प्रदेश में घूमने और ब्रिटिश म्यूज़ियम के संग्रह को परखने का ख़र्च उठाती? विशेष पैरवी करने के बाद इस मैनेजर ने कृष्णन का नाम सूची में शामिल करवाया और प्रस्ताव लेकर खुद मद्रास के लिए उड़ा। प्रस्ताव ठुकरा दिया गया, जैसे कि उसके कुछ ही समय बाद का स्मिथसोनिअन इंस्टीट्यूशन का वह निमंत्रण भी ठुकरा दिया गया था जिसमें इंस्टीट्यूशन की ओर से ही सारा ख़र्च उठाए जाने का प्रस्ताव था—इस बार पैसा संयुक्त राज्य अमेरिका के ख़ज़ाने से आने वाला था। ऐसा नहीं था कि यह देशभक्त *काला पानी* के बाहर नहीं निकल सकता था, बात यह थी कि यह स्वावलंबी, थोरोवादी निजी व्यक्ति एक अदना सरकार को छूट नहीं दे सकता था कि वह उसका ख़र्च उठाए।

फिर, 1969 के आख़िरी महीने में, जब कृष्णन दूर कहीं जंगल में थे, उनकी पत्नी, इंदु, को भारत सरकार का एक तार मिला, जिसमें पूछा गया था कि क्या वे पद्मश्री अलंकरण लेने को राज़ी होंगे। इंदु के मन में तेज़ी से ख़याल

---

* खेल के मैंदान में कृष्णन एक बहुत ही उग्र तेज़ गेंदबाज़ हुआ करते थे, और वैसा ही उनका मिजाज़ भी था। मेरे दोस्त आनंद दोरास्वामी एक मैच का किस्सा सुनाते हैं, जिसमें कृष्णन ने शुरू के ही ओवर में दो विकेट ले लिए थे। इसके बाद अगला बैट्समेन आया, नीली शर्ट और ब्राउन ट्राउज़र पहने, लेग-गार्ड को रूमाल से बांधे हुए। नकचढ़े कृष्णन के लिए इतना बहुत था। 'क्या नाम है तुम्हारा?' उन्होंने बल्लेबाज़ से सख़्ती से पूछा। जवाब मिला, 'थिरुनावक्कारसु'। 'मैं इस तरह के नाम वाले आदमी को बॉल नहीं कर सकता', कृष्णन ने कहा, और अपने कप्तान के हाथ में बाल उछालते हुए वे मैदान से चले गए।

आए—क्या पता उसका आदमी कब लौटेगा, और इस अनुरोध को किस तरह लेगा। उन्होंने तुरंत उनकी ओर से मंज़ूरी भेज दी। कृष्णन ने लौटने पर पाया कि अब दोबारा सोचने की गुंजाइश नहीं बची थी और उन्होंने गरिमापूर्ण तरीक़े से सम्मान को स्वीकार कर लिया।

V

एक बार कृष्णन ने एक दोस्त से कहा कि उनको उनके अपने प्रदेश तमिलनाडु की बजाय पश्चिम बंगाल में बेहतर ढंग से जाना जाता है। यह बात कुछ दुख के साथ कही गई थी, क्योंकि, आखिरकार, वे माधवैया के बेटे थे। *द स्टेट्समैन* की प्रतियां मद्रास में कभी-कभार ही पहुंचती थीं, लेकिन उसका दिल्ली संस्करण उस छोटे से उपहिमालयी क़स्बे में किसी तरह पहुंच ही जाता था जहां मैं बड़ा हुआ था। मेरे पिता *द स्टेट्समैन* को ज़्यादातर उसी वजह से पढ़ते थे जिस वजह से कृष्णन उसके लिए लिखा करते थे : उसमें छपाई की अशुद्धियां बहुत कम हुआ करती थीं। जो फोटोग्राफ उनके कॉलम के साथ छपता था, वह मुझे दिलचस्प नहीं लगता था—अख़बारी काग़ज़ श्वेत-श्याम कला के इस उस्ताद के साथ शायद ही कभी न्याय कर सके हों—लेकिन लेखन मुझे दिलचस्प लगता था। उन दिनों *कंट्री नोटबुक* एक सप्ताह के अंतर से छपता था जिसमें उसकी जगह पर राजनेता मीनू मसानी का कॉलम छपा करता था। मसानी भी अपने विचारों के पक्के थे, लेकिन उनके विचार उनके अपने न होकर मिल्टन फ्रीडमैन और मार्ग्रेट थैचर के हुआ करते थे। मैं *संडे स्टेट्समैन* एक हफ्ते तो बहुत ध्यान से पढ़ता और अगले हफ्ते उसे पैरों तले कुचल देता था।

1979 की गर्मियों में मद्रास की यात्रा के दौरान मैंने पाया कि मैं कृष्णन का रिश्तेदार था। रिश्ता महीन क़िस्म का था—उनके भाई, जो मुख्य न्यायाधीश थे, मेरी मां की कज़िन से ब्याहे थे—और उनके घर के बारे में मुझे इतना ही पता था कि वह 'राजेश्वरी कल्याण मंडपम' के पास कहीं पर था। इतना काफ़ी था, क्योंकि तमिल कम दूरी का नक़्शा खींचने में माहिर होता है। एड्वर्ड एलियट्स रोड से उतरते ही, मैंने तेज़ी से उस ओर का रुख किया जहां पर कृष्णन रहते थे। उनका घर साधारण क़िस्म का था; पुराने मद्रास बंगले के पीछे, शांत-सी जगह में स्लेटी रंग का एक सीमेंट ब्लॉक। काफ़ी शाम हो चुकी थी, जब मैं वहां पहुंचा और पाया कि प्रकृति विज्ञानी लाल रंग की चौखानेदार लुंगी पहने

और हाथ में भीगी हुई रोल फ़िल्म थामे अपने कमरे से बाहर निकल रहा था।

1955 की क्रिसमस के दिन एक बार फिर से मैं एड्वर्ड एलियट्स रोड पर था। फ़र्क सिर्फ़ इतना था कि अब उस सड़क का नाम राधाकृष्णन सलई पड़ चुका था, और मैं मद्रास की एक और प्रख्यात हस्ती से मुलाक़ात कर रहा था—उस आदमी के बेटे से, जिसने सड़क को उसका नया नाम प्रदान किया था। मुलाक़ात ख़त्म हुई, मैं बाहर निकलकर सड़क की पटरी पर आया और, थोड़ी ही दूरी पर, राजेश्वरी कल्याण मंडपम का बोर्ड दिखाई दिया। कुछ ही मिनटों में मैं कृष्णन के साथ था। वे हमारी पिछली मुलाक़ात को भूल चुके थे, लेकिन मुझे अपने अध्ययन कक्ष में ले गए। चारों ओर से पुस्तकों से घिरे, टाईपराइटर पर आधा भरा पन्ना और हाथ में सिगरेट थामे, वे मुझसे एक घंटे तक बात करते रहे। वे अभी भी लाल लुंगी पहने हुए थे, एक ऐसी वेशभूषा जो, आज सोचने पर लगता है, तमिल ब्राह्मणवाद की धर्मनिष्ठा (कलफ़ की हुई सफ़ेद वेष्टि, सफ़ेद बनियान और धूसर सफ़ेद जनेऊ का सुरक्षित मध्यमार्ग) का मखौल उड़ाती लगती थी। इस मुलाक़ात के छह सप्ताह बाद कृष्णन की मृत्यु हो गई थी।

कृष्णन ऐसे लोगों को बहुत ही उग्र तरीक़े से खारिज कर दे सकते थे जो उनके अपने मानदंडों पर खरे नहीं उतरते थे। हमारी दो बातचीतों के दौरान उनके ये तीन विवेचन मुझे याद आते हैं, इन पर ग़ौर करें।

एक प्रसिद्ध तमिल लेखक के बारे में: 'वह आदमी अपनी अहमियत को लेकर इतना अनिश्चित था कि वह बारह छद्म नामों से लिखता था, एक नाम से पुस्तक और दूसरे से उसकी समीक्षा।'

एक प्रसिद्ध पक्षीविज्ञानी के बारे में : 'जब सरकार ने उसको पर्यावरण संरक्षण की उच्चाधिकार समिति का सदस्य मनोनीत किया तो मैंने उससे कहा, ''उसमें शामिल मत होना, नहीं तो तुम मूर्ख साबित होगे। तुमको पक्षियों के बारे में कुछ आता होगा, लेकिन इससे तुम पर्यावरणविद नहीं हो जाते''।'

एक सम्मानित संपादक के बारे में जिसने उनके हस्तलेख में एक शब्द बदलने का दुस्साहस किया था : 'मैंने अपने पिता ए. माधवैया के बारे में लिखा था ''द तमिल स्कॉलर, पोएट एंड नॉवेलिस्ट''; उसको बदलकर ''अ तमिल स्कॉलर, पोएट एंड नॉवेलिस्ट'' कर दिया गया था। मेरे पिता अपने ज़माने के सबसे

ज़्यादा सराहे जाने वाले तमिल लेखक थे जो [सुब्रमण्य] भारती से ज़्यादा प्रसिद्ध थे; दिल्ली के इस आदमी ने उनको साधारण व्यक्ति बना दिया था।'

और सरोजनी नायडू के लिए, जिनकी कविता का एक ज़माने में बहुत शोर था लेकिन जिसको आज कवि अरविंद कृष्ण मेहरोत्रा शीरे में लिपटी बकवास कहते हैं, कृष्णन ने सबसे तीखा डंक बचाकर रखा है : 'सरोजनी नायडू के मुताबिक़ कोयल गाती है, ''लिरा!लिरी!लिरा!लिरी!'' यह पुकार मैंने तो नहीं सुनी। न ही किसी और ने सुनी है।'

अपने एक निबंध में कृष्णन लिखते हैं, 'सभ्य' का समकालीन अर्थ है 'पाखंडी और विनम्र'। पेश हैं उनकी आनंददायी ढंग से असभ्य कुछ और टिप्पणियां जो उनके ख़तों से चुनी गई हैं :

> *इंडिया इंटरनेशनल सेंटर नई दिल्ली के नवनियुक्त निदेशक को लिखते हुए* : 'मुझे इंडिया इंटरनेशनल सेंटर का एक भारीभरकम बोर्डिंग हाऊस के रूप में स्मरण है, जिसके साथ एक बड़ा सा लेक्चर हाल जुड़ा हुआ था, और जहां पर तमाम तरह के और तमाम दशाओं में पड़े कल्चर-वल्चर और उबाऊ लोग लगातार आया जाया करते थे। मुझे वाक़ई उम्मीद है कि तब के बाद से उसमें सुधार आया होगा।'
>
> *तमिल में महात्मा गांधी की सूक्तियों का एक पैंफ्लेट पढ़ने के बाद* : 'वक्तव्यों का तानाशाही भरा लहजा अनुवाद से ढंक नहीं पाता।'
>
> *जापान में पदस्थ एक दोस्त के प्रति सहानुभूति जताते हुए* : मैं समझता हूं कि जापानियों की अंग्रेज़ी को समझ पाना जापानियों की जापानी समझने से ज़्यादा मुश्किल होता है।
>
> *पर्यावरण से संबंधित एक प्रभावशाली संगठन के बारे में* : द वर्ल्ड वाइल्डलाईफ़ फ़ंड, वाक़ई अच्छे और जानेमाने वन्यप्राणिविदों तथा ऐसे धूर्त नीमहकीमों का घालमेल, जिनमें पीटर स्कॉट और दुलीप मथाई, दोनों शमिल हैं।

VI

यह निश्चय ही दुख का विषय है कि कृष्णन ने इसकी ज़रा भी परवाह नहीं

की कि दुनिया उनके बारे में क्या सोचती थी। जवाहरलाल नेहरू फेलोशिप (पहली), पद्मश्री, यूनाइटेड नेशंस एन्वायरनमेंट प्रोग्राम का ग्लोबल 500 रोल ऑफ़ ऑनर—ये तमाम चीज़ें उनके लिए कोई मानी नहीं रखती थीं; लेकिन अपने काम के दर्जन भर संग्रह उनके लिए बहुत मानी रख सकते थे। प्रकृति की दुनिया के वृत्तांतकार के रूप में वे बेजोड़ व्यक्ति थे, तब भी उनके इस कृतित्व का ज़्यादातर हिस्सा अख़बारों के उन कॉलमों में ही मिल सकता है जो आज पहुंच से परे हैं। उन्होंने सिर्फ़ दो पतले से संग्रह प्रकाशित कराये थे : *जंगल एंड बैकयार्ड* (नेश्नल बुक ट्रस्ट, 1963; 1993 में ऑक्सफ़ोर्ड यूनिवर्सिटी प्रेस द्वारा पुनर्मुद्रित), और *नाईट्स एंड डेज़* (विकास, 1985), जिनमें से पहली का पाठ उनके भव्य ब्लैक एंड व्हाइट चित्रों से सज्जित है, और दूसरी का उनके फोटोग्राफों से। उन्होंने हाथियों पर बच्चों के लिए एक पुस्तक तथा प्रायद्वीपीय भारत के स्तनधारी प्राणियों पर केंद्रित एक पारिस्थितिकीय सर्वेक्षण, *इंडियन वाइल्डलाईफ़ 1959-70* (बॉम्बे नेचुरल हिस्ट्री सोसाइटी, 1975) भी प्रकाशित कराया था, जो कि उनकी नेहरू फ़ेलोशिप का सुपरिणाम था। कुछ बहुत ही आकर्षक कहानियां भी थीं जो दाऊद खान नामक एक फ़ॉरेस्ट कॉण्ट्रैक्टर के बारे में थीं, लेकिन जिस पुस्तक में ये शामिल थीं वह अब गेरे पास नहीं है। उनकी आखिरी पुस्तक, तमिल में लिखा गया एक मौलिक जासूसी उपन्यास, 1995 में प्रकाशित हुई थी।

जहां एक ओर कृष्णन की प्रकृति से संबंधित निष्ठाएं समग्र रूप से भारत के साथ हैं, उनके सांस्कृतिक लगाव अपेक्षाकृत सीमित हैं। पूरे जीवन भर उन्होंने जहां से पोषण अर्जित किया वह उन्हीं के शब्दों में 'अठारहवीं सदी की तमिल कविता की अत्यंत सजग परंपराएं, उत्कृष्ट प्रतिभाएं, वाणी का ओज और शक्ति' थी। उचित ही है कि उनका अंतिम महत्वपूर्ण निबंध मध्ययुगीन दक्षिण भारत में कविता के संरक्षण पर केंद्रित था। इस निबंध (साहित्यिक पत्रिका *सिविल लाईन्स* के दूसरे अंक में प्रकाशित) के बारे में स्वयं कृष्णन ने महसूस किया था कि 'यह मेरी अब तक की लिखी चीज़ों में सर्वश्रेष्ठ और पूरी तरह से मौलिक चीज़ है'। जिन स्त्रियों और पुरुषों के बारे में वे लिख रहे थे वे, वस्तुतः, 'मेरे निजी साहित्यिक पूर्वज' थे। यहां कृष्णन एक बार फिर सीताक्काती मरक्कायार नामक मुस्लिम व्यापारी की कहानी दोहराते हैं, जो दान देने के मामले में संपन्नतम हिंदू राजाओं के मुक़ाबले कहीं ज़्यादा तत्पर हुआ करता था। उसकी दानशीलता

के बारे में सुनकर एक निर्धन कवि मीलों पैदल चलकर उससे मिलने गया, लेकिन जब तक वह वहां पहुंचा तब तक यह आश्रयदाता मर चुका था। वह कब्रिस्तान पहुंचा जहां सीताक्काती के शव को नहला-धुलाकर, आभूषण पहनाकर ताबूत में रखा जा रहा था। जैसे ही वह क़रीब पहुंचा, शव का दायां हाथ कवि की ओर उठा। मददगार लोगों ने, इस हरक़त का अर्थ समझकर, व्यापारी के हाथ के हीरे निकाले और कवि को दे दिए।

हमारे समय में ऐसे आश्रयदाता बहुत कम हुए हैं, और वैसे भी कृष्णन ने कभी उनकी खोज नहीं की थी। लगता है तमिल कवियों में उनके नायक काल्लमेगप्पुलावार थे, 'पूरी तरह से मुक्त लेखन के लिए समर्पित', जो कभी-कभार ही किसी आश्रयदाता के पास जाते थे, एक ऐसा इंसान जो 'अपने छंद की स्वतःस्फूर्तता के लिए प्रसिद्ध' था, 'अपनी हाज़िरजवाबी के लिए मान्य उस्ताद [जिसने] त्रुटिहीन छंदों में कुछ बदज़बान अवमाननाएं और गालियां लिखी थीं।' कृष्णन की सराहनाएं और अवमाननाएं उनके गद्य और फोटोग्राफों के माध्यम से आती हैं, अन्यथा दोनों के बीच अद्भुत समानता है। कामना करता हूं कि उनका कृतित्व उतने ही लंबे समय तक जीवित रहेगा जितने समय तक तमिल देश के उनके श्रद्धेय कवियों का कृतित्व रहेगा।

भारत रत्न की प्रतिष्ठा-बहाली : एम.एस. सुब्बुलक्ष्मी एवं अन्य

एम.एस. को भारत रत्न मिलने का समाचार मुझे अमरकंटक के मारवाड़ी भोजनालय पर मिला। मैं अपने एक मित्र के साथ, सुब्बुलक्ष्मी की उम्र की ही एक अन्य संगीतकार की खोज में नर्मदा के देहात में था। इन महिला ने कभी वरियर एल्विन की पत्नी होने के साथ-साथ ऑल इंडिया रेडियो पर गोंडी दादरिया गाये थे। एल्विन के गांवों में दिन बिताने के बाद हम तभी रात के विश्राम के लिए अमरकंटक लौटे थे। हमारे रात्रि-भोजन के लिए कैश काउंटर पर रुकने के दौरान मेरे संगी ने एक समाचार पत्र पर अपनी टोही नज़र डाली। वह *दैनिक भास्कर* का बिलासपुर संस्करण था। उसने सुब्बुलक्ष्मी को भारत रत्न दिए जाने की ख़बर अपने मुखपृष्ठ पर छापी थी। इस संदर्भ में अंदर एक विस्तृत संपादकीय होने का हवाला भी था।

उस रात तो भोजनालय का मालिक हमें वह अख़बार घर नहीं ले जाने देता। लेकिन अगले दिन, अनूपपुर से दिल्ली जाने वाली उत्कल एक्सप्रेस पर सवार होने के लिए जाने से पहले जब हम उसके तीर्थयात्री भोजनालय पर अपनी अंतिम छोटी थाली ले रहे थे, तो उसने उस अख़बार की वह प्रति लाकर हमें दी। मैंने अपने मित्र को *दैनिक भास्कर* पहले पढ़ने दिया, क्योंकि एक तो उसकी हिंदी मुझसे बेहतर है, दूसरे उसका कर्नाटक संगीत ज्ञान भी मुझसे अच्छा है। प्रधान संपादकीय का विषय भारत रत्न था। सुब्बुलक्ष्मी के गायन की उपलब्धियों का ज़िक्र था, ग्लैमर और ख्याति से उनके परहेज़ की प्रशंसा थी, उनकी धार्मिकता

और समर्पण का गुणगान था। हिंदुस्तानी और कर्नाटक संगीत शैली को एक-दूसरे से अलगाने वाले और मिलाने वाले तत्वों पर एक सूझ-बूझ से भरा विमर्श भी उसमें था। यहां तक कि उस लेख की एकमात्र ग़लती भी विषय के प्रति लेखक के प्रेम की ओर इशारा करती थी। लेख में यह दावा था कि नेहरू की यह टिप्पणी कि वे तो महज़ प्रधानमंत्री हैं, जबकि एम.एस. तो संगीत की मल्लिका हैं, संयुक्त राष्ट्रसंघ की स्थापना की रजत जंयती पर उनके द्वारा गायन के बाद की गई थी (जबकि असल में उनकी यह टिप्पणी नई दिल्ली में रामकृष्ण मिशन के लिए हुए संगीत समारोह के दौरान की गई थी, जो कि उस अत्यधिक विशाल संस्थान की तुलना में एक छोटा-सा संस्थान है)।

मैकल की पहाड़ियों पर आश्चर्यजनक रूप से एक हिचकोले-मुक्त जीप की सवारी करने के दौरान दैनिक भास्कर पढ़ते हुए समझ में आया कि बंबइया फिल्मों और क्रिकेट के अलावा भी ऐसा बहुत कुछ है जो भारत के विभिन्न हिस्सों को आपस में जोड़े रखता है। इस देश के बारे में हमें जितना भी ज्ञान है, उसी के चलते राहुल द्रविड़ द्वारा आगे बढ़कर खेले गए एक रक्षात्मक स्ट्रोक पर बस्तर के एक आदिवासी का मत बनता है, या फिर हिंदी से नफ़रत करने वाला एक तमिलभाषी भी कभी-कभार मजरूह सुल्तानपुरी के गीत गुनगुनाने लगता है। लेकिन यहां तो बिलासपुर में बैठा एक संपादकीय-लेखक, उस गायिका के बारे में लिख रहा था, बड़ी प्रामाणिकता से लिख रहा था, जिसे वह कभी नहीं देख पाएगा, और गायिका के उस संगीत के बारे में लिख रहा था जो कि उसके दैनिक जीवन का हिस्सा नहीं है। ट्रेन में हम लोग उस लेखक की सांस्कृतिक दुनिया और सुब्बुलक्ष्मी के सांस्कृतिक संसार के बीच के फासले पर बात करने लगे। क्या उस पत्रकार ने कभी कोई 'कचहरी' सुनी होगी? *नहीं,* मैंने ज़ोर देकर कहा था, क्योंकि उसके नगर के इतिहास में ऐसी एक भी कचहरी आयोजित नहीं हुई थी। बिलासपुर में नहीं, मेरा दोस्त अड़ा रहा, यह मत भूलना कि बहुभाषी भिलाई नगरी वहां से फकत 80 मील दूर है। एम.एस. ने हो सकता है वहां न गाया हो, मगर दक्षिण के अन्य संगीतज्ञों ने तो गाया है। हो सकता है अपने पत्रकार भैया वहां से बस में चढ़कर भिलाई जाते रहे हों, उन संगीतकारों को सुनने? या फिर बात बस इतनी सी थी, जैसा कि एच.वाई. शारदाप्रसाद ने एक बार लिखा था, कि भारत के लोगों ने तो बहुत पहले एम.एस. के माथे पर भारत रत्न का ताज रख दिया था, कारण कि जिस किसी में भी रत्ती भर

भी सांस्कृतिक विवेक होगा वह उनकी कला को मान उसका आनंद उठाएगा?

II

अमरकंटक में किए उस भोजन के कोई अठारह महीने पहले मैंने एम.एस. को भारत रत्न से नवाज़े जाने का एक अभियान चलाया था। मेरी इस मुहिम के दो प्रतिनिधि भारत सरकार के दो उच्च अधिकारी थे। वे दोनों ऐसे उत्कृष्ट नौकरशाह और राष्ट्रभक्त थे जो देश में आदर्शों में गिरावट को लेकर चिंतित थे। इन साहिबों में जो वरिष्ठ थे, उन्हें कोई नया काम मिलने वाला था, जिसके पहले वे तिरुवन्नमलाई स्थित रमण महर्षि के आश्रम जाना चाहते थे। उनके सहयोगी और मैं साथ-साथ चेन्नई की आती-जाती सैर पर गए। दोनों बार बस में बैठे-बैठे हम इसी मुद्दे पर बात करते रहे कि किस प्रकार भारत रत्न पर लगातार दिवंगत या बदनाम राजनेताओं का एकाधिकार जमता जा रहा है। क्या इसे ठीक नहीं किया जा सकता? अपनी सेवा-शर्तों के अधीन मेरे ये मित्र तो सार्वजनिक रूप से कुछ कह नहीं सकते थे, लेकिन उनका सुझाव था कि मैं तो कह सकता हूं।

इसके बाद 'रत्न' के इतिहास को लेकर किए गए शोध के चलते उसके पतन की कथा उजागर हुई। पुरस्कार के पहले वर्ष, 1954 में, तीन व्यक्तियों को चुना गया : एक राजनेता (सी. राजगोपालाचारी), एक दार्शनिक (एस. राधाकृष्णन), और एक वैज्ञानिक (सी.वी. रमन)। मूल्यों की कसौटी राजनीति के विरुद्ध थी, इस पूर्वग्रह के चलते समूची व्यवस्था में संकेत मिला (उन्नीस सौ पचास के दशक में दर्जनों वैज्ञानिकों, विद्वानों और संगीतज्ञों को कमतर 'पद्म' पुरस्कारों से विभूषित किया गया था)। सही है कि 1955 में जवाहरलाल नेहरू और जी.बी. पंत इस सूची में शामिल हुए, और कुछ साल बाद बी.सी. रॉय और पी.डी. टंडन के नाम भी इसमें आ जुड़े। लेकिन दशक ख़त्म होने के पहले, कांग्रेसजनों के प्रति इस सद्भावना-प्रदर्शन की भरपाई दर्शनिक भगवानदास, इंजीनियर विश्वेश्वरय्या, संस्कृतविद् पी.वी. काणे, और शिक्षाशास्त्री डी.डी. कर्वे और ज़ाकिर हुसैन को भारत रत्न देकर कर ली गई थी।

लेकिन उन्नीस सौ साठ के दशक के मध्य से पेंडुलम स्पष्ट रूप से राजनीतिज्ञों के पक्ष में डोलने लगा। पदमुक्त राष्ट्रपतियों (1961 में राजेंद्रप्रसाद, 1975 में वी.वी. गिरि) के साथ-साथ कार्यरत प्रधानमंत्रियों को सम्मानित किया

गया। सो पाकिस्तान के साथ एक युद्ध के बाद लालबहादुर शास्त्री भारत रत्न बने; तो दूसरे के बाद इंदिरा जी। ये निर्णय कमोबेश अविवादास्पद रहे, क्योंकि इन्हें बुरे वक्त में काबिल नेतृत्व को पुरस्कृत किए जाने के बतौर देखा गया। बाद के पुरस्कारों को ज़्यादा नकारात्मक दृष्टि से देखा गया। श्रीमती गांधी की सरकार ने के. कामराज को और राजीव गांधी की सरकार ने एम.जी. रामचंद्रन को सम्मानित किया : ये दोनों ही मरणोपरांत पुरस्कार तमिल जनता को फुसलाने के हिसाब से नवाज़े गए थे। इसके बाद वी.पी. सिंह ने दलितों को खुश करने के इरादे से राष्ट्रपति को बी.आर. अंबेडकर को सम्मानित करने की सलाह दी। इसके बाद तो बस मुसीबत का पिटारा खुल गया समझो। अब तक यह पुरस्कार केवल जीवित या अभी हाल ही में गुज़रे व्यक्तियों को दिया जाता रहा था (इसीलिए विनोबा भावे को भी 1983 में उनके निधन के बाद इस पुरस्कार से सम्मानित किया गया)। लेकिन इसके बाद से तो ये पुरस्कार तमाम भौगोलिक व राजनैतिक कारणों के शिकार होते चले। गुजराती, सरदार पटेल के लिए और बंगाली, सुभाषचंद्र बोस के लिए और मुसलमान, मौलाना आज़ाद के लिए भारत रत्न की मांग करने लगे। तीनों को मिला, हालांकि, जैसा कि अंबेडकर के मामले में हुआ था, इन सारे उत्तर-मरणोपरांत पुरस्कारों का मकसद सिर्फ़ अगला चुनाव भर था। नतीजतन, तीनों महापुरुष लोकनायकों की स्मृतियों का एक तरह से अपमान ही हुआ, कहा जा सकता है। सुभाष बाबू के परिजन इस खेल को समझ गए थे, सो उन्होंने यह पुरस्कार लेने से मना कर दिया था। ऐसे परितुष्ट राजनेताओं की फेहरिश्त को मोरारजी देसाई ने, जिन्हें मरने के पहले भारत रत्न दिया गया, और राजीव गांधी ने पूरा किया जिन्हें उनकी हत्या के बाद पुरस्कृत किया गया।

1996 में जब मैं भारत रत्न सम्मानितों का वर्गीकरण उनके पेशे के हिसाब से कर रहा था, तो ऊपर सूचित 17 राजनेताओं के बरक्स मैं ज्ञान का परिसर बढ़ाने वाले चार विद्वानों (राधाकृष्णन, रमन, दास, काणे), वंचितों का उद्धार करने वाले चार सुधारकों (कर्वे, हुसैन, भावे और, सबसे हालिया, मदर टेरेसा), राष्ट्र के आर्थिक संसाधनों का उत्पादन करने वाले दो तकनीकीविदों (विश्वेश्वरय्या और जे.आर.डी. टाटा) के नाम रख पाया। अब तक जिनके नाम का उल्लेख नहीं हुआ, वे हैं सत्यजीत रे, जिन्हें अपने देश के प्रति अपने अवदान का उपयुक्त श्रेय पाने के लिए अपनी मौत का इंतज़ार करना पड़ा।

मेरे आंकड़ों के मुताबिक पुरस्कार के पहले दशक में नेता/अन्य का स्कोर सात/आठ था जबकि शास्त्री के सम्मान के बाद के तीस साल के अर्से में यह अनुपात दस/तीन रहा। और इन तीन निर्णयों में से एक भी निर्णय ईमानदार, सच्चा निर्णय न होकर असफलता की एक आपराधिक स्वीकारोक्ति थी। मदर टेरेसा को नोबेल पुरस्कार मिलने के बाद भारत रत्न बनाया गया, सत्यजीत रे को ऑस्कर का लाइफटाइम अचीवमेंट अवार्ड मिलने के बाद भारत रत्न दिया गया, और जे.आर.डी. टाटा को तब भारत रत्न दिया गया जब सारी दुनिया ने हमें यह अहसास करा दिया था कि हमारे उद्योगपति सार्वजनिक क्षेत्र के संरक्षकों के मुकाबले जब-तब अपने देश को ज़्यादा देते हैं।

इन तथ्यों से देश की सम्मान-नीति में आए एक गंभीर बदलाव का पुख्ता सबूत मिलता था। लेकिन यह पहचान कि कौन भारत रत्न हो सकता है, कौन नहीं, मोटे तौर पर देश के मूल्यों की ओर इशारा करती है या केवल उसके राजनैतिक वर्ग के चरित्र के बारे में कुछ कहती है? इसकी थाह लेने के लिए मैंने *इंडिया टुडे* (15 सितंबर, 1996) में एक लेख लिखा। लेख में सुझाव था कि भारत रत्न के दो सबसे लोकप्रिय चयन एम.एस. सुब्बुलक्ष्मी और लता मंगेशकर होंगे। असाधारण सुर और अद्भुत सृजनशीलता के संगीतमय वैविध्य की मालिक, दोनों ही अपने-अपने हुनर में अद्वितीय रही हैं। औरत होने के नाते दोनों ने ही एक पुरुषप्रधान संस्कृति में दुराग्रह का सामना किया और उससे पार पाया। दोनों ने ही एक ऐसे स्थायित्व का प्रदर्शन किया है जो उस पेशे में बहुत मायने रखता है जो आपके गले और मानस पर खूब दबाव डालता हो। अपने समूचे व्यावसायिक जीवन में दोनों का आचरण ओज और गरिमा से भरपूर रहा है : सिर्फ़ सुर ही बेसुरा नहीं, बल्कि एक भी शब्द या हरकत बेजा नहीं। यों तो दोनों ही एक समृद्ध स्थानीय परंपरा में रची-बसी हैं, इसके बावजूद दोनों की पहुंच अखिल भारतीय है। किसी घनिष्ठता के नाते नहीं, बल्कि हम उन्हें 'एम.एस.' और 'लता' के नाम से इसलिए जानते हैं कि उनके प्रति हमारे मन में अगाध प्रेम है, हम उन्हें पूजते, उनका सम्मान करते हैं, और इन दोनों के बिना भारत के अस्तित्व की कल्पना नहीं कर सकते।

इसके बाद मेरा तर्क था कि एम.एस. और लता, उत्कृष्ट ढंग से परस्पर-समकक्ष हैं; एक महान शास्त्रीय परंपरा की अगुआ तो दूसरी विशिष्ट रूप से एक लोकप्रिय भारतीय विधा की महान रचयिता। इन्हें भारत रत्न बनाने का अर्थ होगा इस

पुरस्कार के चयन में आम तौर पर हुई अ-राजनैतिकों की अनदेखी की भरपाई की एक कोशिश। ''आगामी जनवरी में एम.एस. और लता को सम्मानित करके,'' मैंने लिखा कि राष्ट्रपति महोदय शायद, ''पुरस्कारों की गरिमा बहाल करने में मदद कर सकें, और लोगों को आश्वस्त कर सकें कि बात जब शिखर की हो तो राजनैतिक पसंद और वोट-बैंक से इतर कसौटियों के आधार पर ही पुरस्कार तय होते हैं। महात्मा गांधी को शांति का नोबेल न देकर नोबेल समिति अपने माथे सदा के लिए एक कलंक लगा बैठी, जबकि इसके लिए 1931 से ही (खासे दिलचस्प ढंग से अमेरिकियों द्वारा) एक जन-अभियान छेड़ा जा चुका था। यह तो सच है कि समय के साथ भारत रत्न की चमक फीकी तो पड़ी है, लेकिन फिर भी स्वतंत्र भारत की इन दो महान स्त्रियों की दिशा में इसे बढ़ाते हुए इसका स्वर्णिम अतीत लौटाया जा सकता है।''

मेरे नौकरशाह प्रायोजक अभी भी मेरे पीछे पड़े हुए थे, लेकिन अब तक मैं उनके मिशन को बहरहाल अपना मिशन बना चुका था। *इंडिया टुडे* जैसी पत्रिका एक फ्रीलांसर को किसी मुद्दे पर एक से ज़्यादा बार मौका नहीं दे सकती थी, लेकिन सौभाग्य से मंच और भी थे। उन मंचों पर मैंने इस पर खूब शिद्दत से लिखा कि भारत रत्न के अवमूल्यन ने किस तरह यह दिखा दिया है कि कलात्मकता और उसकी परख संबंधी अपने ख़ुद के स्वायत्त मानक पोषित और विकसित करने में एक राष्ट्र की हैसियत से हम नाकाम रहे हैं। जनवरी 1954 की राष्ट्रपतीय विज्ञप्ति में भी साफ तौर पर यही कहा गया था कि भारत रत्न केवल ''कला, साहित्य, और विज्ञान की उन्नति के लिए दी जाने वाली असाधारण सेवाओं के लिए तथा अन्यतम दर्जे की सेवाओं के सम्मान'' के लिए है, जबकि पद्म श्रेणी के पुरस्कार फकत "सरकारी मुलाज़िमों द्वारा निभाई जाने वाली सेवाओं सहित किसी भी क्षेत्र में किए गए उत्तम व विशिष्ट कार्यों" के लिए तय थे। मेरा कहना था कि इन मानदंडों पर तो कम से कम आधा दर्जन जीवित भारतीय खरे उतरते थे, लेकिन भूतपूर्व राष्ट्रपतियों और सरकारों ने जिनकी अनदेखी की थी। मेरे हिसाब से एम.एस. और लता के अलावा कला क्षेत्र से रविशंकर, बिस्मिल्लाह खान और के. शिवराम कारंत, विज्ञान-क्षेत्रों से ए.पी.जे. अब्दुल कलाम व अमर्त्य सेन और "उच्चतम कोटि की लोकसेवा" से बाबा आम्टे इस श्रेणी में आते थे।

जहां मेरे लेखों ने अपनी तरफ कुछ ध्यान खींचा, वहीं दूसरी ओर सुब्बुलक्ष्मी

पर भी किसी की कलम उठी। सालों तक सार्वजनिक रूप से लगातार न गाने के चलते जिन पत्रिकाओं ने उन्हें बिसरा दिया था वे एकाएक उनका साक्षात्कार करने की हरकत में आईं। लेकिन वक्त आने पर तत्कालीन राष्ट्रपति ने अपने विशेषाधिकार का इस्तेमाल करते हुए दो और राजनीतिज्ञों—गुलज़ारीलाल नंदा व अरुणा आसफ अली—को भारत रत्न दिए जाने की घोषणा कर दी। इसके बाद उन्हें अपना पद छोड़ना पड़ा और उनकी जगह एक नए राष्ट्रपति बने। ये नए राष्ट्रपति चिंतनशील व्यक्ति थे। और इसीलिए जनवरी 1998 में महान सुब्बुलक्ष्मी को अंततः उनका देय मिला। उनकी पात्रता को इस बात से भी मदद मिली कि उस समय प्रधानमंत्री के पद पर एक विवेकशील और बुद्धिमान व्यक्ति आसीन थे। यह लगभग निश्चित है कि एम.एस. को भारत रत्न बनाए जाने का प्रस्ताव औपचारिक रूप से के.आर. नारायणन का प्रस्ताव था, लेकिन यह प्रस्ताव आई.के. गुजराल के सामने रखा गया था जो इतने ज़हीन थे कि उन्होंने अपनी स्वीकृति दे दी। सुब्बुलक्ष्मी के पक्ष में रखे गए पहले के प्रस्ताव, ऐसा लगता है, इनमें से किसी एक जोड़ी द्वारा ठुकराए गए थे। यह पुरस्कार बिरले ही कभी श्रीमती गांधी-फखरुद्दीन अली अहमद, राजीव गांधी-ज़ैल सिंह, वी.पी. सिंह-आर. वेंकटरमण जैसी जुगलबंदियों से पार पा सकता।

एम.एस. से कुछ पहले ही, लेकिन मेरे द्वारा उनका नाम लिए जाने के बाद, अब्दुल कलाम को भारत रत्न बनाया गया था। इसके बाद रवि शंकर का भी नंबर लगा, और अमर्त्य सेन भी आए, लेकिन अर्थशास्त्र का नोबेल मिलने के बाद ही। लगता था मेरी भविष्यवाणियां, बेजन दारूवाला की भविष्यवाणियों से भी कहीं बहुत ज़्यादा सटीक बैठ रही थीं। लेकिन यह आत्मश्लाघा मेरी मौलिक पसंद के प्रति व्यक्त प्रतिक्रियाओं के चलते थोड़ी मंद पड़ी। जहां एम.एस. के सम्मान ने करोड़ों भारतीय दिलों और म.प्र. के एक कम जाने जाने वाले समाचारपत्र को खुशी दी, वहीं दूसरी ओर राजधानी में अन्य लोग इतने खुश न हुए। दिल्ली के एक स्तंभ-लेखक को यह शिकायत थी कि देश का उच्चतम पुरस्कार किसी कलाकार, चाहे कितना भी प्रतिभाशाली, को नहीं दिया जाना चाहिए। बस केवल सेनाध्यक्ष और राजनीतिज्ञ ही, उस लेखक के हिसाब से, इस पुरस्कार के योग्य प्राप्तकर्ता हैं।

राजनैतिक वर्ग के विचार भी कुछ ऐसे ही थे। तीन महीने के अंतराल में एक संगीतज्ञ और वैज्ञानिक (एम.एस. व कलाम) के जुड़वां सम्मान के चलते

तत्काल ही आंध्रवासियों की तरफ से एन.टी. रामाराव, ओड़ियाओं की ओर से बीजू पटनायक और हिमाचलियों के द्वारा वाइ.एस. परमार के पक्ष में दावे पेश हुए। हालांकि इन दावों को कोई तवज्जो तो नहीं दी गई—कम से कम अल्पकाल में—लेकिन एक जीवित राजनेता (एक अच्छे राजनेता के बतौर स्वीकृत), सी. सुब्रह्मण्यम को भारत रत्न बनाया गया, और साथ ही—निहायत ही मूर्खतापूर्ण ढंग से—एक ऐसे व्यक्ति को भी भारत रत्न बनाया गया जिसे गुज़रे चालीस बरस से भी ज़्यादा बीत चुके थे; असम के पहले मुख्यमंत्री, गोपीनाथ बोरदोलोई।

मतांधता जितनी ही अवसादजनक है पुरस्कार के महत्व और उसे पाने वाली कुछ महान विभूतियों को लेकर बुद्धिजीवी समाज के बीच फैली भुलक्कड़ी। जब अब्दुल कलाम को भारत रत्न दिया गया तो *इंडियन एक्सप्रेस* ने यह ग़लत दावा किया कि इसके पहले यह पुरस्कार पाने वाले एकमात्र वैज्ञानिक थे डॉ. होमी भाभा। और यह त्रुटि *टाइम्स ऑफ इंडिया* के संपादकीय में भी दोहराई गई। दरअसल, भाभा को भारत रत्न तो कभी मिला ही नहीं। *टाइम्स* और *एक्सप्रेस* ने शायद *प्रेस ट्रस्ट ऑफ इंडिया* की विज्ञप्ति में प्रथमतः किए गए इस त्रुटिपूर्ण दावे को दोहराया भर। लेकिन सवाल यह है कि लिखने से पहले इन समाचारपत्रों ने इस दावे की पुष्टि क्यों नहीं की भला? इसे हद दर्जे की काहिली करार दें या फिर यह मानकर चलें कि इन्होंने सोचा होगा कि कोई वैज्ञानिक अगर भारत रत्न बनाया जाता है तो निश्चित ही वह राजसत्ता के पासंग होगा, जैसे कि कलाम साहब अब हैं, और ठीक वैसे ही जैसे भाभा तब रहे? अन्यथा उनके आर्काइव्ज़ से उन सी.वी. रमण के नाम का गायाब होना किस आधार पर संगत ठहराया जा सकता है जो भारत रत्न पाने वाली पहली मंडली (1954) में थे और ऐसी हिमालयी उपलब्धि वाले वैज्ञानिक थे कि उनकी तुलना में अन्य भारतीय बौने नज़र आते हैं? इत्तिफाकन इंजीनियर एम. विश्वेश्वरय्या का नाम भी भुला दिया गया जो कलाम की ही तरह एक 'विशुद्ध' वैज्ञानिक न होकर एक 'अनुप्रयोगवादी' विज्ञानकर्मी थे।

द हिंदू समाचारपत्र ने, जो कि अपनी धीमी लेकिन सत्यवादी रिपोर्टिंग पर गुमान करता है, क्रॉस-चेकिंग तो कर ली थी सो उसने यह ग़लती तो न की पर कुछ और ग़लतियां वह ज़रूर कर बैठा। उसने कलाम को सी.वी. रमण के बाद भारत रत्न पाने वाला 'दूसरा तमिल' होने की बधाई दे डाली। रमण तमिलवंशी तो ज़रूर थे लेकिन उन्होंने बैंगलोर को अपना घर बनाया और अपना

अधिकांश विज्ञानकर्म भी यहीं किया था। अब यदि तमिल वाले रमण पर अपना हक जताना चाहते हैं तब तो उन्हें उन तमिलभाषी सर्वपल्ली राधाकृष्णन पर भी अपना हक जताना चाहिए जो पैदा आंध्र में हुए थे लेकिन रहे मद्रास में। लेकिन *हिंदू* तमिलनाडु के लंबे समय तक मुख्यमंत्री रहे एम.जी.आर. को कैसे भूल गया आखिर? कहीं ऐसा तो नहीं कि गुप्त रूप से उन्होंने मान लिया हो कि एम.जी.आर. भारत रत्न पाने के योग्य नहीं थे, या फिर चूंकि वे जन्म से मलयाली थे, न कि तमिल? और फिर *द हिंदू* मद्रास स्टेट (जैसा कि उन दिनों तमिलनाडु जाना जाता था) के पूर्ववर्ती मुख्यमंत्री के. कामराज को भला कैसे भूल गया? और *हिंदू* उस भारत रत्न को भी भला कैसे भूल गया जो खून से तमिल था और मद्रास का मुख्यमंत्री होने के साथ-साथ एक जाना-माना लेखक और विद्वान भी था? आइयंगर के स्वामित्व वाला यह समाचारपत्र चक्रवर्ती राजगोपालाचारी का नाम आखिर कैसे भूल गया?

बेर्तोल्त ब्रेख्त के *गैलीलियो* की एक पात्र एंड्रिआ कहती है, ''अभिशप्त है वह देश जिसका कोई नायक नहीं।'' तिस पर गैलीलियो कहता है, ''नहीं, अभिशप्त है वह देश, जिसे नायकों की ज़रूरत हो।'' मुझे यह कहने में कोई हिचक नहीं कि मैं यहां गुमनाम एंड्रिआ के साथ हूं। सभी देशों को नायक चाहिए, सवाल तो उन कसौटियों का है जिन पर वे अपने नायकों को याद करते और उन्हें पुरस्कृत करते हैं। भारत रत्न हमारा शीर्षस्थ पुरस्कार है, जिसे हमें बड़े जतन और विवेक से अर्पित करना चाहिए। लेकिन राजनेताओं ने इसे इतना प्रदूषित कर डाला है कि हम उस समय को भूल गए हैं जब पुरस्कार और पुरस्कृत, दोनों समकक्ष होते थे, जब सी.वी. रमण या जवाहरलाल नेहरू को भारत रत्न देते हुए भारत, खुद का सम्मान करने से थोड़ा ज़्यादा ही कर रहा था।

हमारे सांस्कृतिक गौरव और गरिमा की बहाली के लिए, हमारे सार्वजनिक जीवन और सार्वजनिक विमर्श पर छाई विनाशकारी निराशा से छुटकारा पाने के लिए भारत के नागरिकों के लिए एक बार फिर इस बात पर यकीन करना ज़रूरी हो चला है कि हमारा देश अब वाकई काबिल लोगों का ही सम्मान करेगा। भारत रत्न को राजनेताओं के विभेदकारी और वर्गीय स्वार्थों से अछूता रखने के लिए यह अपरिहार्य होगा कि मरणोत्तर पुरस्कारों को पूरी तरह से खारिज कर दिया जाए। इस संदर्भ में नोबेल पुरस्कार का उदाहरण हमारे सामने है जो कभी दिवंगतों को नहीं दिया जाता। हमारे सामने इसकी एक और नज़ीर है

'कंपैनिअन ऑफ ऑनर' (सी.एच.) की, जो कि ब्रिटेन का सबसे बड़ा नागरिक सम्मान है। यह भी केवल जीवितों को दिया जाता है, तिस पर इसमें एक और प्रावधान भी जुड़ा है कि किसी एक समय में एक निश्चित संख्या (मेरा ख़याल है कि बीस) से ज़्यादा सी.एच. (विजेता) नहीं हो सकते।

एक और उदाहरण, और तिस पर सबसे करीबी उदाहरण 'संगीत कलानिधि' की उपाधि है जो कि हर साल चेन्नई की म्यूज़िक अकेडमी (संगीत अकादमी) द्वारा दी जाती है। अकादमी की एक दीवार पर एक सिरे से सभी कलानिधियों के विशाल व्यक्तिचित्र टंगे हैं। लेकिन इसके सामने की दीवार पर उन संगीतकारों या गायकों की तस्वीरों के लिए जगह छोड़ी गई है जो सम्मानित होने से पहले ही कम उम्र में चल बसे। और इसी दीवार पर हमें एम.डी. रामनाथन और टी.आर. महालिंगम के पोर्ट्रेट टंगे मिलते हैं जो अगर दस या बीस बरस अधिक जीए होते तो कलानिधि अवश्य बने होते।

इस सिद्धांत का पालन, एन.टी.आर. या बीजू पटनायक जैसे लोगों को भारत रत्न बनाए जाने पर रोक तो लगाएगा ही, साथ ही उनके अनुयायियों को इस बात के लिए प्रेरित करेगा कि वे उनके नामों को अस्पतालों, स्कूलों, फिल्म स्टूडियो या क्रिकेट स्टेडियमों के साथ जोड़ कर अपने नेताओं की स्मृतियां बनाए रखें। इससे यह सम्मान सांप्रदायिक प्रयोजनों और राजनैतिक निहितार्थों के चंगुल से मुक्त होकर असल, दीर्घकालीन और पार-वैयक्तिक उपलब्धियों के पाले में चला आएगा।

यदि मरणोत्तर सम्मान पर बंदिश के चलते यह पुरस्कार संगीतज्ञों और वैज्ञानिकों, विद्वानों और सामाजिक कार्यकर्ताओं के खाते में जाता लगता है, तो यही सही। कम से कम, अमर्त्य सेन के भारत रत्न पर बजी तालियां शायद ही अर्थशास्त्रियों या बंगालियों तक ही सीमित रहीं या पं. रवि शंकर के सम्मान की तारीफ केवल संगीतज्ञों और बंगालियों तक ही महदूद नहीं रही। फिलहाल तो, मेरी मूल सूची में ऐसे पुरुष (हां, एक महिला भी) हैं जिन्हें भारत रत्न दिए जाने का अभी इंतज़ार है। अफसोस कि शिवराम कारंत नहीं रहे, लेकिन बिस्मिल्लाह खान और लता मंगेशकर आज भी जीवित और सक्रिय हैं, उधर बाबा आम्टे भी अपने सेवाकार्य में रमे हैं। जहां तक बिलासपुर के *दैनिक भास्कर* और एम.एस. सुब्बुलक्ष्मी की बात है तो उनकी प्रकीर्ति उन सभी भारतीयों द्वारा सराही जाएगी जो उनकी भाषा नहीं बोलते या हर दम उनके हुनर की बारीकियां

नहीं पकड़ पाते।

भारत रत्नों की सूची, 1954-99 (उनकी प्रमुख संबद्धता के साथ)

सी.वी. रमण (वैज्ञानिक)	1954
एस. राधाकृष्णन (दार्शनिक)	1954
सी. राजगोपालाचारी (राजनीतिज्ञ)	1954
जवाहरलाल नेहरू (राजनीतिज्ञ)	1955
एम. विश्वेश्वरय्या (टेक्नोलॉजिस्ट)	1955
भगवान दास (दार्शनिक)	1955
जी.बी. पंत (राजनीतिज्ञ)	1957
डी.के. कर्वे (सामाजिक सुधारक)	1958
बी.सी. रॉय (राजनीतिज्ञ)	1961
पी.डी. टंडन (राजनीतिज्ञ)	1962
राजेंद्र प्रसाद (राजनीतिज्ञ)	1962
ज़ाकिर हुसैन (शिक्षाशास्त्री)	1963
पी.वी. काणे (संस्कृतज्ञ)	1963
लालबहादुर शास्त्री (राजनीतिज्ञ)*	1966
इंदिरा गांधी (राजनेत्री)	1971
वी.वी. गिरि (राजनेता)	1975
के. कामराज (राजनेता)*	1976
मदर टेरेसा (सामाजिक कार्यकर्ता)	1980
विनोबा भावे (सामाजिक कार्यकर्ता)*	1983
एम.जी. रामचंद्रन (राजनेता)	1988
बी.आर. अंबेडकर (राजनीतिज्ञ)*	1990
मोरारजी देसाई (राजनेता)	1991
राजीव गांधी (राजनेता)*	1991
वल्लभ भाई पटेल (राजनीतिज्ञ)*	1991
मौलाना आज़ाद (राजनीतिज्ञ)*	1992

सुभाषचन्द्र बोस (राजनीतिज्ञ)*#	1992
आर.डी. आटा (उद्योगपति)	1992
सत्यजीत रे (फिल्म-निर्देशक)	1992
गुलज़ारीलाल नंदा (राजनीतिज्ञ)	1997
अरुणा आसफअली (राजनीतिज्ञ)	1997
अब्दुल कलाम (टेक्नोलॉजिस्ट)	1997
एम.एस. सुब्बुलक्ष्मी (संगीतज्ञ)	1998
रविशंकर (संगीतज्ञ)	1999
सी. सुब्रह्मण्यम (राजनीतिज्ञ)	1999
गोपीनाथ बोरदोलोई (राजनीतिज्ञ)*	1999

* पुरस्कार मरणोपरांत # परिवार द्वारा पुरस्कार लेने से इन्कार

(नोट : इस सूची में दो विदेशी नागरिकों के नाम नहीं हैं, जिन्हें भारत रत्न दिया गया—खान अब्दुल गफ्फार खान और नेल्सन मंडेला।)

पश्चकथन : इस पुस्तक का सजिल्द अंग्रेज़ी संस्करण दिसंबर 2000 के दूसरे सप्ताह में प्रकाशित हुआ। अगले महीने, गणतंत्र दिवस के अवसर पर, लता मंगेशकर और बिस्मिल्लाह खान को भारत रत्न दिया गया। *इंडिया टुडे* के मेरे एक मित्र ने, मेरी भविष्यवाणियों से प्रभावित होकर मुझे एक ऐसा लेख लिखने का सुझाव दिया जिसमें उसकी तनख्वाह बढ़ाने की सिफारिश हो। लेकिन हमारे अभियान के नतीजे वाकई संतोषजनक रहे—लगता है, हमारे राजनेता या उनके सलाहकार, उन छुटभैए पत्रकारों को गाहे-बगाहे पढ़ते हैं जिनके बारे में माना जाता है कि वे जनता की नब्ज़ जानते हैं। क्या अब वे बाबा आम्टे को सम्मानित कर अपना फर्ज़ पूरा करेंगे?

एक समय का हमारा शहंशाह, लेकिन भविष्य का नहीं : जवाहरलाल नेहरू

'एक समय था जब वह भारत का शहंशाह था, और हम उम्मीद कर सकते हैं कि भविष्य का भी होगा।'' 1984 में प्रकाशित सर्वपल्ली गोपाल द्वारा लिखित जवाहरलाल नेहरू की प्रामाणिक जीवनी के तीसरे और अंतिम खंड की ये आख़िरी पंक्तियां हैं। नौ साल पहले गोपाल ने पहले खंड की भूमिका में लिखा था : ''इस पुस्तक का लेखन आसान नहीं रहा है।'' क्योंकि ''जवाहरलाल नेहरू मेरे युवा दिनों के नायक हुआ करते थे ... उनकी छवि की चमक मेरे मन में आज भी बरकरार है।''

जब तक गोपाल ने अपना अध्ययन समाप्त किया, उनका यह नायक दूसरे लोगों का नायक नहीं रह गया था। इसीलिए तीसरे खंड का यह लालसापूर्ण समापन है, यह उम्मीद कि भारत के राजनैतिक और बौद्धिक जीवन में नेहरू किसी समय में जो दीप्तिमान जगह रखते थे, उसे वे फिर से हासिल कर सकेंगे। लेकिन संयोग से, नेहरू की प्रतिष्ठा, विशेष रूप से समाज के विचारशील और अपने विचारों को अभिव्यक्ति देने वाले वर्गों के बीच, उत्तरोत्तर गिरती गई है। उनकी मृत्यु के छत्तीस साल बाद, वह अपने निम्नतम बिंदु पर है।

नेहरू की जमा-पूंजी में कितनी गिरावट आई है, इसके आकलन के लिए *इकोनॉमिक वीकली*, बंबई के जुलाई 1964 के अंक में प्रकाशित रजनी कोठारी के निबंध पर विचार करना उचित होगा। कोठारी तब, जैसे कि अब भी, सर्वाधिक प्रभावशाली भारतीय बुद्धिजीवियों में शामिल थे : उनमें जो जानते हैं कि उनका

काम उनको नेहरू के प्रशंसक के रूप में पेश नहीं करेगा। फिर भी, अपने दिमाग़ में बनी हुई नेहरू की ताज़ा स्मृति के साथ लिखे गए अपने उस निबंध में उन्होंने दिवंगत प्रधानमंत्री द्वारा मुश्किलों से भरे संक्रमण के समय में निभाई गई 'महान संगठनकारी भूमिका' के बारे में, संस्थाओं को तथा एक विशाल, वैविध्यपूर्ण और अभी-अभी आज़ाद हुए देश में प्रजातंत्र की प्रक्रियाओं को रूप देने के बारे में लिखा था। कोठारी लिखते हैं कि नेहरू ने "राजनीति को व्यावहारिक दिशा दी, भारतीय नेताओं को लोगों और संस्थाओं के प्रबंधन की कला में दीक्षित किया और राजनैतिक संघटन को, बलिदान और अनुभवातीत राष्ट्रवाद की शुद्धतावादी अवधारणाओं की बजाय, धर्मनिरपेक्ष रिश्तों की जटिल प्रक्रिया पर आधारित किया।" इससे भी बढ़कर, उन्होंने समाजवाद का मेल प्रजातंत्र के साथ स्थापित करने के लिए एक विचारधारात्मक सहमति विकसित की, एक ऐसी सहमति जिसको लेकर कोठारी को पूरा भरोसा था कि वह टिकाऊ साबित होगी और जो "हमारी राजनीति के पूरी तरह से कृत्रिम वाम-दक्षिण द्विभाजन" को बीते ज़माने की चीज़ में बदल देगी। नेहरू के अवसान के साथ 'एक युग की समाप्ति' की बातों को ख़ारिज करते हुए इस राजनीति विज्ञानी ने कहा : "नेहरू के गुज़रने के साथ कुछ समाप्त नहीं हो गया है: वह हर मूल्यवान चीज़ जो वे अपने पीछे छोड़ गए हैं बनी रहेगी।" निबंध का समापन करते हुए उन्होंने कहा कि "इस हाल ही में दिवंगत नेता का इससे बेहतर और कोई स्मारक नहीं हो सकता कि जो बुनियादें वे छोड़कर गए हैं उन पर हम अगले निर्माण के लिए निरंतर खोज जारी रखें और जहां ज़रूरी हो वहां उनमें सुधार लाएं।'

आज इस निबंध को पढ़ते हुए हमें पता चलता है कि एक समय में भारत के नैतिक, बौद्धिक और राजनैतिक पटल पर नेहरू का किस कदर प्रभाव था। लेकिन छत्तीस साल किसी राष्ट्र के जीवन के लिए एक लंबा वक़्त होता है, और आज कोठारी के आकलन के बारे में कहा जा सकता है कि वह सटीक नहीं था। जिस विचारधारात्मक सहमति का नेहरू ने पोषण किया था वह टूटकर वाम और दक्षिण की उन प्रवृत्तियों में बिखर गई है जो, बीते ज़माने की चीज़ें होना तो दूर, पूरी शक्ति के साथ बारबार सिर उठाती रही हैं। राजनैतिक गठबंधन अब 'धर्मनिरपेक्ष रिश्तों की जटिल प्रक्रिया' पर निर्मित नहीं होते। इसकी बजाय, ये जाति, धर्म और प्रजातीयता जैसे 'आदिम' सूत्र हैं जो राजनैतिक दलों और

आंदोलनों को उत्तरोत्तर आपस में बांधते रहे हैं। फिर, प्रजातंत्र के जिन मूल्यों और पद्धतियों को नेहरू गहरे लगाव के साथ संजोए और थामे हुए थे उनको दरकिनार कर दिया गया है। जो बुनियादें उन्होंने डाली थीं उन पर किसी ने भी न कोई नया 'निर्माण' किया है न उनमें कोई 'सुधार' किया है, बल्कि खासी संख्या में लोगों ने उनको नष्ट करने का ही प्रयत्न किया है।

एक भावी इतिहासकार, भारतीय कल्पना में नेहरू की अवनति और उनके पतन का आकलन करते हुए, 1977 को एक निर्णायक मोड़ के रूप में ले सकता है, वह वर्ष जिसमें नेहरू का अवैधीकरण रफ़्तार पकड़ना शुरू करता है। यह वह साल था जब, कांग्रेस के लंबे शासन (या कुशासन) के बाद, जनता सरकार सत्ता में आई थी। जनता पार्टी, तीन नितांत विषम समूहों को एक मंच पर लाई थी, जो प्रथमतः आपातकाल और इंदिरा गांधी के विरोधस्वरूप संगठित हुए थे। ये थे जनसंघ, समाजवादी (प्रजा समाजवादी पार्टी और संयुक्त समाजवादी पार्टी, दोनों) और पुराने चलन के -यानी गांधीवादी -कांग्रेसी।

जनता पार्टी को गुज़रे हुए अरसा बीत चुका है, और उसका प्रत्येक घटक अलग-अलग राहों पर जा चुका है। तब भी, उन्हीं वर्षों से जारी, उनकी राजनैतिक शैलियों का परीक्षण करने से पता चलता है कि ये तीनों समूह, आपातकाल और श्रीमती गांधी के अलावा, जवाहरलाल के प्रति अपनी नफ़रत के कारण भी संगठित हुए थे, और आज भी हैं।

इस जनता प्रयोग के प्रत्येक अंश के पास नेहरू और उनकी विरासत का विरोध करने के अपने-अपने तर्क हैं। जनसंघ, जो अब भारतीय जनता पार्टी की शक्ल ले चुका है, नेहरू के धर्मनिरपेक्षतावाद के दर्शन पर आक्रमण का चुनाव करता है, जो उनकी दृष्टि में अल्पसंख्यकों के 'तुष्टीकरण' पर आश्रित रहा है। दावा यह है कि नेहरूवादी 'छद्म धर्मनिरपेक्षतावाद' हिंदू भावनाओं के प्रति घोर अवमानना ज़ाहिर करने के अलावा अंततः सांप्रदायिक और नस्ली टकराव की तमाम घटनाओं के लिए, सर्वाधिक जाहिर तौर पर कश्मीर की घटनाओं के लिए, ज़िम्मेदार है।

इसके बरअक्स, लोहियाई समाजवादी नेहरू को उन ऊंची जातियों, उच्च वर्गों और अंग्रेज़ी भाषी बौद्धिक समुदायों के प्रतीक के रूप में देखते हैं, जो स्वाधीनता के बाद सबसे ज़्यादा प्रभावशाली रहे हैं। उनकी दलील है इस अभिजन समुदाय ने राजनैतिक और आर्थिक दोनों ही तरह की शक्तियों का छलपूर्वक

अपने हित में इस्तेमाल किया है। इस प्रक्रिया में, उसने उन निचली और मंझली जातियों और ग़ैर-अंग्रेज़ी भाषी बहुसंख्यकों को उनकी राजनैतिक, आर्थिक और सांस्कृतिक महत्वाकांक्षाओं से वंचित किया है, जिनका प्रतिनिधित्व वे स्वयं करना चाहते हैं।

अगर भाजपा के लिए नेहरू 'भारत की आत्मा' का प्रतिनिधित्व नहीं कर सके क्योंकि वे एक सच्चे धर्म में आस्था नहीं रखते थे-दरअसल वे किसी भी धर्म में आस्था नहीं रखते थे-तो लोहियावादियों के लिए उनका शासन के अयोग्य होना इस बात से प्रमाणित था कि वे उस वर्ग, संस्कृति और भाषा से कटे हुए थे जिस पर वे शासन करते थे। गांधीवादियों का तर्क इन सबसे एकदम अलग है। उसका दावा यह है कि नेहरू ने, महात्मा के स्वीकृत उत्तराधिकारी होने के बावजूद, उनकी विरासत के साथ धोखा किया। जहां गांधी ने एक कृषि-आधारित, ग्राम-गणतंत्रों के महासंघ के रूप में परिकल्पित देश के लिए संघर्ष किया था, वहीं वे नेहरू को प्रौद्योगिकीय विकास का एक ऐसा मॉडल आरोपित करते हुए देखते हैं जिसने देहातों का विनाश करते हुए सत्ता को शहरों में केंद्रित कर दिया। जो लोग महात्मा के नाम पर नेहरू पर आक्रमण करते हैं, वे बलपूर्वक यह तर्क देते हैं कि योजनाबद्ध तरीक़े से किए गए औद्योगिकीकरण ने पर्यावरण के ह्रास और सामाजिक टकराव दोनों को प्रोत्साहित किया है, ऐसे परिणाम जिनको टाला जा सकता था, अगर आर्थिक विकास के 'गांधीवादी' दृष्टिकोण को अपनाया गया होता।

हिंदुत्ववादी, लोहियावादी और गांधीवादी आलोचनाओं में अब एक चौथी आलोचना भी जुड़ चुकी है। यह आर्थिक उदारीकरण के समर्थकों की ओर से की जाती है जो राज्य को अर्थव्यवस्था की आदेशात्मक ऊंचाइयों तक ले जाने के लिए नेहरू पर अंगुली उठाते हैं। उनका कहना है कि अगर नेहरू का अज्ञान आड़े न आया होता तो भारत बहुत पहले एक ऐसा शेर बन चुका होता जिसने एशिया के दूसरे शेरों को हरा दिया होता। जैसी कि एक उत्कट मुक्तबाज़ारवादी ने हाल ही में टिप्पणी की है, राजकृष्ण की व्यंग्यपूर्ण उक्ति, 'विकास की हिंदू दर' का नया नामकरण 'विकास की नेहरू दर' कर देना चाहिए।

यह वह नाम-परिवर्तन है जिसका स्वागत भाजपा द्वारा किया जाएगा, और शायद ख़ामोशी से कांग्रेस द्वारा भी। क्योंकि स्वयं नेहरू के दल ने पूरी दृढ़ता के साथ उनकी विरासत से मुंह मोड़ लिया है। यह कांग्रेस ही थी जिसने

सबसे पहले अर्थव्यवस्था को राज्य और घरेलू बाज़ार की बाधाओं से मुक्त करने की वचनबद्धता ज़ाहिर की थी। उसने लोहियावादियों के प्रति संवेदनशीलता दिखाते हुए मंडल को अपनाया-जिसका नेहरू स्कूल ने निश्चय ही विरोध किया होता। कोई नहीं है जो कांग्रेस पर धर्मनिरपेक्ष या 'छद्म धर्मनिरपेक्ष' होने का आरोप लगा सके, क्योंकि धार्मिक भावनाओं को उसने उतने ही परिश्रम के साथ संजोया-संवारा है, जितना तमाम दूसरे लोगों ने। दरअसल, यह अपने में एक गौर करने लायक़ चीज़ है कि कांग्रेस ने नेहरू के नाम या उनकी विरासत का कथनी और करनी में कितना कम उपयोग किया है।

यह एक विचित्र विडंबना है कि आज नेहरू का पक्ष लेने वाले लोग सिर्फ़ मार्क्सवादियों के बीच ही पाए जाते हैं। जब तक वे रहे, मार्क्सवादी नेहरू की अलोचना करने के मामले में पूरी निर्ममता बरतते रहे। वे उनको एक सदाशयी किंतु सांघातक तरीक़े से ढुलमुल इंसान के रूप में देखते थे, एक ऐसा इंसान जो संपत्तिवान लोगों को बेदखल करने और वास्तविक समाजवाद लाने में या तो अक्षम था या अनिच्छुक। 1964 के *इकोनॉमिक वीकली* में रजनी कोठारी के निबंध के तुरंत बाद एक मार्क्सवादी का प्रत्युत्तर प्रकाशित हुआ, जिसमें भारत के दुर्भाग्य पर इस बात को लेकर विलाप किया गया था कि उसका यह दीर्घकालीन नेता उन तंतुओं से नहीं बना था जिनसे लेनिन या स्तालिन बने थे। लेकिन आज, पूर्वी यूरोप के खात्मे के बाद, अंतिम बचाव के लिए, सार्वजनिक क्षेत्र की भारतीय कंपनियां रह गई हैं जो समाजवाद की अगुवा बन चुकी हैं। इस परिदृश्य में नेहरू, भारतीय मार्क्सवादियों के लिए, बजाय एक शत्रु के एक विचारधारात्मक मित्र बन चुके हैं।

नेहरू के इस बचाव में मार्क्सवादी अलग-थलग पड़ गए हैं। जैसा कि मैंने यहां संकेत किया है, उनकी बौद्धिक और राजनैतिक विरासत, विभिन्न दृष्टिकोणों से, आक्रमण की शिकार हुई है, कभी-कभी विनाशकारी ढंग से। मेरे लिए, नेहरू की मृत्युपरांत ख्याति उन्नीसवीं सदी के ब्रितानी उग्रवादी एड्वर्ड कार्पेंटर की एक उक्ति की याद दिलाती है। कार्पेंटर का मानना था कि "एक युग का बहिष्कृत किसी दूसरे युग का नायक होता है"। ज़ाहिर है, उनके दिमाग में वे स्वयं थे-एक पर्यावरणवादी और यौन-स्वतंत्रता के अपने वक़्त से आगे के पैगंबर। लेकिन जवाहरलाल नेहरू का प्रकरण दर्शाता है कि इसका उलट भी उतना ही सही है। यानी, एक युग में नायक रह चुका व्यक्ति बहुत आसानी

से दूसरे युग का बहिष्कृत हो सकता है। क्योंकि ऐसा कोई दूसरा व्यक्ति नहीं है जो अपने जीवन में इस क़दर पूजा गया हो, और इसी के साथ जिसको उसकी मृत्यु के समय से ही इतने हठपूर्वक खलनायक बनाया गया हो।

यह रूपांतरण और भी मार्मिक हो उठता है जब हम देखते हैं कि स्वयं नेहरू भारत की भावी पीढ़ियों के हृदय में अपनी जगह को लेकर बहुत ही गंभीर विश्वास से भरे हुए थे। यह बात हमें उनकी अंतिम इच्छा और वसीयत से पता चलती है, जहां उन्होंने यह दावा किया था कि भारत की जनता ने उनको इस क़दर प्यार किया है जैसा प्यार उसने इसके पहले या अब तक किसी को नहीं किया। यह बात उस एक किस्से से भी सामने आती है जो मुझे एक पुराने आई.सी.एस. अधिकारी सी.एस. वेंकटचार ने सुनाया था। उन्नीस सौ पचास के दशक के मध्य, अपनी सेवानिवृत्ति के कुछ ही दिन पहले, एक दिन सचिवालय के गलियारे में वेंकटचार, प्रधानमंत्री के पास से होकर निकले। "मैं कहता हूं वेंकटचार", नेहरू बोले। "मेरा ख़याल है आप जल्दी ही रिटायर होने वाले हैं। क्या मैंने आपको अपना फोटोग्राफ दिया है?" जवाब न में था, इसलिए नेहरू ने तत्काल एक मढ़ी हुई तस्वीर भेज दी जिसके नीचे उनका नाम लिखा हुआ था।

वह तस्वीर, जो कि सुप्रसिद्ध कार्ल कार्श द्वारा बनाया गया इस दार्शनिक-शहंशाह को चिंतन की मुद्रा में चित्रित करता एक पोर्ट्रेट था, बाद के दिनों में वेंकटचार की बैठक पर छाई रही। 1999 में इस सिविलियन की मृत्यु हो गई; लेकिन उसकी स्मृति का सम्मान करते हुए परिवार के लोगों ने उसके कमरे की सजावट में कोई व्यवधान नहीं डाला। इस तरह, बैंगलोर के जयमहल एक्स्टेंशन स्थित एक घर में नेहरू का एक छोटा-सा स्मारक खड़ा हुआ है। इस बीच दूसरे हज़ारों भारतीय घर, उनके अपने प्रिय, इस एक समय के न कि भविष्य के शहंशाह की मढ़ी हुई तस्वीरों को हटा चुके हैं।

तानाशाह का बचाव : इंदिरा गांधी और भारतीय 'आपातकाल'

'मेरा हमेशा से विश्वास था कि श्रीमती गांधी की लोकतंत्र में कोई आस्था नहीं थी, कि वे अपनी प्रवृत्ति से और अपनी आस्था में ही एक तानाशाह थीं। यह विश्वास दुखद रूप से सही साबित हुआ।'

—जयप्रकाश नारायण, जेल डायरी,
22 जुलाई 1975 की टीप

'मेरे पास पहले से अधिक कोई शक्तियां नहीं है।'

—इंदिरा गांधी, एनबीसी के साथ साक्षात्कार,
24 अगस्त 1975

'आज के अख़बारों ने श्रीमती गांधी-करंजिया का साक्षात्कार भी प्रकाशित किया है। इसके ज़्यादातर हिस्से में तो वही सब कुछ हैः पुण्यात्मापन, आत्मलीनता, और देश के उद्धारक की मुद्रा।'

—जयप्रकाश नारायण, जेल डायरी,
22 अगस्त 1975 की टीप

'मैं बहुत ही विनम्र व्यक्ति हूं।'

—इंदिरा गांधी, मॉरिशस ब्रॉडकास्टिंग कॉर्पोरेशन को दिए गए
साक्षात्कार में, 4 अक्टूबर 1975

'आज लोगों को सिर्फ़ एक ही काम करने की छूट है और वह है श्रीमती गांधी की प्रशंसा।'

—जयप्रकाश नारायण, जेल डायरी,
7 सितम्बर 1975 की टीप

'मुझे नहीं लगता कि मुझसे कम निरंकुश कोई दूसरा होगा।'

—इंदिरा गांधी, अमेरिकी पत्रकार मेरी कार्रास को दिए गए
साक्षात्कार में, जुलाई 1978

जून 1975 और जनवरी 1977 के दरमियान भारतीय लोकतंत्र लंबी छुट्टी पर रहा। प्रधानमंत्री श्रीमती इंदिरा गांधी के निर्देशों पर राजनैतिक विरोधियों को जेल में डाल दिया गया, मानवाधिकारों को कुचल दिया गया, समाचारों को सेंसर कर दिया गया और नेता की व्यक्तिपूजा को प्रोत्साहित किया गया। एक समय था जब 'आपातकाल', जैसा कि इसे कहा जाता है, को स्वाधीन भारत के इतिहास के पारिभाषिक क्षण के रूप में देखा जाता था। जब उसे हटा लिया गया, और श्रीमती गांधी को सिंहासन से उतार दिया गया, तो आपातकाल के अनुभव को, एक तरह से, एक ऐसी 'चूक' के रूप में देखा गया जिससे यह देश विश्व की तानाशाहियों की पर्याप्त रूप से मान्य पदवियों में स्थायी रूप से शामिल होने में विफल रह गया। राजनैतिक व्याख्याकारों ने नागरिकों को इससे सबक़ सीखने की चेतावनियां दीं—नौकरशाहों और न्यायाधीशों को राजनैतिक दलों से गठजोड़ करने की छूट न देने की, अभिव्यक्ति की स्वतंत्रता में कटौती को किसी भी दशा में उचित न ठहराने की, और इन सबसे ऊपर, व्यक्ति की बजाय कार्यप्रणाली में भरोसा करने की चेतावनियां।

जून, 2000 आपातकाल की घोषणा की पच्चीसवीं वर्षगांठ है। इस मौक़े पर आप शांत और सतर्क स्मरण की उम्मीद करते हैं। इसकी बजाय, हाल की घटनाएं संकेत करती हैं कि भारत का राजनैतिक समुदाय आपातकाल को लेकर अपने दृष्टिकोण में संशोधन कर रहा है। दिल्ली के सत्तारूढ़ गठबंधन में ऐसे लोगों का वर्चस्व है जो एक समय में श्रीमती इंदिरा गांधी द्वारा जेल में डाल दिए गए थे। इसके बावजूद इसी पिछली जनवरी में भारत सरकार ने दो ऐसे व्यक्तियों को, देश के दूसरे सबसे बड़े सम्मान, पद्‌मविभूषण, से नवाज़ा है जिनमें से एक आपातकाल के दौरान कैबिनेट सचिव था, और दूसरा 1975 और 1977 के दरम्यान यूनाइटेड किंगडम में उच्चायुक्त था, और जिसने अपने देश के बारे में पूरे उत्साह के साथ ग़लत सूचनाएं फैलाई थीं। फिर, मार्च में, जो व्यक्ति

संयुक्त राज्य अमेरिका में इंदिरा गांधी का राजदूत रहा था, उसकी मृत्यु हुई। उसका मृत्युलेख लिखने वाले ने पूरे सम्मान के साथ उसके कार्यकाल की महत्वपूर्ण निर्णायक घटनाओं को अंकित करते हुए उस वक़्त का ज़िक्र तक नहीं किया जो उसने वाशिंगटन में आपातकाल का औचित्य साबित करते हुए बिताया था। ऐसा लगता है कि हुकूमत के लिए दी गई आपकी सेवाएं हर हाल में पुरस्कृत होंगी, इससे निरपेक्ष कि वे सेवाएं किस तरह की थीं, या कि, वाक़ई, वह हुकूमत कैसी थी।

आपातकाल की शायद सबसे ज़्यादा साहसिक पुनर्व्याख्या लंबे अरसे तक श्रीमती इंदिरा गांधी के प्रमुख सचिव रहे पी. एन. धर* की हाल ही में आई पुस्तक में की गई है। हम याद करें कि आपातकाल, इलाहाबाद उच्च न्यायालय के न्यायाधीश द्वारा प्रधान मंत्री को 'चुनावी भ्रष्टाचार' का दोषी पाये जाने के बाद लागू किया गया था। उच्चतम न्यायालय में अपील की जा सकती थी, हालांकि तब तक के लिए प्रधानमंत्री को कांग्रेस पार्टी के किसी अन्य सांसद के पक्ष में अपना पद छोड़ना अनिवार्य था। यह विचार प्रधानमंत्री के परिवार और सलाहकारों को, और स्वयं उनको, वीभत्स लगा। इसी का परिणाम था आपातकाल।

पी. एन. धर की व्याख्या के मुताबिक, आपातकाल दरअसल प्रधानमंत्री के अपनी निजी हैसियत के खो जाने के डर का नतीजा नहीं था। बल्कि वह भ्रष्टाचार और कुप्रशासन के ख़िलाफ़ अनुभवी गांधीवादी नेता जयप्रकाश नारायण के वर्षों से जारी आंदोलन का परिणाम था। इस आंदोलन ने, उनकी व्याख्या के मुताबिक, क़ानून और व्यवस्था को खोखला कर दिया था, अराजकता पैदा कर दी थी, और हिंसा फैला दी थी। अगर उनके तर्क को आंकड़ों में घटाया जाता, तो यह बात सामने आती कि आपातकाल घोषित करने की 90% ज़िम्मेदारी नारायण की थी और 10% श्रीमती गांधी की थी। धर, आपातकालीन शासन के दौरान हुए मानवाधिकारों के उल्लंघन तथा राजकीय हिंसा से इन्कार नहीं करते, लेकिन इसी के साथ-साथ वे पाठक का ध्यान पूरे ज़ोर के साथ क़ीमतों

* पी. एन. धर, इंदिरा गांधी, द 'इमर्जेंसी' एंड इंडियन डेमॉक्रेसी, नई दिल्ली, ऑक्सफ़ोर्ड यूनिवर्सिटी प्रेस, 2000।

में आई कमी की तरफ़ भी आकर्षित करते हैं। अगर आपातकाल के लिए मुख्य रूप से नारायण ज़िम्मेदार थे, तो, धर संकेत करते हैं कि, आपातकाल के दौरान हुई गड़बड़ियों के लिए मुख्य रूप से प्रधान मंत्री के दूसरे पुत्र, संजय गांधी, ज़िम्मेदार थे। झुग्गीवासियों का उत्पीड़न और बलात बधियाकरण पुत्र के कर्म थे—जो किसी सरकारी पद पर नहीं थे—लेकिन, खाद्यान्न उत्पादन में बढ़ोत्तरी और मुद्रास्फीति पर लगाम, जैसा कि आप अनुमान कर सकते हैं, पूरी तरह से मां का उद्यम था।

प्रजातंत्र के स्कूल में इंदिरा गांधी ने एक तानाशाह के उपयुक्त, असाधारण रूप से लंबा प्रशिक्षण हासिल किया था। उनके तेरहवें जन्मदिन पर, उनके पिता ने, जो तब जेल में थे, उनको ढेरों ख़त लिखने की शुरुआत की, जो बाद में *ग्लिम्प्सेज़ ऑफ़ वर्ल्ड हिस्ट्री* के नाम से प्रकाशित हुए। ग्रीकों से शुरू होती इस यात्रा का विराट विस्तार अपने में पुराने भारतीय ग्राम्य गणराज्यों, प्राचीन चीनी राज्यों, एकेश्वरवाद और उसकी सहयोगी राजनैतिक व्यवस्थाओं के उदय, बौद्ध धर्म, मुगल, और औद्योगिक क्रांति तथा इनके साथ-साथ और भी बहुत कुछ को समेटता है। जवाहरलाल नेहरू एक साथ एक भारतीय देशभक्त भी थे और पश्चिमी प्रशिक्षण प्राप्त समाजवादी-लोकतांत्रिक भी थे, जिनके समक्ष इतिहास का उद्घाटन मानव-प्राणी के, उच्चतर सामाजिकता तथा स्वतंत्रता की दिशा में बाधाओं से भरे, विकास के रूप में हुआ था। बाद के अध्याय इस बात की छानबीन पर केंद्रित हैं कि 'लोकतंत्र, जो कि एक सदी से भी ज़्यादा समय से अनगिनत लोगों का आदर्श और प्रेरणा बना हुआ था, और जिसके लिए हज़ारों लोगों ने बलिदान किया था', वह किस तरह आज 'हर कहीं अपना आधार खो रहा था'। आख़िरी ख़त, जो इंदिरा को 9 अगस्त 1933 को-पहले ख़त के तीन वर्ष बाद-भेजा गया था, का समापन रवींद्रनाथ ठाकुर की महान कविता, *गीतांजलि*, के इस अंश के साथ होता है :

जहां चित्त भयमुक्त है और सिर उन्नत है;
जहां ज्ञान मुक्त है;
जहां सृष्टि को क्षुद्र घरेलू दीवारों ने टुकड़ों-टुकड़ों में नहीं बांट दिया है;
जहां शब्द सत्य की गहराई से फूटते हैं;
जहां अनथक पुरुषार्थ अपनी बांहों को संपूर्ण की ओर फैलाता है;
जहां बुद्धि की निर्मल धारा रूढ़ियों के निर्जन रेगिस्तान में नहीं खो गई है;

जहां तू मन को निरंतर विस्तृत होते विचार और कर्म की दिशा में अग्रसर करता रहता है;

स्वतंत्रता के ऐसे स्वर्ग में, हे पिता, मेरा देश जागे।

ग्लिम्प्सेज़ ऑफ़ वर्ल्ड हिस्ट्री बहुत ही तेजी से बिकी थी, और प्रकाशक ने बिना देर किए लेखक को एक विस्तृत संस्करण तैयार करने के लिए राज़ी कर लिया था। पुस्तक में नए सिरे से लिखा गया एक अंश शामिल किया गया, जिस पर 14 नवंबर 1938 की तिथि अंकित थी, और जिसमें उन्नीस सौ तीस के दशक की प्रमुख राजनैतिक घटनाओं की रूपरेखा प्रस्तुत की गई थी। जवाहरलाल ने इंदिरा को लिखा, 'पिछले पांच वर्षों के दौरान विकसित फ़ासिज़्म और उसके द्वारा प्रत्येक लोकतांत्रिक सिद्धांत और स्वतंत्रता तथा सभ्यता की प्रत्येक अवधारणा पर किए गए हमले ने आज लोकतंत्र की रक्षा को एक महत्वपूर्ण सवाल बना दिया है।' दुर्भाग्य से 'लोकतंत्र और स्वतंत्रता आज गंभीर संकट की दशा में हैं, और यह संकट और भी बड़ा इसलिए है क्योंकि उनके तथाकथित मित्र उन पर पीछे से वार कर रहे हैं।'

बाद में, वयस्क होने पर, श्रीमती गांधी ने, करोड़ों दूसरे लोगों के साथ-साथ, स्वतंत्र भारत के पांच आम चुनावों में मतदान किया। ये सारे चुनाव कांग्रेस पार्टी द्वारा जीते गए-तीन बार जवाहरलाल नेहरू के नेतृत्व में, दो बार स्वयं उनके नेतृत्व में। उपलब्ध प्रमाण इस बात की ओर इशारा करते हैं कि अपने पिता के जीवनकाल में भी वे लोकतांत्रिक प्रक्रिया में उनके विश्वास में पूरी तरह से साझा नहीं करती थीं। दिसंबर 1949 में जब जवाहरलाल द्वारा शुरू किए गए और कुछ लोगों की नज़र में नेहरू परिवार की निजी संपत्ति समझे जाने वाले समाचार पत्र *नेशनल हैरल्ड* को कुछ कमतर महत्व रखने वाले कॉन्ग्रेसियों ने अपने हाथों में ले लिया तो इसमें नेहरू द्वारा दखलंदाज़ी न करने का उन्होंने विरोध किया। 'आप बहुत सारी चीज़ों को बर्दाश्त करते रहते हैं', उन्होंने, आक्षेप करते हुए, अपने पिता से कहाः 'आपके प्रति कोई सहानुभूति नहीं रह जाती जब किसी को यह कहते हुए सुनती हूं कि आपकी जानकारी में कोई बात लाने का कोई फ़ायदा नहीं होता क्योंकि आप उन चीज़ों को ठीक करने के लिए कुछ भी नहीं करते।' 1956 में जब नेहरू ने स्थानीय स्तर पर शक्तिशाली और सम्मानित कांग्रेस के लोगों को स्वायत्त रूप से अपने-अपने राज्यों से बरतने की छूट दी, तो उन्होंने इसका विरोध कियाः 'आप देश के

कुछ ख़ास हिस्सों के मामले में कुछ ख़ास लोगों की राय के सामने बिना कोई सवाल उठाये झुकते चले जा रहे हैं।' सबसे प्रसिद्ध घटना वह है जब कांग्रेस अध्यक्ष के रूप में 1959 में उन्होंने लोकतांत्रिक तरीक़े से चुनी गई केरल की कम्युनिस्ट सरकार को बरखास्त करने के उद्देश्य से भारतीय संविधान के एक अप्रयुक्त प्रावधान का इस्तेमाल करने के लिए नेहरू को तैयार कर लिया था।

1959 में ही, अपनी केन्या यात्रा के दौरान, श्रीमती गांधी ने सार्वजनिक रूप से एकदलीय शासन-तंत्र के पक्ष में वक्तव्य दिया था। शायद अक्टूबर 1962 के चीनी हमले और उससे जन्मी नेहरू और उनकी नीतियों की आलोचनाओं की वजह से उनमें ये भावनाएं घनीभूत हुई थीं। जनवरी 1963 में उन्होंने अपने एक दोस्त को, शिकायती लहज़े में, उस 'क़ीमत' के बारे में लिखा 'जो हमें उस लोकतंत्र की खातिर चुकानी पड़ती है [जो] न सिर्फ़ मीडियॉकर लोगों को महत्वपूर्ण बना देता है बल्कि जो उन लोगों को ताक़तवर भी बना देता है जिनमें चीख़-चीख़ कर भाषण देने की सबसे ज़्यादा क्षमता होती है, भले ही उनमें ज्ञान और समझ की कितनी ही कमी हो।'

1975-7 के आपातकाल में इन्हीं मानसिक पूर्वाग्रहों को संपूर्ण अभिव्यक्ति मिली थी। कोई चाहे तो लोकतंत्र के विनाश तथा आतंक, संत्रास और हिंसा के विस्तार का एक अभिलेख तैयार करते हुए, उन वर्षों के सामाजिक इतिहास के सहारे, आज के संशोधनवादी दृष्टिकोणों को तोड़ सकता है। इसके विपरीत, इस निबंध की कोशिश स्वयं श्रीमती गांधी के शब्दों के सहारे वस्तुस्थिति को सामने लाने की है। मेरा उद्देश्य यह दर्शाना है कि भारतीय प्रधानमंत्री सक्रिय इच्छा से युक्त तानाशाह थी, न कि ऐसी अनिच्छुक जिसको उसके दुष्ट विरोधियों तथा एक बेलगाम बेटे ने लोकतंत्र को नेस्तनाबूद करने के लिए धकेल दिया था। मेरे मुख्य स्रोत स्वयं उनके बोले हुए वे शब्द हैं, जो छपे हुए हैं और वे भी जो उन कुछ निजी पत्राचारों में शामिल हैं जिनको इसके पहले कभी सार्वजनिक नहीं किया गया था।

II

भारतीय राजनैतिक विमर्श के लिए श्रीमती गांधी का अनूठा योगदान 'विदेशी हाथ' की युक्ति का था। इस हाथ की राष्ट्रीयता निश्चित कर पाना मुश्किल काम था, हालांकि हमारा अनुमान है कि वह रंग गोरा था। आपातकाल की

घोषणा के एक हफ़्ते बाद, प्रधानमंत्री ने *टाइम्स ऑफ़ इंडिया* के एम. शमीम को साक्षात्कार दिया। 'विरोधी दलों का लक्ष्य बहुत स्पष्ट था', उन्होंने कहा; 'सरकार को और दरअसल तमाम राष्ट्रीय गतिविधियों को ठप्प करना और इस तरह देश की ''काया'' को रौंदते हुए सत्ता तक पहुंचना। स्थिति ऐसी बन गई थी कि कुछ और कदम हमको विघटन की दिशा में ले जाते, जिससे हम विदेशी खतरे का शिकार बन गए होते।' यही राग उन्होंने 11 नवंबर को दोहराया, जिसका प्रसारण उस रेडियो पर हुआ था जिसे अब, निजी बातचीत में ही सही, आमतौर से, ऑल इंदिरा रेडियो कहा जाता था। यहां पर प्रधानमंत्री ने राष्ट्र से कहा कि 'देश के बाहर ऐसे बहुत से लोग हैं जो हमारे शुभचिंतक नहीं हैं और जो भारत को मज़बूत और एकजुट होते देखना तथा अपने आर्थिक कार्यक्रमों को आगे ले जाते देखना पसंद नहीं करते। यही उनकी मंशा थी और यही उनकी कोशिशें थीं और हमारे देशवासी भी उनके बहकावे में आ गए थे।'

तब भी, और बाद में भी, इन विदेशी अशुभ-चिंतकों की विश्वसनीय पहचान कायम करना मुश्किल था। 1975 में पाकिस्तान, जो अन्यथा भारत का सबसे ख़तरनाक पड़ोसी था, हाल ही में लड़ाई के मैदान में पराजित किया जा चुका था और अभी भी अपने पूर्वी हिस्से के नुक़सान को स्वीकार नहीं कर पाया था। माओ अपनी मृत्युशय्या पर थे और इसलिए चीन भी कोई साहस दिखाने के मूड में नहीं था। जहां तक रूसियों का सवाल था, सो उनके साथ भारत-सोवियत मैत्री संधि मौजूद ही थी। यूरोप के किसी देश का कोई, राजनैतिक या आर्थिक, हित भारत में दांव पर लगा हुआ नहीं था। तब क्या यह संयुक्त राज्य अमेरिका था जो श्रीमती गांधी के दिमाग़ में था? वे कभी भी स्पष्ट तौर पर नहीं कहती थीं, हालांकि उनके सलाहकार ज़रूर कभी-कभी सेंट्रल इंटेलीजेंस एजेंसी के काले कारनामों के बारे में बात करते थे।

हस्तक्षेपकारी विदेशियों की संविभ्रम से युक्त यह चर्चा, शायद, स्वयं श्रीमती गांधी की लोकप्रियता में तेज़ी से आई गिरावट को ध्यान में रखें तो, अंदरूनी राजनीति की रोशनी में बेहतर तरीक़े से समझी जा सकती है। यह पतन नाटकीय रहा था। हम याद करें, 1971 के साल की शुरुआत आम चुनाव में उनकी काँग्रेस पार्टी की व्यापक जीत के साथ हुई थी, और उसका अंत बांग्लादेश की लड़ाई में पाकिस्तान पर निर्णायक जीत के साथ हुआ था, ऐसी जीत जिसमें प्रधानमंत्री की साख में, उनके सेनापतियों के मुकाबले, कहीं ज़्यादा वृद्धि होती

देखी गई थी। अब वे भारत की एक चुनी गई महारानी थीं। विरोधी राजनीतिज्ञों ने उनकी तुलना सर्वशक्तिमान हिंदू देवी दुर्गा से करनी शुरू कर दी थी, ऐसी तुलना जिसे सुप्रसिद्ध चित्रकार एम.एफ़ हुसैन द्वारा तैयार किए गए भित्तिचित्रों की एक शृंखला ने स्थायी रूप दे दिया था। किसी में भी यह भविष्यवाणी करने का साहस नहीं था कि उनका विधिसम्मत प्रभुत्व कब तक कायम रहने वाला था। लेकिन तभी दो बुरे मानसून आ पड़े, और ओपेक ने कच्चे तेल की क़ीमतें बढ़ा दीं। कुनबापरस्ती और राजसत्ता का अनुचित लाभ उठाने की प्रवृत्तियों ने पानी और ईंधन की मारामारी को और भी सांघातिक बना दिया। प्रधानमंत्री के अर्ध प्रशिक्षित मैकेनिक पुत्र संजय ने, उनके लिए सार्वजनिक संस्थाओं द्वारा प्राथमिकता के आधार पर उपलब्ध कराई ज़मीन और ऋण के आधार पर, कार तैयार करने वाली एक फैक्टरी का निर्माण शुरू कर दिया, एक ऐसा उद्यम जिसके लिए वे पर्याप्त रूप से योग्य भी नहीं थे। दो अत्यंत महत्वपूर्ण काँग्रेस-शासित प्रदेशों, गुजरात और बिहार में सरकारी भ्रष्टाचार का अभूतपूर्व नज़ारा सामने आया।

इसी सबका जवाब जयप्रकाश नारायण के नेतृत्व में शुरू हुआ वह आंदोलन था, जो बहुत तेज़ी के साथ उनके अपने प्रदेश बिहार से देश के दूसरे हिस्सों तक फैल गया। अचानक, साम्राज्ञी ने अपने को असुरक्षित स्थिति में पाया। श्रीमती गांधी का 1974-5 की विषम परिस्थिति ज़िम्बाब्वे राष्ट्रपति रॉबर्ट मुगाबे की स्थिति से तुलनीय है। मुगाबे ने भी बहुत ऊंची शुरुआत की थी, और शुरू में ही वे और भी ऊंचाई पर पहुंच गए थे। इस स्वतंत्रता संग्राम सेनानी के सत्ता में आने के शुरुआती वर्ष नस्लवादी समस्या के समाधान और सर्वांगीण आर्थिक विकास के वर्ष थे। यहां भी अकाल और राजसत्ता का अनुचित लाभ उठाने की प्रवृत्तियों और कुनबापरस्ती ने मिलकर विपक्ष की उम्मीदों को जगाया था। इस आलोचना पर मुगाबे की शुरुआती प्रतिक्रिया जोशुआ न्कोमो जैसे अपने पुराने साथियों की उपेक्षा तथा उत्पीड़न के माध्यम से सत्ता को अपने हाथों में केंद्रित करते जाने के रूप में सामने आई थी। यह भले ही अनजाने में की गई हो लेकिन थी श्रीमती गांधी के आचरण की ही नक़ल, क्योंकि उन्होंने भी बहुत जल्दी ही उन कांग्रेसियों को उनकी औकात समझा दी थी जिनकी नैतिक या राजनैतिक शक्ति का अपना कोई अलग स्रोत था। जब उनके उत्तरोत्तर तानाशाही की ओर बढ़ते शासन की आलोचना सघन होने लगी तो मुगाबे ने

समलैंगिकों की पक्षधर विदेशी ताक़तों की मदद से रचे जा रहे षड्यंत्रों की बात करते हुए इस आलोचना का जवाब दिया। इस ज़िम्बाब्वे वाले की ही तरह श्रीमती गांधी को भी स्वयं यह बात समझ पाना मुश्किल लगा कि जो नागरिक पहले उनके प्रति इतना श्रद्धाभाव रखते थे उन्होंने विरोध के स्वर उठाने क्यों शुरू कर दिए। यह पूरी तरह से सुविधाजनक ही था कि अपने अंदरूनी कुशासन पर नज़र डालने की बजाय सारा दोष विदेशियों के मत्थे मढ़ दिया जाता।

आपातकाल के दौरान कांग्रेस अध्यक्ष डी.के. बरुआ ने एक नारा चलाया था, 'इंडिया इज़ इंदिरा, इंदिरा इज़ इंडिया'। ख़ुद को राष्ट्र के—या किसी भी सूरत में राष्ट्र के सर्वोपरि हितों के—बराबर बताना स्वयं श्रीमती गांधी का प्रयत्न भी रहता था। आपातकाल घोषित हो चुका था, 11 नवंबर 1975 के प्रसारण में उन्होंने दावा किया कि क्योंकि

> हम महसूस करते हैं कि देश को एक बीमारी लग गई है और, अगर इसे जल्दी ठीक किया जाना है तो, इसको दवा की एक ख़ुराक देनी होगी, भले ही वह ख़ुराक कड़वी क्यों न हो। कोई बच्चा हमें कितना भी प्यारा क्यों न हो, अगर डॉक्टर उसके लिए कड़वी गोलियां लिखता है, तो उसको ठीक करने के लिए वे गोलियां देना ज़रूरी हो जाता है। बच्चा कभी-कभी चीख़-पुकार मचा सकता है, और हमें कहना पड़ सकता है, ''दवाइयां खाओ नहीं तो तुम ठीक नहीं हो पाओगे''। इसीलिए, हमने देश को यह कड़वी दवा दी है।

'अब जब एक बच्चा तकलीफ़ झेलता है,' डॉक्टर-माता अपनी बात को आगे बढ़ाती हुई कहती है, 'तो मां को भी तकलीफ़ होती है। इसलिए, यह क़दम उठाते हुए हमें कभी अच्छा नहीं लगा। हम भी उदास थे। हमें भी चिंता सता रही थी। लेकिन हमने देखा कि यह कामयाब हुई बिल्कुल वैसे ही जैसे डॉक्टर की ख़ुराक कामयाब होती है।'

इस भारतीय तानाशाह की मानसिकता इसके अंग्रेज़ दोस्तों के साथ के उस पत्राचार से भी ज़ाहिर होती है जो पहले प्रकाशित नहीं हुआ था। कला इतिहासकार और इंडियन सिविल सर्विस के भूतपूर्व अधिकारी डब्ल्यू. जी. आर्चर ने दिसंबर 1975 में श्रीमती गांधी को पत्र लिखकर उनकी 'साहसिक कार्रवाई' के लिए उनको बधाई दी। आर्चर ने लिखा कि वे 'इस बात से बेहद दुखी हुई

होंगी कि इस देश में ''भारत के मित्र'' माने जाने वाले बहुत से लोग आपातकाल की घोषणा की आपकी कार्रवाई का समर्थन करने में साफ़ तौर पर विफल रहे।' प्रधानमंत्री ने जो कुछ किया था उसको लेकर ब्रिटेन के बौद्धिक वर्ग के आम और सर्वथा उचित विरोध को दरअसल वे भलीभांति समझती थीं। जहां कुछ अंग्रेज़ राजनीतिकों—जैसे कि माइकेल फुट—ने बिना शर्त समर्थन दिया था, वहीं प्रेस उतना उपकारी नहीं था। *द टाइम्स* ने अनेक प्रतिकूल रिपोर्टें प्रकाशित की थीं, जिन्होंने भारतीय उच्चायुक्त बी.के. नेहरू (जिनको अब पद्मविभूषण सम्मान मिल चुका है) को इस समाचार पत्र को भारतीय जेलों की दशा का ब्योरा देता एक पत्र लिखने को प्रेरित किया: 'नज़रबंद लोग जिनको रहने की बहुत उत्तम व्यवस्था की गई है, उत्तम भोजन दिया जा रहा है और अच्छा व्यवहार किया जा रहा है, राज्य के अधिकारी जिस तरह उनकी देखभाल और चिंता कर रहे हैं, वह मातृवत है।' लेकिन आलोचना जारी रही। लब्धप्रतिष्ठ पत्रिका *एनकाउंटर* ने दिसंबर 1975 के अंक में सब कुछ बयान कर देनेवाले शीर्षक 'इंदिरा गांधी'ज़ प्रिज़्नर' के अंतर्गत जयप्रकाश नारायण पर एक लंबा सहानुभूतिपरक निबंध प्रकाशित किया।

जवाहरलाल नेहरू की बेटी अमेरिकी या सोवियत विरोध को ज़्यादा आसानी से सह सकती थी। इसलिए उन्होंने डब्ल्यू. जी. आर्चर को लिखा कि 'आपने हमारे देश की जटिल स्थिति के बारे में जिस समझ का परिचय दिया है उसने मेरे 'मर्म को छू लिया है'। उन्होंने आगे लिखा :

> भारत को समझना आसान नहीं है। शायद यही वजह है कि हम पश्चिमी दुनिया में इतनी खीझ पैदा करते हैं। यहां संघर्ष महज़ आर्थिक विकास या कि सामाजिक न्याय को लेकर नहीं है बल्कि वह अपनी निजता को बनाए रखने का और अपनी तरह से विकास करने का भी है। दुर्भाग्य से ज़्यादातर पढ़े-लिखे भारतीय समृद्ध देशों की चमक-दमक के और उनके इस प्रचार के झांसे में आ जाते हैं कि जितनी भी तरह की दुनियाएं हो सकती हैं उनमें उनकी दुनिया ही सबसे अच्छी है।

ये बातें उन भावनाओं के साथ चौंका देनेवाली समानता रखती हैं जो मोबुतु सेसे सेको, फ़िदेल कास्त्रो और ली कुआन यीऊ जैसे उन सर्वसत्तावादियों

द्वारा व्यक्त की जाती रही हैं जो सेना या कम्युनिस्ट या किसी अन्य स्रोत से जुड़े रहे हैं। ये लोग मानवाधिकारों को पश्चिम का आरोपण कहकर और इन अधिकारों का बचाव करने वाले अपने यहां के लोगों को पश्चिम के एजेंट कह कर ख़ारिज कर देते हैं। इसी परिकल्पित सार्वभौमिकतावाद के लिए 'अपनी निजता को बनाए रखने और अपनी तरह से विकास करने' का यह सिंगापुरी या क्यूबाई या भारतीय विकल्प है, एक ऐसा रास्ता जो अभिव्यक्ति की स्वतंत्रता और संगठन की स्वतंत्रता जैसे खीझ पैदा करने वाले तत्वों को इजाज़त नहीं देता।

मार्च 1976 में डब्ल्यू.जी. आर्चर भारत की यात्रा पर आए और श्रीमती गांधी से मिले। उनके साक्षात्कार के नोट्स एक ऐसे शासक की शक्ल उजागर करते हैं जिसके संकल्प में उन्माद का एक अंश मिला हुआ था। 'मुझे भारत को एकजुट रखना है', उन्होंने आर्चर से कहा : 'यह नितांत अनिवार्य है।' (प्रेस और सार्वजनिक मत की) 'पूर्ण स्वतंत्रता' 'भारत के लिए सांघातिक होगी।' इसी तरह 'पूर्ण रूप से सत्ता का हस्तांतरण भारत के लिए सांघातिक [होगा]।' और, ख़ास तौर से, 'आपातकाल ने सरकार के मंत्रियों को हिलाकर रख दिया है। यह बहुत पहले हो जाना चाहिए था...'।

जहां तक यह इतिहासकार आकलन कर सकता है, भारत की एकता और अखंडता के लिए न तो आपातकाल के पहले कोई गंभीर ख़तरा था न ही उसके दौरान। प्रेस और सार्वजनिक मत की स्वतंत्रता 'इंडिया' के लिए सांघातिक होती या 'इंदिरा' के लिए? यह सवाल अक्तूबर 1976 में ब्रिटिश कॉलम-लेखक बर्नार्ड लेविन द्वारा उठाया गया था। लेविन ने *द टाइम्स* में दो हिस्सों में एक निबंध लिखा था जो मुख्यतः भारत में प्रेस की सेंसरशिप और न्यायपालिका के काम में हस्तक्षेप पर केंद्रित था। 'इस विषय से संबंधित पर्याप्त सामग्री का अध्ययन करने के बाद' लेविन का निष्कर्ष था कि 'श्रीमती गांधी का खस्ताहाल क्षुद्र शासन' निश्चित रूप से उस स्पष्ट उपाधि, 'सर्वसत्तावाद' की पात्रता रखता है। अपने निबंध का समापन उसने बंबई की पत्रिका *ओपिनियन* के विदाई संपादकीय को उद्धृत करते हुए किया : '25 जून 1975 को स्थापित मौजूदा इंदिरा शासन झूठ से जन्मा, झूठ से पोषित, और झूठ से फला-फूला था।'

आपातकाल बीस महीने चला। जनवरी 1977 में, सभी को अचरज में डालते हुए, चुनाव घोषित कर दिए गए। यह निर्णय क्यों लिया गया, इसके बारे में परस्पर विरोधी व्याख्याएं हैं। उस वक़्त भारत के भीतर, जैसा कि मैं

ख़ुद याद करता हूं, व्यापक रूप से ऐसा माना जा रहा था कि सरकार के रिसर्च एंड एनालिसिस विंग के श्रीमती गांधी के अपने विश्वस्त जासूसों ने चुनावों में उनकी अच्छी खासी जीत की भविष्यवाणी की थी। अपनी पुस्तक में पी. एन. धर का अनुमान है कि वे एक बार फिर से अपने कानों से जनता की प्रशस्ति के स्वर सुनना चाहती थीं, चुनावी प्रचार के रास्ते लोगों की वह सराहना और सम्मान हासिल करना चाहती थीं जो उनको 1971 में इस क़दर खुलकर हासिल हुआ था। एक तीसरी संभावना है कि श्रीमती गांधी पाकिस्तान के उदाहरण से शर्मिंदा रही हों, जो लोकतांत्रिक शासन के अपने अत्यंत दुर्लभ काल का सुख ले रहा था।

जब 1976 की शुरुआत में आम चुनाव निश्चित थे, तब श्रीमती गांधी ने लोकसभा की अवधि एक साल बढ़ाने के लिए संविधान को संशोधित किया। बाद में, लोकसभा की अवधि एक साल और बढ़ाकर 1978 की शुरुआत तक आगे खिसका दी गई। उनके सलाहकारों, और विशेष रूप से उनके पुत्र संजय, का ख़याल था कि यह प्रक्रिया हमेशा के लिए जारी रखी जा सकती थी। आज भी निश्चित तौर पर कोई नहीं जानता कि आखिर क्यों उन्होंने 1977 में चुनाव कराने का फैसला किया। ख़ैर, जो भी हो, उनकी पार्टी की अच्छी ख़ासी हार हुई, और प्रधानमंत्री तथा संजय गांधी अपने-अपने चुनाव-क्षेत्रों में पराजित हुए। दूसरे लोगों ने उनकी इस पराजय को निरंकुशतावाद और सत्ता के दुरुपयोग पर एक टिप्पणी के रूप में देखा। लेकिन श्रीमती गांधी के लिए यह एक बार फिर से विदेशी हाथ की कल्पना को खोलने का समय था। इस तरह इस अपदस्थ तानाशाह ने अपने एक रिश्तेदार को लिखा कि 'लोग हमेशा सोचते थे कि मैं मनगढ़ंत बातें करती थी या चीज़ों को बढ़ा-चढ़ाकर देखती थी लेकिन एक बहुत गहरा षड्यंत्र रचा गया था और हमारा उससे घिर जाना तय था।' या, जैसा कि उन्होंने एक विदेशी साक्षात्कारकर्ता को, उसकी मदद करने के भाव से समझाया था, 'उनके पास ख़र्च करने के लिए बड़ी तादाद में पैसा था...। जनता पार्टी के कुछ वर्गों को पश्चिमी प्रेस, एमनेस्टी इंटरनेशनल और दूसरे पश्चिमी संगठनों की मदद मिली हुई थी। एक और वर्ग को सोवियतों की मदद मिल रही थी।'

श्रीमती गांधी अब सत्ता से बाहर थीं, लेकिन आपातकाल की भर्त्सना तब भी जारी थी। 16 नवंबर 1978 के *गार्जियन* में ब्रिटेन के एक रेडिकल

वामपंथी ई.पी. थॉमसन ने 1976-77 की सर्दियों की अपनी दिल्ली यात्रा को याद किया। थॉमसन द्वारा लाए गए उपहार—उनके पिता को श्रीमती गांधी के पिता द्वारा लिखे गए पत्रों की प्रतियां—को प्रधानमंत्री ने व्यक्तिगत रूप से प्राप्त किया, लेकिन दूसरी जगहों पर दूसरे लोगों के साथ मुलाक़ातें करते हुए वे इस बात को समझ गए कि श्रीमती गांधी और उनके बेटे संजय ने बहुत ही अन्यायपूर्वक जवाहरलाल नेहरू की ख्याति का अपहरण और दुरुपयोग किया था। अपने निबंध में, इस अहसास के साथ कि किस तरह ब्रिटिश जेलों में सालों गुज़ारने के बावजूद नेहरू अंग्रेज़ों को अपना मित्र बना सकते थे, थॉमसन ने लिखा : 'अगर हम इस सद्गुण पर कोई उदाहरण खोजना चाहें तो हमें शायद ब्रिटिश इतिहास में बहुत पीछे जाना होगा : ऐसे लोगों का मिलना जो वर्षों तक क़ैद भोगने को, और वहां से अपनी अथक बौद्धिक जीवंतता के साथ मन में बिना कोई कड़ुवाहट लिए बाहर आने को तैयार हों।' यह एक सभ्य इंसान था और, जैसा कि उसके कार्यकाल के वर्ष बताते हैं, वह साथ ही साथ एक लोकतांत्रिक भी था। आपातकाल के दौरान श्रीमती गांधी और उनका बेटा भारतीय जनता को 'कांग्रेस और नेहरू की उत्कृष्ट परंपराओं से' पीठ फेर लेने की सीख दे रहे थे।

III

श्रीमती गांधी ने निश्चय ही 1976 में बर्नार्ड लेविन को पढ़ा होगा और, संभव है कि, दो वर्ष बाद उन्होंने ई.पी. थॉमसन को भी पढ़ा हो। उनके वर्ग और पीढ़ी के दूसरे भारतीयों की ही तरह वे भी *द टाइम्स* और *द गार्जियन* का आदर करती थीं, जिनमें से पहला ब्रिटिश व्यवस्था का प्रवक्ता था, तो दूसरा प्रगतिशील, साम्राज्यवाद विरोधी और सामान्य तौर पर भारत की भावनाओं का वाहक था। लेकिन इनके कंटक उन कंटकों के सामने कुछ भी नहीं थे जो 1981 में उनकी राह में आए। आपातकाल अब एक दूर की स्मृति बन चुका था, और जो व्यक्ति उसे लाया था वह, ढाई साल सत्ता से बाहर रह चुकने के बाद, फिर से पदासीन हो चुका था। श्रीमती गांधी ने ब्रिटिश प्रेस में एक ख़बर देखी, या कि शायद उसके प्रति उनको सचेत किया गया, जिसमें यह दावा किया गया था कि लॉर्ड लुईस माउंटबेटन, वह वायसरॉय जिसने अगस्त 1947 में गरिमापूर्ण ढंग से इंग्लिस्तान का झंडा नीचे उतारा था, ने 1975 और 1977 के दरमियान भारत

की यात्रा करने से इन्कार कर दिया था क्योंकि तब भारत एक 'पुलिस राज' हुआ करता था। माउंटबेटन मर चुके थे, इसलिए भारतीय प्रधानमंत्री ने अपनी शिकायत उनकी जगह पर उनके दामाद, लॉर्ड ब्रबोर्न को संबोधित की। श्रीमती गांधी ने, उस अंग्रेज़ परिवार को जिसके अनुमोदन की वे सबसे ज़्यादा परवाह करती थीं, लिखा :

> आपातकाल के दौरान कुछ लोग गिरफ़्तार किए गए थे, जिनमें से कुछ तो राजनेता थे लेकिन ज़्यादातर लोग वे थे जिनको हम समाजविरोधी तत्व कहते हैं—स्मगलर, डकैत, गुप्त खज़ाने रखने वाले, ब्लैकमार्केटिंग करने वाले आदि, जिनकी करतूतें हमारी क़ीमतों को बढ़ा रही थीं, आपूर्ति में कमी ला रही थीं और जो कुल मिलाकर जनता के लिए नुक़सान पहुंचाने वाले थे। समूचे आपातकाल के दौरान एक बार भी पुलिस की शक्ति का प्रदर्शन नहीं हुआ। स्वयं हमने 1977 के चुनाव से पहले ही सारे राजनैतिक बंदियों को रिहा कर दिया था। जब जनता पार्टी सत्ता में आई, तो उसने अपराधियों को रिहा किया, जिसके भयानक नतीजों से हम अब तक नहीं उबर पाए हैं।

यह उस चीज़ का एक उदाहरण है जिसे जॉर्ज ओरवेल ने 'न्यूस्पीक' [कुप्रचार] की संज्ञा दी थी, तानाशाहों और तानाशाह शासनतंत्रों की कोमल पदावली में झूठ बोलने वाली भाषा। यह वह भाषा थी जो इंदिरा गांधी को नैसर्गिक रूप से मिली हुई थी। 27 जून 1975 के प्रसारण में, जिसने पहली बार देश के सामने आपातकाल का औचित्य प्रतिपादित किया था, उन्होंने कहा था कि 'सेंसरशिप का उद्देश्य विश्वास का माहौल वापस लाना है।' उस साल के अगस्त में, जब उनके सारे विरोधी जेल के तालों में बंद थे, मूल अधिकार समाप्त कर दिए गए थे और जनसंचार माध्यमों को सेंसर कर दिया गया था, उन्होंने अमेरिकी पत्रकार नॉर्मन कज़िन्स को, उसके देश की यात्रा के दौरान, सूचित किया कि 'जो कुछ किया गया है वह लोकतंत्र का निराकरण नहीं है बल्कि उसकी रक्षा करने का उद्यम है।' संयुक्त राज्य अमेरिका की इस यात्रा पर टेलिविज़न पर प्रसारित एक बातचीत में उन्होंने मैजिस्ट्रेट के से अंदाज़ में घोषित किया कि 'लोग हर दिन रिहा किए जा रहे हैं'। कुछ समय बाद उन्होंने

बंबई के एक साप्ताहिक को कहा कि 'बल का कोई उपयोग नहीं और...देश में कहीं पर भी बल का कोई प्रदर्शन नहीं किया जा रहा है। सचाई यह है कि आपातकाल के बाद से पुलिस का काम पहले के मुक़ाबले बहुत कम हो गया है।' 1975 के आख़िरी सप्ताह में क़ानूनविदों की एक कॉन्फ्रेंस को संविधान के लंबित संशोधनों के बारे में सचेत करते हुए श्रीमती गांधी ने टिप्पणी की कि 'अगर किसी बदलाव की ज़रूरत पड़ी, तो वह लोकतंत्र को कम करने के लिए नहीं होगा बल्कि लोकतंत्र को और भी मानी देने के लिए, लोकतंत्र की रक्षा के लिए, उसको और ज़्यादा प्राणवान लोकतंत्र बनाने के लिए होगा।' एक कायर उच्चायुक्त और उसके कार्यालयीन सहयोगियों द्वारा अपने बॉस के भाषण से सावधानीपूर्वक चुने गए ये हीरे चमत्कृत करने वाले शीर्षक, *डेमॉक्रेसी प्रिज़र्व्ड : फैक्ट्स अबाउट इमर्जेंसी इन इंडिया* के साथ लंदन के एक महंगे स्टूडियो द्वारा आर्ट पेपर पर छापे गए थे और दुनिया के सामने पेश किए गए थे।

श्रीमती गांधी का जो रवैया आपातकाल के दौरान था, उससे ज़्यादा उल्लेखनीय वह था जो बाद में उसका बचाव करते हुए अपनाया गया था। यह बचाव, जैसा कि लॉर्ड ब्रबोर्न को की गई टिप्पणियां संकेत करती हैं, संपूर्ण था। इंदिरा गांधी की पुस्तक *सेलेक्टेड स्पीच एंड राइटिंग्स* का खंड III भी देखें, जो भारत सरकार के प्रकाशन विभाग द्वारा अक्तूबर 1984 में जारी की गई थी, उसी महीने में जब वे हत्यारे की गोलियों की शिकार हुईं। इस पुस्तक के केंद्र में आपातकाल के समय के और उसके बचाव में दिए गए उनके अनेक भाषण और साक्षात्कार पुनर्प्रकाशित हैं। 1984 में इस सामग्री का पुनर्प्रकाशन, हम निश्चित तौर पर कह सकते हैं कि, स्वयं श्रीमती गांधी की रज़ामंदी से किया गया होगा।

और अंत में, जुलाई 1978 में अमेरिकी लेखक मेरी कार्रास को दिए गए साक्षात्कार के एक अंश को भी देखें। श्रीमती गांधी कहती हैं कि आपातकाल के दौरान 'हमने अपना विदेशी मुद्राविनिमय कोष खड़ा किया, और हमने सार्वजनिक क्षेत्र में भी सफलता की शुरुआत कर दी थी। उत्पादन बढ़ गया था और भ्रष्टाचार नीचे आ गया था, और हर चीज़ कहीं ज़्यादा सहज रफ़्तार से चल रही थी...। आपातकाल के पहले साल (स्मगलरों के अलावा) हर कोई यह कहता था कि हमने यह पहले क्यों नहीं किया।'

मार्च 1977 के चुनावों में निश्चय ही भारी तादाद में स्मगलरों को मतदान

करने की इजाज़त दी गई होगी। या शायद हमें इस तानाशाह के बचाव के ख़िलाफ़ एक भारतीय विधिवेत्ता का यह तेजस्वी कथन रखना चाहिए कि आपातकाल 'राष्ट्रपति के साथ एक धोखा था, मंत्री परिषद के साथ एक धोखा था और जनता के साथ एक धोखा था।' मेरी नज़र में इंदिरा गांधी के आपातकाल पर सबसे सही टिप्पणी अमेरिकी पत्रकार ए.एम. रोज़ेन्थल द्वारा रिपोर्ट की गई थी। ई.पी. थॉमसन की ही तरह ए.एम. रोज़ेन्थल भी लोकतांत्रिक नेहरू और उनकी तानाशाह बेटी के बीच के फ़र्क को रेखांकित करते हैं। 1975 में दिल्ली यात्रा के दौरान उनको लोगों की जुबानों पर तेज़ी से फैलता एक डरावना चुटकुला सुनने को मिला जिसमें यह कल्पना की गई थी कि अभी जबकि बेटी शासन कर रही थी बाप जीवित था। इस तरह, 'इंदिरा प्रधानमंत्री निवास में है, और जवाहरलाल जेल से उसको ख़त लिखने वापस आ गए हैं।'

कितनी भी लीपापोती की जाए, भारतीय लोकतंत्र पर लगे उस दाग़ को मिटाया नहीं जा सकता जो उदारता के आदर्श-रूप पिता की अनुदार बेटी के नग्न स्वार्थों की वजह से लगा था।

एक संपादक और एक सपूत : खुशवंत सिंह और संजय गांधी

1970 की गर्मियों में खुशवंत सिंह ने *इलस्ट्रेटेड वीकली ऑफ इंडिया* से एक महीने की छुट्टी ली थी। उन्हें रॉकफेलर फाउंडेशन से एक फेलोशिप मिली थी और इसके लिए उन्हें उत्तरी इटली की कोमो लेक (झील) को ऊपर से निहारती एक पहाड़ी पर बनी फाउंडेशन की एक एस्टेट में जाकर रहना था। 'विला सर्बेलोनी' जैसा कि वहां हो आए लोग जानते हैं, इतनी सुंदर जगह है कि वहां एक महीने के लिए रहने का मौक़ा मिल जाना अपने आप में एक नियामत है। महीने की तो छोड़ो, एक सप्ताह, एक दिन भी मिल जाए तो ज़िंदगी बन जाए। खाना बढ़िया, मदिरा और भी बढ़िया, नज़ारा तो बस किसी और ही जहान का। भोजनों के अंतराल में, आप चाहें तो चीड़ के पेड़ों के बीच टहल सकते हैं या बगिया में डोल सकते हैं या पानी के किनारे बैठ कॉफी सुड़क सकते हैं। फाउंडेशन जब किसी लेखक को यहां आमंत्रित करता है तो उससे लेखन की भी उम्मीद नहीं रखता।

एक चीज़ जो यहां नहीं, वह है एक टेनिस कोर्ट। खुशवंत के लिए, जो अब तक अपने जीवन की हर सुबह किसी न किसी औपनिवेशिक क्लब में दो सेट टेनिस के खेलते रहे थे, यह एक अच्छी-खासी मुसीबत बन गई। अनमने ही उन्होंने इसकी भरपाई रोज़ाना तैराकी से कर लेने का मन बना लिया। पौ फटे ही अपना नाश्ता कर वे पहाड़ी से पैदल चलकर नीचे उतरते और झील से दो चार हो उसे पार करते। इसके बाद उनकी घनेरी जुल्फें हवा में लहराते

हुए सूखा करतीं, और फिर अपना एकमात्र अत्याज्य कच्छा पहने, चढ़ आई सुबह की धूप में अपनी कलाई का कड़ा चमचमाते वे परली ओर से पहाड़ी चढ़ा करते। समय रहते, वे एक बार फिर पानी में घुस जाते और तैरते हुए विला सर्बेलोनी लौटते।

परले किनारे रहने वाले लोग बड़े विचित्र भाव से रोज़ाना घटने वाला यह अनुष्ठान देखा करते। उन्नीस सौ सत्तर के उस दशक में इटली के उत्तर में कुछ किसान होते थे, असली किसान जो खेतों में हल चलाते थे और कोमो झील के चारों ओर घेरा डाले पहाड़ों पर भेड़ें पाला करते। उनकी संस्कृति या उनकी लोक परंपराओं ने अभी उन्हें इस बात के लिए तैयार नहीं किया था कि वे तैर चुकने के बाद झील से निकले किसी सरदार के नज़ारे का आनंद उठा सकें। आगे चलकर जिन अमरीकियों ने उस इलाके की सरपरस्ती की उनमें से भी ज़रूर एकाध बंदा ऐसा हुआ होगा जो पानी में गाहे-बगाहे घुसा होगा, लेकिन वह भी कोई एक गोरा-चिट्टा रहा होगा, सफाचट चेहरे के अलावा उसके बाल भी अच्छे-खासे कटे-छंटे रहे होंगे।

एक हफ़्ता बीत जाने के बाद भी हर सुबह इस सरदार का आना-जाना बना रहा। एक और हफ़्ता भी इसी तरह गुज़रा तो उन किसानों ने मान लिया कि हो न हो यह ज़रूर कोई संत है। और अपने प्रवास का अंत आते-आते तो 'महान संत' के पद पर उनकी पदोन्नति हो चली थी। कोमो पहाड़ियों में खुशवंत सिंह का अवकाश इतना ऐतिहासिक रहा कि आज तक वहां के स्थानीय इतिहास का उल्लेख इसी संदर्भ में किया जाता है। मसलन, वहां का एक बुजुर्ग याद दिलाता मिलेगा कि क्या तुम्हें उस सराय-मालिक की हत्या वाला वो वाकया याद नहीं जो अपने उस 'महान संत' के प्रवास के बाद वाली सर्दियों में घटा था।

II

खुशवंत सिंह के दिव्यदर्शन का किस्सा मुझे दर्शनशास्त्री निनियन स्मार्ट से पता चला। उनकी पत्नी इतालवी हैं, और वे कोमो झील से लगी हुई पहाड़ियों में एक छोटी सी कॉटेज की मालकिन हैं। मेरे ख्याल से अपने इस सरदार को अपनी पदोन्नति की ज़रा भी हवा नहीं। और यदि किसी रास्ते उनके कानों यह बात पहुंच जाए तो वे एक जी-खोल ठहाका लगा देंगे। यही नहीं, उनके लाखों-लाख पाठकों के ठहाके उससे भी ज़्यादा खुलकर लगेंगे। क्योंकि वे तो

यह पाठ पढ़-पढ़ कर बड़े हुए हैं कि यह सरदार एक ऐसा निपट संतत्व-विरोधी जीव है जिसके मन में सबके लिए मैल ही मैल है और जिसकी भोगी करतूतें महात्मा गांधी को शर्तिया रुला दें। क्या यह बात सही नहीं है कि उनकी एक किताब का नाम *नॉट अ नाइस मैन टु नो था?* और अब जो आने वाली है उसे *सेक्स, स्कॉच एंड स्कॉलरशिप* के नाम से प्रचारित किया जा रहा है, यानी कि क्रम के अनुसार तीसरी चीज़ का सत्यानाश पहली दो चीज़ों के द्वारा विधिवत संपन्न होगा?

अपने समय में खुशवंत सिंह ने वाकई भरपूर स्कॉच पी है। यह तो सही है कि हर सुबह पिए एक या दो छोटे जाम ही, लेकिन पीना भी तो उन्होंने जल्दी शुरू कर दिया था और जिए भी हैं वे खूब; उनकी उम्र लंबी हो। सेक्स, या जो भी हो, ग़ालिबन तसव्वुर में ही ज़्यादातर हुआ लगता है। लेकिन वे चाहे जो कहें, या उनके पाठक चाहे जो सोचें, उसके उलट, संतत्व संबंधी उनके दावे को उनके निजी व्यसनों से कोई गंभीर चुनौती नहीं मिलनी चाहिए। लेक कोमो के किसान-बंधु निश्चित ही उनके व्यसनों को कोई तवज्जो नहीं देंगे। मिथकीय डॉन कैमिलो की तर्ज पर उनके संतों ने अपनी शराब और अपने ग़ैरकानूनी आखेट, और अपनी औरतों का भी लुत्फ उठाया है। उनके आम भक्त उनके इन 'खेलों' को जानते हैं और इसके लिए उन्हें माफ भी करते हैं।

इटली और भारत में, खुशवंत सिंह के संतत्व के दावे को चुनौती दी जाएगी तो 'सेक्स' या 'स्कॉच' से नहीं बल्कि 'संजय' से दी जाएगी। यही वह दीगर 'एस' है जो एक लेखक और नागरिक की हैसियत से उनकी साख पर काली छाया की तरह मंडराता है। 1978 में हमारी एक ऐसी पारस्परिक मित्र से हुई मेरी बात मुझे याद है जिसे खुशवंत सिंह ने अपनी एक पुस्तक समर्पित की थी। उस मित्र को जब मैंने यह किस्सा याद दिलाया तो वह छूटते से ही बोलीं, "यह संजय से पहले की बात है।" (वह खुद आपातकाल की एक मुखर विरोधी रही थीं।) लेकिन समय के साथ घाव भर जाते हैं, और आम हिंदुस्तानी वैसे भी भुलक्कड़ होते हैं। सरदार ने संजय की मृत्यु के बाद खूब सारा लिखा है, उसमें से कुछ तो कचरा है, और बहुत कुछ अच्छा, विद्वत्तापूर्ण और उपयोगी है। उनकी साहित्यिक ख्याति अच्छी खासी बनी हुई है। उनका हालिया कथालेखन साधारण हो सकता है लेकिन उनके पहले के उत्कृष्ट उपन्यास और कहानियां और अन्यतम शोध 'हिस्ट्री ऑफ सिख्स' आज भी छप रहे हैं। उनका पाठकवर्ग

और प्रभाव क्षेत्र किसी भी अन्य भारतीय लेखक की तुलना में कहीं बहुत अधिक है। इस बीच उनकी राजनैतिक हैसियत लगातार बढ़ी है। किसी भी संभावित तानाशाह के साथ वे नहीं जुड़े। भिंडरावाले के खिलाफ वे खुलकर सामने आए जो एक साहसिक कदम था, क्योंकि इसके चलते उन्हें बड़ी आसानी से मारा जा सकता था। हिंदू कट्टरपंथियों के खिलाफ भी वे खुलकर बोले हैं, जो कि और भी साहसिक बात है क्योंकि उनमें से कुछेक बंदे आज सत्ता में हैं। लेकिन उन्होंने समर्थन तो किया था—और वह भी खूब बढ़-चढ़कर—एक कुशिक्षित और निंदनीय रूप से आततायी संजय गांधी नाम के एक लफंगे का समर्थन। क्यों?

III

जून 2000 को आपातकाल की घोषणा के 25 साल पूरे हुए। *इलस्ट्रेटेड वीकली* ऑफ इंडिया के पुराने अंक उस समय की घटनाओं की एक महत्वपूर्ण झांकी प्रस्तुत करते हैं। चलिए 6 अप्रैल 1975 के अंक से शुरू करते हैं। इसकी आवरण कथा का शीर्षक था 'संपूर्ण क्रांति'। आठ पेज का यह चित्रात्मक लेख, सत्तासीन कांग्रेस के खिलाफ जयप्रकाश नारायण द्वारा चलाए जा रहे इस आंदोलन की पड़ताल करता है। संपादक द्वारा अपने नाम से लिखे गए इस लेख में जयप्रकाश नारायण के प्रति संपादक ने अपना सम्मान प्रकट कर दिया है। वे लिखते हैं, जयप्रकाश "एक अच्छे और महान व्यक्ति हैं," एक "साहसी व्यक्ति जिन्होंने प्रायः अलोकप्रिय उद्देश्यों की वकालत की है। 1942 के 'भारत छोड़ो आंदोलन' का सबसे असाधारण व्यक्तित्व जिसने किसी भी अन्य स्वैच्छिक संस्था या व्यक्ति के मुकाबले 1967 के बिहार के अकाल के दौरान मौत को भूख के पास फटकने न दिया। लेकिन 'संपूर्ण क्रांति' को लेकर जे.पी. की मौजूदा विचारधारा विरोधाभासों का पुलिंदा है—उनका आचरण ऐसा है मानो वे गैरीबाल्डी, लेनिन और महात्मा गांधी की त्रिमूर्ति हों।" यही नहीं, जे.पी. के आंदोलन ने अपने इर्द-गिर्द ऐसे अवसरवादी अनुयायियों का गिरोह भी जमा कर रखा था जो श्रीमती गांधी के प्रति अपने वैमनस्य की एकमात्र वजह के चलते ही एक-दूसरे से आ जुड़े थे। उनका असंतोष, स्थापित प्रक्रियाओं और चुनी हुई सरकारों को उखाड़ फेंकने भर तक सीमित था। "एक बार जो व्यक्ति विधिवत चुन लिया जाता है," खुशवंत सिंह ने लिखा,

> तो फिर उस व्यक्ति पर उसका वर्तमान कार्यकाल समाप्त होने तक ऐसा कोई भी दबाव नहीं डाला जाना चाहिए जो उसे जन प्रतिनिधि होने के नाते अपने कर्तव्यों का निर्वाह करने से रोकता हो। लोकतंत्र की कारगरता की यह बुनियाद है, और जे.पी. का आंदोलन इसे ही खत्म करने पर आमादा है।

जिस संतुलन के साथ जे.पी. पर यह निबंध लिखा गया था वह एक महीने बाद प्रकाशित संजय गांधी की ठकुरसुहाती करते लेख से ग़ायब था। यह लेख मारुति कार परियोजना पर केंद्रित था जो उस समय स्थापित प्रक्रियाओं की अनदेखी किए जाने और जिसे नियमों को ताक पर रख सरकारी अनुग्रह दिए जाने के चलते सवालों के घेरे में थी। खुशवंत सिंह ने संजय का एक ऐसा ज़बर्दस्त आख्यान प्रस्तुत किया जिसमें वह एक ऐसा उद्यमी बनकर उभरता था जिसने अभी राजनीति में कोई कदम नहीं रखा था। उनके मुताबिक परियोजना एकदम देशज थी। इसकी कारें, भारतीय बाज़ार में मौजूद अन्य कारों के मुकाबले 5000-6000 रुपए सस्ती पड़ेंगी और जो एक लीटर पेट्रोल में 18 किलोमीटर की दूरी तय करेंगी। संपादक आगे लिखते हैं कि उनकी ज़मीन का अधिग्रहण करते समय किसानों को बाज़ार मूल्य से ज़्यादा पैसा दिया गया है। देखा जाए तो, ''कष्ट देने की बजाय मारुति के चलते गुड़गांव और उसके निकट रहने वाले सैकड़ों बेरोज़गार पंजाबी परिवारों के लिए रोज़गार के रास्ते खुल गए हैं।'' पत्रकार द्वारा संजय गांधी की वकालत निराधार थी। उसका यह दावा एकदम निहायत ही कमज़ोर था कि संजय की परियोजना ''कुछ ज़्यादा ही ठोक-बजाकर देखी गई थी,'' और उसके इस प्रोजेक्ट को अनुमति भी 'रोते-रोते' यह सोचकर दी गई थी कि आखिरकार वे प्रधानमंत्री के सुपुत्र हैं। बहरहाल, आलोचनाओं का जवाब कर्मों से दिया जाना था, कारण कि चार साल की अवधि में संजय का कारखाना कोई पचास हज़ार कारें बाज़ार में झोंक देगा। ''जल्द ही, हरियाणा और दिल्ली की सड़कों पर मारुतियां दौड़ती नज़र आएंगी, और एक या दो महीने के बाद तो वे कलिंपोंग और कन्याकुमारी के बीच भी दौड़ेंगी।''

भारतीय सड़कों पर *आज* दौड़ने वालीं नन्ही मारुतियों का संजय गांधी की उस परियोजना से कुछ भी लेना-देना नहीं है। उसकी मृत्यु के बाद उसके

परिवार ने मारुति का नाम हथिया कर उसे जापानी डिज़ाइन और एक परंपरागत सुजुकी मोटर के साथ नत्थी कर दिया। संजय के कारखाने ने तो एक भी सड़क-चलती कार न बनाई।

मारुति पर खुशवंत सिंह के निबंध से संजय में उनकी पेशेवर दिलचस्पी की शुरुआत होती है। जून 1975 के आखिरी सप्ताह में आपातकाल घोषित किया गया, और पहले पहल तो सुपुत्र जी अपने नमूनों के साथ लगे रहे। लेकिन कुछ ही महीनों में वे राजनीति के बाड़े में घुसने लगे। राजनीति में उनकी इस घुसपैठ के संकेत *इलस्ट्रेटेड वीकली ऑफ इंडिया* में उनकी मौजूदगी की निरंतर बढ़ती नियमितता में मिलने लगे। 25 जनवरी 1976 के अंक में संजय के साथ एक 'अनन्य साक्षात्कार' था (साक्षात्कार करने वाले का नाम नहीं दिया गया), जिसमें उसने सेंसरशिप की वकालत की थी। इसी साक्षात्कार में उनसे यह सवाल किया गया था, "आपातकाल के छह महीनों में देश ने क्या पाया, क्या खोया?" उनका जवाब था, "सबसे बड़ी उपलब्धि तो अनुशासन के प्रति एक रुझान और काम का त्वरित निपटारा। कीमतें घटने से लेकर उत्पादन में बढ़ोतरी जैसे तमाम मुद्दों पर मैं उपलब्धियों की मैं एक लंबी सूची पेश कर सकता हूं। एक साल पहले प्रगति की यह रफ़्तार सोची नहीं गई थी।" संजय ने बोलना जारी रखा : "देश ने खोया क्या? तस्करी, कालाबाज़ारी, जमाखोरी, बसों का जलाना और ऑफिस देर से पहुंचने की आदत।"

अपने आपको एक बार फिर से, हमें वह सब याद दिलाने की ज़रूरत है जो हम बड़ी आसानी से भूले बैठे हैं—मसलन, यह कि संजय गांधी सांसद नहीं था, न ही नौकरशाह, और न ही कांग्रेस का कोई पदाधिकारी। वह महज़ एक ऐसी प्रधानमंत्री का बेटा था जिसने विपक्षी राजनेताओं को कैद कर रखा था और तमाम ताकतें अपने हाथ में ले ली थीं। ये सारी ताकतें संसद और कैबिनेट जैसी संस्थाओं से हथिया कर उस संजय के साथ साझा कर ली गई थीं जो कि एक अवैध उपकमान हो चला था, जिसकी हैसियत अब भारत सरकार के किसी भी अन्य मंत्री की तुलना में कहीं ज़्यादा महत्व रखती थी।

उभरते हुए पुत्र को *वीकली* का यह सलाम पूरे दिल से था। पत्रिका के स्वाधीनता दिवस वाले अंक की आवरण कथा का शीर्षक था 'द मैन हू गेट्स थिंग्स डन, (वह आदमी जिसके चलते काम होते हैं)'। इसका मुख्य आकर्षण था संपादक के द्वारा लिखा गया एक निबंध, और लिया गया एक साक्षात्कार।

साक्षात्कार अपने आप में इस लिहाज़ से विचित्र था कि उसमें ज़्यादातर बोलना तो खुद खुशवंत सिंह द्वारा ही किया लगता था। कुछ खास प्रश्नों के जवाब यूं ही टालमटोल में दे दिए गए लगते थे। उनके नाना का उन पर क्या कुछ असर पड़ा, इस संबंध में संजय का जवाब था : ''मुझे याद नहीं कि मेरे ऊपर उनका प्रभाव किसी विशिष्ट संदर्भ में पड़ा।'' ''अच्छा किताबों के बारे में क्या कहना है आपका?'' संपादक लगे रहे : ''कोई ऐसी किताब जिसने आपको खास तौर पर आपको प्रभावित किया हो?'' ''मुझे तो याद नहीं आ रहा ऐसी किसी पुस्तक का नाम'' जवाब था। लेकिन जब राजनीति की बात चली तो शब्द धड़ल्ले से चले आ रहे थे। ''आप कांग्रेस के अध्यक्ष पद के लिए क्यों नहीं चुनाव लड़ते?'' संपादक ने पूछा। संजय का जवाब था कि यह बात तो उसके ज़ेहन में ही नहीं आई लेकिन उसने यह तो कहा कि कांग्रेस को मज़बूत बनाने की ज़रूरत है। जब यह पूछा गया कि क्या उन्होंने *वीकली* में संविधान में परिवर्तन की मांग करने वाला लेख देखा है, तो संजय का जवाब था, ''हां, देखा तो हैं मैंने लेकिन पढ़ा नहीं है।'' हालांकि उसने शासन की राष्ट्रपति प्रणाली को लेकर अपनी पसंदगी ज़रूर ज़ाहिर की। और उन्होंने अनिवार्य नसबंदी का भी समर्थन किया।

साक्षात्कार के साथ अच्छा-खासा एक जीवन-वृत्त भी था। संपादक ने संजय के मित्रों के साथ, प्रधानमंत्री निवास पर काम करने वाले अधिकारियों से और अन्य संबंधित लोगों से बातचीत की थी। इनमें से एक का कहना था, ''मेरे अन्य सारे मित्र, संजय के मुकाबले कमअक्ल हैं।'' किसी दूसरे ने कहा, ''संजय में खतरों से खेलने का असल माद्दा है।'' तीसरे ने कहा, ''संजय के शब्दकोष में 'डर' नाम का शब्द है ही नहीं।'' अन्यों ने उसके 'न्यायिक बोध' की बात की। दिलचस्प बात तो यह थी कि मारुति के मुद्दे पर संपादक जी अब बचाव की मुद्रा में थे। वे लिखते हैं : ''मारुति के खिलाफ एक ही जायज़ शिकायत हो सकती है कि उत्पादन समय से काफी पीछे चल रहा है और वैसे तो अन्य कारों के मुकाबले काफी सस्ती होगी लेकिन फिर भी यह जन-जन की कार तो नहीं ही होगी।'' संजय एक फैक्टरी तो नहीं चला सका था, लेकिन लगता था कि वह देश सफलतापूर्वक चला लेगा। इस संदर्भ में लेख के निष्कर्ष पर ज़रा नज़र डालिए—

संजय के आलोचकों की संख्या उनकी मां के आलोचकों से ज़्यादा

> है। वे पूछते हैं, ''किसके बूते पर संजय वह सब कर रहा है जो कुछ भी वह कर रहा है?'' जवाब में मेरे उनसे कई सवाल हैं। ''क्या आप इस बात से सहमत हैं कि संजय जो कर रहे हैं वह आम लागों और इसलिए देश की भलाई के लिए है? क्या हमारी झुग्गी-बस्तियों को खाली करवाने की ज़रूरत नहीं है? क्या हमारी जनसंख्या पर नियंत्रण करने की ज़रूरत नहीं है? क्या हमारे जंगलों को बचाने की ज़रूरत नहीं है? क्या भ्रष्टाचार को जड़ से उखाड़ने की ज़रूरत कभी नहीं रही? ऐसे में जब कोई इन सारे कामों को पूरा करने का बीड़ा उठाता है तो फिर क्यों उससे किसी को कोई शिकायत हो?''
>
> संजय ने अपने युवा कंधों पर एक बड़ा भारी बोझ उठाया है। उसे अभी एक लंबी और कठिन डगर चलना है। उसके पथ में केले के छिलके न डालें, भई। एक संपन्न और खुशहाल भारत का लक्ष्य पाने में उसकी मदद कीजिए। हम पुरानी पीढ़ी के लोग केवल स्वप्न ही देख सकते हैं। ऐसे में हम अपने युवाओं की कल्पनाओं को उड़ान भरने दें ताकि एक दिन वे हकीकत बन जाएं।

यह अंतिम पैरा बोल्ड ब्लैक टाइप में सेट किया गया था। सत्ता पर उसके प्रतिष्ठापन को लेकर अन्य किसी भी तरह की शंकाओं का, हम मान सकते हैं कि, समाधान संजय की जन्मकुंडली के उद्‌बोधन के द्वारा कर दिया गया :

> तुम क्रीड़ाप्रेमी, आकुलमन, स्पष्टवादी पर चिंतक धनुराशि के लिए वर्ष 1976 में उच्च-स्तर की उपलब्धियां दर्ज होंगी। साथ ही लेकिन, कुछ शरारती तत्व झूठी निंदा का सहारा लेकर तुम्हें कानूनी दांव-पेंच में भी उलझा सकते हैं। वैसे इन सबों से तुम आखिरकार निपट ही लोगे। *(बेजन दारूवाला—ओरिअंट पेपरबैक)*

तीन महीने बाद, अपने 14 अक्तूबर, 1976 के अंक में *वीकली* ने दो पृष्ठों में एक चित्रकथा छापी जिसका एक समग्र शीर्षक था : 'संजय, मेनका की महाराष्ट्र पर विजय'। संजय गांधी ने कांग्रेस के युवा मोर्चा की सदस्यता ग्रहण कर ली थी। देखा जाए तो यह उस सचाई पर वैधता का मुलम्मा चढ़ाने की हरकत थी जो कि पहले से ही साफ तौर पर एक पारिवारिक मसला था। इन चित्रों में से एक में संजय कांग्रेस कार्यकर्ताओं को संबोधित कर रहे थे, दूसरे

में वे झुग्गी-बस्तियों का दौरा कर रहे थे और एक अन्य में उनकी शादी तभी हाल ही में नांदेड़ के गुरुद्वारे में सिख रस्मों के ज़रिए संपन्न होते दिखाई गई थी। चित्रकथा का प्रधान शीर्षक कह रहा था : 'संजय ने अपनी स्पष्टवादिता और अपने पाखंडहीन और ठेठ ज़मीनी संभाषण के द्वारा महाराष्ट्र का दिल जीत लिया। मेनका ने भी अपनी सौम्य सुंदरता और अपने खुशमिज़ाज व्यक्तित्व से वहां के लोगों के दिल जीत लिए। अपने 'संपादकीय पृष्ठ' पर खुशवंतसिंह ने दंपती के इस दौरे के बारे में बड़े कृतज्ञतापूर्ण ढंग से लिखा। संजय गांधी ने ''राजनैतिक नेतृत्व की कला में एक नया आयाम जोड़ दिया था,'' क्योंकि, अनैतिक व्यक्तियों या चाटुकारों से उनका कोई लेना-देना नहीं है; वे एक मद्यत्यागी हैं, एक सादा जीवन जीते हैं, मितभाषी हैं, बोलते समय वे एकदम ईमानदार और स्पष्टवादी रहते हैं, उनके शब्द वाक्छल नहीं बल्कि ठेठ कर्म से ऊर्जित हैं। दिल्ली में उन्होंने उत्तम कार्य किया है। उन्होंने देश के युवाओं को आवेशित कर दिया है और उनकी ऊर्जा को एक रचनात्मक मोड़ दिया है। उन्होंने देश भर के कॉन्ग्रेस कार्यकर्ताओं में एक नए जोश का संचार किया है और वे सब काम में लग गए हैं। उनकी युवा कांग्रेस ने जो काम पिछले दो साल में कर डाला है उतना तो उसकी मुख्य पार्टी पिछले पांच बरस में न कर पाई। और इन सबसे ऊपर, वे पहले ऐसे कांग्रेसी लीडर हैं जिन्होंने अपनी पार्टी की गंदगी को साफ करने का अप्रीतिकर काम ख़ुद अपने हाथों में लिया है। संजय को और शक्ति मिले!

और जल्दी ही, संपादक जी इस बात को ठीक से परख सके कि उनकी इन भावनाओं को कितने व्यापक स्तर पर साझा किया जाता है। जनवरी 1977 में श्रीमती गांधी ने चुनावों की घोषणा की। उनके अब-स्वतंत्र विरोधियों ने एकजुट हो जनता पार्टी का गठन किया। इसी बीच *वीकली* के 23 जनवरी के अंक में यह समाचार छपा कि पत्रिका के पाठकों द्वारा संजय गांधी को वर्ष 1976 का सर्वश्रेष्ठ भारतीय चुना गया है। लेकिन ज्यों-ज्यों चुनाव प्रचार आगे बढ़ा, यह साफ हो चला कि *वीकली* का पाठकवर्ग देश के लागों का विश्वसनीय प्रतिनिधित्व नहीं करता। दिल्ली में संजय गांधी द्वारा चलाए गए झुग्गी-उन्मूलन कार्यक्रमों ने अच्छा खासा असंतोष पैदा कर दिया था। समूचे उत्तर भारत में, संजय-प्रेरित अनिवार्य नसबंदी चुनाव प्रचार का एक केंद्रीय मुद्दा बन गया था। हर जगह संजय ही डेमोक्रेट्स और नागरिक अधिकारवादियों के निशाने पर रहे,

खासकर भय प्रसारित करने और लोगों की स्वतंत्रता का हनन करने को लेकर।

20 फरवरी 1977 के अपने अंक में *वीकली* ने 'युवा कांग्रेस शक्ति' पर एक लंबी कथा प्रकाशित की। इस कथा से जुड़े चित्रों में संजय को विभिन्न आकर्षक मुद्राओं में दिखाया गया था : अभिवादन करती भीड़ को 'नमस्ते' करते हुए एक खुली जीप में सवार संजय, युवा कांग्रेस की एक बैठक में उनकी मां से औपचारिक रूप से प्रस्तुत होते संजय, मंच से संबोधित करते खुद संजय। संलग्न लेख संपादक द्वारा लिखा गया था। ''अब चूंकि उन प्रमुख मुद्दों में से एक स्वयं संजय रहेंगे जिन पर कि आने वाले चुनाव लड़े जाएंगे,'' संपादक ने लिखा, ''इसलिए अच्छा होगा कि पहले तो हम उनकी कार्यशैली को लेकर फैली एकदम निराधार अफवाहों के चलते बुने गए पूर्वाग्रह के जालों को साफ कर लें और फिर हम अपने आपसे ईमानदारी से यह सवाल करें : कि क्या हमें संजय गांधी की ज़रूरत है कि नहीं है?''

खुशवंत सिंह का जवाब उस सबका खुलासा प्रस्तुत करता था जो उनके हिसाब से संजय गांधी की उपलब्धियां थीं। सबसे पहले तो संजय ने अपने हाथ में भारत की सबसे गंभीर समस्या को लिया था—जनसंख्या नियंत्रण। पैरवी, यह तो मानना ही पड़ेगा कि बड़ी ही वाक्पटुता और लियाकत से की गई थी :

> हमारे पास राजकुमारी अमृत कौर जैसी स्वास्थ्य मंत्री रही हैं जो रंगीन मनकों वाली जपमाला लिए फेरे लगाती थीं, हमारे पास स्वयं-सेवा तरीके वाले चंद्रशेखर सरीखे स्वास्थ्य मंत्री भी रहे हैं जो ट्रांज़िस्टर रेडियो और पुरस्कारों तथा आंकड़ों से हमें भरमाते रहे हैं। हमारे पास नीट्स हाजिरजवाबी और खूब सारे आंकड़ों वाले कर्ण सिंह थे। इन सबसे कुछ न असर हुआ। जचगियों का बेहोश कर देने वाला आंकड़ा बदस्तूर चढ़ता ही रहा, चढ़ता ही गया। और एकाएक पिछले साल जाकर इस पर ब्रेक लगे; परिवार नियोजन, योजना से एक हकीकत में तब्दील हुआ। यह संजय गांधी ने कर दिखाया। उनके पास इसे करने का कोई अधिकार न रहा होगा, पर उन्होंने कर दिखाया।

संपादक ने दुष्कर्मों से जुड़े तमाम आरोपों का खंडन किया :

> आप इस तरह की कई कहानियां सुनेंगे कि यह सब कैसे किया गया। बुजुर्ग महिलाओं के किस्से कि किस प्रकार ऐसे स्त्री-पुरुषों की नसबंदी कर दी गई जो कि इतने उम्रदराज़ हो चले थे कि वे बच्चे पैदा नहीं कर सकते थे; संभोग के लिहाज़ से अभी कमसिन ऐसे लड़के-लड़कियों को किस प्रकार अपना एक छोटा परिवार बनाने के वैधानिक अधिकार से किस प्रकार वंचित कर दिया गया। इनकी सत्यता की जांच करने पर आप पाएंगे कि इनमें कोई सचाई नहीं है; वे चल पड़ीं क्योंकि सचाई जांचे-परखे बिना किस्सों को हवा देना मानव स्वभाव रहा है। दबाव ज़रूर था, लेकिन कोई ज़ोर-ज़बर्दस्ती न थी, कोई मारपीट-वारपीट न थी बिलकुल। दबाव तो होना ही चाहिए; बल्कि बढ़ाया भी जाना चाहिए : उन लोगों को ड्राइविंग लाइसेंस, राशन कार्ड, नौकरी, पदोन्नति या कम लागत वाले घर नहीं दिए जाने चाहिए जो समाज के प्रति अपना कर्तव्य नहीं निभाते।

इसके बाद खुशवंत ने संजय के अन्य कार्यक्रमों के बारे में अपना मत रखा। ''बुलडोज़रों के इस्तेमाल को लेकर खूब बकबक की गई,'' उन्होंने दावा किया। कुछ भी हो, शहर सुंदर बन गए, झुग्गियां हटा दी गईं, बदबू मिटा दी गईं। ''यह सब हुआ संजय गांधी के चलते। उनके पास यह सब करने का कोई अधिकार न रहा होगा लेकिन उन्होंने यह सब किया।'' स्मग्लरों और टैक्स चोरों को जेल में ठूंस दिया गया। ''इन लोगों को साफ करने में संजय गांधी की बड़ी भूमिका रही। उसके पास कोई अधिकार न रहा होगा, लेकिन उसने यह सब कर दिखाया।''

हाय! ऐसे लोग थे जिन्होंने बुलडोज़र देखे थे और जो उनके लिए रास्ता बनाकर एक तरफ हट गए थे, ऐसे लोग थे जो नसबंदी की डरावनी कथाओं की सचाई उजागर कर सकते थे, ऐसे लोग थे जो बेसब्री से साध्य और साधन तथा आधिकारिता और जवाबदेही को लेकर बेआराम सवाल करते। ये चुनाव, जैसा कि खुशवंत सिंह जान चुके थे, संजय गांधी पर होने वाले फैसले को लेकर थे। लेकिन दुर्भाग्य से फैसला वह नहीं था जो वे चाहते थे।

IV

अभी हमने देखा कि किस प्रकार एक लोकप्रिय और सम्माननीय संपादक ने

ख़ुद को और अपनी पत्रिका को संजय गांधी का बिगुल बना डाला था। लेकिन उन्होंने ऐसा किया क्यों? इस पर मैं अपनी छह इकतरफा व्याख्याएं प्रस्तुत कर सकता हूं।

पहली, संस्कृति का प्रभाव। एक सिख महिला से संजय गांधी की शादी उस व्यक्ति के लिए कुछ महत्व रखती होगी जो अपने समुदाय के प्रति न सिर्फ़ गहरी श्रद्धा रखता था, बल्कि उसका एक इतिहासकार भी था। उस आदमी के लिए, जिसके पिता, सर सोभा सिंह ने नई दिल्ली के अधिकांश हिस्से का निर्माण किया था, और जिसने खुद अपने जीवन का एक बड़ा हिस्सा यहीं बिताया था, यह बात कि संजय गांधी राजधानी को साफ करने के काम में लगा है, बड़ी मायने रखती होगी।

दूसरी, विचारधारा की आत्मीयता। खुशवंत सिंह प्रकृति प्रेमी हैं, पक्षियों-पेड़ों के जानकार हैं। संजय के कार्यक्रम का यह 'बिंदु' जिसकी अन्य राजनेताओं द्वारा घोर उपेक्षा की गई, खुशवंत सिंह को भा गया। उसी तरह जनसंख्या नियंत्रण का मुद्दा भी जो अन्य कई भारतीयों की तरह खुशवंत सिंह को भी समय का सबसे ज़रूरी मुद्दा लगा होगा।

तीसरी व्यक्तिगत। संजय और मेनका ने संपादक की खूब खुशामद की, और ऐसे ज़्यादातर लोगों की तरह जो सत्ता में नहीं होते, खुशवंत भी सत्ता पर काबिज़ लोगों की खुशामद के शिकार हो गए। इसके अलावा, खुशवंत सिंह सहज रूप से ऐसे उदार व्यक्ति हैं जो हमेशा अच्छाई पर यकीन करते हैं और उन लोगों पर भरोसा करते हैं, उनके काम को प्रचारित करते हैं जिन्हें वे चाहते हैं। उनके व्यक्तित्व के इसी पहलू के चलते एक बार उन्होंने न केवल अपना टाइपराइटर निर्धन नीरद चौधुरी को उपहार में दे दिया, बल्कि उनकी तरफ से आक्रामक आलोचकों के विरुद्ध किला भी लड़ाया। शायद इसी से हम समझ सकते हैं कि एकबार जो संजय ने उन्हें अपना मित्र बना लिया, तो फिर खुशवंत सिंह उनका साथ यों आसानी से न छोड़ने वाले थे।

चौथी, अधेड़ उम्र के लोगों को युवाओं के प्रति एक आकर्षण रहता है। क्योंकि जो भी काम वे अपनी परिस्थितियों या अपने स्वभाव के चलते नहीं कर सकते वह युवाओं द्वारा किया जा सकता है : ''पीछे की ओर खिसकती अपनी केशिका के बावजूद वह एक अविश्वसनीय रूप से सुदर्शन युवा है,'' संपादक ने 'काम करके दिखाने वाले पुरुष' के बारे में यह लिखा : ''उनकी

आंखें काली, प्रबल रूप से तीव्र और घोर ईमानदार आंखें हैं।'' मैं किंचित कल्पनापूर्ण ढंग से कह सकता हूं कि खुशवंत सिंह ने खुद को एक पिता-समान व्यक्ति के बतौर देखा जिसका संजय एवज़ी पुत्र था, ऐसा 'काम करने वाला' जो अपने 'केवल लिखाड़' अभिभावक की इच्छाओं को कार्यकुशल ढंग से साकार करेगा।

उपरोक्त बातों के साथ भारत के भविष्य को लेकर इस ईमानदार राष्ट्रभक्त की कुछ चिंताएं भी जुड़ी थीं। उनके स्वयं के उत्तर-जीवन का संकट राष्ट्र के मध्य-जीवन के संकट में घुलमिल गया था। खुशवंत ने अपने प्यारे पंजाब का बंटवारा देखा था, इसके बाद वे जवाहरलाल नेहरू के भारत को बनाने में बड़े जीवट से जुड़े थे : शुरुआत में एक राजनयिक की हैसियत से और आगे चलकर योजना आयोग की पत्रिका *योजना* के संपादक के बतौर। नेहरू के निधन के बाद उन्होंने अपनी ही पीढ़ी के कुछ नैतिक साथियों के साथ भ्रष्टाचार, फिरकापरस्ती, और सार्वजनिक संस्थाओं के क्षरण के चलते एक सामूहिक स्वप्न को बिखरते देखा था। उम्र के हर बीतते साल के साथ यह बुढ़ाता राष्ट्रभक्त अपने देश के भविष्य को लेकर और भी बेचैन होता जाता : ''हम, पुरानी पीढ़ी के लोग, केवल सपने देख सकते हैं। सो चलिए हम अपने युवाओं को अपनी कल्पना के घोड़े दौड़ाने दें और अपनी कल्पनाओं को वास्तविकता में बदलने दें।''

और अंतिम व्याख्या पेशेवर लेखक की विशिष्ट अक्षमताओं को उघाड़कर रखती है। नतीजतन, खुशवंत सिंह द्वारा संजय गांधी की पैरवी तथा अतीत में तानाशाह शासकों के सामने अन्य जाने-माने लेखकों के समर्पण के बीच कई अद्‌भुत समानताएं नज़र आती हैं। सो देख लीजिए पनामा के तानाशाह जनरल ओमर ट्रूहियो के प्रति ग्राहम ग्रीन का श्रद्धाभाव। या फिर क्यूबाई तानाशाह फिदेल कास्त्रो को गाब्रिअल गार्सिआ मार्केस का समर्थन। कोई भला किस तरह इन सब बातों के साथ लेखक की अपनी बुद्धिमानी और उसके अपने अन्यथा-स्थापित स्वातंत्र्य प्रेम की संगत बैठाए? शायद, ऊपर से बरसने वाली चाटुकारिता के प्रति लेखक का अनुराग और काम में जुटे व्यक्ति के प्रति लेखक की विजड़ित ईर्ष्या को रेखांकित करते हुए ही।

उन्नीस सौ अस्सी के दशकारंभ में सलमान रुश्दी ने निकारागुआ के सत्तासीन सैंडिनिस्टास के पक्ष में एक प्रचार पुस्तिका लिखी 'दि जगुआर

स्माइल'। संजय के संदर्भ में खुशवंत की तर्ज पर, रुश्दी ने कुछ पल के लिए अपनी समझ, अपने मूल्यों, से छुट्टी लेकर अपनी महान प्रतिभा को एक अधिनायकवादी सत्ता की सेवा में लगा दिया। उनके हिसाब से, शीत युद्ध और अमेरिका द्वारा समर्थित बुरे लोगों से सैंडिनिस्टास को होने वाले खतरे को देखते हुए यह न्यायसंगत था। लेकिन तभी शीत युद्ध समाप्त हो गया और यह पुस्तक वापस ले ली गई। अब इस पुस्तक का नाम लेखक के सबसे अद्यतन बायोडेटा में शामिल नहीं होता। लेकिन किसी दिन एक बदमाश इतिहासकार इस पुस्तक को कहीं से खोद निकालेगा, जैसा कि मैंने यहां खुशवंत सिंह के साथ किया है।

अंततः, और खुशवंत सिंह के साथ निष्पक्षता बरतते हुए, यह तो कहना ही पड़ेगा कि चाटुकारिता भारतीयों की खासियत है। सत्ता पर काबिज़ लोगों के प्रति हम अपने आपको पूरी तरह समर्पित कर देते हैं और जब वे सत्ता में नहीं रहते तो हम उन्हें पूरी तरह नकार देते हैं। सरकार के सचिव को यह जानने के लिए कि वह कब रिटायर होने वाला है, कैलेंडर देखने की ज़रूरत नहीं पड़ती। वह अपने बाकी सरकारी समय का अंदाज़ा चपरासी, बाबू, ड्राइवर और हां, अपर सचिव के प्रणाम के लगातार घटते अनुपात से लगा सकता है। जब तक संजय गांधी सत्ता में रहे तब तक उनके प्रति करोड़ों लोगों का श्रद्धाभाव असंदिग्ध बना रहा। नारायण दत्त तिवारी तो एक बार उनकी चप्पलें भी अपने हाथ में लेकर चले थे। कॉन्ग्रेस के वरिष्ठतम मंत्री जगजीवन राम तो चुनावों की घोषणा होने तक संजय गांधी से चिपके रहे थे, लेकिन अपने जासूसों द्वारा यह खबर मिलते ही कि विपक्ष की जीत होगी, कांग्रेस से दलबदल कर गए।

जहां तक खुशवंत का मसला है तो वे तो पुरानी शैली के अपने निष्ठा भाव के चलते तब तक बने रहे जब तक कि जहाज़ डूब न गया। कांग्रेस और संजय के हारने के बाद, *वीकली* के मालिकों ने नए शासकों की दयादृष्टि पाने की दृष्टि से अपने अब तक के सबसे सफल संपादक को बर्खास्त कर दिया। लेकिन खुशवंत ने अपने दोस्त का दामन न छोड़ा, और जनवरी 1980 में जब कांग्रेस वापस सत्ता में आई तो अपने मित्र द्वारा संसद का चुनाव जीतने का दिन भी उन्होंने देखा। छह महीने बाद, संजय एक हवाई दुर्घटना में मारे गए। उस वक्त खुशवंत *हिंदुस्तान टाइम्स* के संपादक थे और अपने एक भावनाप्रधान संपादकीय में उन्होंने लिखा, ''संजय की एकमात्र संभावित वारिस मेनका हो

सकती हैं। वे अपने दिवंगत पति के समान हैं, उकसाने पर एकदम निर्भया, शेर पर सवार दुर्गा ही मानो।'' आपातकाल के दौरान संजय और मेनका ने जो काम किए लगते थे, उनकी रोशनी में तो यह बात जितनी भयंकर रूप से मूर्खतापूर्ण है उतनी ही मार्मिक रूप से निष्ठावान भी।

V

संजय गांधी को खुशवंत सिंह के समर्थन का उद्धार कुछ हद तक तो वाणी की स्वतंत्रता के प्रति उनके सहवर्ती समर्थन के चलते हो गया। सेंसर की अनुमति की हदों के भीतर उन्होंने *वीकली* में असंतुष्ट आवाज़ों को छापने की अनुमति दी। अक्तूबर 1975 के अंक में उन्होंने अपने सहायक संपादक, आर. गोपालकृष्णन का एक लेख प्रकाशित किया, 'शक्ति ऑर वूमन पॉवर' जो बड़ी नफासत और प्रतीकात्मक ढंग से लोकतंत्र की बहाली का आग्रह करता था। ''आज भारत में महिला शक्ति का एक उत्कृष्ट प्रदर्शन हो रहा है,'' आरजीके ने लिखा।

> कुछ लोग सोचते हैं कि अपने शेर पर सवार मां दुर्गा फिर से हमारे बीच आ गई हैं। लेकिन सब लोग इस बात पर सहमत नहीं हैं कि वे राक्षस कौन हैं जिन्हें उसे नष्ट कर देना चाहिए। इसके अलावा, हममें से ज़्यादातर लोग यह मानते हैं कि देवी अपना यह विराट स्वरूप तज फिर से अंबिका या मां के ममतामयी रूप में हमारे सामने प्रस्तुत होंगी।

मई, 1976 में जब विनोबा भावे ने आपातकाल के प्रति अपना समर्थन व्यक्त किया तो खुशवंत ने एक पुराने गांधीवादी, श्रीमन नारायण द्वारा लिखित एक असहमति का निबंध प्रकाशित किया था। भावे से प्रेरणा पाकर इंदिरा गांधी ने नागपुर के एक सार्वजनिक मंच पर कहा था कि क्यों कर ''उस नए भारत में सत्याग्रह संबंधी तमाम बहस का कोई स्थान नहीं, जिसका निर्माण हम अभी कर रहे हैं।'' उनका कहना था कि गांधी का सत्याग्रह एक बाहरी, उपनिवेशवादी शक्ति के खिलाफ था—लेकिन अब तो भारत के पास अपनी एक सरकार थी। तिस पर, श्रीमन नारायण, जिनके पास, गांधी के बारे में अपेक्षतया एक विस्तृत ज्ञान था, ने एक अध्याय और एक पद्य उद्धृत करते हुए यह दर्शाया कि गांधी सत्याग्रह को 'नागरिक का एक मौलिक अधिकार' मानते थे, और वो यह भी

मानते थे कि अपने ही देशबंधुओं द्वारा चलाए जा रहे एक अन्यायपूर्ण शासन का विरोध हमें अवश्य करना चाहिए।

अगस्त 1976 में खुशवंत ने अपने संपादकीय पृष्ठ का इस्तेमाल करते हुए अब तक जारी सेंसरशिप के प्रति अपनी शिकायत दर्ज की। उन्होंने इंदिरा गांधी का पारंपरिक लाल किला भाषण सुन रखा था, सो आशान्वित स्वर में वे बोले, ''स्वतंत्रता दिवस की तीसवीं वर्षगांठ के आयोजन इस घोषणा के साथ होंगे कि आपातकाल हटाया जा रहा है, और अपनी भूल को महसूस करने वाले, लोकतांत्रिक संस्थाओं को नष्ट करने पर तुले विरोधी पक्ष के सदस्यों को आज़ाद किया जा रहा है, प्रेस की आज़ादी बहाल की जा रही है और आम चुनावों की फलां तारीख तय की गई है।'' लेकिन हाय! इंदिरा जी कुछ और ही बातें करती रहीं। सुधारातीत आशावादी होने के चलते संपादक ने अब अपनी इस आशा का इज़हार किया कि ''बापू की अगली जयंती पर'' उन सब स्वतंत्रताओं की सूची जारी होगी जिनकी मन्नत उन्होंने मांगी थी, और ''अगर तब भी ऐसा न हुआ तो नेहरू की अगली जयंती पर, इंदिरा गांधी की अगली सालगिरह पर, और नहीं तो अगले गणतंत्र दिवस पर।''

भारतीय मत के वैविध्य को अभिव्यक्ति देने के लिए खुशवंत ने अपनी पत्रिका के पत्राचार स्तंभ का उपयोग सबसे ज़्यादा किया, और यह ऐसा स्तंभ था जिसे सेंसर द्वारा सबसे कम ध्यानपूर्वक पढ़ा जाता था। सो 22 फरवरी 1976 को *वीकली* ने एस.एन. अग्रवाल का एक लेख प्रकाशित किया—'नसबंदी को अनिवार्य बनाएं—अभी!' आगामी अंकों में ऐसे पत्र प्रकाशित हुए जो लेख के सटीक निहितार्थों का खुलासा करते थे। मधुपुर से एम. आयंगर ने एक ऐसे पुरुष नसबंदी शिविर का वर्णन किया जिसमें वे शामिल हुए थे : ''सीधे बाज़ार से खरीदे गए रेज़र ब्लेडों का इस्तेमाल किया जा रहा था जबकि डॉक्टर लोग सिगरेट पीने और पान खाने में मस्त-व्यस्त थे। सो कोई आश्चर्य नहीं कि एक लगभग घातक दुर्घटना घटी। और ईश्वर ही जानता है कि आने वाले दिनों में कितने संक्रमित घावों का इलाज किया जाएगा।'' बंबई से डॉ. जगजीत ने जन्म नियंत्रण के महत्व को स्वीकारा था लेकिन यह भी पूछा था कि ''एक लोकतंत्र में भला कैसे एक व्यक्ति को उसकी मर्ज़ी के खिलाफ घसीट कर उसके घर से बाहर निकाल उसके किसी अंग को इस तरह काटा जा सकता है—यही तो अनिवार्य नसबंदी के मायने हैं।''

यह सही है कि संजय गांधी ने ये पत्र नहीं पढ़े, और स्वयं संपादक ने भी शायद उन्हें कपोल-कल्पना भर माना हो। लेकिन इन्हें छापने का श्रेय तो उसे देना ही पड़ेगा। 1976 में ही आगे चलकर, ''वह आदमी जो काम करके दिखाता है'' के प्रति अपना खुद का प्रशंसात्मक लेख छपने के बाद, कुछ पाठकों के पत्र छपे जिसमें उन्होंने संपादक और उसके हीरो की दबी-दबी प्रशंसा की थी। जबकि अन्यों ने तीखे और निंदात्मक पत्र लिखे। पूना के एस.सी. सूरी ने पत्रिका का नाम बदलकर 'The Illustrated Weekly of Indi(r)a and Sanjay' रखने का सुझाव दिया। मद्रास के सईद मुहम्मद ने लिखा था कि इसके पहले उन्होंने यह तो सुना था कि ''पत्रकार लोग सत्ताधारियों की चमचागिरी करते हैं। लेकिन आप तो गुरु एक कदम और भी आगे बढ़ गए—आपने तो एक संभावित सत्ताधारी की ही चमचागिरी कर डाली—चमचा पत्रकारिता में एक नया अध्याय।'' सबसे बढ़िया था बंबई के सत्येंद्र सिंह का पत्र जो 12 सितंबर 1976 के अंक में प्रधानपत्र के बतौर छपा था। ''आपके संजय-उवाच के बाद से,'' यह पाठक लिखता है, ''बाज़ार में मक्खन की खपत बेतहाशा हो चली है और उसके भाव आसमान छूने लगे हैं।''

इलस्ट्रेटेड वीकली ऑफ इंडिया के संपादक ने अपनी विवेक-सामर्थ्य खो दी थी और अपना आनुपातिक बोध भी, लेकिन शुक्र है उसका हास्यबोध बदस्तूर बना रहा।

स्तालिनवादी और भारतीय : ई.एम.एस. नंबूदिरीपाद

भारतीय मार्क्सवाद का विरोधाभास इसमें है कि इसका व्यावहारिक रूप इसके सिद्धांत के मुक़ाबले में ज़्यादा आकर्षक रहा है। नक्सलवादी सिद्धांतकार वैसे तो झूम की या घुमंतू खेती को एक ऐसी 'आदिम अर्थव्यवस्था से जुड़ी प्रथा' कहकर ख़ारिज कर देते हैं, जिसका आधुनिकता के आगमन के साथ लुप्त हो जाना निश्चित है, इसके बावजूद उनके संगठन के सदस्य आदिवासियों को संगठित करते हैं ताकि वे अपने जंगल संबंधी हक़ों की रक्षा के लिए लड़ें, जिनमें से ज़्यादातर मामलों में ये सरकार द्वारा हड़प ली गई ज़मीन पर झूम की खेती के हक़ होते हैं। भारतीय कम्युनिस्ट पार्टी (मार्क्सवादी) सोवियत शैली की केंद्रीय योजना में आस्था का दावा करती है, लेकिन पश्चिम बंगाल में उन्होंने राजनैतिक और आर्थिक विकेंद्रीकरण की प्रक्रिया इतनी बढ़-चढ़कर अपनाई जितनी भारत में किसी भी दल ने कहीं भी नहीं अपनाई।

कम्युनिस्ट 'समाजवादी अंतरराष्ट्रीयतावाद' की, यानी मास्को या पीकिंग से निर्देश हासिल करने के अधिकार की बात किया करते थे, फिर भी वे आज, और कुछ समय से, भारतीयों में सबसे ज़्यादा देशभक्त बने हुए हैं। निश्चय ही ये सिर्फ़ भारतीय कम्युनिस्ट पार्टी और मार्क्सवादी कम्युनिस्ट पार्टी ही हैं जिनमें आपको ऐसे राजनेता मिलते हैं जो लंबे-लंबे अरसे तक सत्ता में रहे हैं लेकिन जो घूस लेने के लिए या स्विस बैंक में अपना अकाउंट रखने के लिए नहीं जाने जाते।

ई.एम.एस. नंबूदिरीपाद, जिनकी मृत्यु मार्च 1998 में हुई, बुनियादी रूप से एक शालीन और लोककल्याण के लिए तत्पर रहने वाले इंसान थे, जिन्होंने जे.वी. स्तालिन और वी.आई. लेनिन को बहुत ज़्यादा पढ़कर अपना दिमाग़ ख़राब कर लिया था। *द टेलीग्राफ* में प्रकाशित ईएमएस को व्यक्त की गई श्रद्धांजलि में अशोक मित्र ने उनको एक 'महान मार्क्सवादी सिद्धांतकार जिसके विचारों में विशुद्ध भव्यता थी' निरूपित किया था।

पूरे सम्मान के साथ कहना होगा कि यह पार्टी के एक आदमी का पार्टी के दूसरे आदमी के बारे में किया गया कथन है। जहां नंबूदिरी ने इतिहास और राजनैतिक सिद्धांत की कई पुस्तकें लिखीं, वहीं उनमें से कोई भी पुस्तक दूसरे दर्जे से ऊपर नहीं उठ सकी। अगर आप 'मार्क्सवादी सिद्धांतकार' जैसे विशेषण की गुंजाइश दे भी दें, तो भी ईएमएस डी.डी. कोसांबी और रंजीत गुहा जैसे लोगों के मुक़ाबले कहीं नहीं टिकते जिन्होंने मार्क्सवाद में पुरातत्व, भाषाविज्ञान, मुद्राशास्त्र और, सबसे ऊपर, नृतत्वशास्त्र की अंतर्दृष्टियों को शामिल कर उसको व्यापक विस्तार दिया है।

एक इतिहासकार के रूप में नंबूदिरीपाद ने हर चीज़ की व्याख्या वर्ग संघर्ष और क्रांतिकारी कम्युनिज़्म की अपरिहार्य जीत के चश्मे से की। एक सिद्धांतकार के रूप में उन्होंने मार्क्स के मुक़ाबले, यहां तक कि लेनिन के भी मुक़ाबले, बेहद साधारण इंसान, स्तालिन, का अनुसरण किया। मेरे सामने *ऑन ऑर्गेनाइज़ेशन* नामक पुस्तिका है, जो 1954 में अविभाजित भारतीय कम्युनिस्ट पार्टी द्वारा प्रकाशित और उसके इस अग्रणी सिद्धांतकार द्वारा दिल्ली के सेंट्रल पार्टी स्कूल में दिए गए व्याख्यानों पर आधारित है। स्तालिन की अभी-अभी मृत्यु हो चुकी थी, लेकिन उनको अमान्य कर देने वाला ख्रुश्चेव का प्रसिद्ध भाषण आने में अभी दो साल बाक़ी थे। ईएमएस आभारपूरित सलामी के साथ अपनी वार्ता यों शुरू करते हैं : 'जैसा कि कॉमरेड स्तालिन ने अपनी *डाइलेक्टिकल हिस्टॉरिकल मैटीरियलिज़्म* में स्पष्ट किया है...' कुछ पन्नों बाद हम 'यूएसएसआर में *समाजवाद की आर्थिक समस्याओं* को लेकर किए गए स्तालिन के आखिरी काम' के बारे में पूजाभाव से भरा हुआ हवाला पाते हैं, जिसके बाद फिर एक लंबा उद्धरण दिया गया है। पुस्तिका में कुछ और गहरे जाकर कुछ रत्न *फ़ाउंडेशन ऑफ़ लेनिनिज़्म* से छांटकर रखे गए हैं, स्तालिन की उस पुस्तक से जो जल्दी ही, और उचित ही, विस्मृति के समुद्र

में बिला गई थी।

अपने लेखन में नंबूदिरीपाद एक उजड्ड तानाशाह के कायर अनुयायी थे, लेकिन एक व्यावहारिक राजनेता के रूप में ईएमएस देश के सर्वश्रेष्ठ व्यक्ति थे। अपने जीवन के ज़्यादातर समय तक वे भारत के सर्वाधिक प्रगतिशील राज्य की सर्वाधिक प्रगतिशील पार्टी के लिए मार्गदर्शक रोशनी बने रहे।

केरल के चमत्कार के बारे में बहुत कुछ लिखा गया है : स्वास्थ्य, शिक्षा और भूमि-सुधार के क्षेत्र में तेज़ प्रगति तथा शासन प्रबंध की वे खूबियां जिनके चलते यह संभव हुआ। वामपंथ के एक स्तंभ के रूप में और दो बार राज्य के मुख्यमंत्री के रूप में ईएमएस की इस सब में केंद्रीय भूमिका थी। उनके काम के बदले में उनको जनता का सच्चा प्यार मिला। उनके एक आखिरी जन्मदिन पर 10,000 मलयालियों ने एक सिंचाई नहर के बड़े हिस्से में जमा रेत और कीचड़ को साफ़ करने के लिए, अपने इस बुजुर्ग की नज़रों के सामने, स्वैच्छिक श्रमदान किया था। यह अपने में एक असाधारण भेंट थी, ख़ास तौर से अगर हम इसकी तुलना दूसरी पार्टियों के राजनेताओं के अनुयायियों द्वारा इन नेताओं के जन्मदिन मनाने के तरीक़े से करें तो।

ईएमएस जैसे लोगों और उन लोगों के बीच का नैतिक फ़र्क, जो आज भारत पर शासन कर रहे हैं, कुछ साल पहले की उस घटना से साफ़ उभरता है जिस पर तब ख़ास ध्यान नहीं दिया गया था। जनवरी 1992 में पी.वी. नरसिम्हा राव की सरकार ने ईएमएस और अटल बिहारी वाजपेयी को देश का दूसरा सबसे बड़ा सम्मान, पद्मविभूषण, देने का निर्णय लिया था।

यह एक गरिमापूर्ण चेष्टा थी जिसमें राष्ट्र के जीवन के लिए किए गए कांग्रेसेतर लोगों के योगदान को मान्यता देने का भाव था—आप इंदिरा गांधी, राजीव गांधी या सोनिया गांधी के नेतृत्व वाली सरकारों से इस तरह की उदारता की उम्मीद नहीं कर सकते। हुआ यह कि जहां वाजपेयी ने तो सम्मान मंजूर कर लिया, ईएमएस ने यह कहते हुए उसे लेने से इन्कार कर दिया कि उनका व्यक्तित्व उनकी उपलब्धियों के प्रति ध्यान आकर्षण की छूट नहीं देता। कुछ हफ़्ते बाद, केरल के उनके घर पर डाका पड़ा। पुलिस ने लुटेरों को पकड़ लिया, और चोरी गई सामग्री उसके मूल मालिक को सौंप दी, जिसमें एक सोने का सिक्का और 800 रुपये शामिल थे। वह भी सार्वजनिक जीवन में रहने के पचास वर्ष बाद।

मित्रा ईएमएस के विचारों की 'शुद्धता' की बात करते हैं, लेकिन अगर हम उनके द्वारा जीए गए जीवन की शुद्धता की बात करें तो हम अधिक न्याय करेंगे। अपने उपन्यास, *दि गॉड ऑफ़ स्माल थिंग्स,* में अरुंधति रॉय यह दुर्भाग्यपूर्ण दावा करती हैं कि ईएमएस ने अपने कौटुंबिक मकान को एक विलासितापूर्ण होटल में बदल दिया था। जैसा कि केरल में हर कोई जानता है, यह इसी नाम वाला एक दूसरा नंबूदिरीपाद था : कम्युनिस्ट ईएमएस ने तो दरअसल अपनी कौटुंबिक संपत्ति पार्टी को दान कर दी थी, जो कि उनके आजीवन और अनात्मसजग त्याग का एक आरंभिक उदाहरण है।

जब हम इस पर विचार करते हैं कि ईएमएस किस तरह के इंसान थे, तो हमें इस अत्यंत दुखद पक्ष पर भी विचार करना चाहिए कि उन्होंने अपनी अक़्ल स्तालिनवाद के प्रति गिरवी रख दी थी। नंबूदिरीपाद को, निश्चय ही, इसका कोई अफ़सोस नहीं था। उन्होंने यह लिखना पसंद किया कि किस तरह उन्होंने कांग्रेस में शामिल होने के लिए अपने भूमिपति परिवार का त्याग किया, फिर कांग्रेस सोशलिस्ट पार्टी को शुरू करने में मदद की, और फिर किस तरह उससे पूरी तरह से अलग होकर कम्युनिस्ट बने, जो कि उनकी दृष्टि में, स्वप्न लोक की दिशा में उनका अंतिम निर्माणकारी, निर्णायक कदम था। महात्मा गांधी और जवाहरलाल नेहरू, दोनों की उन्होंने 'बुज़ुर्वा' नेता कहकर आलोचना की जो अपने वर्ग की विचारधारा से ऊपर नहीं उठ सके।

उनकी पुस्तक *द महात्मा एंड द इज़्म* का सबसे उद्घाटक क्षण वह है जहां पर वे गांधी की बौद्धिक दयनीयता की शिकायत करते हैं। उनका कहना है कि यह इंसान 1889 में एक विद्यार्थी के रूप में इंग्लैंड आया था, जब *दास कैपिटल* का पहला अंग्रेज़ी संस्करण आया ही आया था, जब महान बर्नार्ड शॉ और उनसे भी महान सिडनी वेब की फेबियन सोसाइटी अपने पहले साहसिक कदम उठा रही थी। और तब भी, नासमझ ईएमएस लिखते हैं, गांधी ने हेनरी सॉल्ट की वेजिटेरियन सोसायटी को चुना।

मार्क्सवादी इस बात से हैरान था, लेकिन मेरे जैसे बुज़ुर्आ विचारक, महात्मा गांधी के इस शाकाहारवाद को उनके परिपक्व राजनैतिक दर्शन के एक आरंभ के रूप में देखते हैं। क्योंकि अपने देशवासियों और विरोधियों के प्रति उनका बाद का व्यवहार उसी तरह से अहिंसा और करुणा में डूबा हुआ था। नंबूदिरीपाद इसे नहीं समझ सकते थे, यही वजह है कि तीस के दशक के बाद के दिनों

में वे कांग्रेस छोड़कर सीपीआई में चले गए थे।

अगले दशक में उनकी नई पार्टी ने भीषण ग़लतियां कीं : लड़ाई के दौरान अंग्रेज़ों का समर्थन, पाकिस्तान आंदोलन के लिए समर्थन, भारत के आज़ादी हासिल करने के तुरंत बाद रूस की प्रेरणा से सशस्त्र क्रांति भड़काने की हास्यास्पद कोशिश। लेकिन अगर ईएमएस और उनके जैसे विचारों वाले लोगों ने स्तालिन की बजाय गांधी का अनुसरण किया होता तब क्या होता? और अगर आचार्य कृपलानी तथा जयप्रकाश नारायण जैसे लोगों ने कांग्रेस के साथ बने रहने का फ़ैसला किया होता? तब जो पार्टी 1947 में सत्ता में आई थी उसके लिए क्या आला दर्जे के ऐसे संगठनकर्ता न मिले होते जो नेहरू को वह समर्थन उपलब्ध करा पाते जिसका उनके पास दुखद अभाव था और जिसके सहारे वे उन मुट्ठी भर रूढ़िवादियों और प्रतिक्रियावादियों को चुनौती दे सके होते जिनको अंततः उन्हें साथ लेकर चलना पड़ा?

यह नहीं हुआ और ईएमएस तथा उनके कॉमरेडों ने दिवालिया विचारधारा और सार्थक कर्म की दोहरी ज़िंदगी जारी रखी। सर्वसत्तावादी चिंतक और व्यावहारिक रूप से लोकतांत्रिक, खुशामदी स्तालिनवादी और गर्वीले राष्ट्रभक्त भारतीय ई. एम. एस. नंबूदिरीपाद की त्रासदी भी यही थी और उपलब्धि भी यही थी।

जय विज्ञान, जय विनाश : वाग्जाल, बम-विस्फोट और कुछ विशेष भारतीय वैज्ञानिक

जिसने एटम बम का आविष्कार किया है उसने विज्ञान की दुनिया का अब तक का सबसे बड़ा पाप किया है

—महात्मा गांधी, हिरोशिमा के बाद

मैं उन तमाम वैज्ञानिकों और प्रौद्योगिकी-विशेषज्ञों को बधाई देता हूं जिन्होंने यह कर दिखाया है, और उनसे कहता हूं कि 'भारत को आप पर गर्व है'।

—मई 1998 के परमाणु परीक्षण के बाद भारत के राष्ट्रपति

दो ऐसे महत्वाकांक्षी वैज्ञानिक थे जो 1940 के दशक में बैंगलोर में विकसित हो रहे थे। इनमें एक भौतिकशास्त्री था और दूसरा रसायनशास्त्री। दोनों ही नए ज्ञान की खोज को लेकर उत्साहित थे, दोनों ही पुनर्नियोजन के उस आंदोलन से प्रेरित थे जिसका आश्वासन जल्द ही स्वतंत्र होने जा रहे भारत के नेताओं ने दिया था। देश के भीतर उच्च शिक्षा के संस्थान अभी पर्याप्त विकसित नहीं थे, इसलिए दोनों ने ही अपनी देशभक्ति के बावजूद संयुक्त राज्य ब्रिटेन में रहकर अपनी योग्यताओं को पैना करना ठीक समझा। दोनों ने ही इंपीरियल कॉलेज ऑफ़ टेक्नोलॉजी से पीएच.डी. की और डिग्रियां मिलते ही दोनों ही तत्काल वापस आ गए। इसके बावजूद कि दोनों ही महत्वाकांक्षी थे, और प्रत्येक उच्चस्तरीय बुद्धि से सपन्न था, दोनों में किसी ने भी अपनी प्रतिभा के व्यवसाय के लिए पश्चिम का चुनाव नहीं किया।

भौतिकशास्त्री को सिद्धांतकार होना बेहतर लगता था, लेकिन उसने सोचा कि इस महत्वाकांक्षा के पीछे जाना एक ऐसे देश के संदर्भ में अपनी ज़िम्मेदारियों को तजना होगा जो परिवर्तन, वृद्धि और विकास के लिए व्यग्र है। उसने अपने को भारत के आण्विक कार्यक्रम से संबद्ध किया, जो प्रधानमंत्री की निजी देखरेख में चल रहा था। गांधी की ही तरह जवाहरलाल नेहरू भी जापानी नागरिकों पर गिराए गए बमों से भयभीत थे। वे कम से कम इस कृत्य से बहुत गहरे में विचलित तो थे ही, क्योंकि आधुनिक विज्ञान में उनकी आस्था कहीं ज़्यादा थी।

मेरा हमेशा से यह मानना रहा है कि भारत के आण्विक कार्यक्रम के लिए नेहरू द्वारा उपलब्ध कराया गया असाधारण समर्थन मुख्यतः विश्वास को दोबारा से बहाल करने की उनकी ज़रूरत का नतीजा था। इस विज्ञान के पुजारी और उसके पुराने विद्यार्थी के लिए अमन की खातिर परमाणुओं का उत्पादन, विज्ञान की प्रतिज्ञाओं को सच साबित करने वाला तथा उसको हिरोशिमा के कलंक से मुक्त करने वाला हो सकता था। जापान पर बम गिराए जाने की घटना अभी बहुत पुरानी नहीं हुई थी जब नेहरू ने होमी भाभा को अपना दोस्त बनाया, उस व्यक्ति को जिसने कैंब्रिज से प्रथम श्रेणी में भौतिकशास्त्र की डिग्री हासिल की थी और जो इसी के साथ-साथ एक कलाकार और चित्रकार भी था। यो तो इन दोनों इंसानों के मेल के पीछे एक साझा बौद्धिक पृष्ठभूमि और सांस्कृतिक विश्वास थे, लेकिन लगता है कि नेहरू की अपनी, निरीह तीसरी श्रेणी की डिग्री भाभा में उनके विश्वास की और भी बड़ी वजह रही होगी; निश्चय ही उन्होंने अपने दोस्त के एटॉमिक एनर्जी कमीशन (एईसी) के लिए भरसक मदद की। ऐसा और कोई भी दूसरा सरकारी महकमा नहीं था जिसे इतनी उदारता के साथ निधि मुहैया कराई गई हो या जिसे नौकरशाही और राजनैतिक हस्तक्षेपों से इस कदर बरी रखा गया हो। उसके भीतर उत्कृष्ट वैज्ञानिकों के लिए, जैसे कि बैंगलोर के हमारे इस युवा वैज्ञानिक के लिए, काम करने की परिस्थितियां बहुत ही अनुकूल थीं।

इस बीच उसी महान इंपीरियल कॉलेज में प्रशिक्षित उसका साथी नगरवासी, रसायनशास्त्री बैंगलोर लौटकर इंडियन इंस्टीट्यूट ऑफ़ साइंस (आईआईएससी) में दाखिल हुआ। अगर एईसी (भाभा एटॉमिक रिसर्च सेंटर जैसे अपने अंगीभूत घटकों के साथ) भारत के बहुत थोड़े से विश्वस्तरीय प्रौद्योगिकीय अनुसंधान

कार्यक्रमों में से एक है, तो आईआईएससी अपनी उत्कृष्टता और अध्यापकों की प्रतिबद्धता की दृष्टि से अकेला ऐसा भारतीय संस्थान है जो किसी भी उच्चस्तरीय पश्चिमी विश्वविद्यालय की बराबरी करता है। हमारा रसायनशास्त्री इस जगह पर आसानी से फिट हो गया जहां पर उसने विद्यार्थियों का मार्गदर्शन किया और विद्युत-रसायन पर एक बहुप्रशंसित पुस्तक का लेखन किया। लेकिन भौतिकशास्त्री से भिन्न उसमें यह विश्वास जागा कि हमारे जैसे एक निर्धन देश के संदर्भ में 'विशुद्ध' शोध एक अक्षम्य अय्याशी है। कुछ सहयोगियों के साथ मिलकर उसने एक समूह खड़ा किया जिसका काम था 'ग्रामीण इलाकों में विज्ञान और प्रौद्योगिकी का अनुप्रयोग' ('ऍप्लीकेशन ऑफ़ साइंस एंड टेक्नॉलॉजी इन रूरल एरियाज़'- एएसटीआरए)। एएसटीआरए ने अपने लिए जो उद्यम तय किए उनके अंतर्गत ऐसी प्रौद्योगिकियों का उत्पादन और प्रसार करना था जो किफायती हों, प्रदूषण-मुक्त हों और निर्धनों के हित में हों। इनमें बायोगैस संयंत्र, ईंधन की बचत करने वाले और धुआं-रहित चूल्हे, और मिट्टी की ईंटों से निर्मित किफायती मज़बूत घर शामिल थे : ये सब कर्नाटक के नगरों में किंचित सफलता के साथ एएसटीआरए द्वारा प्रोत्साहित किए गए।

एएसटीआरए की स्थापना 1974 में हुई थी। विज्ञान के अपेक्षाकृत पारंपरिक क्षेत्रों में किए गए अपने सारे काम के संदर्भ में एएसटीआरए की स्थापना को इस रसायनशास्त्री ने अपनी सबसे दीर्घकालिक उपलब्धि के रूप में देखा था। विचित्र बात है कि यह भी 1974 ही था जब बैंगलोर के उस भौतिकशास्त्री ने उस चीज़ की निगरानी की जिसे भारतीय विज्ञान के लिए उसका सर्वाधिक निर्णायक योगदान माना जाता है। यह था परमाणु परीक्षण, जो उस साल की गर्मियों में राजस्थान के रेगिस्तान में किया गया था, और जो मई 1998 के परीक्षणों का ज़रूरी पुरखा था।

'फ़ादर ऑफ़ इंडियन बॉम' के रूप में यह भौतिकशास्त्री 1998 की गर्मियों में बड़े स्तर पर सुर्खियों में रहा, जहां इन सबसे नए विस्फोटों के बारे में उसके विचार सम्मानपूर्वक जनता के सामने रखे गए। राजा रमन्ना किसी परिचय के मोहताज नहीं हैं, लेकिन ज़्यादातर पाठक, मैं समझता हूं, ए.के.एन. रेड्डी के नाम से वाकिफ़ नहीं होंगे, जो वह रसायनशास्त्री है जिसका जीवनवृत्त रमन्ना के जीवनवृत्त से कई स्तरों पर समानताएं रखता है। दोनों का गृहनगर एक है, दोनों लंदन के अपने एक ही कॉलेज में शिक्षित हुए, और दोनों में ही अपने

देश के प्रति एक दीर्घ चिरस्थायी समर्पण की भावना रही। जहां वे एक दूसरे से अलग होते हैं वे हैं उनके द्वारा चुने गए विकल्प, बल्कि दो ऐसे भिन्न लक्ष्य जिन्होंने उनको वह करने के लिए आदेशित किया जिसे करने में उन्होंने अपना दिमाग़ और समय लगाया। जहां एक ने अपने विज्ञान और अपने जीवन को भारतीय राज्य के महान गौरव के प्रति अर्पित किया, वहीं दूसरे ने इन चीज़ों को भारत के ग्रामवासियों की सेवा की ओर झुकाने का प्रयत्न किया।

II

ए.के.एन. रेड्डी और राजा रामन्ना के जीवन भारतीय विज्ञान की दो परस्पर भिन्न राहों को दर्शाते हैं। आज एक लंबे अरसे से इनमें से एक ही राह की तरफ़ ध्यान दिया गया है, उसकी सराहना की गई है, उसको निधि और प्रोत्साहन उपलब्ध कराए गए हैं। यह प्रक्रिया पोकरण दो से जुड़े नाटक के साथ पराकाष्ठा पर पहुंची थी, लेकिन सचाई यह है कि पूर्वग्रह पिछले लंबे समय से बना हुआ था।

विनाश के विज्ञान की जयजयकार करने वाले भद्दे किस्म के लोग 'सुरक्षा विशेषज्ञों' के सुभाषित से परिचालित होते हैं। ये विशेषज्ञ न तो कोई यूनिफ़ॉर्म पहनते हैं, न ही वे सामान्य तौर से कमर में रिवॉल्वर बांधे या कंधे पर राइफ़ल लटकाए दिखायी देते हैं। वे हथियार भी नहीं बनाते। फिर भी वे 'दुश्मन' के ठिकानों को और, उसी के तर्कविस्तार से, दुश्मन आबादी को नेस्तनाबूद करने के लिए जटिल से जटिल योजनाएं बनाने में अपने दिन और शायद सपने भी अर्पित करते रहते हैं।

रज़ामंद वयस्कों की इस रेवड़ में एक व्यक्ति ऐसा है जो अलग दिखाई देता है। उसका नाम है के. सुब्रह्मण्यम। यह व्यक्ति भारत के परमाणु विकल्प की सर्वाधिक उन्मादपूर्ण ज़िद और सर्वाधिक जिद्दी उन्माद से भरा पैरोकार है। पहले वे सरकार में हुआ करते थे, फिर अर्धशासकीय उपक्रम में गए, और अब दिल्ली के समाचारपत्रों एक समूह के बीच चैन का जीवन बिता रहे हैं। एक समय में उनके तर्क फ़ाइलों की टीपों और अर्ध-गोपनीय रिपोर्टों में दबे रह गए थे; अब वे संपादकीय और अधिकृत अख़बारी स्तंभों की मार्फ़त बड़ी तादाद में सार्वजनिक विचार-क्षेत्र में पहुंच रहे हैं। शायद हमें बहुवचन का अपना प्रयोग वापस ले लेना चाहिए, क्योंकि उनका तर्क एक ही है, भले ही उसे अलग-अलग

तरीकों से व्यक्त किया गया हो : भारतीय वैज्ञानिकों को चाहिए कि वे बम बनाने में, और ज़्यादा बम बनाने में, बेहतर बम बनाने में, बड़े से बड़े बम बनाने में, नए से नए बम बनाने में भारत की मदद करें।

के. सुब्रह्मण्यम किस कदर दर्दनाक ढंग से एक लक्ष्य पर केंद्रित है यह बात समूची कठोरता के साथ उनके उस संपादकीय से ज़ाहिर हुई थी जो उन्होंने तब लिखा था जब अब्दुल कलाम को भारत रत्न प्रदान किया गया था। उसमें इस वैज्ञानिक की तारीफ़ की गई थी, लेकिन बाद में इस बात को लेकर असाधारण तरीके से अटकल लगाई गई थी कि उनको इस सम्मान के लिए क्यों चुना गया। संपादकीय का सवाल था कि उनको क्या इसलिए चुना गया था कि ऐसा करके भारत सरकार कलाम को पालतू बनाना चाहती थी—कि क्या वह ज़्यादा से ज़्यादा मारक प्रक्षेपास्त्रों को तैयार करने की उनकी आकांक्षा को हवा देना चाहती थी?

एक ऐसे देश में जहां हर कहीं षड्यंत्र ही षड्यंत्र दिखाई देते हैं, इसे सबसे बड़े षड्यंत्र-दर्शन के रूप में देखा जाना चाहिए। दुखद यह है कि सुब्रह्मण्यम और उनके जैसे लोगों का असर दूरगामी होता है। सबसे बड़ी ताक़त होने की आकांक्षा रखने वाले सबसे बड़े देशभक्त तो ऐसे बम निर्माताओं और प्रक्षेपास्त्रों का आकल्पन करने वालों की पूजा करने को तत्पर ही होते हैं, जो उम्मीद करते हैं कि वे उस मुकाम पर तो सफल हो ही सकते हैं जहां भारतीय अर्थव्यवस्था और भारतीय क्रिकेट टीम विफल हो जाती है। एक खास किस्म के विज्ञान के लिए जो अतिरिक्त सम्मान दिया गया है वह वाकई असाधारण है। इस निबंध के शुरू में मैंने राष्ट्रपति के.आर. नारायणन द्वारा बम-निर्माताओं को दी गई बधाई को उद्धृत किया है, और ये प्रधानमंत्री अटल बिहारी वाजपेयी थे, जिन्होंने ख़ुद भी एलान किया था कि अब के बाद से 'जय जवान जय किसान' के देशभक्तिपूर्ण नारे में 'जय विज्ञान' भी शामिल किया जाएगा। जनसंचार माध्यम भी पूरी तत्परता के साथ इन शीर्षस्थ नेताओं के पीछे कतार में लग गए। पोखरण विस्फोटों के बाद बड़ी प्रसार संख्या वाली समाचार पत्रिका *इंडिया टुडे* ने उन वैज्ञानिकों की तस्वीरें अपने आवरण पर छापीं जिनकी देखरेख में ये परीक्षण हुए थे और जिन्होंने इन परीक्षणों का प्रबंधन किया था—इनमें अब्दुल कलाम तो, ज़ाहिर है, थे ही, लेकिन अनिल काकोदकर और आर. चिदंबरम जैसे एईसी के लोग भी शामिल थे। इन वैज्ञानिकों ने खुशी-खुशी कैमरे के सामने विशेष मुद्रा में खड़े होकर तस्वीरें खिचवाई थीं—यानी, *सैनिक वेशभूषा* में।

ये वेशभूषाएं अपने पीछे काफी कुछ ढंके हुए थीं। क्योंकि भारतीय विज्ञान के सैनिकीकरण का मुख्य हितग्राही तो हमारा परमाणु ऊर्जा कार्यक्रम था। इसकी परिकल्पना मूलतः 'शांतिपूर्ण उपयोग', यानी, बिजली के उत्पादन के लिए, की गई थी। लेकिन इस उद्यम में वह दुखद रूप से नाकामयाब रहा था। स्वतंत्र अध्ययनों ने इस बात को दर्शाया है कि परमाणु ऊर्जा उद्योग पर्यावरण की दृष्टि से विनाशकारी और आर्थिक दृष्टि से अव्यावहारिक है। किसी और जगह पर बाज़ार के अनुशासन तथा साधारण नागरिकों के स्वास्थ्य की चिंता ने इस उद्योग को पूरी तरह से बंद कर दिया होता। बजाए इसके, और विनाश के विज्ञान के साथ इसके जुड़े होने की वजह से, इसके लिए दिया जाने वाला अनुदान हर साल बढ़ता चला रहा है।

1998 के विस्फोटों के एक साल बाद एटॉमिक एनर्जी कमीशन के अध्यक्ष आर. चिदंबरम ने बैंगलोर में बोलते हुए दावा किया कि वर्ष 2020 तक एईसी 20,000 मेगावॉट विद्युत का उत्पादन करने लगेगा। वे यह वक्तव्य सिर्फ़ इसलिए दे सके क्योंकि श्रोताओं में मौजूद कोई भी व्यक्ति ऐसा नहीं था जो एईसी के पिछले अध्यक्षों द्वारा दिए गए आश्वासन को याद कर सकता। 1950 के दशक में, जब परमाणु ऊर्जा बहुत लोकप्रिय और फ़ैशन की चीज़ हुआ करती थी और दुनिया भर के वैज्ञानिक दावा कर रहे थे कि वह जल्दी ही 'इतनी सस्ती हो जाएगी कि उसे मापना मुश्किल होगा', होमी भाभा ने भविष्यवाणी की थी कि 1980 तक एईसी 10,000 मेगावॉट विद्युत की आपूर्ति करने लगेगा। 1983 तक मोटे तौर पर 10 प्रतिशत लक्ष्य हासिल किया गया। परमाणु कार्यक्रम के तत्कालीन प्रभारी राजा रामन्ना ने ज़रा भी विचलित हुए बिना वादा किया कि 2000 तक एईसी 10,000 मेगावॉट का उत्पादन करने लगेगी।

जब चिदंबरम ने बैंगलोर में अपना शेखी भरा दावा किया, तब उन्होंने, ज़ाहिर है, अपने पूर्ववर्तियों के अधूरे वादों का कोई ज़िक्र नहीं किया; भारतीय राजनेताओं की ही भांति भारतीय टेक्नोक्रेट भी बहुत कुछ भारतीय जनता की विस्मृति पर निर्भर करते हैं। वे निश्चिंत रहे होंगे कि उनको सुनने वाले भाभा या रामन्ना की कही बातों को याद नहीं कर पाएंगे, या, अगर किसी अनूठे व्यक्ति को वे बातें याद होंगी भी, तो वह अपनी विनम्रता के चलते उनको उनकी याद नहीं दिलाएगा। एईसी के अध्यक्ष भी यह जानते थे कि पोकरण दो के साथ वैज्ञानिकों की उनकी टोली ने पूज्य व्यक्तियों की सी हैसियत अर्जित

कर ली थी : आज वे किसी भी किस्म की आलोचना के असर से सबसे ज़्यादा मुक्त थे।

तब से आज तक भारत की परमाणु रियासत बम-निर्माताओं के साथ उसके करीबी रिश्ते के द्वारा संरक्षित है। यह राज्य का लाड़-प्यार से बेहद बिगड़ा हुआ बच्चा है : देश के कुल विज्ञान-बजट का 60% प्रतिशत एईसी को दिया जाता है। इस सर्वाधिक अनुग्रहीत हैसियत के बदले में उसने क्या किया है? अगर उसका बजट आधा कर दिया जाए, और बचा हुआ पैसा सौर ऊर्जा तथा छोटे बांधों के निर्माण के लिए आवंटित कर दिया जाए, तो क्या यह निर्धनों तथा पर्यावरण के लिए ज़्यादा हितकारी नहीं होगा? अब एकदम वक़्त आ गया है जब ये सवाल पूछे जाएं और इनके साफ़-साफ़ जवाब मांगे जाएं। मैं कई सालों से भारत की इस परमाणु रियासत के एक विद्यार्थी की हैसियत से उन दुर्लभ जानकारियों को पढ़ता और पचाता रहा हूं जिनको साहसी आलोचक जैसे-तैसे उजागर करते रहे हैं। इस सिलसिले में मैं विनोद गौर द्वारा संपादित तथा इंडियन नेशनल ट्रस्ट फ़ॉर आर्ट एंड कल्चरल हेरिटेज द्वारा प्रकाशित पुस्तक *न्यूक्लियर एनर्जी एंड पब्लिक सेफ्टी*, और जेरेमी हॉल की प्रबोधक पुस्तक *रिअल लाइव्स, हाफ़ लाइव्स : टेल्स फ्रॉम द एटॉमिक वेस्टलैंड* (पेंगुइन बुक्स) पढ़ने की सलाह दूंगा, जो परमाणु ऊर्जा द्वारा विश्व भर में किये गए नुक़सानों का अद्भुत ढंग से खुलासा करती हैं। भौतिक शास्त्री सुरेंद्र गाडेकर द्वारा संपादित और वेडची गुजरात से प्रकाशित पत्रिका *अणुमुक्ति* भी पढ़ने लायक है।

इन अध्ययनों से तथा ऐसे ही दूसरे दस्तावेज़ों से जो निष्कर्ष निकलता दिखता है वह यही है कि परमाणु ऊर्जा किफ़ायती नहीं है। एईसी फिलहाल जीवित है तो सिर्फ़ इसलिए कि उसको बहुत बड़ी मात्रा में राजकीय सब्सिडी मिली हुई है। लेकिन एक निर्धन देश ऐसी सब्सिडी कितने लंबे समय तक दे सकता है? एईसी जो 1870 मेगावॉट बिजली उत्पादित करता है, उसके लिए भारत की जनता ने पिछले पंद्रह सालों के दौरान हज़ारों करोड़ खर्च किए हैं। इस आर्थिक निकम्मेपन के अलावा, परमाणु शक्ति लोकतंत्र तथा पर्यावरण की पोषणीयता के लिए भी एक बहुत बड़ा खतरा है।

अफ़सोस कि परमाणु ऊर्जा एकमात्र ऐसा सार्वजनिक या निजी क्षेत्र भी है जिससे उसकी कार्यपद्धति के बारे में कभी पूछताछ नहीं की जाती। और उसके लिए पोखरण—दो द्वारा जो देशभक्तिपूर्ण समर्थन उपलब्ध कराया गया

है वह अभी कुछ और वक़्त तक एईसी को जांच-पड़ताल से बचे रहने की छूट देता रहेगा। शायद बम के पक्ष में कोई कैफियत भी दी जा सकती है : वह मैं नहीं दूंगा। ऊर्जा के इस खतरनाक रूप के इतने तुच्छ से उत्पादन पर इतनी बड़ी मात्रा में पैसा फूंकने के पक्ष में कोई कैफियत नहीं दी जा सकती। एईसी को बाज़ार के मानकों तथा लोकतांत्रिक परीक्षण के प्रति जवाबदेह बनाया जाना चाहिए। विशेषज्ञों का एक कमीशन गठित किया जाना चाहिए जिसमें एक अर्थशास्त्री, एक विधि विशेषज्ञ, कुछ चिकित्सक, और विकल्पों की समझ रखने वाला एक ऊर्जा-विज्ञानी शामिल हों। इस कमीशन को एईसी द्वारा किए गए वादों की जांच करनी चाहिए, और उनको वास्तविक निष्पादन के आधार पर परखना चाहिए। तब जाकर शायद हम पाएंगे कि विज्ञान और देशभक्ति के नाम पर हमने एक ऐसा वित्तीय और नैतिक स्कैंडल रच डाला है जिसके सामने बोफ़ोर्स और हमारे जघन्य राजनैतिक अपराधी बहुत छोटे नज़र आएंगे।

III

ए.पी.जे. अब्दुल कलाम के मुखमंडल से तो हर साक्षर भारतीय परिचित है, लेकिन जयपुर फुट के आविष्कारक पुष्करण सेठी के नाम को कौन पहचान सकता है, उस वैज्ञानिक का नाम जिसने सड़क दुर्घटनाओं तथा खदान दुर्घटनाओं के शिकार हज़ारों लोगों की ज़िंदगियों को कम दुखदायी बनाने में मदद की है? या केरल के वास्तुविद लॉरी बेकर का नाम, जिसने कुशलतापूर्वक आकल्पित, पर्यावरण-सम्मत, और किफ़ायती मकानों की मार्फ़त व्यक्तियों और सरकारों के करोड़ों रुपए बचाए हैं?

भारतीय विज्ञान के लिए दरअसल दो रास्ते उपलब्ध हैं, जिनमें से एक वही है जो 1998 के परीक्षणों के बाद बड़े पैमाने पर बांटे गए प्रमाणपत्रों में साफ़-साफ़ झलकता था। लेकिन क्या हमें 'जय विज्ञान' का नारा तभी लगाना चाहिए जब विज्ञान भयंकर आवाज़ करता हो, जब वह दुनिया के सामने घोषणा करता हो कि भारत जनसंहारकारी हथियारों के उत्पादन के मामले में किसी के सामने झुकने वाला नहीं है?

मैं सोचता हूं कि महत्वाकांक्षी वैज्ञानिकों को यह जानना ज़रूरी है कि उनका भविष्य एटॉमिक एनर्जी कमीशन या डिफ़ेंस रिसर्च एंड डेवलपमेंट ऑर्गेनाईज़ेशन में ही अनिवार्यतः निहित नहीं है। उनको जितना अब्दुल कलाम

के बारे में जानना ज़रूरी है उतना ही लॉरी बेकर के बारे में, ए.के.एन. रेड्डी के बारे में, और राजा रामन्ना के बारे में भी जानना ज़रूरी है। उनको निश्चय ही महात्मा गांधी की उस बात से भी वाकिफ़ होना चाहिए जो उन्होंने 1925 में त्रिवेंद्रम के विज्ञान महाविद्यालय के विद्यार्थियों से कही थी :

> दुर्भाग्य से हम, जो कॉलेजों में पढ़ते हैं, यह भूल जाते हैं कि हिंदुस्तान अपने गांवों में रहता है, न कि अपने शहरों में। हिंदुस्तान में 700,000 गांव हैं और आपसे, जो कि एक उदार शिक्षा पा रहे हैं, अपेक्षा की जाती है कि आप इस शिक्षा को या इस शिक्षा के फलों को गांवों में ले जाएं। आप अपने वैज्ञानिक ज्ञान से गांव के लोगों को किस तरह प्रभावित करेंगे? क्या आप विज्ञान का अध्ययन गांव के संदर्भ में कर रहे हैं और क्या आप इस तरह कुशल और इस तरह व्यावहारिक बन पाएंगे कि जो ज्ञान आप इस कॉलेज में हासिल कर रहे हैं, जो इतने शानदार तरीके से बनाया गया है—और मुझे भरोसा है कि यह उतने ही शानदार ढंग से साधन संपन्न भी होगा—उस ज्ञान को आप ग्रामीणों के हित में इस्तेमाल कर पाएंगे?

सत्तर से भी ज़्यादा साल पहले बोले गए इन शब्दों के बारे में यह नहीं कहा जा सकता कि इनका ज़माना बीत गया है। क्योंकि भारत अभी भी ग्रामों का देश है। उन ग्रामों का जहां आधुनिक विज्ञान का काम बिरले ही पहुंच पाया है, ऐसे ग्राम जो ज़्यादातर शुद्ध ऊर्जा, सुरक्षित जल, कारगर स्वास्थ्य-सेवा, विश्वसनीय आवास-व्यवस्था से वंचित हैं। भारतीय विज्ञान की असल चुनौतियां यहां पर हैं। लेकिन ऐसे में उनका सामना कौन करेगा जबकि सिर्फ़ प्रक्षेपास्त्रों के निर्माताओं और बम विस्फोट करने वाले वैज्ञानिकों को ही प्रतिमाओं और आदर्श पुरुषों की तरह शिखर पर बिठाया जाता हो?

खिलाड़ी

पहले महान भारतीय क्रिकेटर : सी.के. नायडू

पहले महान भारतीय क्रिकेटर कौन थे? ज़्यादातर लोगों की ज़बान पर जो पहला नाम आएगा वह के.एस. रणजीतसिंहजी यानी अमर 'रणजी' का होगा। लेकिन रणजी तो अपनी क्रिकेट इंग्लैंड में सीखे और खेले, और वे स्वयं को 'इंग्लिश क्रिकेटर' ही मानते थे। ज़्यादा मज़बूत उम्मीदवार हैं, पालवंकर बालू, एक धीमे गेंदबाज़ जो अपने समय के भारत के प्रमुख टूर्नामेंट 'बॉम्बे क्वाड्रैंग्यूलर' में असाधारण रूप से सफल रहे थे। लेकिन मेरी नज़र में तो हरफनमौला कोट्टरी कणकैया नायडू, भारत में जन्मे, भारत के पहले महान क्रिकेटर हैं।

वैसे शुद्ध आंकड़ों के हिसाब से तो सी.के. नायडू का खेल रिकॉर्ड औसत ही है। सात टेस्टों में उनका उच्चतम स्कोर 81 है और प्रथम श्रेणी बैटिंग औसत 36 से बस थोड़ा नीचे ही ठहरता है, जो गावस्कर के औसत से कोई 20 अंक कम और विजय मर्चेंट के औसत से लगभग 40 नीचे ही ठहरता है। लेकिन जैसा कि जॉन ऍर्लाट ने एक बार कहा था, क्रिकेट इतिहासकारों का सरोकार ''महानता से होना चाहिए, न कि कुछ नाकारा शून्यों से।' क्रिकेटीय महानता पर नायडू का दावा उनकी विस्फोटक बैटिंग, उनकी हरफनमौला विविधता, और उनके कैरियर की दीर्घायु (अपना आख़िरी रणजी ट्रॉफी मैच उन्होंने 84 रन बनाते हुए 61 वर्ष की उम्र में खेला), और इन सबसे बढ़कर उनके बेहद ज़बर्दस्त व्यक्तित्व के चलते बनता है।

नायडू ने 1916 के क्वाड्रैंग्यूलर में अपना प्रथम श्रेणी श्रीगणेश किया

था। समय के साथ, उन्होंने इस टूर्नामेंट में एक ज़बर्दस्त रिकॉर्ड बनाया, अपनी बल्लेबाज़ी, एक ऑफ़-स्पिन गेंदबाज़ और नज़दीकी फील्डर के बतौर अपने अनुपूरक हुनर, और अंत में अपनी नेतृत्व क्षमता के दम पर उन्होंने 'हिंदू' टीम को एकजुट बना, रखा। 1925 में एक भ्रमणकारी एमसीसी टीम के ख़िलाफ़ 'हिंदूज़' के लिए खेलते हुए उन्होंने शानदार 153 रन बनाए। इस पारी ने उन्हें एक प्रांतीय क्रिकेटर से एक बड़े क्रिकेटर के बतौर स्थापित किया। ऊंची दर्जे की गेंदबाजी के सामने यह एक आक्रामक पारी थी, जिसके दौरान 11 छक्के और 13 चौके जड़े गए। उनकी धुआंधार पारी के एक शिकार, मध्यम गति के तेज़ गेंदबाज़ बॉब वायट ने तीस साल बाद, "गुड लेंग्थ गेंदों को वापस बॉलर के सिर के ऊपर से ड्राइव" करने की नायडू की क्षमता के बारे में लिखा। नायडू को याद करते हुए वायट ने लिखा, "नायडू कोई साधारण फटका बल्लेबाज़ न थे। उनकी उत्कृष्ट सधी हुई ठवन, पेंडुलम की एक लंबी पींग वाली उनकी ऊंची बैकलिफ्ट उनके स्ट्रोक्स में एक निखार-सा ले आती थी।"

सन 1932 में भारतीय टीम जब इंग्लैंड के दौरे पर गई तो भारतीय टीम के कप्तान ने बड़े खुले मन से नायडू को भारत के पहले आधिकारिक टेस्ट मैच में कप्तानी के लिए आमंत्रित किया। इसके पहले लॉर्ड्स में एमसीसी के ख़िलाफ़ अपने पहले पदार्पण में ही 'सीके' 118 रन की एक उम्दा पारी खेल चुके थे। इस पारी में उनका एक ड्राइव, 'क्रिकेट के घर' को छोड़ता हुआ एक प्रत्यक्षदर्शी के शब्दों में, "आखिरी बार पूर्वी दिशा की ओर हवा में तैरकर जाते हुए दिखा।" विजडन उनके प्रदर्शन से इतना प्रभावित हुआ कि उसने साल के पांच सर्वश्रेष्ठ क्रिकेटरों की अपनी सूची में नायडू का नाम शामिल किया। कुछ लोग उन्हें डॉन ब्रैडमैन ऑफ़ इंडिया कहते थे। लेकिन समीक्षक नेविल कार्ड्स को यह तुलना मंजूर नहीं थी। जैसा कि अपनी एक व्यंजनात्मक तुलना में वे कहते हैं, "नायडू की अदा में बांकपन है, उनकी कलाई में लोच है, उनमें एक चुलबुलापन है। जबकि ब्रैडमैन ठोस और एकाग्रचित्त हैं, उनके खेल में कभी भी वो अबूझ और काव्यात्मक गुण नहीं झलकता जिसका सबसे अच्छा नाम है नफासत।" नायडू एक "बहुत कलात्मक बल्लेबाज़ थे, उनका हर स्ट्रोक एक हाज़िरजवाब ऊर्जा का आभास देता था, उनका हर स्ट्रोक यूं लगता गोया नायाब तकनीक की एक ताज़ा-ताज़ा युक्ति हो।" ब्रैडमैन यंत्र-सरीखे थे, तो नायडू अत्यंत प्रतिभाशाली फिर भी डिगाऊ-मन थे। इसके चलते, ब्रैडमैन की

तुलना में वे गेंदबाज़ और दर्शक, दोनों के लिए समान रूप से ज़्यादा आकर्षक बल्लेबाज़ थे, ''क्योंकि क्रिकेट की गौरवशाली अनिश्चितताएं नायडू के चलते खतरे में नहीं पड़तीं।''

साल 1933-34 में भारत की पहली घरेलू सीरीज़ में भी नायडू को डग्लस जार्डीन की एमसीसी टीम के ख़िलाफ़ कप्तान के बतौर चुना गया। 1936 में वे फिर से इंग्लैंड के दौरे पर गए जहां उन्होंने सीने पर एक बाउंसर लगने के बावजूद 81 रन की एक साहसी पारी खेली। 41 साल की उम्र में उनका टेस्ट कैरियर व्यावहारिक रूप से ख़त्म हो चुका था। लेकिन उन्हीं दिनों, क्वाड्रैंग्यूलर की जगह रणजी ट्रॉफी, प्रमुख घरेलू प्रतियोगिता के बतौर उभरी। इसके चलते इंदौरवासी नायडू ने होल्कर राज्य की एक अत्यंत सफल टीम खड़ी की जो आठ सालों में चार बार इस चैंपियनशिप की विजेता बनी। इनमें सबसे उल्लेखनीय शायद 1945 की वह प्रतियोगिता रही जिसमें पचास साल के 'सीके' ने फाइनल में बड़ोदा के ख़िलाफ़ दोहरे शतक की एक मैच-जिताऊ कमसिन पारी खेली।

सीके से परिचित इंदौर में पली-बढ़ीं मेरी एक आंटी ने बरसों पहले मुझे उस महान व्यक्ति की एक तस्वीर भेंट थी। उस तस्वीर में बांके और बुलंद नायडू अपनी बांहों में एक सिंह शावक लिए 'लंदन ज़ू' के बाहर खड़े थे : सहेज कर रखने के हिसाब से मैंने इसे ज्यॉर्ज वुडकॉक की पुस्तक *अनार्किज़्म* के पन्नों के हवाले कर दिया। उसके बाद मैंने यह तस्वीर फिर नहीं देखी, इसके लिए मैं किताब चुनने के अपने फैसले को दोषी ठहराता हूं। 'अनार्किज़्म (अराजकतावाद)' की कोई पुस्तक भला सीके को कैसे थाम सकती थी, उन सीके को जो अपनी ओजस्विता के चलते अकारण ही नहीं होल्कर के हिटलर के नाम से विख्यात थे। होल्कर के अपने साथी-खिलाड़ियों के लिए वे असंभाव्य ऊंचे मानक तय करते थे, जबकि उनके साथी खिलाड़ियों में एस. मुश्ताक अली व उनके अपने छोटे भाई सी.एस. नायडू जैसे मस्तमौला क्रिकेटर शामिल थे। खेल के मैदान में नायडू अपने खिलाड़ियों को ब्रेक भी नहीं लेने देते थे। ड्रिंक्स ट्रॉली के मैदान में घुसने के पहले ही वे शाही अंदाज़ में हाथ हिलाते हुए उसे रवाना कर देते। अपने इस नियम का उन्होंने बस एक अपवाद रखा, महान इंग्लिश क्रिकेटर डेनिस कॉम्प्टन के लिए, जो युद्ध के वर्षों में होल्कर की टीम की ओर से खेला करते थे। सीके भी यह अपेक्षा नहीं करते थे कि एक अंग्रेज़ बिना किसी की मदद के गर्म देश के चमचमाते सूरज में यूं निकलेगा सो अकेले

कॉम्प्टन ऐसे व्यक्ति थे जिन्हें इस बात की अनुमति थी कि सही समय पर जाकर वे ड्रिंक्स गाड़ी से एक अपने लिए नींबू पानी का एक गिलास चुरा लाएं।

लोगों की यादों में आज भी नायडू, छक्के जड़ने वाले एक महान खिलाड़ी की तरह बसे हैं। कपिल देव और कृष्णमाचारी श्रीकांत के साथ-साथ वे उन बहुत थोड़े भारतीय बल्लेबाज़ों की पंगत में शामिल हैं जिन्हें कभी यह फब्ती न सुननी पड़ी कि, ''मारो या आउट हो जाओ!'' हैदराबाद के लोग आपको उस छक्के के बारे में बताएंगे जो उन्होंने सिकंदराबाद जिमखाना में खेलते हुए प्लाज़ा सिनेमा के अंदर पहुंचाया था। मद्रास के बंदे आज भी आपको उनकी उस स्ट्रेट ड्राइव के बारे में बताएंगे जो चेपक के बाहर, मैदान के चारों ओर तने हुए तमाम पेड़ों के ऊपर से हवा में होती हुई बाहर बनी कनाल को पार कर गई थी। बैंगलोर के एक ऐसे शख़्स को भी मैं जानता हूं जिसका दावा है कि 'सीके' का एक छक्का सेंट्रल कॉलेज के मैदान से सीधा स्वास्तिक सिनेमा हॉल में जाकर गिरा—जबकि यह दूरी डेढ़ मील की है।

पुरानी पीढ़ी के शहरी हिंदुस्तानियों को दो चीज़ें हमेशा याद रहती हैं—एक, जब गांधी जी को गोली लगी तब वे कहां थे, और दूसरे, जब उन्होंने पहली बार 'सीके' को बल्लेबाज़ी करते देखा। 1955 में नायडू के षष्ठि-पर्व पर उप-राष्ट्रपति सर्वपल्लि राधाकृष्णन जब उन्हें पुरस्कृत करने आए थे तो राधाकृष्णन ने बताया कि कैसे उन्नीस सौ बत्तीस में 'सीके' की बल्लेबाज़ी देखने वे ऑक्सफोर्ड से लंदन तक गए थे (निस्संदेह उन व्याख्यानों से फरार होकर जिनके लिए उन्हें स्पाल्डिंग प्रोफेसर ऑफ ईस्टर्न रिलिजंस के बतौर बाकायदा पैसे मिलते थे)। जबकि राजनैतिक पटल के दूसरे छोर से कम्युनिस्ट सांसद हिरेन मुखर्जी ने अपने द्वारा पहली बार देखी गई ईडन गार्डन की 'सीके' की पारी को याद किया। वैसे तो नायडू ने वहां केवल नौ रन बनाए थे, पर इस छुटकी सी पारी में भी एक लेग ग्लांस की चमक हीरेन की स्मृति में हमेशा ज़िंदा रही।

एक अनजान समीक्षक द्वारा की गई नायडू की प्रशस्ति उनके स्ट्रोकप्ले की कलात्मकता और उनके व्यक्तित्व के जादू, दोनों का बखान बखूबी करती है:

> भारत के कई पवेलियनों और क्लबों में एक क्रिकेटर की तस्वीर टंगी मिलती है—बल्ला हवा में ऊंचा उठा, तनकर खड़ा, अपनी टोपी की फुनगी के नीचे से इस कदर घूरता, गोया गेंदबाज़ को चुनौती दे रहा हो कि उससे

जो बन पड़े वह कर ले। यह सीके की मनोवृत्ति दर्शाती है। सीके एक ऐसा जीनियस था जो किसी भी प्रतिरोध को बख्शता नहीं था। ऐसा कोई गेंदबाज़ न था जिसका उसने कोई लिहाज़ किया हो कभी ... एक हॉफ-वॉली को ड्राइव करने के बाद अगली ही गेंद को मिडिल स्टंप से फ्लिक करते हुए वह फाइनलेग के पार पहुंचा देता। जब वह कवर-ड्राइव करता तो ऐसा लगता मानो किसी ने पहले तो उसमें चाबी भर दी थी और अब अचानक स्प्रिंग ढीली छोड़ दी थी। अपनी बैक-फुट पर जाकर वह गेंद को मारता और वह तड़तड़ाते हुए गेंदबाज़ के पास से निकल जाती, और फिर कभी वह गेंद को बैक-कट करके पहली और दूसरी स्लिप के बीच में से निकाल देता : ऐसा स्ट्रोक जो इतनी देर से कट किया जाता था कि उसे लगभग मरणोपरांत ही कहा जा सकता है।

इसमें तो लगभग कोई संदेह नहीं कि कपिल देव के अकेले संभावित अपवाद को छोड़, नायडू के प्रति लोग जितना समादर रखते थे उतना न तो उनके पहले किसी क्रिकेटर को मिला, और न ही उनके बाद। 1937 में जब एमसीसी की टीम भारत के दौरे पर आई, तो लोगों की भारी मांग के बावजूद सीके को बंबई टेस्ट के लिए भारतीय टीम में नहीं चुना गया। अगली बार बंबई में हुए एक दोस्ताना मैच में, जिसमें कि भारत के सभी चोटी के खिलाड़ी खेले थे, सीके ने एक ज़ोरदार सैकड़ा जड़ा। दिन का खेल ख़त्म होने पर वे अस्सी के स्कोर पर नाबाद थे। जैसा कि उस वक्त के एक पत्रकार ने लिखा था, अगले दिन तमाम फूल बेचने वाले मैच के टिकट खरीद कर स्टेडियम में दाखिल हो गए और फूलमालाओं की अपनी सारी खेप लेकर भीड़-भरे स्टैंड्स की तरफ़ चल दिए। फिर तो नायडू की सेंचुरी "चौतरफ़ा अफरातफरी का पैग़ाम बन गई क्योंकि चारों तरफ़ से लगभग एक-साथ ही दर्शक लोग, भारत के क्रिकेटवीर की ओर दौड़ पड़े, और अपने हीरो को उन्होंने गुंचों से इतना लाद दिया कि उसकी तो मानो सांस ही घुटने से रह गई समझो"—सौ-सौ के नोटों की उन गड्डियों की तो बात ही जानें दे, जो उनके पैरों पर श्रद्धापूर्वक फेंकी गई थीं।

वैसे तो सीके की प्रतिभा के प्रति लोगों की दीवानगी हमेशा ही असाधारण रही, लेकिन इस मामले में तो हमारे सदा-सिरफिरे चयनकर्ताओं के चलते यह दीवानगी अपने शबाब पर पहुंच गई थी। इसलिए, जैसा कि *बॉम्बे क्रॉनिकल*

की रिपोर्ट कहती है, ''सीके चाहे फिर कोई गेंद खेलते, या फिर कोई गेंद करते या कुछ फील्डिंग ही करते, हर बार उनकी तारीफ में तालियां पड़तीं।'' और जब वे मैदान के बाहर निकले तो, ''उनके युवा प्रशंसकों ने एक तरह से उनका घेराव ही कर लिया था, हर कोई अपने नायक की पीठ थपथपाना चाहता था।'' सीके बड़ी मुश्किल से पैविलिअन पहुंच पाए, इसके बावजूद भीड़ वहां से तब तक टलने को तैयार न थी जब तक कि सीके न बाहर आए। अंततः सीके को कुल जमा तीन बार 'क्लब हाऊस' की छत पर आना पड़ा और तब जाकर 'नायडू, नायडू' की गुहार मचाने वाले हज़ारों श्रद्धालु अपने-अपने घरों को जाने वाले रास्तों पर चलने को तैयार हुए।''

इससे ज़्यादा अद्‌भुत प्रशंसा महान फिल्म निदेशक वी. शांताराम द्वारा अर्पित की गई। चयनकर्ता जब हमारे नायडू को अपमानित कर रहे थे, उन्हीं दिनों बंबई में 'दुनिया ना माने' रिलीज़ हुई। इस अपमान का जवाब नायडू ने जब अपने बल्ले से दिया तो शांताराम जी अपनी फिल्म का विज्ञापन इस सुर्खी के साथ करने लगे : ''नायडू हतप्रभ रह गए।'' फिल्म के इस विज्ञापन में न चुने जाने के चलते नायडू को लगी ठेस की तुलना फिल्म की नायिका निर्मला से की गई थी जिसका ब्याह उस व्यक्ति से कर दिया गया था जिसे वह प्रेम नहीं करती थी। जैसा कि उस विज्ञापन में दिखाया गया था, (नायडू की तर्ज पर), निर्मला ने ''उन सबके ख़िलाफ़ जंग छेड़ दी थी, जिन्होंने यह कुटिल चाल चली थी...।'' क्या महेश भट्‌ट ने कभी तेंदुलकर की किसी पारी को अपनी नई फिल्म के प्रचार में इस तरह से इस्तेमाल किया?

भारतीय क्रिकेट टीम के ग्यारह दिग्गज

भारतीय क्रिकेट के इतिहास में महान खिलाड़ी तो कई हुए, लेकिन सितारा-खिलाड़ी केवल मुट्ठी भर। महानता, आंकड़ों और अन्य क्रिकेटरों के फैसलों द्वारा जांची-परखी तकनीकी दक्षता का एक उत्पाद होती है। स्टारडम जो है, एक ज़्यादा जटिल मामला है, क्योंकि यह हमें खेल के मैदान से लोगों के दिलों के भीतर ले जाता है। सांख्यिकीविद और समीक्षक चाहे किसी क्रिकेटर को महान करार दे दें, पर वह एक स्टार तभी माना जाएगा जब उसका खेल और उसका व्यक्तित्व उसकी प्रतिध्वनि बनता है जिसे उसकी संस्कृति सबसे ज़्यादा महत्व देती है। यद्यपि ग्राहम गूच का टेस्ट औसत डेविड गॉवर से बेहतर है, पर ज़्यादातर अंग्रेज़, उसके उस खब्बू रकीब को ही ज़्यादा पसंद करते हैं। वर्ग-सचेत अंग्रेज़ समाज में गॉवर को क्रिकेट के 'सुनहरे दौर' की एक झांकी के बतौर सिर-आंखों पर बिठाया गया : वीर सूबेदार गूच का एक आला अफसर। ऐसे ही, गॉर्डन ग्रीनिज सब तरह के विकेटों पर विवियन रिचर्ड्स से बेहतर बल्लेबाज़ थे, लेकिन वेस्टइंडीज़ के दर्शक रिचर्ड्स को ही महान मानते हैं।

अजीब बात है कि हिंदुस्तान का पहला क्रिकेटिंग हीरो कभी हिंदुस्तान के लिए नहीं खेला। वह इंग्लैंड के लिए खेला, और तिस पर तुर्रा यह कि वह ब्रिटिश राज का एक बेहया हिमायती रहा आया। पर जैसा कि ऍलन रॉस ने एक बार कहा था, यह तो ''रणजी नाम का खयाल था, और यह अहसास कि वह एक हिंदुस्तानी था जो दुनिया का सबसे बेहतर बल्लेबाज़ बना, किसी

और चीज़ के मुकाबले यह खयाल ही, अपनी संभावनाओं को साकार करने में एक हिंदुस्तानी क्रिकेटर के लिए सबसे अधिक प्रेरणादायी विचार बना।'' विडंबना देखिए कि के.एस. रणजीतसिंहजी, नवानगर के जाम साहब, हिंदुस्तान की ज़मीन पर केवल तीन या चार बार ही खेले। सितंबर 1914 में चालीस के मुटियाते, गंजाते, (एक फायरिंग दुर्घटना के चलते) आधे अंधे, वे अपने काठियावाड़ की तरफ़ से बॉम्बे जिमखाना के ख़िलाफ़ खेलने उतरे। छुट्टी का दिन न होते हुए भी, हज़ारों दर्शक रणजीतसिंहजी की बल्लेबाज़ी का जादू देखने की उम्मीद में जुटे।'' जब वे क्रीज़ पर आये तो दर्शकों ने उनका स्वागत ज़ोरदार तालियों से किया। हाय! रणजी पहली गेंद पर ही आउट हो गए, और भीड़ छंट ली।

अगले दिन दर्शक फिर लौटे, आख़िर टेस्ट क्रिकेट आपको एक और मौका तो देता ही है। काठियावाड़ की बैटिंग जब शुरू हुई, रणजी द्वारा पारी शुरू न करने से दर्शकों में ''घोर निराशा फैल गई। यह निराशा तब और भी गहराई,'' जब पहले दोनों बल्लेबाज़ आउट होने का नाम ही नहीं ले रहे थे। पहला विकेट गिरने पर ''हल्ला मच गया,'' और इसके बाद ''जैसे ही जाम साहेब जिमखाना के पैविलियन से निकले उनके स्वागत में लंबे समय की जोरदार करतल ध्वनि बज उठी।'' काठियावाड़ को जीतने के लिए केवल 31 रन चाहिए थे, जो जल्दी ही बन गए। खिलाड़ी मैदान से जा ही रहे थे कि ''रणजी को बल्लेबाज़ी करते हुए देखने के बहुत सीमित अवसर मिलने से असंतुष्ट दीखते दर्शक चिल्लाने लगे, 'खेल तो जारी रहना चाहिए।' बॉम्बे जिमखाना के कप्तान ने खेल भावना दिखाते हुए, खेल तब तक जारी रखा जब तक कि रणजीतसिंह जी आउट नहीं हुए।''

रणजी अगर हिंदुस्तान में ज़्यादा खेलते तो ऐसे दृश्य बारबार देखने को मिलते। और यदि वे आज के ज़माने में खेल रहे होते, तो अपनी संपन्नता और कैमरे के सामने आने के उनके कुख्यात डर के बावजूद जो पेय वे नहीं भी पीते और जो कमीज़ें वे कभी न पहनते होते उनका भी वे विज्ञापन कर रहे होते। जिसने ये दोनों चीज़ें कीं वे थे वे अतुलनीय सीके, जिनके कैरियर में स्वयं जाम साहेब की अपनी बहुत कम ज्ञात, लेकिन फिर भी अनुल्लेखनीय नहीं एक भूमिका थी। कैंब्रिज में रणजी के समकालीन रहे सीके के चाचा ने जब क्रिकेट में अपने भतीजे की रुचि के बारे में रणजी से ज़िक्र किया तो कुंवर

साहब ने तीन मशविरे दिए, ''बल्ला सीधा रखो। घबराओ नहीं। और ज़ोर से मारो। इनमें से आख़िरी सलाह सीके ने आत्मसात कर ली और अपने कैरियर में छक्के पे छक्के बरसाए। इनमें से तेरह छक्के एक साथ तो एक दुपहरी बॉम्बे जिमखाना के उसी मैदान पर आये जिसे रणजी ने कभी नवाज़ा था, हालांकि एक गंभीर मैच में, द हिंदूज़ के लिए, 1926-27 में पधारी, मेहमान एम.सी. सी. टीम के खिलाफ।

नायडू की तेरह छक्कों वाली उस पारी का दिलचस्प विवरण ई.एल. डॉकर ने अपनी पुस्तक 'हिस्ट्री ऑफ़ इंडियन क्रिकेट' में दिया है। अगली सुबह अख़बार में छपे उस कार्टून के बारे में वे बताते हैं जिसमें कुछ दर्शक दूर राजाभाई टॉवर के ऊपर बैठे हुए कह रहे हैं, ''हमें मत मारना सीके, हम खिलाड़ी नहीं हैं।'' डॉकर नायडू की उपलब्धि के वृहत्तर अर्थ को उद्घाटित करते हुए बताते हैं कि किस तरह नायडू द्वारा की गई अंग्रेज़ गेंदबाज़ों की यह धुनाई उस समय उभर रही राष्ट्रवादी भावनाओं का एक प्रतीक बन गयी थी। पहले दिन, जब सी.एफ. अर्ल ने 'प्रहारों की झड़ी' में आठ छक्कों के साथ 130 रन ठोके तो लगा कि ऐसा तो होता ही रहता है, गोरे लोग, कालों और भूरों की धुनाई तो करते ही हैं। लेकिन जवाब में जब नायडू ने 13 छक्कों के साथ 153 रन बनाए तब पहली बार लगा कि क्रिकेट में हिंदुस्तानी भी गोरों की बराबरी कर सकते हैं। जब क्रिकेट में कर सकते हैं तो राजनीति में क्यों नहीं? मैच का महत्व, डॉकर लिखते हैं, ''मैच समाप्ति पर उस भावुक दृश्य में है जब पैविलिअन के बाहर, गहराती सांझ में छोटे-छोटे समूहों में लोग इकट्ठे होते जा रहे थे अपनी गर्दनें उचकाए, अपनी हर मांसपेशी पर बल देते हुए अपने नायक की एक बानगी के लिए, उसे छूने के लिए, उसके गले में अपनी फूलमाला डालने के लिए, उसके हाथ में अपने उपहार अटाने के लिए। कितना ऊंचा उठा दिया था उसने उन्हें! कितने यश दिखला दिए थे उसने उन्हें!''

नायडू पहले हिंदुस्तानी क्रिकेटर थे जो हर वर्ग में लोकप्रिय थे। 153 रनों की इस पारी के बाद परेल के मिल मज़दूरों ने एक समारोह आयोजित कर उन्हें एक चेक दिया। बारह साल बाद, बंबई में एक और शानदार पारी के बाद, वी. शांताराम ने अपनी फिल्म के प्रचार में नायडू के नाम का इस्तेमाल किया। इस बीच, नायडू सैकड़ों छक्के जड़ चुके थे, भारत के पहले टेस्ट के कप्तान रह चुके थे। 1933 में वे विज़डन के क्रिकेटर भी रह चुके थे। अकडू

अंग्रेज़ों और तानाशाहाना महाराजाओं से भरपूर लोहा ले चुकने के अलावा वे खुद को एक सिद्धांतप्रिय व्यक्ति भी साबित कर चुके थे। राजनीति में नायडू की दिलचस्पी न के बराबर थी, लेकिन खेल के मैदान में उनकी उपलब्धियां और खेल के मैदान के बाहर उनके चरित्र उन्हें भारतीय क्रिकेट का लीरी कॉन्स्टैन्टाइन बनाते हैं, ऐसा व्यक्ति जिसकी क्रिकेटीय उपलब्धियों ने राष्ट्रीय स्वाधीनता की डुगडुगी बजायी।

वेस्ट इंडीज़ में कॉन्स्टैन्टाइन के काम को आगे बढ़ाया फ्रैंक वॉरेल, एवर्टन वीक्स और क्लाइड वॉल्कॉट की महान त्रयी ने। इसी तरह नायडू के जूते भी इतने बड़े थे कि उनमें किसी एक के पांव तो न समा पाते। सो उनके तीन 'डब्ल्यू' की तोड़ में हैं हमारे चार दिग्गज जिन्होंने आज़ादी के पहले से लेकर आज़ादी के बाद तक अपने हाथ दिखाए।

इनमें सबसे बड़े थे लाला अमरनाथ—महान ऑल राउंडर, कल्पनाशील कप्तान और एक सोद्देश्य विद्रोही। लाला टेस्ट मैच में सेंचुरी बनाने वाले पहले हिंदुस्तानी बने—और वह भी अपने पहले ही मैच में (विरोधी टीम और मैदान वही थे जो नायडू के पहले महान शतक के समय थे, हां लेकिन तब वह अधिकृत मैच न था)। विभाजन के दौरान लाहौर से हिंदुस्तान आने के बाद, तिरंगे के साथ विदेश गई पहली भारतीय क्रिकेट टीम के कप्तान लाला ही थे—1947 में ऑस्ट्रेलिया। उसके बाद, रिटायर होने तक वे, करुणानिधि से भी ज़्यादा बार अंदर-बाहर हुए। रिटायरमेंट के बाद भी वे काफी समय तक विश्व क्रिकेट के वे एक उल्लेखनीय व्यक्तित्व बने रहे। कोई दस बरस पहले तक भी वे गाहे-बगाहे फिरोज़शाह कोटला पर दीख जाते थे, हाथ में पाइप लिये। जो भी पहला व्यक्ति उन्हें देख लेता वह अपने पड़ोसी को बता देता और पल भर में ही समूची भीड़ में यह कलरव छा जाता : "लाला आ गए हैं"।

लाला से एक टेस्ट जूनियर थे विजय मर्चेंट, जिन्होंने बल्लेबाज़ी की बंबइया शैली का उद्घाटन किया। कई ऐसे लोग जिन्होंने मर्चेंट के अलावा गावस्कर और तेंदुलकर को भी देखा है, मर्चेंट को बेहतर मानते हैं। ऊंचे औद्योगिक घराने से आये मर्चेंट उन दिनों असहयोग आंदोलन के चलते अपनी देशभक्ति की भावना के तहत 1932 की इंग्लैंड टीम में चयन होने के बाद हट गए थे। चौदह साल बाद, जब वे इंग्लैंड में हिंदुस्तान के लिए मैच खेल रहे थे, उनके मित्र जॉन अर्लाट ने उनसे पूछा कि हिंदू मुस्लिम झगड़ों को देखते हुए, आज़ादी का

क्या मतलब? तब उन्होंने खुद को अपनी पूरी ऊंचाई तक खींचकर (गावस्कर के कद से एक इंच ऊपर) गरिमापूर्वक जवाब दिया, "माफ करना जॉन, लेकिन क्या अंग्रेज़ों को भी आज़ादी से पहले एक गृहयुद्ध झेलना नहीं पड़ा था?"

आगे चलकर, मर्चेंट बदकिस्मती के शिकार क्रिकेटरों को अपनी टीम में रख लेते थे : साथ ही वे जनकल्याण के लिये भी उदारता से दान देने लगे थे।

दूसरे विजय, हज़ारे, एक आदर्श सामाजिक माहौल से आए थे उतनी ही ख्याति अर्जित करने उतने ही सीधे बल्ले के साथ। विशेषाधिकार पर राष्ट्रप्रेम को वरीयता देने के चलते प्रजातांत्रिक भारत, मर्चेंट का सम्मान करता, और अपनी सफलता के बरक्स गरिमा और सौमनस्य बनाए रखने के चलते वह हज़ारे का सम्मान करता। यह हज़ारे के खाते में ही आया कि वे पहले ऐसे हिंदुस्तानी बने जिसने एक टेस्ट मैच की दोनों पारियों में शतक बनाया—और वह भी ऍडिलेड में उस ऑस्ट्रेलियाई टीम के ख़िलाफ़ जिसके पास लिंडवॉल, मिलर, जॉनस्टन जैसे खतरनाक गेंदबाज़ थे। पांच साल बाद, ऊमस भरे मद्रास में उनकी कप्तानी में पहली बार, हिंदुस्तान की टीम ने किसी टेस्ट मैच में इंग्लैंड को हराया। 44 वर्षों बाद, मुझे उस सम्मान का स्वाद मिला जो सम्मान उन्हें किसी पुरानी पीढ़ी से हासिल होता था। मैं बैंगलोरी समीक्षक टीजी वैद्यनाथन के साथ टीवी पर कोई वर्ल्ड कप मैच देख रहा था, जब कैमरा स्टैंड्स में टाई और ब्लेज़र में सजे-धजे बैठे हुए विजय हज़ारे पर गया तो टोनी ग्रेग ने अपने दिलचस्प लहज़े में बताया कि ये थे, "भूतपूर्व भारतीय बल्लेबाज़ वी.-जे.-हज़ारी"। टीजी की प्रतिक्रिया तो और भी मज़ेदार रही। अचानक साक्षात विष्णु के दर्शन पा उस श्रद्धालु तमिल ने टीवी को साष्टांग प्रणाम किया।

प्रेसिडेंसी कॉलेज में पढ़ रहे वैद्यनाथन कॉलेज से भागकर 1952 की उस ऐतिहासिक हिंदुस्तानी जीत के कुछ हिस्से देखने गए थे। उन्होंने हज़ारे और अमरनाथ की हौसला-अफज़ाई तो की लेकिन सबसे ज़्यादा तालियां बजाईं मैन ऑफ द मैच के लिए - वह हिंदुस्तानी गेंदबाज़ जिसने पहली पारी में आठ विकेट लिए थे और दूसरी में चार। उसका आख़िरी नाम था मांकड़ और पहला नाम मुलवंतराय, पर वे जाने वीनू के नाम से जाते थे। वे खब्बू गेंदबाज़ थे और दाहिने हाथ के बल्लेबाज़। उन्होंने प्रोफेश्नल क्रिकेट इंग्लैंड में खेला और भारत में उन्होंने 'ब्रिलक्रीम' का विज्ञापन किया : सालों बाद एक और धाकड़, फरोख

इंजीनियर ने इन दोनों ही मामलों में उनका अनुसरण किया। रिकॉर्ड तो उन्होंने खूब तोड़े, लेकिन वे याद रखे जाते हैं अपनी अनेक उपलब्धियों और कुछेक असफलताओं के कारण। दाहिने हाथ से बल्लेबाज़ी और बाएं हाथ से गेंदबाज़ी करने वाले मेरे एक अंकल अंततः अपने हीरो को साक्षात खेलते हुए देखने से पहले सालों तक दूर से ही वीनू की पूजा करते रहे थे। यह वही मैच था जिसमें एक बुढ़ाते गेंदबाज़ की धुनाई दो जवान तेंदुए, गारफील्ड सोबर्स और रोहन कन्हाई मिलकर कर रहे थे। उनकी कांपती आवाज़ में मेरे अंकल से यह दास्तान सुनना, आनंद और दबदबे के साथ-साथ उस आतंक और उस दुख को महसूस करना भी है जो नायक पूजा के साथ हमेशा जुड़े रहते हैं।

जल्दी से पचास का दशक पार करते हैं जो कि सिताराविहीन दशक रहा। उस समय देश का सारा ध्यान बांध और कारखाने बनाने में लगा था। तो चलें सीधे साठ के दशक और एक-आंख के राजकुमार की वापसी के दौर में। रणजी ने अपनी आंख, अपने कैरियर के अंत में खोई थी, जबकि 'टाइगर' पटौदी ने शुरू में। वर्ना वे ब्रैडमैन के मुकाबले के बल्लेबाज़ होते। वे एक आक्रामक स्ट्रोक प्लेयर रहे और बड़े ही चुस्त फील्डर। उन्होंने विदेश की ज़मीन पर भारत की पहली विजय का नेतृत्व किया था। व्यक्तित्व के जादू में तो पूरे उपमहाद्वीप में उनका मुकाबला केवल इमरान खान ही कर पाए। टाइगर के पास इमरान जैसा बांकपन था लेकिन उसके दर्प के बग़ैर, और थी एक खूबसूरत बीवी, एक प्रसिद्ध बंगाली परिवार से। वे एक खानदानी नवाब थे, इस बात का तो एक जलवा था ही, साथ ही इस बात का भी कि 1969 में जब प्रिवीपर्स बंद हुए कितनी आसानी से अपना ये पदनाम उन्होंने त्याग दिया। उधर उनके साथी राजे-महाराजे तो कोर्ट-कचहरी के चक्कर में पड़ गए, इधर टाइगर हिंदुस्तान के कप्तान बने रहे और उन्होंने अपना नाम जूनियर नवाब ऑफ़ पटौदी से मंसूर अली खान पटौदी कर दिया।

हमारे अगले स्टार बिशन बेदी सामाजिक पदावली में पटौदी के वही लगते थे जो हज़ारे कभी मर्चेंट के लगते थे। सरदार की विदेशी कार और (कुछ समय के लिए) विदेशी बीवी, उसके नंगल-नॉर्थेम्प्टन उच्चारण के तो क्या कहने, ये सब संकेत थे कि क्रिकेट हमें 'सफल' बना सकता है। लेकिन वे एक ऐसे चैंपियन थे जो अपने से नीचे भी देखते थे। इसीलिए बेदी ने ही सबसे पहले भारतीय क्रिकेटरों के लिए न्यायसंगत राशि की लड़ाई लड़ी। और यह भी बेदी ही थे

जिन्होंने, जग्गूभाई डालमिया से बहुत पहले, अपने हिसाब से विश्व क्रिकेट चलाने के इंग्लैंड के दावे को चुनौती दी थी।

गेंदबाज़ के रूप में बेदी बेजोड़ थे - कविता (दर्शक के लिए) और ज़हर (बल्लेबाज़ के लिए) का एक अनोखा मिश्रण। दिल्ली में हुए एक टेस्ट मैच में बेदी की इसी जादुई गेंदबाज़ी देखने के लिए टिकट खरीदने के हिसाब से एक बार मैंने 60,000 लागों के साथ पूरी रात लाईन में खड़े होकर बिताई। जिस ठंडे फुटपाथ पर हम खड़े थे उसके ऊपर अब *दि पायनियर* का दफ्तर खड़ा है : यह महज़ संयोग नहीं है कि उस लाईन में मेरे ठीक पीछे इस समाचार पत्र के वर्तमान संपादक भी खड़े थे। मैच के दौरान हम सख्त बेंचों पर एक-दूसरे के साथ सटकर बैठे बेदी की गेंदबाज़ी का लुत्फ उठा रहे थे।

बेदी स्पिन के सरदार थे, उस महान चौकड़ी के लीडर जिसकी कला और उपलब्धियों ने तकनीकी रूप से भारत को धीमी गेंदबाज़ी के अड्डे की पहचान दिलाई। अपनी पुस्तक में जो क्रिकेट पर लिखी गई अब तक की सबसे बाकायदा वैज्ञानिक पुस्तक होनी चाहिए, आशीष नंदी ने उस साभ्यतिक परिप्रेक्ष्य को निरूपित किया है जिसमें एक बेदी और एक चंद्रशेखर उभरते हैं। नंदी बताते हैं, स्पिन गेंदबाज़ी, ने भारतीय संस्कृति के उभयलिंगी, अहिंसक, मूल रूप से एक ही साथ उत्तर-आधुनिक और इसके विरोधी चरित्र का प्रतिनिधित्व किया।

जिन दो लोगों ने लगता है आशीष नंदी की यह किताब नहीं पढ़ी वे हैं कपिल देव और सुनील गावस्कर, क्योंकि इनमें से एक तो तेज़ गेंदबाज़ी करता था, और दूसरा बिलकुल भी नहीं। लगभग किसी ने भी, पहले के मुकाबले अधिक विकेट लिए हैं, और लगभग किसी ने भी दूसरे के मुकाबले अधिक टेस्ट शतक लगाए हैं, फिर भी केवल कोई बिल फ्रिंडाल या बी.बी. मामा ही इनके कद को आंकड़ों में ही नापेंगे। सुनील और कपिल भारतीय क्रिकेट को टेस्ट से तमाशे की ओर ले गए, सफेद कपड़ों और सफाचट बल्लों वाले खेल से उस युग की ओर ले गए जहां रंग-बिरंगे पाजामे और शब्दों और प्रतीकों से पुते बल्ले थे। जब क्रिकेट का उपभोक्ता पूंजीवाद से गठबंधन हुआ, तब ये दोनों उसके झंडाबरदार बने। उन्होंने उद्योगपतियों के साथ भोज उड़ाए, और फैशन शो के जज बने और पत्रिकाओं व टीवी विज्ञापनों के चेहरे बन गए। दोनों ने मिलकर, भारतीय क्रिकेट के सबसे ताज़ा सितारे एस.आर. तेंदुलकर की बाज़ारी सफलता को संभव बनाया।

1993 में लगातार दो दोहरे शतक जड़ने के बाद कांबली ने तेंदुलकर के बारे में कहा था, ''सचिन ने ऊपरी मंज़िल तक लिफ्ट ली और मैं सीढ़ियां चढ़कर आया हूं।'' कांबली तो खैर फिर लिफ्ट लेकर नीचे उतर गए, और एक बार फिर ऊपर चढ़ना शुरू किया, लेकिन उनके सखा वहीं ऊपर टिके रहे, जहां उन्होंने अपना एक पेंटहाउस बना लिया है। ईर्ष्या के दलदल में धंसी संस्कृति में सफलता की यही एक ऐसी गाथा है जिसे लेकर हमें कोई शिकायत न होगी। शत्रुता के लिए बदनाम प्रेस भी उसके सात खून माफ कर देती है। जब उनसे पूछा गया कि उन्होंने उम्र में अपने से बड़ी महिला से शादी क्यों की तो सचिन का जवाब था कि महात्मा गांधी ने भी ऐसा ही किया था। जो बात किसी और में महान धृष्टता होती, यहां महज़ एक गुदगुदाती साउंडबाइट बनकर रह गई।

हमारे सब सितारे महान क्रिकेटर हैं या थे। लेकिन महान होने का मतलब ज़रूरी नहीं सितारा होना भी है। यहां दी गई सूची से सब सहमत नहीं होंगे। असल में, इसमें से दो तो मेरे ही सर्वकालीन प्रिय छूट गए हैं—एक तो पालवंकर बालू, जो मांकड़ और बेदी जितने ही घातक, धीमी गति के खब्बू गेंदबाज़ और अंबेडकर से पहले एक दलित नायक थे। और दूसरे मोहम्मद अज़हरुद्दीन, जो कभी-कभी रणजी की तरह बल्लेबाज़ी करते थे और टाइगर की तरह हमेशा एक चुस्त-दुरुस्त फील्डर थे। इन दोनों के अलावा और भी अच्छे क्रिकेटर थे जिनका नाम यहां नहीं आ पाया है क्योंकि स्टार बनने के लिए खेल के अलावा लोकप्रियता भी ज़रूरी है जो देश भर में हो और रिटायरमेंट के बाद भी बनी रहे। लेकिन मेरी सूची, मेरे हिसाब से, एक सर्वव्यापी सूची है—इसमें ख़ास भी हैं तो आम भी, उत्तर भारतीय है, दक्षिण भारतीय हैं, हिंदू, मुस्लिम, सिख, ईसाई सभी हैं। सबसे बड़ी बात तो यह कि यह अंतिम क्रम तक जाती है, जिसके बिना अच्छी क्रिकेट न हीं हो सकती।

तो यह रही मेरी सूची, बल्लेबाज़ी के क्रम अनुसार :

विजय मर्चेंट
सुनील गावस्कर
के.एस. रणजीतसिंहजी
सचिन तेंदुलकर
विजय हज़ारे

एम.ए.के पटौदी
सी.के नायडू
वीनू मांकड
लाला अमरनाथ
कपिल देव
बिशन बेदी

लेकिन विकेटकीपर का क्या? याद रहे, टेस्ट में लाला ने एक बार अच्छी कीपिंग की थी। और कप्तान? जबकि इनमें से सब कप्तान रह चुके हैं। मेरी अपनी पसंद रहेगी—वही राजसी आम आदमी सीके नायडू।

राज करेगा खालसा : बिशन बेदी एंड कंपनी

क्रिकेट की मेरी कमोबेश सबसे पहली याद्दाश्त एक सिख सलामी बल्लेबाज़ की है जिसने फॉरेस्ट रिसर्च इंस्टिट्यूट, देहरादून क्रिकेट मैदान को घेरे खड़े बीच वृक्षों के ऊपर से छक्का जड़ा था। जैसा कि मुझे याद है, वह एक पुल शॉट था, और क्रिकेट के मैदान से सीधे आसमान में उड़ता वह डरावना शॉट मर्दों के एक खेल के बतौर क्रिकेट से मेरा पहला परिचय था। यह उस क्रिकेट से एकदम अलग था जो मैं अपने घर में प्लास्टिक के बल्ले व गेंद से खेला करता था। पीछे देखने पर यह ठीक ही लगता है कि एक सिख ने वह शॉट मारा था। क्योंकि मेरे जन्मस्थान को सिखों ने सत्रहवीं शताब्दी में बसाया था, और बीसवीं शताब्दी में सिख शरणार्थियों ने आकर उसका सामाजिक-आर्थिक स्तर बढ़ाया।

सिखों ने हिंदुस्तानी खेलों में अपना महत्वपूर्ण योगदान दिया। याद कीजिए, पचास व साठ के दशक के दिग्गज हॉकी खिलाड़ी—बलबीर और ऊधम, जेंटिल और गुरबख्श, हरबिंदर और पिथीपाल। 1975 की विश्वकप विजेता टीम के अजितपाल और सुरजीतसिंह। जलंधर ज़िले के गांव संसारपुर अकेले से सत्रह अंतर्राष्ट्रीय हॉकी खिलाड़ी आए, हैं। अब अगर एथलेटिक्स पर आएं तो याद आते हैं मिल्खासिंह, परमजीत सिंह और गुरबचनसिंह रंधावा द्वारा जीते हुए पदक और तोड़े हुए रिकॉर्ड। हिंदुस्तान के कुछ चुनिंदा उम्दा फुटबॉलर इसी कौम से आते हैं—जेसीटी मिल्स के नाटे खिलाड़ी इंदरसिंह, और मोहन बागान के

जरनैलसिंह, जिन्होंने सिर पर चोट लगी होने के बावजूद 1962 के एशियाड फाइनल में विजेता गोल मारा था। गॉल्फ की दुनिया में चिरंजीव मिल्खासिंह और राइफल शूटिंग में रणधीरसिंह मशहूर रहे हैं। टेनिस की दुनिया में भी उच्च कोटि का एक सरदार खिलाड़ी रहा है—जसजीत, जिसे सब जाज सिंह के नाम से जानते हैं। ये टेक्सस अमेरिका से 1974 का डेविस कप खेलने आए थे, और कलकत्ता में ऐतिहासिक सेमीफाइनल में ऑस्ट्रेलिया को मात दी थी। फिर एक सिख नाविक हैं, एम.एस. कोहली, और पोलो में बिली और पिकल्स सोढी बंधुओं ने अपने जलवे बिखेरे हैं। पर्वतारोहण में भी कई सिखों के नाम गर्व से लिए जाते हैं जैसे गुरदयाल सिंह (और मुझे यह कहते हुए गर्व हो रहा है कि वे मेरे पुराने अध्यापक और बर्डवॉचिंग के साथी रहे हैं) और एच.एस. आहलूवालिया (1965 के सफल एवरेस्ट अभियान के हीरो)। लेकिन जसदेव सिंह को भी याद करते चलें जिन्होंने अपने निराले अंदाज़ में ऑल इंडिया रेडियो पर कमेंटरी दी।

खालसाओं ने भारतीय क्रिकेट में भी अपना अभूतपूर्व योगदान दिया है। पटियाला के महाराजा भूपिंदरसिंह 1911 में इंग्लैंड के दौरे पर जाने वाली पहली अखिल भारतीय टीम के कप्तान थे। ये सच है कि उन्होंने इस दौरे के लिए अपना आर्थिक योगदान दिया था, लेकिन क्रिकेट भी वे अच्छा खेलते थे। उनके सचिव थे, मशहूर खब्बू पारसी बल्लेबाज़, केकी मिस्त्री। मिस्त्री की सूझबूझ और महाराजा के पैसों के चलते बहुत से अंग्रेज़ और ऑस्ट्रेलियाई क्रिकेट कोच भारत आए जिन्होंने हमारे देसी खिलाड़ियों को तकनीक सिखाई। उनका संरक्षण निहायत सेक्युलर था और उन्होंने हिंदुस्तानी क्रिकेट को रणजी ट्रॉफी का तोहफा दिया। उचित ही, पहले रणजी ट्रॉफी मैच में एक सिख का वर्चस्व रहा—तमिलभाषी सरदार ए.जी. रामसिंह, जिन्होंने 35 रन देकर ग्यारह विकेट लिए। 1934 में खेले गए इस मैच में मद्रास ने मैसूर को एक ही दिन में हरा दिया था। रामसिंह उच्चकोटि के खब्बू ऑलराउंडर थे। यदि वीनू मांकड़ न होते और दूसरा विश्वयुद्ध न छिड़ गया होता तो रामसिंह भारत के लिए कई टेस्ट मैच खेलते। किस्सा यह है कि जब वे पहली बार मद्रास आए तो उनके पड़ोसियों ने पूछा कि आप कहां से आए हैं। ''अमृतसर।' उन्होंने जवाब दिया। जात पूछे जाने पर उन्होंने कहा, ''मैं आख़िरी सिख गुरु गोबिदसिंह जी का अनुयायी हूं जो जात-पात में विश्वास नहीं रखते थे।'' सो वे तमिल शैली में कहलाए—''अमृतसर गुरुगोबिद

रामसिंह''।

उनके तीनों बेटों ने भी 'एजी' उपसर्ग का इस्तेमाल किया और तीनों क्रिकेटर बने। सबसे बड़ा बेटा कृपाल, एक मंजा हुआ दाहिने हाथ का बल्लेबाज़ था जिसने 1954-55 में तब 73 और 91 बनाए थे जब मद्रास ने पहली बार होल्कर टीम को हराकर रणजी ट्रॉफी जीती थी। अगली सर्दियों में कृपाल ने हैदराबाद के फतेह मैदान में न्यूज़ीलैंड के ख़िलाफ़ हुए अपने पहले ही टेस्ट मैच में सैकड़ा जड़ा था। इसके बाद जल्दी ही उन्हें टीम से बाहर कर दिया गया था, लेकिन कुछ ही सालों बाद एक ऑफ़-स्पिन ऑल राउंडर के बतौर भारतीय टीम में उसकी वापसी हुई। उसका भाई मिल्खा सिंह एक खब्बू स्ट्रोक प्लेयर था जिसे वक़्त से पहले ही भारतीय टेस्ट क्रिकेट टीम में जगह मिली। हालांकि रणजी ट्रॉफी में उनका रिकॉर्ड बड़ा ही प्रभावशाली रहा, ख़ासकर पुराने प्रतिद्वंद्वी मैसूर के सामने। राम के सबसे छोटे बेटे सतविंदर का रिकॉर्ड यूं तो भारतीय स्कूल टीम और तमिलनाडु के लिए उम्दा रहा, लेकिन घुटने की चोट के चलते वह इससे आगे और न जा पाया।

सारे 'एजी' पंजाबी नहीं, तमिल भाषी थे, और अपने पारंपरिक सरसों के साग की बनिस्बत उन्हें सदा सांबर सादम ही अधिक प्रिय रहा आया। एक ईसाई लड़की के प्रेम में हालांकि कृपाल सिंह ने अपना धर्म परिवर्तन कर लिया। दाढ़ी चली गई, लेकिन प्रथमाक्षर वही रहे (अफवाह थी कि अब उनका मतलब 'अर्नाल्ड जॉर्ज' था)। कृपाल सिंह निश्चित ही ऐसे अकेले क्रिकेटर हैं जो एक बार सिक्ख बनकर टेस्ट क्रिकेट खेले, और दूसरी बार ईसाई बन कर। कृपाल सिंह का बेटा अर्जुन, जिसकी कोचिंग दादा राम सिंह ने की थी, तमिलनाडु से खेलता था और रणजी ट्रॉफी में एक बार तिहरा शतक मार चुका है।

क्रिकेट की दुनिया में कई सिक्खों का योगदान रहा। मलेशिया में पैदा हुए लालसिंह, 1932 में लॉर्ड्स में खेली पहली भारतीय टेस्ट टीम में थे। वह मैच लो-स्कोरिंग मैच था, जिसमें लालसिंह ने 15 और 19 रन बना, थे, और फ्रैंक वूली को रन आउट किया था। पटियाला के यादविंद्र सिंह, हिंदुस्तान की तरफ़ से खेलने वाले दूसरे सिक्ख थे। अपने इकलौते टेस्ट मैच में उन्होंने 24 और 60 रन बनाए थे।

उन्हीं के चचेरे भाई राय सिंह 1947 की लाला अमरनाथ की टीम से मेल्बोर्न में एक टेस्ट खेले, जिसमें उन्होंने एक छक्के के साथ तेज़ 24 रन बनाए

थे। 37 साल बाद, जब वे 60 के करीब थे, मुझे देहरादून में उनके साथ खेलने का मौका मिला। तब तक कई और सरदार हिंदुस्तान के लिए खेल चुके थे जिनमें से एक थे मनिंदर सिंह। कभी-कभार वे अपने उस्ताद बिशन सिंह बेदी की याद दिलाते थे। जैसे 1986 का लॉड्र्स टेस्ट, जिसमें उनकी दूसरी पारी का गेंदबाज़ी विश्लेषण था : 20.4-12-9-3 । इससे 3 वर्ष पूर्व, इसी मैदान पर, बलविदर सिंह संधू ने गॉर्डन ग्रीनिज को बोल्ड कर वर्ल्ड कप की पहली ऐतिहासिक जीत की राह दिखाई थी। लेकिन कोई सिख कभी टेस्ट में विकेटकीपर नहीं रहा, जबकि दलजीत सिंह का चयन होते-होते रह गया।

मैं अगर अपनी पसंद के सिक्ख क्रिकेटरों की टीम बनाऊं तो उसमें ये नाम होंगे :

1. एन.एस. सिद्धू (पंजाब और भारत)
2. यादविंद्र सिंह (दक्षिण पंजाब, दि हिंदूज़, और भारत)
3. ए.जी. मिल्खा सिंह (मद्रास, तमिलनाडु और भारत)
4. लाल सिंह (कुआलालंपुर क्रिकेट क्लब, दि हिंदूज़, और भारत)
5. ए.जी. कृपाल सिंह (मद्रास, और भारत)
6. ए.जी. राम सिंह (मद्रास, और भारत)
7. राय सिंह (दक्षिण पंजाब, दि सर्विसेज़, और भारत)
8. बी.एस. संधू (बॉम्बे, और भारत)
9. दलजीत सिंह (विकेट कीपर—बिहार, सर्विसेज़, और पंजाब)
10. बी.एस. बेदी (कप्तान—दक्षिण पंजाब, दिल्ली, नॉर्थम्प्टनशायर विश्व एकादश, और भारत)
11. मनिंदर सिंह (दिल्ली और भारत)

मैनेजर और संरक्षक—महाराजा भूपिंदर सिंह ऑफ़ पटियाला।

सिद्धू और मिल्खासिंह जैसे बल्लेबाज़, बेदी और राम जैसे गेंदबाज़ों से सुशोभित यह टीम, भारत की किसी भी अन्य सामुदायिक टीम को घुमावदार पिच पर टक्कर देने में सक्षम है।

II

खालसा पंथ को स्थापित हुए करीब 300 साल हुए हैं, और 25 साल से मैं महानतम सिक्ख क्रिकेटर बिशन बेदी को जानता हूं।

1974 में जब कर्नाटक और दिल्ली का रणजी ट्रॉफी मैच बैंगलोर में खेला गया, मेरे मकान मालिक एक शाम बेदी को खाने के लिए घर ले आए। उनके लिए विशेषकर शिवाज़ रीगल की एक बोतल खोली गई। (जो उन दिनों अपनी दुर्लभता के चलते अमूल्य-सी समझी जाती थी।) कुछ ही घंटों में हमारे मुख्य अतिथि ने बोतल खाली कर दी। ज़ाहिर है, बातचीत सिर्फ़ क्रिकेट पर ही होती रही। मुझे उन्होंने संक्षिप्त सी सलाह दी, ''बेटा, बॉल को स्पिन करो, कंट्रोल पर ध्यान न दो, कंट्रोल अपने आप आ जाएगा।' अगले दिन, सुबह की दौड़ के बाद नहा-धोकर नाश्ता कर चुकने के बाद, जब बेदी ने स्थानीय टीम को आउट कर दिया, तो रात का नशा कहीं नज़र नहीं आया। उनके शिकारों में थे, ब्रजेश पटेल, जो स्लिप में पकड़े गए, और विश्वनाथ जो आर्मर बॉल को कट करने के प्रयास में क्लीन बोल्ड हो गए। लेकिन दिल्ली के बल्लेबाज़, कर्नाटक के मशहूर स्पिनर्स प्रसन्ना और चंद्रशेखर को समझने में सिरे से नाकाम रहे, और कर्नाटक की टीम वह मैच जीत गई।

1974 में ही मैंने दिल्ली के सेंट स्टीफेंस कॉलेज में दाखिला ले लिया और अगले पांच साल तक क्रिकेट खेला, परंतु बेदी से मुलाक़ात न हो पाई। आजकल तो दिल्ली की सड़कों पर विदेशी कारें बहुतायत में पाई जाती हैं, पर उस ज़माने में केवल विदेशी राजनयिक ही ऐसी गाड़ियां चलाया करते थे। इनमें एक अपवाद थी—प्रो. मृणाल दत्ता चौधरी की पीली वॉक्सवैगन बीटल, और दूसरी थी दिल्ली के रणजी कप्तान बेदी की नीली गाड़ी। इस गाड़ी से पता चलता था कि वह महान शख्सियत फिरोजशाह कोटला मैदान पर है या नहीं। 1968 में जब बेदी पंजाब से दिल्ली आए थे तो उनके पास दस साल में दिल्ली को चमकाने की दस-वर्षीय योजना थी। उस योजना के दो हिस्से थे। पहला, पंजाब से मदनलाल और अमरनाथ बंधुओं को, और महाराष्ट्र से चेतन चौहान को दिल्ली बुलाना। दूसरा, दिल्ली यूनिवर्सिटी से युवा खिलाड़ी चुनना। बेदी के चुने हुए खिलाड़ियों के साथ खेलने का सौभाग्य कई बार मुझे प्राप्त हुआ। वे सब बेदी को पूजते थे पर डरते भी थे। अरुणलाल ने हमें किस्सा सुनाया कि कैसे लंबे-चौड़े रजिंदर वत्स को प्रैक्टिस के दौरान कैच छोड़ने पर बेदी ने सज़ा दी, ''पहलवान, अपने दोनों हाथों में एक-एक ईंट पकड़ो, और मैदान का चक्कर लगाओ।''

खुद अरुणलाल के 16 बार टेस्ट खेलने का श्रेय भी मुख्यतः बेदी को

जाता है। उन्होंने अरुणलाल को यूनिवर्सिटी की टीम से उठाकर रणजी ट्रॉफी में अमरनाथ बंधुओं से ऊपर नंबर तीन पर भेजा। बेदी, अरुणलाल की लगन से प्रभावित थे। बड़े मैच खेलने का उनका मानस और उनकी क्लोज़-इन फील्डिंग, सोने पर सुहागा थे। उन्हीं के साथी, हरि गिडवानी बल्लेबाज़ तो कमाल के थे, लेकिन आत्मविश्वास की उनमें बड़ी कमी थी। मुझे याद पड़ रहा है कि एक रणजी ट्रॉफी मैच में गिडवानी पहले ड्रिंक इंटरवल तक 80 रन बना चुके थे, जब बेदी ने संदेश भेजा कि वे पारी घोषित करना चाहते हैं, पर गिडवानी के 100 रन हो जाने के बाद। गिडवानी कछुआ चाल से खेलते हुए लंच तक 99 के स्कोर तक ही पहुंच पाए थे। कप्तान को अपनी टीम की चिंता अधिक थी सो उसने डिक्लेअर कर दिया।

बेदी की नेतृत्व क्षमता और जादुई गेंदबाज़ी के चलते दिल्ली 1978-79 और 1979-80 की रणजी ट्रॉफी विजेता टीम बनी। इनाम के तौर पर डी.डी.सी.ए. से उनसे कप्तानी छीन ली गई और टीम से भी बाहर कर दिया गया। कुछ सालों बाद, पंजाब ने उन्हें अपनी रणजी ट्रॉफी टीम का कोच और मैनेजर नियुक्त किया। इस बार नया खून गुरुनानक देव यूनिवर्सिटी से आया और अनुभव नवजोतसिंह सिद्धू और गुरशरण सिंह जैसे बल्लेबाज़ों से।

1992-93 में, जब पंजाब की टीम रणजी के नॉक आउट चरण में पहुंची, तब एक बार फिर मैंने सुना कि किस तरह बेदी लड़कों को अनुशासित करेंगे। एक बार जब सलामी बल्लेबाज़ सपन चोपड़ा ने अंपायर के निर्णय से अपनी असहमति दर्शायी, बेदी ने मैच के बाद उससे दस चक्कर लगवाए और अगले मैच में उसका पत्ता काट दिया। आख़िरकार, पंजाब फाइनल में पहुंच गई, जहां उनका मुकाबला जालंधर में महाराष्ट्र की टीम से होना था।

पंजाबी और मराठा, इस देश की दो जुझारू कौमें जब आपस में भिड़ीं, तो मुकाबला तो कांटे का होना ही था। जब आख़िरी महाराष्ट्रियन विकेट गिरी तो जीत की खुशी में पंजाब के कप्तान गुरशरण सिंह ने एक स्टंप उखाड़ा और पैवेलियन की तरफ़ दौड़ पड़ा। वो और बाकी सब खिलाड़ी, बेदी के पैरों में बिछ गए। बेदी ने मुड़कर, अपने पास खड़े एक बुजुर्ग के पांव छुए, वे उनके कोच ज्ञानप्रकाश थे, जिन्हें वे उसी दिन अमृतसर से लेकर आए थे। यानी कि ये थे उन 267 टेस्ट विकेटों के और पंजाब और दिल्ली की रणजी जीतों के प्रेरणास्रोत।

फिर पंजाब क्रिकेट एसोसिएशन और बेदी में झगड़ा हो गया। आजकल वे दिल्ली में एक स्वतंत्र क्रिकेट क्लीनिक चलाते हैं। यह तो माना पड़ेगा कि वे व्यवहार-कुशल नहीं हैं, बल्कि कुछ हद तक मुंहफट हैं। पर यह भी सही है कि सब भारतीय क्रिकेटरों में वे सबसे ज़्यादा उदार और निस्वार्थी हैं। और उनकी क्रिकेटीय समझ के तो कहने ही क्या!

एक बार अपने एक लेख में मैंने ह्विस्की के कारण बेदी की मुटियाती कमर के बारे में लिखने की गुस्ताखी की थी। उसके कुछ समय बाद ही, इंडिया-ऑस्ट्रेलिया टेस्ट के दौरान मेरी मुलाक़ात उनसे हो गई। तब उन्होंने बताया कि वज़न ज़रूर उनका बढ़ रहा है, लेकिन शराब तो उन्होंने कबकी छोड़ रखी है। मैंने उन्हें मैसूर कॉफ़ी का एक प्याला पेश किया, और हम दोनों ने साथ बैठकर, शेन वॉर्न को गेंदबाज़ी करते हुए देखा। जब वॉर्न, नवजोत सिद्धू को गेंद फेंकते हुए राउंड द विकेट गए तो बेदी नाराज़गी से बोले, "इस सबकी क्या ज़रूरत है। भई, ओवर दि विकेट फेंकते रहो, और बल्लेबाज़ की ग़लती का इंतज़ार करते रहो। इस तरह तो बल्लेबाज़ शाम तक उसे बस पैड ही करते रहेंगे। शाम को मैं वॉर्न से बात करूंगा।"

शाम के खाने पर जब मैं बेदी के साथ था तब तक तो वॉर्न से उनकी बात हो चुकी थी। बेदी का सारा ज़ोर गेंदबाज़ी के हुनर पर था, बजाय राष्ट्रीयता के।

विजय हज़ारे तक जाने की राह

मैं एक ऐसे आदमी को जानता हूं जो एक ऐसे आदमी को जानता है, जो एक ऐसे आदमी को जानता है जिसने एक बार टेस्ट मैच में विजय हज़ारे के साथ चार घंटे बैटिंग की थी।

मेरे पहले क्रिकेटिंग उस्ताद थे मेरे अंकल एन. दुरैस्वामी, जो बाएं हाथ के धीमे गेंदबाज़ थे और बैंगलोर की फ्रेंड्स यूनियन क्रिकेट क्लब (एफयूसीसी) टीम के कई साल तक कप्तान रहे। थोड़े अर्से के लिए दुरै को यह असामान्य विशेषाधिकार हासिल हुआ कि एक 'टेस्ट क्रिकेटर' उनके अधीन खेला। और वह टेस्ट खिलाड़ी था वी.एम. मुदैया जो बैंगलोर एअर फोर्स स्टेशन पर अपनी नियुक्ति के दौरान एफयूसीसी टीम की तरफ़ से खेला। जितने भी क्रिकेटरों के साथ या विपरीत मेरे अंकल खेले, उनमें वे मुदैया की क्रिकेटीय समझ से सबसे ज़्यादा प्रभावित हुए। फिर तो "एक बार मुदै ने मुझे बताया", उनका तकियाकलाम हो चला। "तुम चाहे जो कह लो, एक बार मुदै ने मुझे बताया..."। ऐसे में जिस हस्ती का उल्लेख होता, वह कोई मामूली हस्ती न होकर आख़िर भारत के लिए खेली हस्ती थी, यहां तक कि लॉर्ड्स पर भी।

और वी.एम. मुदैया जैसी हस्ती ने जिसे अपना गुरु माना था वे थे हेमू अधिकारी। मेरी पीढ़ी के लिए हेमू अधिकारी वे व्यक्ति थे जो 1971 और 1972-73 में इंग्लैंड की टीम को हारने वाली भारतीय टीम के मैनेजर रहे। लेकिन अपनी जवानी के दिनों में वे ख़ुद भी एक टेस्ट क्रिकेटर रहे थे, मध्यक्रम के

एक ऐसे काबिल बल्लेबाज़ और एक उम्दा फील्डर जिन्होंने 21 टेस्ट मैचों में अपने देश का प्रतिनिधित्व किया था। अब ये जो अपने मुदैया थे वे तो फकत दो ही टेस्ट खेले थे और रणजी ट्रॉफी में वे सर्विसेज़ की तरफ़ से हेमू अधिकारी की कप्तानी में खेले थे। दुरै और उनके दोस्तों के बीच तो मुदै क्रिकेट के उस्ताद थे ही, लेकिन जब हेमू आस-पास होते तो मुदै अपना मुंह बंद रखने में ही अपनी भलाई समझते थे।

नतीजतन, मेरे अंकल दुरै, क्रिकेट की बातों में ज़्यादा वज़न लाने के लिए ''एक बार मुदै ने मुझे बताया था'' की जगह ''मुदै ने कहा कि हेमू ने उनको बताया था'' का इस्तेमाल करते थे। मुझे यकीन है कि जब मुदै बोलते होंगे और दुरै सुनते होंगे तो सबसे असरदार शब्द होते होंगे, ''हेमू ने बताया कि हज़ारे ने एक बार उनसे कहा था''।

अधिकारी, बड़ौदा में पले-बढ़े थे, जहां के महाराजा ने अपनी रणजी टीम के लिए विजय हज़ारे को आमंत्रित किया था, और हेमू ने अपने बचपन के हीरो हज़ारे को करीब से बैटिंग करते हुए देखा था। जब हेमू कॉलेज में थे तो हज़ारे की कप्तानी में बड़ौदा के लिए रणजी खेले और जब वे एक युवा फौजी अफसर थे तो हज़ारे के साथ बैटिंग करते हुए उन्होंने जनवरी 1948 के ऍडिलेड टेस्ट में 132 रनों की भागीदारी निभाई। इंग्लैंड के विरुद्ध हज़ारे की कप्तानी में अधिकारी को टेस्ट खेलने का मौका मिला। अधिकारी हमेशा हज़ारे को पूजते रहे और किसी भी विवाद को समाप्त करने का उनका ब्रह्मास्त्र था, ''लेकिन विजय भाई ने मुझे ऐसा बताया था''।

जब मैं छोटा था तो विजय हज़ारे से मेरा बहुत दूर का नाता था, लेकिन फिर मैं वी.एम. मुदैया से मिला और उनसे दोस्ती हो गई। उनके घर में कॉफ़ी के बहुतेरे कप डकारते हुए मैंने उनसे क्रिकेट के कई किस्से सुने। मेरे उकसाने पर ज़्यादातर किस्से भारतीय धीमी गेंदबाज़ की मूल तिकड़ी मांकड, गुप्ते और गुलाम मोहम्मद के बारे में थे। पर एक दिलचस्प किस्सा हज़ारे का भी था।

1958-59 में रणजी ट्रॉफी फाइनल में सर्विसेज़ की भिड़ंत बड़ोदा से हुई। अधिकारी जानते थे कि बड़ोदा की टीम, हज़ारे की बल्लेबाज़ी पर निर्भर करती है। हज़ारे तब 42 साल के थे और जब से इंग्लैंड के तेज़ गेंदबाज़ फ्रैंक रिजवे की एक गेंद उनके सिर में लगी थी, वे बंपर का सामना करने में वे अपने आपको असहज महसूस करते थे। सर्विसेज़ ने टॉस जीता और बड़ोदा को

बल्लेबाज़ी के लिए आमंत्रित किया। जल्दी ही, भारतीय तेज़ गेंदबाज़ सुरेंद्रनाथ ने दो विकेट चटका दिए। स्कोर था 10 रन पर दो विकेट और हज़ारे बल्लेबाज़ी करने मैदान में उतरे। कप्तान अधिकारी के निर्देशानुसार सुरेंद्रनाथ ने पहली ही गेंद बाउंसर फेंकी। हज़ारे ने हुक करने की कोशिश की, गेंद हवा में ऊंची उछली और फाइन लेग फील्डर के हाथ से फिसलती हुई ज़मीन पर जा गिरी। हेमू झल्लाकर चिल्लाए, ''अब ये शतक बनाकर ही मानेंगे।' हज़ारे ने दोहरा शतक मारा, और बड़ोदा बड़ी आसानी से वह मैच जीत गया।

मुदैया से ये किस्सा सुनने के कई वर्ष बाद मैं हेमू अधिकारी से मिला। वे नई दिल्ली की एक क्रिकेट पार्टी में मुख्य अतिथि थे, और मैं वहां आमंत्रित सुजित मुखर्जी के साथ हो लिया था। सुजित मुखर्जी एक दिलचस्प किताब *ऑटोबायोग्राफी ऑफ़ एन अननोन क्रिकेटर* के लेखक हैं, और बिहार के लिए रणजी ट्रॉफी खेल चुके हैं। पार्टी सर्विसेज़ के एक भूतपूर्व क्रिकेटर के घर पर थी और कई पुराने खिलाड़ी वहां इकट्ठे थे। अधिकारी का वह मशहूर किस्सा मैं सुन चुका था जब रात में देर से होटल लौटने पर सलीम दुर्रानी को उन्होंने टीम से बाहर कर दिया था। तो मैं एक सख़्त आदमी से मिलने की उम्मीद कर रहा था, परंतु वे तो एक अच्छे-ख़ासे भले मानुष निकले। ज़्यादातर वे खामोश रहे और मौका मिलते ही मैंने उनसे ब्रैडमैन, लिंडवॉल, मिलर के बारे में पूछा, और फिर यह भी पूछ लिया, ''हज़ारे फील्डर के तौर पर कैसे थे।' जब अधिकारी ने कुछ जवाब नहीं दिया, तो मैंने प्रश्न दोहराया तो उन्होंने कहा, ''यह सब क्यों पूछ रहे हो! उनके हाथ में बस बल्ला थमा दो और फिर नज़ारा देखो।''

यह नज़ारा देखने के लिहाज़ से तो मुझे पैदा होने में बहुत देर लग गई थी। लेकिन एक आनंद जो मुझे बाद में मिला वह था विजय हज़ारे के साथ उनके घर पर एक शाम बिताने का आनंद।

II

बड़ोदा में विजय हज़ारे एक सादे से अपार्टमेंट में रहते हैं, जो जिससे सामने पसरे उस पोलोग्राउंड का नज़ारा दिखता है जहां उन्होंने 1946-47 में गुल मोहम्मद के साथ मिलकर 577 रन की भागीदारी का विश्व रिकॉर्ड बनाया था। दरवाज़े पर एक कलात्मक-सी नेमप्लेट लगी है जिस पर बड़े प्यार से स्वर्णाक्षर उकेरे गए हैं। ज्यों ही हम सीढ़ियों से चढ़ने लगते हैं अनपेक्षित रूप से हमारा स्वागत

एक ज़ोरदार भौं-भौं से होता है। यह भौंक कुछ संदिग्ध-सी प्रजाति के खतरनाक से दिखते दो कुत्तों की है। कुत्तों को बड़े प्यार से अंदर ले जाया गया और घर की बहू हमें बैठक में लिवा ले गई। उनके पति और बेटे, जो दोनों रणजी ट्रॉफी खिलाड़ी रहे हैं, के द्वारा जीते गए कप और ट्रॉफियां, शेल्फ और टेबल पर सुसज्जित थे। विजय हज़ारे से जुड़ा एक ही स्मृति-चिह्न वहां प्रदर्शनार्थ रखा था, जो उनके 80वें जन्मदिन पर वेस्टर्न रेलवे वर्कर्स यूनियन ने उन्हें दिया था। मेरे ख्याल से, उनकी बाकी ट्रॉफियां किसी अंदर के कमरे में सुरक्षित रख दी गई होंगी।

दो या तीन मिनट में ही वह मशहूर शख्सियत कमरे में दाखिल हुई—कमर सीधी, आंखें चौकन्नी। आते ही उन्होंने बताया कि पिछले दिन उन्हें धूप में काफ़ी चलना पड़ा था जिसकी वजह से वे शायद देर तक बात नहीं कर पाएंगे। व्यास नामक गुजराती पत्रकार, जो मुझे अपने साथ ले गए थे, ने पहले ही चेता दिया था कि 84 साल की उम्र में हज़ारे साहब की स्मृति उतनी अच्छी नहीं रही।

बहरहाल, हमारी बातचीत एक घंटे तक चली, और मेरे सारे सवालों के सटीक जवाब मिले। मैंने पूछा कि उनकी सबसे यादगार पारी कौनसी थी? पेंटाग्यूलर में दि हिंदूज़ के विरुद्ध 387 के टोटल में से उनके 309 नॉट आउट, जो किसी भी मैच में एक अकेले बल्लेबाज़ का सबसे उम्दा प्रदर्शन कहा जा सकता है? या वह दोहरा शतक जो उन्होंने सर्विसेज़ के ख़िलाफ़ रणजी ट्रॉफी फाइनल में बनाया था, जिसकी वजह से बड़ोदा के कप्तान गायकवाड़, भारतीय टीम के कप्तान घोषित किये गए, और हारने वाली टीम के कप्तान, हेमू अधिकारी वंचित रह गए? या फिर 1948 के ऍडिलेड टेस्ट की दोनों पारियों में उनके द्वारा बनाये गए शतक?

वे बोले, निश्चित ही ऍडिलेड की वे दोनों पारियां। ब्रैडमैन की टीम ने 674 रन बनाकर दो दिनों तक भारतीयों को थका डाला था। जवाब में खेलते हुए हज़ारे ने 116 रन बनाए और फडकर ने 123। एक समय, हज़ारे ने मिलर की तीन लगातार गेंदों पर हुक करके गेंद को सीमापार पहुंचाया। ब्रैडमैन ने मिलर की उस गुज़ारिश को ठुकरा दिया जिसमें उसने उसी तरफ़ एक और फील्डर तैनात करने के लिए कहा था। नतीजतन, मिलर ने अगली तीन गेंदें लॉलीपॉप फेंकी, जिन्हें हज़ारे ने प्यार से सीधे-सीधे खेल लिया। इसके बाद ब्रैडमैन

ने मिलर को कोई ओवर नहीं दिया।

आख़िरकार भारत ने 381 रन बना लिए और उन्हें फॉलोऑन करना पड़ा। दूसरी पारी के पहले ही ओवर में रे लिंडवाल ने मांकड को विकेटकीपर के हाथों कैच करवा दिया और फिर अमरनाथ को क्लीनबोल्ड कर दिया। जब हज़ारे बैटिंग करने आये तो स्कोर था, शून्य पर दो विकेट। वे अगले छह घंटों तक खेले, 145 रन बनाए और आउट होने वाले नौंवे खिलाड़ी रहे। भारत की दूसरी पारी 277 पर सिमट गई थी जिसमें हेमू अधिकारी ने 51 रन बनाए। हज़ारे की दोनों पारियां, जीवनदान-रहित थीं, और सामने थी क्रिकेट के इतिहास की एक बेहतरीन बॉलिंग और फील्डिंग टीम।

दूसरे शतक की शाम, हज़ारे को महान गेंदबाज़ क्लैरी ग्रिमेट अपने साथ भोजन पर ले गए। कई साल पहले 1937 में ग्रिमेट, एक कोचिंग सलाहकार बनकर भारत आए थे जब उन्होंने हज़ारे को लेगब्रेक करना सिखाया था। मध्यम गति के गेंदबाज़ हज़ारे के लिए यह लेगब्रेक बड़े काम आई और उन्होंने फख्र से अपने प्रथम श्रेणी क्रिकेट के 578 विकेटों का ज़िक्र किया।

मेरे साथी व्यास ने बताया था कि हज़ारे कभी किसी विवाद में नहीं पड़ते। फिर भी जब मैंने हज़ारे से अलग-अलग पीढ़ियों के खिलाड़ियों की परस्पर-तुलना करने के लिए कहा तो वे नम्र रहे और अप्रत्यक्ष रूप से अपने समकालीनों की तारीफ करते रहे। मर्चेंट और गावस्कर के बारे में पूछे जाने पर, उन्होंने बताया कि मर्चेंट की तकनीक उदाहरणीय थी और वे गेंद को कभी भी उछालते नहीं थे। बेदी और मांकड़ की तुलना करते हुए, हज़ारे ने 1952 के चेपक टेस्ट का एक किस्सा सुनाया कि कैसे पहली पारी में मांकड़ ने आठ विकेट लिए थे, पर दूसरी पारी में उनकी गेंद घूम ही नहीं रही थी। परली छोर से ऑफ़-स्पिनर गुलाम मोहम्मद ने जब दो विकेट लिए तो हज़ारे ने मांकड़ को मराठी में ताना मारा कि क्या अजीब विकेट है, केवल एक छोर से ही टर्न ले रही है। उसके बाद तो मांकड़ की गेंदें भी तेज़ घूमीं और उन दोनों ने भारत को पहली टेस्ट विजय दिलवाई।

हज़ारे ने केवल एक ही क्रिकेटर की प्रेमपूर्वक आलोचना की—वे थे नवाब पटौदी सीनियर। 1946 के इंग्लैंड दौरे पर की इच्छा के विरुद्ध हज़ारे को सरे के ख़िलाफ़ पारी की शुरुआत करनी पड़ी, और वे ज़ीरो पर आउट हुए। अगले मैचों में उन्हें छठे या सातवें क्रम पर रखा गया जहां उन्हें खेलने का मौका

ही नहीं मिला। यॉकशाइर के विरुद्ध दो विकेट गिरने पर हज़ारे को नाइट वॉचमैन के बतौर भेजा गया और अगले दिन उन्होंने 244 रनों की नाबाद पारी खेली।

जितने भी क्रिकेटरों से मैं आज तक मिला हूं उनमें विजय हज़ारे सबसे ज़्यादा विनम्र और सभ्य रहे हैं, और वे अपनी उपलब्धियों और तकनीक को लेकर एक निशब्द गौरव महसूस करते हैं। कप्तान के नाते, हज़ारे बड़े सुकुमार ढंग से आग्रही होते थे। उनसे विदा लेते समय मैंने उनकी बहू से उनका डाक पता पूछा तो उन्होंने विजय हज़ारे का विज़िटिंग कार्ड मुझे दे दिया। हज़ारे ने कहा कि वे उस पर अपने हस्ताक्षर करेंगे। पेन लाया गया और उनके ऑटोग्राफ वाला विज़िटिंग कार्ड मेरे पास इकलौता ऑटोग्राफ है।

सुनील गावस्कर : बीसवीं सदी का भारतीय क्रिकेटर

पश्चिमी लेखकों के बहुत प्रिय घिसे-पिटे वैचारिक खांचों में भारतीय क्रिकेटर ऐसे खिलाड़ी माने जाते हैं जो दिमाग़ (तर्क) की बजाय दिल (सहज-बुद्धि) से ज़्यादा खेलते हैं। हमारे सबसे पहले महान क्रिकेटर, नवागनगर के राजकुमार (प्रिंस) के.एस. रणजीतसिंहजी के बारे में कहा जाता है कि अपने जीवन में उन्होंने एक भी तकनीकी रूप से सही स्ट्रोक नहीं खेला। बैटिंग के दौरान सिल्क शर्ट (रेशमी कमीज़) और सोने के कफ-लिंक्स पहने रणजीतसिंहजी जब आगे बढ़कर गेंद को उसी की दिशा में मारते हुए लेग-ग्लांस इस अनोखे ढंग से खेला करते कि उनके इस स्ट्रोक में परंपरा की सारी-की-सारी धज्जियाँ ही बिखर जाया करतीं। रणजी ने बैटिंग की एक विशिष्ट पूर्वी शैली ईजाद की, आगे चलकर जिसके उदाहरण बनने वालों में एक तो उनके भतीजे के.एस. दलीपसिंहजी ही थे और थे गुंडप्पा विश्वनाथ, और मोहम्मद अज़हरुद्दीन। कद में छोटे इन लोगों को कट, ग्लाइड व ग्लांस करना खूब रास आता, ऐसे स्ट्रोक जो उन हट्टे-कट्टे एंग्लो-ऑस्ट्रेलियाई बल्लेबाज़ों के पुल व ड्राइव के मुकाबले बेहद नफासत भरे स्ट्रोक नज़र आते।

हमारे स्पिन गेंदबाज़ तो पूर्व के इस जादू के और भी बेहतर वाहक माने गए। याद कीजिए, लॉड्र्स के मैदान पर विचरने वाले रंग-रूप में अब तक के सबसे आकर्षक खिलाड़ी और गेंद को आसमान में उछालने का माद्दा रखने वाले, सिर पर रंगीन पटका बांधे, उस दाढ़ी वाले बिशन बेदी को। या उस भगवत

चंद्रशेखर को, जिनके बारे में कहा गया है कि जब वे ख़ुद ही नहीं जानते थे कि अगली गेंद वे कौनसी करने वाले हैं—लेग-ब्रेक, गुगली, या टॉप स्पिनर—तो बेचारा बैट्समैन क्या जान पाता? या फिर अनिल कुंबले को, क्रिकेट के हुनर में जिनकी भागीदारी का सार 1995 की गर्मियों में हीथ्रो एअरपोर्ट के एक ब्रिटिश वीज़ा अधिकारी ने मेरे लिए प्रस्तुत किया था। काउंटी क्रिकेट में नॉर्थैम्प्टनशाय की तरफ़ से खेलते हुए, यह बैंग्लोरी लड़का सबसे पहले 100 विकेट झटक चुका था। ''और तो और, मज़े की बात यह है कि बंदा बॉल स्पिन तक नहीं कराता' उस वीज़ा अधिकारी की विशेषज्ञ टिप्पणी थी। उसके हिसाब से गेंद को डेढ़ फीट तक फिराना ही ठेठ भारतीय करतब था।

इस तरह की घिसी-पिटी फिरकियां बनाने वाला प्रथम पुरुष था जॉर्ज रॉबर्ट कैनिंग, चतुर्थ बैरन हैरिस (1851-1932)। हैरिस महाशय इंग्लैंड के क्रिकेट कप्तान, मेरिलबन क्रिकेट क्लब के अध्यक्ष, और, 1890 व 1895 के बीच, बॉम्बे प्रेसिडेंसी के गवर्नर रह चुके थे। 1921 में प्रकाशित अपनी आत्मकथा में हैरिस महाशय लिखते हैं, ''धैर्य के मामले में तो भारतीय क्रिकेटर कभी किसी अंग्रेज़ की बराबरी नहीं कर सकता।' ऐसी छींटाकशी सुनील मनोहर गावस्कर पैदा करने के लिए काफ़ी थी।

वैसे तो इससे पहले भी ऐसे भारतीय बल्लेबाज़ रहे हैं जिन्होंने खेल के कायदों के हिसाब से लंबी पारियां खेली हैं। और यह कोई संयोग नहीं है कि ये सारे खिलाड़ी महाराष्ट्र से आये। हां केवल प्रारब्ध ही उनके साझा प्रथम नाम 'विजय' का खुलासा कर सकता है। यह त्रयी थी, मांजरेकर, हज़ारे और मर्चेंट की। तीनों, सीधे बल्ले से एकदम रक्षात्मक खेल के उस्ताद, तीनों के पास एक-से-बढ़कर-एक स्ट्रोक्स का ज़खीरा, मगर उनका प्रदर्शन करने की उन्हें मनाही। जब तक वे भारत के लिए खेले, उनकी टीम बमुश्किल ही कोई टेस्ट मैच जीतती अलबत्ता वह कोई टेस्ट मैच 'ड्रॉ' ज़रूर करवा सकती थी—वह भी तभी जब इनमें से कोई एक या दो विजय एक ही सांस में कोई दस घंटे तक खेल जाएं। उनकी इस परंपरा का निर्वाह गावस्कर ने किया और क्या खूब किया।

गावस्कर के पास एक शास्त्रीय तकनीक थी, और थे एम.सी.सी. मैनुअल में वर्णित सारे स्ट्रोक्स। और स्ट्रोक्स की टक्कर का चित्त भी उनके पास था, एकाग्रता की अद्भुत शक्ति से भरपूर। शुद्धतावादियों के लिए छह लगातार

बाहर जाती गेंदों (आउटस्विंगर्स) को उनके द्वारा बिना खोले छोड़ देना जितना आनंददायी था, उतना ही आनंददायी उनका कवर ड्राइव खेलना भी था। उन्हें बैटिंग करते हुए देखने की सबसे बढ़िया जगह होती साइटस्क्रीन के ऊपर से, उसके बाद तो बस आप उनके कदमों की सधी हुई लय और शॉट चुनने की उनकी नफासत पर दांतों तले अपनी उंगलियां ही दबा लेते। सर्दी के दिनों के एक गर्माते दिन, इधर मैं बोर्ड अध्यक्ष के कक्ष में अनधिकृत बैठा था और उधर भारत के कप्तान ने कोई साढ़े पांच घंटे तक पाकिस्तानी खिलाड़ियों को रगड़ते हुए 92 नाबाद रन बना लिए थे। सुबह को हमारे कप्तान का सामना वाल्लजाह रोड छोर से अपने बाल हवा में लहराते दौड़ कर आते, इमरान खान से हुआ था। अस्सी गज़ दूर इधर बैठा मैं कांप रहा था, पर उधर मैदान में खेलता गावस्कर नहीं। उन्होंने औसतन पांच गेंदों में से लगभग एक गेंद ही खेली थी। नतीजतन, गुस्से में तमतमाते उस पठान पट्ठे ने अपना सारा दम-खम ऊंचे, और ऊंचे, मगर उतने ही बेमतलब होते अपने बाउंसरों में गंवा दिया था। दोपहर के भोजन के बाद, उधर फाइन लेग पर खड़े इमरान अपनी खीझ निकाल रहे थे, और गावस्कर इधर दूसरे गेंदबाज़ों की शांतचित्त धुलाई किए जा रहे थे। शुद्ध मध्यम तेज़ गेंदबाज़, मुदस्सर नज़र को गावस्कर बार-बार मिड ऑन और मिड-विकेट के बीच में से ड्राइव करते रहे। धीमी गति के खब्बू गेंदबाज़, इकबाल कासिम की धुनाई ऑफ़-साइड की तरफ़ की गई। अगली सुबह मुझे कलकत्ता के लिए कोरोमंडल एक्सप्रेस पकड़नी थी, ट्रेन जब आंध्रप्रदेश में कहीं रुकी, तो अचानक कान में पड़ते किसी रेडियो ने मुझे खबर दी कि गावस्कर अभी-अभी 166 रन बनाकर पैविलियन लौट चुके हैं। उनकी टीम अंततः दस विकेट से विजयी हुई।

गावस्कर का नाम विजय नहीं था, पर उनके समय में भारत ने मर्चेंट या हज़ारे के दिनों के मुकाबले कहीं अधिक टेस्ट जीते। और केवल घरेलू मैदानों पर ही नहीं। भारतीय क्रिकेट के जादुई साल 1971 में वेस्टइंडीज़ व इंग्लैंड में, इसके बाद 1976 में न्यूज़ीलैंड में, और फिर 1978 में ऑस्ट्रेलिया में उनकी टीम ठसके से जीती जिसमें उनके बल्ले का योगदान काफ़ी अहम रहा। यह सही है कि उन दिनों हम घरेलू मैदानों पर भी जीतते रहे, लेकिन अब इस कमतर उपलब्धि, में वे कमतर लोग शामिल होते हैं, जो भारत के लिए खेलते हैं। हमारी इन अनियमित और अभूतपूर्व सफलताओं–1971 की हमारी ये सफलताएं कोई चालीस साल की वर्ज़िश के बाद जाकर हमें मिली थीं–और टी.वी. के प्रसार

के चलते भारतीय क्रिकेटरों के कंधों पर नई ज़िम्मेदारियां आन पड़ीं। एक टेस्ट मैच के पहले, समरसेट में उनके सलामी जोड़ीदार रहे, हाल ही में दिवंगत, पीटर रोबक ने गावस्कर को 'बेस्ट ऑफ़ लक' कहा। उन्होंने इच्छा व्यक्त की उनका मित्र सैकड़ा बनाए, लेकिन फिर ग्लानि महसूस करते हुए आगे कहा कि वे उन पर कोई अतिरिक्त दबाव नहीं बनाना चाहते। गावस्कर का उत्तर था कि जब अस्सी करोड़ लोगों की भी उनसे यही अपेक्षाएं हैं तो फिर रोबक की अपेक्षाओं का कोई बड़ा भारी दबाव नहीं पड़ने वाला।

बहुधा, सुनील गावस्कर इतना सारा बोझा संयम के साथ ईमानदारी से उठाते रहे। प्रतिफल भी मिले, ऑस्ट्रेलियाई सेठ केरी पैकर ने जो भारतीय क्रिकेटरों की कमाने की क्षमता अनाप-शनाप बढ़ा दी थी। अतीत में, कुछ देसी क्रिकेटर—जिन्हें उनके वैभवकाल में 50 रु प्रति टेस्ट का मेहनताना दिया जाता था—अपनी कंगाली में गुज़रे थे। लेकिन अब वे मैदान पर रहते-रहते काफ़ी कमाई करने लगे थे, जब 1980 के आस-पास उनका मेहनताना खटाक से 1000 रु से उछल कर 10,000 रु हो गया। तब से अब यह दस गुने तक बढ़ गया है। लेकिन, अपने बहनोई विश्वनाथ सरीखे कुछ क्रिकेटरों के उलट गावस्कर यह जान चुके थे कि पैसा तो मैदान के बाहर भी बनाया जा सकता है। उन्होंने अपना नाम कमीज़ों और जुराबों, दूसरों के लेखों और किताबों को अपना नाम देकर, कंपनियों की बैलेंस-शीट्स को किराए पर देकर पैसा कमाया। यहां तक कि एक बार उनके बारे में यह तक कहा गया कि किसी निजी रात्रि-भोज में आने के लिए भी उन्होंने पैसे लिए।

अपनी पारी के परले हिस्से में गावस्कर ने एक क्रिकेटर, नामी शख्सियत और व्यावसायिक हिसाब से सफल व्यक्ति के बतौर कपिल देव निखंज को अपने समकक्ष पाया। दोनों का आत्म-विश्वास उनके कारनामों में झलकता था—ऐसे भारतीय जो किसी और के सामने कभी न झुके। दोनों ने मिलकर विश्व क्रिकेट में भारत की हैसियत को पुनःपरिभाषित किया। उनके समय पहली बार, ऐसा लगा कि उनकी टीम, मैच तो क्या, टूर्नामेंट भी जीत सकती है। पहली बार, पश्चिमी लेखकों ने एक नहीं दो-दो भारतीय नामों को अपनी-अपनी उन खयाली टीमों में शामिल किया जो कभी मंगल ग्रह की क्रिकेट टीम से भिड़ने वाली थीं।

केवल बैंक बैलेंस और रिकॉर्ड ही कपिल और गावस्कर को एक-दूसरे

के पासंग लाये, अलावा इसके कुछ और नहीं। एक जहां सहज-बुद्धि और नैसर्गिकता की मूर्ति था, वहीं दूसरा विचार और तर्क-शक्ति का प्रतीक था। थोड़े-से सरलीकरण की आड़ लेकर मैं कहूंगा कि कपिल पैदा ही हुए थे क्रिकेट खेलने के लिए, जबकि गावस्कर ने अपने बूते को इस काज के लिए ढाला। एक ऊंचे कद का, छरहरा, द्रुत-गति तो दूसरा ठिगना, गठीला, अपनी चाल-ढाल में सहज ही मंद-गति। कपिल द्वारा उठाकर मारे गए ड्राइव या उसके आउट स्विंगर के मुकाबले सिर्फ़ उस सोची-समझी सावधानी से की जा सकती है जो गावस्कर अपने फॉरवर्ड डिफेंसिव शॉट्स खेलते समय अपनाया करते। उनकी नेतृत्व शैली भी एक-दूसरे से काफ़ी जुदा थी। 1983 के विश्वकप के दौरान कपिल ने बेमिसाल कप्तानी की। जहां तक मुझे लगता है, मैच से पहले तब न कोई लंबी टीम मीटिंग्स हुआ करती थीं, और न ही कोई रणनीतिक सत्र-वत्र होते थे। लेकिन अपने कप्तान को ज़िंबाब्वे के ख़िलाफ़ हुए मैच में '9 पर 4' के स्कोर पर जाकर 175 की नाबाद पारी खेलते हुए और फिर वेस्टइंडीज़ के ख़िलाफ़ हुए फाइनल में मिडविकेट से पीछे की तरफ़ दौड़कर वो रोमांचकारी चक्करघिन्नी कैच पकड़ खूंखार विवियन रिचर्ड्स को आउट करते हुए देख बिंनी और मदनलाल जैसे खिलाड़ी अपनी क्षमता से बढ़-चढ़कर खेलने को प्रेरित हुए। एक साल बाद, गावस्कर की कप्तानी में, भारत ने क्रिकेट की वर्ल्ड चैंपियनशिप में भी उतनी ही सराहनीय जीत हासिल की। कप्तान ने हालांकि बहुत रन नहीं बनाए मगर उनका योगदान अलबत्ता टीम की रणनीति बनाने और उसे काम में लाने के दौरान फलीभूत हुआ। हरेक विरोधी बल्लेबाज़ के लिए एकदम सटीक क्षेत्ररक्षण जमाना, बल्लेबाज़ी क्रम में प्रयोग करना (ख़ास तौर पर श्रीकांत के साथ रवि शास्त्री को पारी की शुरुआत करने भेजना), और दोनों छोर से फिरकी आक्रमण का अभिनव उपयोग, ये सब मिलकर तर्कशक्ति की सफलता के प्रतीक बने।

हम सब गावस्कर के चौंतीस टेस्ट शतकों से वाकिफ हैं। लेकिन ख़ुद उन्हें उस सबसे ख़ास सूची में होने का गर्व है जिसमें एक सौ से अधिक टेस्ट कैच लेने वालों के नाम दर्ज हैं। यह उनकी लगन का उम्दा प्रमाण है। अपने शुरुआती सालों में गावस्कर अमूमन मिड ऑन पर फीलि्डंग किया करते थे, जिसे काफ़ी पहले भुला दिए गए एक लेखक ने 'मानवता का अंतिम आश्रय' करार दिया था। गावस्कर जानते थे कि उनका डील-डौल आउटफील्ड में उनकी

और परली तैनाती की इजाज़त नहीं देता, लेकिन विकल्प भी थे, ख़ासकर उनके कप्तान बनने के बाद तो निश्चित ही थे। कड़ी मेहनत के बल पर उन्होंने खुद को एक श्रेष्ठ स्लिप फील्डर बनाया। रिटायर होने के बाद उनकी इसी मेहनत और संकल्प शक्ति ने उन्हें एक अतिपठनीय स्तंभ-लेखक भी बनाया। जिस व्यक्ति ने अपनी पहली दो पुस्तकें किसी और लेखक से लिखवाईं आज वह अपने नाम से छपने वाला हर शब्द ख़ुद लिखता है।

यह वो आदमी है जो आज अपने शब्द बुनते समय उतनी ही सावधानी बरतता है जितनी कि कभी अपने शॉट्स चुनते समय बरतता था। हमेशा दूर तक जाने वाला आदमी। हममें से लगभग सभी की ही तरह, वे भी स्वार्थी हैं। लेकिन कामयाबी को लेकर उनका जतन इतना अद्भुत, इतना एकनिष्ठ रहा कि यदा-कदा उन पर स्वार्थी होने के फिकरे कसते रहे। शिव सेना द्वारा पवित्र क्रिकेट पिचों तथा हर दिल अज़ीज़ क्रिकेट ट्रॉफियों को नुकसान पहुंचाने के कुकर्म की गावस्कर द्वारा भर्त्सना न करने की बात क्रिकेट प्रेमी आसानी से भुला नहीं सकते। उनकी ग़ज़ब टाइमिंग तो देखिये, शिवसेना के मवालियों ने जब भारतीय क्रिकेट बोर्ड के दफ्तर पर हमला बोला, वे न्यूज़ीलैंड में थे। बहरहाल, हमें ये उम्मीद थी कि अपनी वापसी पर वे इस घिनौनी करतूत की निंदा तो करेंगे ही।

खैर, भारतीय क्रिकेट को मिले उनके अद्वितीय योगदान को देखते हुए उनकी इस चूक को भुला दिया जा सकता है। और शायद उनका योगदान अभी ख़त्म नहीं हुआ है। असाधारण उपलब्धि, उत्कृष्ट बुद्धिमत्ता तथा शांत प्रकृति वाले एक क्रिकेटर होने के चलते निश्चित ही गावस्कर, भारतीय टीम के लिए एक उम्दा कोच साबित हो सकते हैं। उनके महान प्रतिस्पर्धी कपिल देव तो यह काम कर ही चुके हैं। भारतीय टीम के कप्तान के बतौर गावस्कर, कपिल देव का बखूबी अनुसरण कर ही चुके हैं। कौन जाने, समय आने पर—विवेक और सावधानी भरे उन मार्गदर्शी सिद्धांतों के बावजूद जिन्होंने उनके व्यक्तित्व को गढ़ा—वे कोच की ज़िम्मेदारी भी ले सकते हैं।

सचिन तेंदुलकर और इतिहास

मेरी रुचि महानता में है, न कि तुच्छ चिह्नों पर
—जॉन अरलॉट, डब्ल्यू.जी. ग्रेस पर लिखते हुए

क्रिकेट अंधराष्ट्रवाद दो धुरियों के इर्द-गिर्द मंडराता है—राष्ट्रों की व पीढ़ियों की। 1998-99 की ऍशेज़ सीरीज़ के पहले टेस्ट में स्टीव वॉ जब क्रीज़ पर आए तो बिल लॉरी ने टीवी पर उनका स्वागत कुछ इस तरह कियाः "ये आया दुनिया का सर्वश्रेष्ठ बल्लेबाज़।' इस तमगे को खुद स्टीव वॉ ही झटपट झटक देते। उसी साल कुछ अर्सा पहले, कुछ हफ्तों के अंतराल में, उन्होंने अपने एक प्रतिस्पर्धी खिलाड़ी द्वारा ठोके गए चार शतकों के दौरान फील्डिंग की थी, इनमें से दो तो भारत में खेले गए टेस्ट मैचों के दौरान बने थे और दो शारजाह में खेले गए दो अंतर्राष्ट्रीय एक-दिवसीय मैचों में। इस सबके बाद उन्होंने हैरान हो अपनी गर्दन हिलाई और कहा, "कोई नहीं जो इस बंदे जैसी बल्लेबाज़ी करता हो—हां, मैंने डॉन को खेलते हुए तो नहीं देखा।"

राष्ट्रीय गौरव अति को प्रोत्साहित करता है। जबकि पीढ़ीगत निष्ठा सतर्कता का आग्रह करती है। मार्च 1996 में छपे और वानखेड़े स्टेडियम में खेले गए पहले फ्लडलाइट मैच के मौके पर लिखे गए एक लेख में मैंने माना कि आज का हमारा सबसे प्रिय खिलाड़ी, बंबई का सर्वश्रेष्ठ क्रिकेटर है, लेकिन बंबई का सबसे बेहतरीन बल्लेबाज़ अभी वह नहीं हुआ है। इसकी वजह यह कि मेरी जवानी के दिनों के हीरो रहे सुनील गावस्कर, और मेरे अंकल के हीरो रहे विजय मर्चेंट की दावेदारियों को मैंने एक सोचा-समझा सझान दिया। मैंने कहा, आज से पांच साल बाद मैं फिर से इस सवाल पर ग़ौर करूंगा।

लेकिन चार साल से भी कम समय में मुझे इसका जवाब मिल गया है। सचिन तेंदुलकर मुंबई के, और इस आधार पर भारत के सर्वश्रेष्ठ बल्लेबाज़ हैं। और ऑस्ट्रेलियाई कमेंटेटरों के अंध-राष्ट्रवाद के बावजूद किसी हद तक तो वे दुनिया के भी सर्वश्रेष्ठ बल्लेबाज़ हैं। सवाल यह है कि क्रिकेट इतिहास में आख़िर इस बंबइया बम का दर्जा क्या है? जैसा कि स्टीव वॉ कहते लगते हैं, और लाखों-करोड़ों हिंदुस्तानी भी बड़े विश्वास से दावा करते हैं, तेंदुलकर क्या सचमुच ब्रैडमैन की श्रेणी के खिलाड़ी हो चले हैं? क्या उनका नाम उस विश्व एकादश टीम में भी होगा जो मार्स मॉन्स्टर्स (मंगल-के-दैत्यों) की टीम के ख़िलाफ़ खेलने के लिए उतारी जाएगी?

यदि जॉन अरलॉट की मानें और केवल आंकड़ों पर न जाएं तो, क्रिकेटीय महानता को मोटे तौर पर हमें इन तीन कसौटियों पर परखना होगाः बहुमुखी प्रतिभा, चरित्र, और समकक्षों की राय। जहां तक प्रतिभा की बात है तो कुछ हद तक तो यह किस्मत से मिला तोहफा है, सही वक्त पर सही जगह पर होने का फल। नब्बे के दशक के सचिन तेंदुलकर के पास पिछली पीढ़ियों के क्रिकेटरों के मुकाबले क्रिकेटीय अवसरों की एक लंबी-चौड़ी श्रृंखला थी। उधर डॉन ब्रैडमैन के पास विकेट के चारों तरफ़ पड़ने वाले स्ट्रोक्स का एक हैरत-अंगेज़ ज़खीरा था, लेकिन अपने ये कमाल दिखाने के लिए उन्हें बस टेस्ट मैच ही मिले थे, और वो भी केवल दो देशों में। उनके दौर में ऑस्ट्रेलिया की टीम ने कभी वैस्ट इंडीज़, भारत या न्यूज़ीलैंड का दौरा नहीं किया, श्रीलंका, पाकिस्तान, और ज़िंबाब्वे का तो कोई क्रिकेटीय वजूद ही नहीं था।

लेकिन तेंदुलकर का कमाल तो देखिए, कितनी फुर्ती और कितने आकर्षक तरीके से उन्होंने वे सारे अवसर भुना लिए जो भाग्य ने उनकी झोली में डाले। यहां तक कि मंजे हुए प्रतिगामी नस्लवादी पी.डब्ल्यू. बोथा ने भी, ऐसा लगता है, रंगभेद के अंत का स्वागत किया होता, कारण कि इसके चलते भारतीय क्रिकेट टीम ने दक्षिण अफ्रीका के दो दौरे किए, और उनमें से हरेक में तेंदुलकर ने दुनिया की सबसे उम्दा गेंदबाज़ी व क्षेत्ररक्षण के ख़िलाफ़ खेलते हुए तेज़तर्रार सैकड़े जड़ दिए। बदलती परिस्थितियों में उनका कौशल, उनकी पकड़ उभर कर आती है जब सचिन के रिकॉर्ड की तुलना मोहम्मद अज़हरुद्दीन के रिकॉर्ड से की जाती है। धीमी व मध्यम गति के विकेटों पर धीमी व मध्यम गति की गेंदबाज़ी खेलने के अज़हर एक जाने-माने उस्ताद हैं। लेकिन किंगसटन में कर्टली

एम्ब्रोस या पर्थ की पिच पर ग्लेन मॅक्ग्राथ के विरुद्ध खेलते हुए अज़हर बीस से अधिक रन बनाएंगे, इस पर कोई भी सटोरिया अपना पैसा नहीं लगायेगा।

जन्मकाल के संयोग के चलते भी तेंदुलकर को इस खेल के दोनों संस्करणों में उम्दा खेल दिखाने के मौके मिले। इस लेख के लिखे जाने तक उनके नाम बाईस टेस्ट शतक और पच्चीस एक-दिवसीय शतक हो चुके हैं। आंकड़ाई दिमाग़ यह आंकड़ा भी जोड़ देगा कि सचिन का पहला सीमित-ओवर शतक उनकी 79वीं पारी में लगा था। सीमित ओवर वाले खेल की गहनता व संक्षिप्त समयावधि—तथा इसके चलते शारीरिक व मानसिक स्तर पर होने वाले तनावों और ज़रा सी चूक के प्रति इसकी निर्दयता—को देखते हुए तेंदुलकर की यह उपलब्धि हर तीसरी पारी में एक शतक के डॉन ब्रैडमैन के कमाल के पासंग ही बैठती है। आंकड़ों से अधिक तो उन तक पहुंचने के उनके अंदाज़ का कमाल है। अलग-अलग समयों पर, अलग-अलग स्थानों में तेंदुलकर ने ऍलन डोनाल्ड, कोर्टनी वॉल्श, वसीम अकरम और शेन वॉर्न को नौसिखिया गेंदबाज़ बनाकर रख दिया है।

जीवित स्मृति में, सिर्फ़ विविअन रिचर्ड्स और ग्रॅम पोलॉक ही दुनिया के सर्वश्रेष्ठ गेंदबाज़ों पर इस कदर हावी हुए हैं। बल्लेबाज़ी करते समय रिचर्ड्स जहां लाखों अश्वेत कैरिबियाई लोगों से बात कर रहे होते, वहीं ग्रॅम पोलॉक भी दक्षिण अफ्रीका के उतने ही श्वेत शासकों से बतिया रहे होते थे। लेकिन तेंदुलकर ने तो अपने ऊपर मानवता के कोई छठवें हिस्से का बोझा डाल रखा है, और तो और अक्सर उन्हें यह बोझा अकेले ही ढोना होता है। रिचर्ड्स और पोलॉक, दोनों ने ऐसे बल्लेबाज़ी क्रम को सुशोभित किया, जिसमें अद्भुत गहराई और निरंतरता रही। एक के पहले आते थे गॉर्डन ग्रीनिज जैसे धाकड़ बल्लेबाज़, और उनके पीछे-पीछे आते क्लाइव लॉइड और ऍल्विन कालीचरण। दूसरा मान लो सिफर पर आउट हो भी जाता तो भी वह पैविलियन इसी आसरे लौटता कि उसने ख़ुद ने रन नहीं बनाये तो क्या, बॅरी रिचर्ड्स या एडी बार्लो तो हैं, वे टीम के लिए ज़रूरी रन बना लेंगे। लेकिन जहां तक भारतीय बल्लेबाज़ों की बात है तो घर में तो वे शेर हैं, पर समंदर पार ढेर हैं। उछाल वाली पिचों पर तो वे आयाराम-गयाराम हो जाते हैं। आज जब तेंदुलकर किसी महत्वपूर्ण मैच में पारी का खाता खोलने आते हैं तो वे जान रहे होते हैं कि वे अगर जल्दी आउट हुए तो समझो अपनी टीम काम से गई।

मुंबई के स्तंभ-लेखक सी.पी. सुरेंद्रन ने भी क्या खूब लिखा है कि पराजितों के इस देश के लिए तेंदुलकर के क्या मानी हैं। हर बार जब वे बैटिंग करने विकेट की ओर जा रहे होते हैं, तो ''सारा-का-सारा देश, अच्छेहाल भी फटेहाल भी, मानो उनके साथ मैदान-ए-जंग की ओर कूच करते हुए चल पड़ता है। तिस पर मुफलिस अपने भारतीय होने की ताउम्र बेज़ारी से राहत और छुटकारे की दुआ मांगते हैं...आनंददायी लालित्य में पगे उस चमत्कारी बल्ले के प्रताप से अपने भारतीय-बंधनों से एक पल की मुक्ति की कामना करते हैं।' किसी अन्य क्रिकेटर ने कभी इतने सारे क्रिकेटोन्मत्त दीवानों की आशाओं की इतनी भरी-पूरी नुमाइंदगी नहीं की।

तेंदुलकर नहीं जानते कि कि अपनी अगली पारी वे कहां खेल रहे होंगे। वे नहीं जानते कि उनका कोई टीम-सखा उनके साथ खेलते हुए एक लंबी पारी खेल पाएगा या नहीं। वे तो बस इतना जानते हैं कि उनके बल्ले को, जो भी हो, उस कड़वे सच की भरपाई करनी होगी जिसे संयुक्त राष्ट्र इतने दावे के साथ कहता है कि भारत दुनिया का एक सौ छियालीसवां सबसे विकसित राष्ट्र है। इसके सच्चाई के प्रति वह इतने अद्भुत ढंग से उदासीन रहा आता है, शायद यही उसकी सबसे विलक्षण खासियत है। उसकी क्रिकेटीय मेधा पर कोई अगर इक्कीस बैठता है तो वह है उसका व्यक्तित्व। ज़रा एक बार फिर से सोचें, कि आप किस तरह तो झल्ला जाते हैं जब आधी रात गए आपका बच्चा अचानक बुक्का फाड़ रोने लगता है, जब आपके कंप्यूटर की हार्ड डिस्क ऐन उसी वक्त क्रैश होती है जबकि आपकी किताब बस ख़त्म होने को ही है, जब अगली सुबह, आठ बजे आपके इम्तिहान का एक पर्चा होने वाला हैः आम तौर पर हम ऐसी मामूली चुनौतियों का सामना भी गुस्से या हैरान-परेशान होकर करते हैं। जबकि अपना तेंदुलकर, सचिन रमेश तेंदुलकर अपने सौ करोड़ देशवासियों की एकदम बेजा और खूब बढ़ा-चढ़ा कर व्यक्त की गई अपेक्षाओं का बोझा बड़े धीरज के साथ अपने कंधों पर लेता है।

उसके विरोधी क्या जानें उसके इस बोझे को! उन्हें तो उसकी अपरंपार प्रतिभा ही नज़र आती है बस, जिसके सम्मान में वे उठ खड़े होते हैं। कुछ खुल्लमखुल्ला करते हैं, जैसे कि शेन वॉर्न जो शारजाह टूर्नामेंट (अप्रैल 1998) के फाइनल के बाद भारतीय ड्रेसिंग रूम तक गए और अपने ज़ालिम से अपनी टी-शर्ट पर उसके (बाएं हाथ से) हस्ताक्षर मांगे। जबकि कुछ विरोधी उसके

यह काम अप्रत्यक्ष रूप से करते हैं। उदाहरण के लिए, ब्रायन लारा जब अक्तूबर 1998 में ढाका में हुए 'मिनी वर्ल्ड कप' में तेंदुलकर के सामने बैटिंग कर रहे थे, तब वे एक पार्ट-टाइम बॉलर के सामने भी बड़ा डर-डर के खेल रहे थे। उस रात लारा का वह डर अपने प्रतिस्पर्धी की मासूम ऑफ़-ब्रेक गेंदों को लेकर इतना नहीं था जितना कि अपनी गिरती ख्याति को लेकर था। वाकई कैसा लगता अगर सिर पर रखा ताज अचानक इतनी बेरहमी से छीन लिया जाता, अगर बल्लेबाज़ लारा, गेंदबाज़ तेंदुलकर द्वारा आउट कर लिए जाते?

प्रशंसा में कृपण रहने वाले अंग्रेज़ों के सिर भी तेंदुलकर के सामने झुके हैं। सितंबर 1998 में हुए राजकुमारी डायना चैरिटी मैच के बाद माइक ऐथर्टन ने चुटकी ली थी कि लॉर्ड्स के कर्ता-धर्ता डब्ल्यू.जी. ग्रेस द्वार के पुनर्नामकरण के लिए तैयार रहें। बीसेक साल पहले, इंग्लैंड के एक अपार प्रतिभाशाली सलामी बल्लेबाज़ ने तेंदुलकर की प्रतिभा की उद्घोषणा की थी। दरअसल, 1990 में जब तेंदुलकर हेडिंग्ले टेस्ट में बल्लेबाज़ी कर रहे थे, सर लेनार्ड हटन, फ्रेडी ट्रूमॅन से कह रहे थे कि उन्हें याद नहीं आ रहा है कि पिछली बार कब उन्होंने इतना फुर्तीला और अचूक फुटवर्क देखा था। ट्रूमॅन ने यह किस्सा बीबीसी पर सुनाया और साथ ही अपनी सिफारिश भी नत्थी कर दी। यही एक ज्ञात अवसर है जब इन दो यॉर्कशर वासियों में से किसी एक ने एक भारतीय की प्रशंसा की। अगले साल, यह मुंबइया क्रिकेटर, यॉर्कशर के लिए अनुबंध करने वाला पहला विदेशी पेशेवर खिलाड़ी बना। गेहुंए, रंग के एक छोटे से लड़के ने ब्रह्मांड की सबसे बंद-बंद और ठस बिरादरी के दिलों और चेक-बुकों में घुसपैठ कर ली थी।

सचिन तेंदुलकर एक विस्तृत कौशल-संसार और लाजवाब मिज़ाज के बल्लेबाज़ हैं। वे एक ऐसे क्रिकेटर हैं जिन्हें अपने समकक्षों का विपुल सम्मान हासिल है। आज तो यह एकदम साफ़ है, लेकिन इतिहास के विस्तृत संसार में हम उनका आकलन कैसे करें? उदाहरण के लिए, मंगल ग्रह के विरुद्ध खेलने वाली विश्व एकादश में क्या उनका नाम आएगा? अब मान लीजिए कि यह मैच सौ ओवर (दोनों पक्ष पचास-पचास ओवर) का होने वाला है, और मैच उल्कापिंडों के प्रकाश में बृहस्पति पर होने वाला है तो इस चयनकर्ता द्वारा चुना जाने वाला पहला खिलाड़ी करीब-करीब तेंदुलकर ही होगा। मेरे द्वारा चयनित एकादश बल्लेबाज़ी के क्रम में इस प्रकार होगी -

1. एस.आर. तेंदुलकर (भारत)
2. डी.एल. हेन्स (वेस्ट इंडीज़)
3. आइ.वी.ए. रिचर्ड्स (वेस्ट इंडीज़)
4. जावेद मियांदाद (पाकिस्तान)
5. सी.एच. लॉइड (वेस्ट इंडीज़—कप्तान)
6. एस.आर. वॉ (ऑस्ट्रेलिया—उप-कप्तान)
7. ए.पी.इ. नॉट (इंग्लैंड—विकेट-कीपर)
8. वसीम अकरम (पाकिस्तान)
9. एस.आर. वॉर्न (ऑस्ट्रेलिया)
10. सी.एल. ऐम्ब्रोज़ (वेस्ट इंडीज़)
11. जे. गार्नर (वेस्ट इंडीज़)
12. (बारहवां खिलाड़ी) जे.एन. रोड्स (दक्षिण अफ्रीका)

यदि यह मनगढ़ंत मैच पाजामे पहनकर कृत्रिम प्रकाश व्यवस्था में खेला जाएगा तो तेंदुलकर टीम में रहेंगे। पहला शॉट भी वही मारेंगे, और बाद में (वॉ और रिचर्ड्स की संगत में) नाइटकैप पहनकर 'पांचवें' गेंदबाज़ की भूमिका भी वे निभाएंगे। लेकिन ये अगर एक पारंपरिक पांच-दिवसीय टेस्ट मैच सरीखा अधिक रहा तब? 1988 में, जब तक सचिन ने भारत के लिए खेलना अभी शुरू किया था, जमैका के राजनीतिज्ञ और क्रिकेट दीवाने माइकल मॅनली ने मंगल ग्रह पर खेलने वाली एक सर्वकालीन एकादश चुनी थी जिसमें थे :

1. जे.बी. हॉब्स (इंग्लैंड)
2. एस.एम. गावस्कर (भारत)
3. डी.जी. ब्रैडमैन (ऑस्ट्रेलिया—कप्तान)
4. जी.ए. हेडली (वेस्ट इंडीज़)
5. आइ.वी.ए. रिचर्ड्स (वेस्ट इंडीज़)
6. जी.ए. सोबर्स (वेस्ट इंडीज़)
7. डब्ल्यू.ए. ओल्डफील्ड (ऑस्ट्रेलिया—विकेटकीपर)
8. एम.ए. होल्डिंग (वेस्ट इंडीज़)
9. आर.आर. लिंडवॉल (ऑस्ट्रेलिया)
10. डी.के. लिली (ऑस्ट्रेलिया)
11. डब्ल्यू.जे. ओरिशली (ऑस्ट्रेलिया)

ज़रा सोचिए, इस टीम में आने से कौनसा बल्लेबाज़ रह गया भला। जो-जो बल्लेबाज़ इसमें आने से रह गए वे हैं—वॉल्टर हैमंड, ग्रॅम पोलॉक, मियांदाद, बॉर्डर, नील हार्वे, और 'डब्ल्यू' त्रयी। दरअसल, पक्षपात दिखलाते हुए, जो कि इस तरह की कवायद में होता ही है, मॅनली ने अपनी पुस्तक के प्रूफ में हैमंड की जगह रिचर्ड्स का नाम रख दिया। मेरे हिसाब से यह एक अरक्षणीय बदलाव था क्योंकि हैमंड रिचर्ड्स जितने अच्छे बल्लेबाज़ और क्षेत्ररक्षक तो थे ही, पर गेंदबाज़ी में वे रिचर्ड्स के मुकाबले काफ़ी बेहतर गेंदबाज़ थे।

अब यदि 1998 में हमें इस एकादश को अपडेट करना पड़े तो तेंदुलकर कहाँ फिट बैठेंगे? दिए गए क्रम में पहले चार तो अटल ही बने रहेंगे। लेकिन, बात तो बन सकती है, और वह भी तिरंगा ऊंचा रहे हमारा की तर्ज़ पर ही नहीं, बल्कि इस आधार पर भी कि विव रिचर्ड्स के मुकाबले तेंदुलकर कहीं बेहतर सर्वतोमुखी बल्लेबाज़ हैं। लेकिन, पहले तो मैंने हैमंड को ही चुना होता। अब अगर दबाव ही डाला जाए तो शायद मैं दोनों के बीच डोलता रहता। अगर पिच धीमी और धूल भरी है जैसे कि अपने घरेलू मैदान होते हैं तो तेंदुलकर का पलड़ा भारी पड़ता। लेकिन विकेट अगर हरा-भरा, तेज़-तर्राट हो तो फिर अंग्रेज़ का नंबर लग जाता। ऐसी परिस्थितियों में बल्ले के साथ हैमंड का रक्षात्मक कौशल और गेंदबाज़ी में स्विंग और सीम उसका नियंत्रण काम में आते।

सो, अपने संक्षिप्त रूप में इतिहास इस तरह से तेंदुलकर का आकलन करता है। चलिए, महानता की एक अधिक त्रुटिपूर्ण लेकिन उतनी ही अर्थपूर्ण कसौटी, यानी व्यक्तिगत स्मृति पर पर मुझे इस बहस ख़त्म करने की इजाज़त दें। जो भारतीय सहस्राब्दि के मोड़ पर क्रिकेट के खेल पर अपना ध्यान लगाए होंगे, हमेशा हर उस अवसर को याद रखेंगे जब उन्होंने सचिन को अपनी नज़रों के सामने खेलते देखा है। मैंने तो गावस्कर को एक बार चेपक में पाकिस्तान के विरुद्ध पूरा दिन बल्लेबाज़ी करते देखा है। दिन का खेल ख़त्म होने तक वे 92 रन बनाकर नाबाद थे, पर अगली सुबह मुझे रेल से कलकत्ते जाना था। मैंने गावस्कर को कभी सैकड़ा बनाते नहीं देखा, और कुछ समय तक तो यही लगता रहा कि यह अपशकुन उनके उत्तराधिकारी तक चला आया है। सन 1990 में मैं विल्स ट्रॉफी का एक मैच देखने फिरोज़शाह कोटला गया, लेकिन पाकिस्तान में अभी ताज़ा-ताज़ा अपनी पहली सीरीज़ खेलकर आया 16 साल का उनका चौथे क्रम का वह बल्लेबाज़ बैटिंग करने क्रीज़ पर आता कि मुंबई ने जीत

के लिए ज़रूरी रन बना लिए थे। तीन साल बाद, उसी मैदान में मैंने उसे ज़िंबाब्वे के ख़िलाफ़ कोई सत्तर रन बनाते हुए देखा। सर्दियों की उस छोटी सी दुपहरिया में तेंदुलकर, यूनानी नस्ल के उस वकील जॉन ट्रेकॉस पर पिल पड़े, जो सचिन के पैदा होने से भी पहले टेस्ट विकेट ले चुके थे। उस ऑफ़-स्पिनर को बड़ी निपुणता से खेलते हुए सचिन ने अपने अधिकांश रन कट और स्वीप शॉट्स मारकर बटोरे। लग रहा था कि सचिन की सेंचुरी हो जाएगी, लेकिन तभी उज्जेश रणछोड़ नामक एक अनजान बॉलर को खेलते हुए वे एक्स्ट्रा कवर पर कैच थमा बैठे। यह रणछोड़ का पहला और, मेरी जानकारी में, आख़िरी टेस्ट विकेट था—जिसकी शेखी वह आज भी बुलावायो में बघार रहा है।

इसके बाद, फरवरी 1994 में मैंने टेस्ट मैच में तेंदुलकर की बल्लेबाज़ी का मज़ा लेने के लिए बैंगलोर भ्रमण का मन बनाया। अबकी बार, एक अनुशासित पारी, पहले दिन के अंतिम ओवरों में अचानक विस्फोटक हो चली, और वे, प्रमोदया विक्रमसिंघे के एक ओवर में अठारह रन जड़ते हुए दिन का खेल ख़त्म होने तक 80 के व्यक्तिगत स्कोर पर जा पहुंचे। अगली सुबह वे सावधानीपूर्वक खेलते हुए 96 के स्कोर पर पहुंचे, और तभी लेग-आर्म स्पिनर डॉन अनुरासिरी को कट करने के चक्कर में वे अपना ऑफ़ स्टंप गंवा बैठे।

आख़िरी बार मार्च 1998 में बैंगलोर टेस्ट में मैंने तेंदुलकर को साक्षात खेलते हुए देखा। उसी सुबह काला पानी पार से मैं बैंगलोर पहुंचा था। कस्टम वालों और जेट-लैग वग़ैरह से निपटने के बाद जब तक मैं चिन्नास्वामी स्टेडियम पहुंचता तब तक लंच का समय हो चुका था। सो कुल मिलाकर मुझे क्रिकेट का मज़ा लेने के लिए चार घंटे ही मिलने थे, क्योंकि अगली सुबह मुझे किसी और काम में लगना था। लंच के बाद सिद्धू के आउट होने पर सचिन क्रीज़ पर आए। उनकी शुरुआत तो बड़ी विश्वास भरी रही लेकिन अपने टोटके के चलते मैं ज़रूर कुछ अनमना सा था। मुझे चेपक पर खेलते गावस्कर याद आए, और मैं यह भी जानता था कि शेन वॉर्न कोई रणछोड़ या अनुरासिरी नहीं हैं। लेकिन तीन घंटे लगभग बेदाग़ ढंग से खेलते हुए तेंदुलकर ने अपना सैकड़ा जड़ ही दिया। उस दिन उनके द्वारा लगाए गए शॉट्स में से दो तो मुझे एकदम साफ़-साफ़ याद हैं—माइकल कैस्प्रोविच की गेंदों पर दनदनाते हुए दो स्ट्रेट ड्राइव, और वॉर्न की गेंदों पर कुछ प्यारे-प्यारे लेट कट्स। लेकिन उन्होंने एक ग़लती भी की। ग्रेग ब्ल्यूएट ने एक बाउंसर फेंका, और पल भर को तेंदुलकर कुछ

दुविधा में फंसे दिखे, क्योंकि वह चाय के पहले का आख़िरी ओवर था। शॉट मारने में उन्हें किंचित देरी सी लगी, लेकिन गेंद उनके बल्ले के ऊपरी किनारे से लग कर बिना किसी नुकसान के फाइन लेग और विकेट-कीपर के बीच जाकर गिरी। आम तौर पर भावशून्य रहने वाले ऑस्ट्रेलियाई कप्तान ने स्लिप पर खड़े-खड़े ही बड़े ज़ोर से अपना पांव ज़मीन पर पटक कर मारा—अपनी ही तरह का एक ऐसा प्रशस्ति-प्रदर्शन जो इस निबंध में व्यक्त किसी भी प्रशंसा जितना ही सच्चा था।

मेरे नौ वर्षीय बेटे ने सचिन को एक बार बल्लेबाज़ी करते देखा है—न्यूज़ीलैंड के ख़िलाफ़ खेले गए उस एक-दिवसीय मैच में, जिसे मैं अपने कारणों से देख नहीं पाया था। उस मैच में उन्होंने प्रति गेंद एक रन से भी अधिक की रफ्तार से शतक बनाया था। मैं अपने बेटे को सचिन की उस पारी के बारे में बताता हूं जिसे मैंने देखा था। मैं उसे वॉर्न, विक्रमसिंघे और ट्रेकॉस पर सचिन के छा जाने के किस्से सुनाता हूं और वह मुझे दीपक पटेल की गेंदों पर सीधे बॉलर की दिशा में सचिन द्वारा जड़े गए छक्कों के किस्से सुनाता है। हम आशा करते हैं कि यह बातचीत उनके द्वारा आगे भी लगाए गए जाने वाले शतकों को लेकर भी जारी रहेगी। और क्या हमें खुद को यह भी याद दिलाना पड़ेगा कि अभी तो बंदा तीस का भी नहीं हुआ? और यह भी कि ब्रेडमैन और रिचर्ड्स, चालीस में रिटायर हुए, या गावस्कर और बॉर्डर अड़तीस में? क्या सचिन तेंदुलकर क्रिकेट के खेल में हुए तीन सर्वश्रेष्ठ सर्वकालीन बल्लेबाज़ों में से एक हैं? यह सवाल आप मुझसे दस, नहीं, पांच साल बाद पूछिए।

फुटबॉल का समाजवाद

बंगाली लोग फुटबॉल से इतना प्यार क्यों करते हैं? क्योंकि अमेरिकी लोग उससे इतनी घृणा करते हैं। 1994 के विश्वकप के दौरान किए गए एक सर्वेक्षण में पता चला कि फुटबॉल, सं.रा. अमेरिका का 84 वें क्रम का पसंदीदा खेल है। पसंद के हिसाब से वहां पर उसका क्रम लॉग रोलिंग, चिकन रिंगिंग और पासिंग द पार्सल के बाद आता था। हालांकि विश्वकप उनके अपने देश में खेला जा रहा था लेकिन 99 प्रतिशत अमेरिकियों को इसकी जानकारी तक न थी।

उस साल की खेलकूद की सुर्खियां 'यांकीज़' जो उस समय बेसबॉल की विश्व शृंखला के लिए अपनी मज़बूत दावेदारी पेश करहे थे, और 'निक्स' द्वारा बटोरी जा रही थीं जो उन दिनों राष्ट्रीय बास्केटबॉल चैंपियनशिप में अप्रत्याशित रूप से बेहतर प्रदर्शन कर रहे थे। जिस प्रतियोगिता को शेष विश्व 1994 की खेल घटना मान रहा था उसे सं.रा. अमेरिका में केवल स्पेनिश चैनलों पर दिखाया जा रहा था। इसी बीच, जनसमूह नेटवर्क बास्केटबॉल, बेसबॉल, और फुटबॉल (उनकी तरह के फुटबॉल—अमेरिकी फुटबॉल) के प्रसारण अधिकार पाने के लिए आपस में होड़ कर रहे थे।

सालों पहले, जर्मन समाजशास्त्री वर्नर सोंबर्ट ने एक किताब लिखी *व्हाइ इज़ देअर नो सोशलिज़्म इन युनाइटेड स्टेट्स?* सोंबर्ट ने हर संभावित जगह पर इसका खुलासा तलाशा—अमेरिकी ट्रेड यूनियन आंदोलन की बुनावट में, मस्तमौला ईसाइयत के प्रभाव में, सीमांत के प्रलोभन में। समाजशास्त्री होने

के नाते उन्होंने अर्थशास्त्र में देखा, धर्मशास्त्र और भूगर्भशास्त्र में देखा, पर खेलशास्त्र में नहीं देखा। लेकिन सोंबर्ट के गंभीर रूप से महत्वपूर्ण सवाल का सही उत्तर है—अमेरिका (यू.एस.) में समाजवाद इसलिए नहीं है क्योंकि यू.एस. में फुटबॉल नहीं है।

सरल शब्दों में कहें तो फुटबॉल का खेल उपलब्धि और लाभ-अनुगामी अमेरिकियों की रुचि के लिहाज़ से बहुत ज़्यादा सामूहिक खेल है, कुछ अधिक ही भागीदारीपूर्ण और लोकतांत्रिक खेल है। वे गोल्फ और टेनिस पसंद करते हैं क्योंकि ये वैयक्तिक खेल, 'सब कुछ विजेता का' के पूंजीवादी विधान से संचालित होते हैं। वे बास्केटबॉल पसंद करते हैं क्योंकि संख्याएं उनके बड़े पेट भरती हैं—यदि 'शिकागो बुल्स' कोई मैच जीतते हैं तो माइकॅल जॉर्डन ने ज़रूर 38 प्वाइंट से छोटा स्कोर नहीं किया होगा।

वे बेसबॉल पसंद करते हैं क्योंकि इस टीम गेम में नतीजा जो है एक अकेले बैटर द्वारा मारे गए होम रन से या फिर 'नो स्ट्राइक्स थ्रोन' की एक शृंखला से तय होता है जिसका श्रेय फिर एक अकेले पिचर के खाते में जाता है। जबकि फुटबॉल के खेल में जिस गोल से खेल का नतीजा तय होता है उसका श्रेय एक अकेले स्ट्राइकर को नहीं दिया जा सकता। श्रेय का साझा होता है, उसका कुछ हिस्सा मिडफील्डरों को जाता है, तो कुछ डिफेंडरों और गोलकीपर को जाता है, जो विरोधियों को बराबरी करने ही नहीं देते।

यह दावा किया जा सकता है कि अमेरिकी फुटबॉल के प्रति प्रेम इस तर्क को खारिज कर देता है। यह सही है कि यह एक टीम खेल है लेकिन इतनी घनिष्ठ शारीरिक निकटता और आक्रामकता वाला खेल, जो लड़ाका लोगों को ईराक की रेत में या वियतनाम के जंगलों में असली युद्ध के लिए तैयार करने के साथ-साथ फौरी प्रसन्नता भी देता है (जबकि इसके मुकाबले बाकी दुनिया का फुटबॉल खेल मर्दों का खेल न लगकर छोकरों का खेल लगता है)। इसके अलावा, फुटबॉल की इस किस्म में एक स्पष्ट पदानुक्रम होता है। क्वार्टर बैक एक दिमाग़ी बॉस है, जबकि दौड़ने वाले फॉरवर्ड हैं शुद्ध ताकत और पैर की तेज़ी से लैस अनुयायी। केवल एक ही व्यक्ति आदेश देता है। हम उस फर्म के मैनेजिंग डाइरेक्टर को पहचान (और सलाम कर) सकते हैं। क्वार्टर बैक कमोबेश हरदम एक गोरा पुरुष होता है, यह सचाई इस खेल के रिश्ते को सफल और सर्वशक्तिमान समाज के अमेरिकी आदर्श के साथ और भी मज़बूती से जोड़ देती है।

सचमुच ही, सब तरफ का साक्ष्य हमें यही बताता है कि फुटबॉल प्रेम समाजवादियों और साम्राज्यविरोधी कौमों में खूब प्रचुरता से दिखाई देता है। लंबे समय से यह ब्रिटिश श्रमिक वर्ग का मनपसंद खेल रहा है, जैसे कि ईस्ट बर्लिन के श्रमिक वर्ग का भी तब तक, जब तक कि इतिहास ने नवंबर 1989 में उनके लिए यह खत्म न कर दिया। महान एर्नेस्तो 'चे' गेवारा इस खेल के एक प्रबल प्रशंसक रहे। माना जाता है कि व्लादिमिर लेनिन भी कभी इसके खिलाड़ी रहे थे। और सबसे बढ़कर हैं, बंगाली।

''ब्रिटिशों को यदि शांतिपूर्ण तरीके से गद्दी छोड़ने की सहमति देने की बजाय सुभाष बोस द्वारा प्रस्तावित आक्रामक, क्रांतिकारी तरीके से भारत से खदेड़ा गया होता तो,'' एक ज्ञानी इतिहासकार का कहना है, ''क्रिकेट की बजाय फुटबॉल हमारा प्रधान खेल बन गया होता।'' दुर्भाग्य से ''उन्नीस सौ बीस के दशक में आज़ादी की लड़ाई की कमान महात्मा गांधी के हाथों में चली गई, जिनके नज़दीकी संबंध पश्चिम भारत के पारसी और गुजराती पूंजीपतियों के साथ थे, उन व्यापारियों के साथ जो क्रिकेट खेलते भी थे और उसे बढ़ावा देते भी थे। 'समझौते की सुंदरता' में गांधी की आस्था ने भी देश की खेल संस्कृति पर अपना वर्चस्व जमाने में बंबइया दलालों की मदद की।

इसका अर्थ यह हुआ, हमारे ये इतिहासकार कहते हैं, ''कि आज़ादी के बाद क्रिकेट को स्वीकार करने में कोई विरोधाभास न रहा—फिर तो इसे बड़ी आसानी से एक ऐसी ब्रिटिश अच्छाई की तरह देखा जा सका जिसे बरकरार रखना ज़रूरी समझा गया।'' लेकिन, ''आज़ादी की लड़ाई की शुरुआत करने वाले बंगालियों का यदि वर्चस्व बना रहता तो फुटबॉल—जो कि बंगाल में बहुत मज़बूत है—राष्ट्रीय खेल हो सकता था।''*

दरअसल, नुक़सान तो गांधी के पहले ही शुरू हो चुका था। 1911 में मोहन बागान ने इंडियन फुटबॉल एसोसिएशन शील्ड के फाइनल में ईस्ट यॉर्कशर रेजिमेंट को हराया था। इस जीत की तीन उल्लेखनीय विशेषताएं थीं। पहली तो यह कि देशी फुटबॉलरों में से दस नंगे पांव खेले थे (इनके अपवाद, लेट बैक एस.के. चैटर्जी हमेशा मुझे आकर्षित करते रहे हैं। आखिर उनके जूतों में क्या संदेश था? यह कि ज़रूरी नहीं भारतीय लोग पश्चिमी टेक्नोलॉजी के विरुद्ध

---

* महिर बोस, *ए मेडेन व्यू* (लंदन, 1968), पृ. 35-36

हैं?)। दूसरी, मैच का नतीजा हिंदू और मुस्लिम, दोनों को भाया। तीसरी, बंगाल का विभाजन उसी साल निरस्त हुआ।

और इतनी ही अजीब बात है कि ठीक इसी बरस, ब्रिटिश लोग अपने 'राज' की राजधानी कलकता से उठाकर दिल्ली ले गए। दुख की बात है कि मोहन बागान की जीत के हालिया संस्मरणवादी लोग 'इस' संयोग का नोटिस लेने से चूक गए। 'यदि' यह एक संयोग है—क्योंकि इस बात की प्रबल संभावना है कि इनमें से एक दूसरे की वजह बना और भविष्य में भी अपनी किरकिरी होने से पहले अंग्रेज़ लोग फटाफट में और जानबूझकर अपनी गद्दी को बंगाल से उठा, उसके होनहार फुटबॉलरों और अपनी जेब में बम रखने रखने वाले उसके देशभक्तों से दूर ले गए। खेलशक्ति और साम्राज्यवाद-विरोधी बागियों के बीच की कड़ी को इस तरह से कमज़ोर कर दिया गया जिसका बचाखुचा काम गांधी और बंबइया पूंजीपतियों ने तमाम कर दिया।

फुटबॉल के प्रति बंगाल का यह सतत उन्माद इस जुड़वां नुक़सान—एक तो भारत की राजधानी खो देना और दूसरे भारतीय स्वतंत्रता संग्राम की कमान हाथ से छूट जाना—की एक मनोवैज्ञानिक भरपाई है। दूसरे विश्व युद्ध के बाद, जैसे ही ब्रिटेन की जगह यू.एस. साम्राज्यवादी महाशक्ति बन गया, फुटबॉल के प्रति जोश को एक अतिरिक्त वैधता हासिल हो गई। इस खेल को खेलना और इसका भक्त हो जाना उन साम्राज्यवादियों को नाक चिढ़ाने जैसा था जो इससे घृणा करते थे। सांस्कृतिक और राजनैतिक रूप से यह ठीक वैसा ही था जैसा कि भूपेन हज़ारिका का गीत *आमार कॉमरेड, पॉल रॉब्सन!*—जैसा कि पहली यूनाइटेड फ्रंट सरकार द्वारा हेरिंग्टन स्ट्रीट का नया नाम हो ची मिन्ह सरनी रख देना ताकि अमेरिकी कॉन्सुलेट एक ऐसी सड़क पर स्थित हो जिसका नाम महानतम जीवित अमेरिका-विरोधी के नाम पर होगा।

आज के दिन तक, दुनिया की सबसे सफल कम्युनिस्ट पार्टी के कैडर की भर्ती अलीमुद्दीन स्ट्रीट द्वारा सीधे मैदान से ही होती है। लेकिन जहां तक अमेरिकियों का सवाल है फुटबॉल के प्रति वे दृढ़तापूर्वक विरक्त ही बने रहे हैं। 1998 के विश्व कप में जब यू.एस. का सामना जर्मनी से हो रहा था, तब दुनिया भर में उस मैच को देखने वाले बंगाली दर्शकों की संख्या अमेरिकी दर्शकों के मुकाबले हज़ार गुना ज़्यादा रही होगी। जर्मनी ने यह मैच 2-0 से जीत लिया था, लेकिन मुझे लगता है कि उस वक्त कलकत्ता में ऐसे

कुछ लोग ज़रूर रहे होंगे जिन्होंने हारने वाली टीम की हौसला अफज़ाई की होगी।

क्योंकि खेल के मैदान पर मौजूद वे ग्यारह अमेरिकी खिलाड़ी ही नहीं, फ्रांस जाकर मैच देखने वाले उनके ग्यारह सौ समर्थक भी या घर पर ही स्पेनिश में खेल देखने वाले इस खेल के ग्यारह हज़ार रसिक भी एक तरह से अपने समाज के राजनैतिक विरोधी हैं। जिस खेल को आपके देशवासी पूरी तरह से नकार देते हों, उस खेल को खेलने, उसका समर्थन करने या उसे देखने भर के लिए भी अच्छी-खासी हिम्मत चाहिए। ये लोग हमारे समर्थन के हकदार हैं। एक ऐसे देश में जिसने अब तक कोई समाजवादी आंदोलन नहीं देखा, उस देश में ऐसे लोग ऐसे किसी आंदोलन के पुरोधा हो सकते हैं।